Début d'une série de documents
en couleur

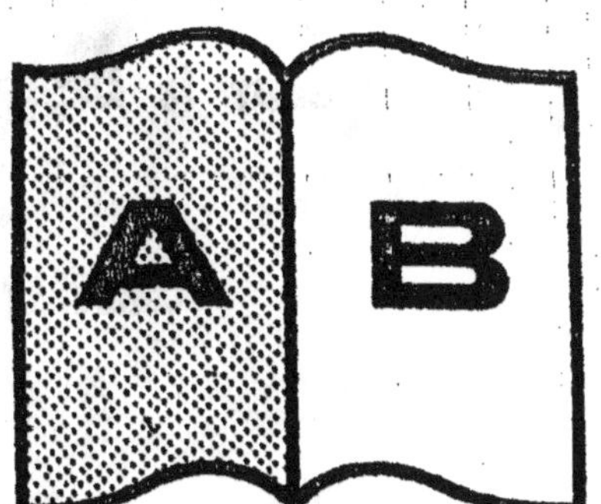

Contraste insuffisant des couvertures
supérieure et inférieure

Fascicule XIII

MÉMOIRES ET TRAVAUX

PUBLIÉS PAR DES PROFESSEURS

DES FACULTÉS CATHOLIQUES DE LILLE

L'ADMINISTRATION PRÉFECTORALE

dans le Département de la Côte-d'Or

SOUS LE

CONSULAT & LE PREMIER EMPIRE

PAR

Paul VIARD

DOCTEUR ÈS-LETTRES, — DOCTEUR EN DROIT

ÉLÈVE DIPLOMÉ DE L'ÉCOLE DES HAUTES-ÉTUDES (SCIENCES RELIGIEUSES)

PROFESSEUR AUX FACULTÉS CATHOLIQUES DE LILLE

LILLE
RENÉ GIARD
Libraire-Éditeur
2, Rue Royale

PARIS (V^e^)
E. CHAMPION
Éditeur
5, Quai Malaquais

1914

MÉMOIRES ET TRAVAUX

DES FACULTÉS CATHOLIQUES DE LILLE

Fasc. I. — E. Lesne : **La hiérarchie épiscopale,** *provinces, métropolitains, primats en Gaule et Germanie* depuis la réforme de saint Boniface jusqu'à la mort d'Hincmar (742-882). xv-350 p. — 1905 .... 6 »

Fasc. II. — A. Delplanque : **Saint François de Sales,** *humaniste et écrivain latin.* xii-170 p. — 1907 .... 3.50

Fasc. III. — H. Dehove : **Essai critique sur le Réalisme thomiste** *comparé à l'Idéalisme kantien,* xi-235 p. — 1907 .... 6 »

Fasc. IV. — A. Delplanque : **Fénelon et la doctrine de l'amour pur** *d'après sa correspondance avec ses principaux amis,* xxvi-470 p. — 1907 .... 10 »

Fasc. V. — A. Delplanque : **Appendice,** *Contribution à une édition critique de la correspondance de Fénelon et Lettres et documents inédits,* 102 p. — 1907 .... 3 »

Fasc. VI. — E. Lesne : **Histoire de la propriété ecclésiastique en France,** t. Ier, *époques romaine et mérovingienne,* xi-498 p. — 1910 .... 10 »

Fasc. VII. — E. Lesne : **L'origine des menses** *dans le temporel des églises et des monastères de France au IXe siècle,* xi-105 p. — 1910 .... 3.50

Fasc. VIII. — G. Delépine : **Recherches sur le calcaire carbonifère de la Belgique.** 419 p. — 1911 .... 10 »

Fasc. IX. — J. Peter : **L'Abbaye de Liessies,** *en Hainaut, depuis ses origines jusqu'après la réforme de Louis de Blois* (764-1566), xxxiv-420 p. — 1912 .... 8 »

Fasc. X. — G. Duriez : **Les Apocryphes** *dans le drame religieux en Allemagne au moyen âge,* 112 p. — 1914 .... 3 »

Fasc. XI. — G. Duriez : **La Théologie** *dans le drame religieux en Allemagne au moyen âge,* 646 p. — 1914 .... 15 »

Fasc. XII. — P. Viard : **Histoire de la dîme ecclésiastique en France au XVIe siècle.** 476 p. — 1914 .... 4 »

Fasc. XIII. — P. Viard : **L'administration préfectorale dans le département de la Côte-d'Or sous le Consulat et le Premier Empire,** 390 p. — 1914 .... 8 »

DIJON. — IMPRIMERIE DARANTIERE.

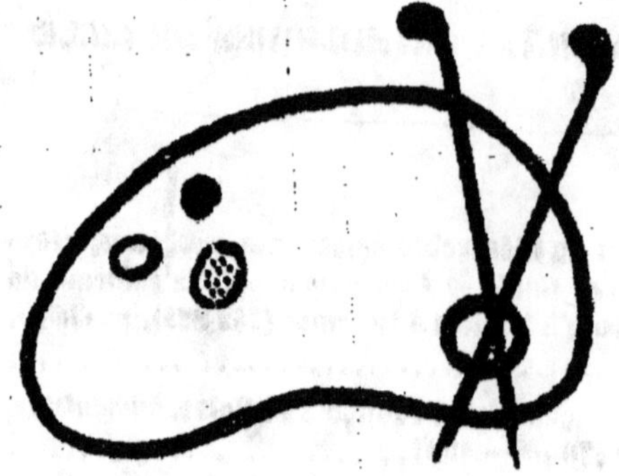

Fin d'une série de documents en couleur

L'ADMINISTRATION PRÉFECTORALE

dans le département de la Côte-d'Or

SOUS LE CONSULAT ET LE PREMIER EMPIRE

Fascicule XIII

MÉMOIRES ET TRAVAUX

PUBLIÉS PAR DES PROFESSEURS

DES FACULTÉS CATHOLIQUES DE LILLE

L'ADMINISTRATION PRÉFECTORALE

dans le Département de la Côte-d'Or

SOUS LE CONSULAT & LE PREMIER EMPIRE

PAR

Paul VIARD

DOCTEUR ÈS-LETTRES. — DOCTEUR EN DROIT

ÉLÈVE DIPLOMÉ DE L'ÉCOLE DES HAUTES-ÉTUDES (SCIENCES RELIGIEUSES)

PROFESSEUR AUX FACULTÉS CATHOLIQUES DE LILLE

LILLE
RENÉ GIARD
Libraire Éditeur
2, Rue Royale

PARIS (Ve)
E. CHAMPION
Éditeur
5, Quai Malaquais

1914

INTRODUCTION

Le présent volume est une contribution à l'histoire administrative du Consulat et de l'Empire. Ce n'est point une histoire complète de la Côte-d'Or entre 1800 et 1814. Je me suis borné à retracer le fonctionnement de l'administration préfectorale et n'ai envisagé que par ce côté administratif les affaires religieuses, la vie littéraire de ce pays, les questions économiques et sociales, l'esprit public, l'administration municipale elle-même. Je me suis proposé d'écrire l'histoire de la préfecture et *non* celle du département.

Ainsi précisé le sujet est demeuré vaste car à cette époque surtout l'action du préfet est si étendue et si puissante que l'on a pu dire du régime impérial qu'il fut une ébauche de socialisme d'État (1). Il n'a pas cessé de présenter un double intérêt juridique et historique. Étudier le fonctionnement des préfectures impériales, c'est décrire les origines de notre système administratif actuel, c'est rechercher quels furent les effets réels et les conséquences sensibles de la centralisation et de l'autocratie napoléoniennes, c'est apprendre comment les populations ont accueilli les méthodes gouvernementales de l'empereur et pourquoi en 1814 elles acclamèrent dans presque toute la France les Bourbons et les alliés. Cependant si l'on a étudié, en des livres souvent excellents, le régime impérial dans les États vassaux ou les dépendances extraterritoriales de l'empire, la vie intérieure de la France, l'histoire de l'administration française ont moins retenu l'attention. A ma connaissance nous sommes bien renseignés sur le seul

(1) Darmstädter, XIX, p. 661 : « ... der napoleonische Absolutismus sich mehr und mehr einem Staatssozialismus genähert... hat ». Sur l'intérêt de ce sujet, *cf.* Aulard, *Centralisation*, p. 342.

département du Bas-Rhin que M. Darmstädter a décrit avec beaucoup de soin et d'impartialité, quoique peut-être un peu brièvement. La thèse de M. Borey sur la Franche-Comté en 1814 est une œuvre plus particulièrement militaire et politique. Tout intéressants qu'ils soient, les ouvrages de MM. Chavanon et Saint-Yves, Fournier et Saint-Yves sur le Pas-de-Calais et les Bouches-du-Rhône offrent deux inconvénients : ils sont incomplets, s'arrêtant en 1810 et négligeant les questions militaires, politiques, économiques et sociales, leurs auteurs ont développé l'histoire du personnel administratif au détriment de celle de l'administration. Ce dernier désavantage est inévitable dans les biographies consacrées à certains préfets bien que les livres de Dejean, de MM. Pingaud et Lévy-Schneider sur Beugnot, Jean Debry et Jean Bon-Saint-André renferment bon nombre d'indications utiles pour l'histoire administrative (1).

J'ai essayé de faire pour la Côte-d'Or ce que M. Darmstädter a fait pour le Bas-Rhin. Chez un Dijonnais de naissance le choix de ce département a été chose toute naturelle. D'ailleurs en Côte-d'Or l'étude du régime impérial présente un véritable intérêt objectif. Éloignée des frontières maritimes, elle n'a que peu ressenti les effets du blocus continental : habitée par des populations loyalistes et modérées, sans grande industrie ni commerce, elle peut être considérée comme un type de la moyenne des départements français ; Napoléon connaissait le pays et *a priori* on doit se demander si l'empereur des Français s'est souvenu du lieutenant d'artillerie d'Auxonne (2).

Administrative par son objet cette étude l'est encore par sa documentation. J'ai négligé les lettres, les mémoires, les autres documents d'origine privée. On exagère souvent et de beaucoup l'utilité et la valeur historiques de semblables sources. A les consulter j'aurais craint de devenir l'écho de quelque

(1) La situation toujours particulière de Paris et de l'administration parisienne diminue pour la connaissance du régime impérial en France l'utilité des bons travaux de L. Passy sur le préfet Frochot et de ceux, plus récents, de M. Lanzac de Laborie sur Paris sous Napoléon. Cf. les appréciations concordantes de M. Aulard (Rév. fr., LXI, p. 200, 201, 204, 206, 213) qui semble ne pas utiliser les articles de M. Darmstädter.

(2) Sur le séjour de Napoléon en Côte-d'Or, cf. Chuquet, *La jeunesse de Napoléon*, I, p. 307 ss., II, 148-154, III, 218.

commérage, la dupe des variations des souvenirs ou des sentiments d'un mémorialiste, la victime du très relatif secret des correspondances confiées à la poste impériale. Lettres et mémoires ne nous livrent d'ailleurs que la pensée de leur auteur, de ses amis ou voisins. En outre de légitimes préoccupations familiales et la proximité des événements ne m'auraient pas permis de lire toutes les pièces concernant un même personnage ni tous les manuscrits demeurés propriété particulière. Assez décevante, cette catégorie de renseignements eût été incomplète et par suite dangereuse (1).

Les documents d'origine officielle et accessibles à tout lecteur ont donc constitué mon unique source. Étant donné l'objet précis de ce travail, cette restriction n'a pas de sérieux inconvénients. Les lettres échangées entre les fonctionnaires, les états dressés par eux, les décisions du gouvernement nous renseignent sur les actes des administrateurs et le fonctionnement de l'administration dont ils sont le produit scripturaire direct ; les lettres confidentielles et les notes officieuses nous révèlent suffisamment les coulisses de la vie administrative (2). On trouvera à la bibliographie la liste des documents consultés soit dans les bibliothèques soit aux archives nationales ou départementales de la Côte-d'Or (3). Deux d'entre eux méritent seuls quelques détails. Le caractère officiel de la presse durant le régime impérial a rendu naturelle et nécessaire la lecture du *Journal de la Côte-d'Or*. Ainsi est-il possible de remédier aux lacunes possibles des liasses administratives et de connaître de multiples petits faits de la vie locale et surtout l'action du préfet sur la formation de l'esprit public. Ce n'est pas que ce périodique soit moins sujet à l'erreur ou à la passion que les

(1) La remise de ces documents dans un dépôt public n'en changeant en rien la nature et la valeur intrinsèque, je n'ai pas consulté les papiers de H. Vienne, de Baudot, de l'abbé Leprince, etc., conservés à la bibliothèque municipale de Dijon.

(2) La date de cette étude m'a permis d'avoir communication de tous les documents officiels ; les dossiers personnels des administrateurs sont, d'ailleurs, beaucoup moins intéressants qu'on ne le prévoit.

(3) On y trouvera également l'indication des ouvrages modernes utiles, soit pour la connaissance générale de l'époque, soit pour de suggestives comparaisons.

journaux d'aujourd'hui ; à plusieurs reprises les préfets avouèrent et déplorèrent les inexactitudes et les déclamations de leur auxiliaire et il est facile de constater que l'imprimeur-directeur Carion n'a renié aucune de ses haines révolutionnaires. Mais il n'en est pas moins l'organe exclusif de la préfecture et, à ce titre, forme un utile document (1). La statistique de la Côte-d'Or est également une œuvre officielle. Elle remplit deux gros volumes in-folio conservés aux Arch. dép. ; le premier est un tableau ordonné de l'organisation et de la vie côte-d'orienne vers 1807, le deuxième se compose de notes rédigées au jour le jour et qui tiennent le « grand mémoire statistique » au courant jusqu'au 1er décembre 1810. Ce mémoire fut écrit sur la demande adressée par Louis Bonaparte aux préfets de la République le 1er prairial an VIII (21 mai 1800) (2). Le secrétaire-général de la préfecture, Vaillant, en est l'auteur. Aux documents administratifs qu'il détenait, Vaillant joignit les statistiques sollicitées des fonctionnaires et les renseignements abondamment communiqués par des spécialistes ou érudits locaux. S'il convient de ne pas accepter sans contrôle toutes les indications qu'elle fournit, la *Statistique* est un ouvrage clair, complet et critique lorsque le jacobin impénitent que fut Vaillant ne parle ni des nobles ni des prêtres. L'objet bien délimité de ce livre m'a empêché d'utiliser les données innombrables et précises qu'elle contient non seulement sur l'histoire administrative mais sur le mouvement démographique, la situation agricole, le progrès économique, la vie intellectuelle, le prix des denrées, les hommes alors remarquables du département. Il serait grandement désirable que l'une des sociétés savantes de la Côte-d'Or édite cet instructif et volumineux document

(1) Cf. infrà, 1re partie, chap. VI. Préfet au 2e arr. de police, 22 juillet 1806 (Arch. Nat. F/7, 8424) : « ce n'est pas la première fois qu'il se permet des récits exagérés ou totalement dénués de fondement ; ... il écrit, ainsi que ses confrères, sans plus amples informations ». Sur l'esprit anticlérical et antiaristocrate de Carion, cf. *Journal*, 10 ventôse an XI, 3 frimaire an XIII, 30 germinal et 10 floréal an XII.

(2) Sur cette circulaire et son exécution en Seine-Inférieure, cf. Dejean, *Beugnot*, p. 252 ss. ; Bourdon, *La statistique du département de l'Aude*, Révol. franç. 1912, LXIII.

et par un examen détaillé en détermine et vérifie l'exactitude (1).

Officiel n'est point synonyme d'exact. J'ai eu plusieurs occasions de vérifier ce canon de critique historique. En l'an VIII la fortune de Léjéas-Charpentier varie suivant les observateurs officiels de 6.000 à 17.000 francs de revenu. Les évaluations administratives sont également imprécises lorsqu'il s'agit de déterminer le montant des rentes perçues par la femme de l'un des préfets, la baronne Lecoulteux; les bureaux de la préfecture croient bien faire en lui en accordant 30.000 francs; mieux informé, on l'espère du moins, Lecoulteux substitue à ce chiffre celui de 6.000. Le même Lecoulteux assigne trois fils au général Mornard et en donne la situation sociale tandis que le général affirme à l'empereur: « Je n'ai que deux fils. » Qui se trompe du père ou du préfet? Voici comment le successeur de Lecoulteux raconte à Napoléon la fuite de Smorgoni, la retraite de Moscou, la réoccupation de la Pologne par les Russes et l'effet produit sur l'esprit public par l'anéantissement de la Grande-Armée: « Quelle a été l'allégresse générale lorsque la renommée apprit... qu'après avoir par les combinaisons les plus savantes assuré le repos des soldats, le résultat de la campagne et ses projets ultérieurs, elle (S. M.) était venue se montrer à ses peuples toujours si avides de la revoir. » Il est vrai que Cossé-Brissac

(1) Vaillant indique la liste de ses collaborateurs, longue et variée (I, notice préliminaire). Des renvois marginaux facilitent la consultation simultanée des deux volumes. La date approximative de la rédaction est fixée par la lettre de réception adressée par le ministre de l'Intérieur au préfet le 8 octobre 1807, les lenteurs habituelles de la correspondance administrative et l'affirmation ministérielle d'une lecture déjà faite de l'œuvre de Vaillant (I, *ibid.*). — Vaillant n'hésite pas à relever les imperfections de l'administration impériale, à réclamer plus d'intérêt pour les routes et pour les hôpitaux, à blâmer les actes des préfets disparus (II, p. 311); puis il se défie des statistiques administratives et des généralisations (I, p. 249-251). Par contre il raconte avec quelque irrespect pour le maire de Dijon l'installation dans la salle publique de la mairie d'une « vieille tapisserie... où l'on voit la ville de Dijon... en 1513... » (I, p. 82, 83); à propos de la transformation d'une partie du Parc en champ de courses, il s'élève contre les actes « d'une ci-devant caste... dont toutes les actions portent le cachet et l'empreinte de la sottise » (II, p. 314). Il dresse un plan minutieux des cachots de Citeaux et en parlant des fêtes où se déployait l'antique gaieté bourguignonne, assure que « l'introduction du Christianisme... ne fut qu'un nouveau moyen pour les rendre plus burlesques » (I, p. 96, 266). — Sur les risques inhérents à ce genre de documents, cf. en un sens peut-être trop pessimiste, Bourdon, *Rév. franç.*, 1912, 63, p. 109, 110, 129.

annoncera à ses administrés l'entrée des troupes françaises à Berlin au moment où la défaite de Dennewitz écarte définitivement les aigles impériales de la capitale prussienne (1).

Mais ce sont là erreurs inévitables, quelles que soient l'origine et la nature des documents dont se sert l'historien. Et contre les appréciations officielles il est d'avance en garde. Lorsqu'un préfet affirme aux ministres le petit nombre de réfractaires, le paiement facile des droits réunis, le développement de la culture de la betterave, l'admiration et l'amour de ses administrés pour « la personne auguste et sacrée de S. M. », une connaissance élémentaire de la psychologie administrative invite l'historien à atténuer les attestations favorables à la carrière du fonctionnaire et à relever avec soin toutes les omissions avouées dans « ce narré. » D'ailleurs le grand nombre des pièces officielles permet souvent une critique plus directe. C'est une lettre confidentielle qui révèle ce que le préfet dissimule dans une missive plus ostensible ; c'est un rapport au ministre qui, en des époques critiques, contredit les affirmations opportunes contenues dans les circulaires préfectorales ; c'est un état dont la sécheresse mathématique balance l'optimisme de documents plus littéraires. Ainsi se raréfient les chances toujours trop nombreuses d'inexactitudes (2).

Les faits recueillis dans ces sources et suivant cette méthode ont été distribués entre trois parties. La première se termine lorsque Bonaparte, avec le Consulat viager, reçoit un pouvoir quasi-souverain et vient de modifier par toute une série de lois l'organisation militaire, religieuse, judiciaire, scolaire de la République (3). La troisième commence avec l'année 1813 alors que se manifeste en Côte-d'Or cet affaiblissement de la puissance impériale déjà constatée par les historiens de

(1) Notes sur les personnes aptes à remplir des fonctions administratives en l'an VIII (Arch. dép. M/4, 1, M/6, 33. Arch. Nat. F 1b/II, Côte-d'Or 2). Liste des dames de la Charité maternelle, X/3, 1.

Notes préfectorales sur la députation du collège départemental en 1811 (F 1 c/III, Côte-d'Or 1). Adresse à l'empereur, 31 décembre 1812 (*ibid.*). Discours du préfet (*Journal*, 16 septembre 1813, cité 3e partie, chap. I).

(2) Cf. en particulier l'examen des lettres préfectorales de 1813 dans la 3e partie, chap. I.

(3) Lois du 18 germinal an X (8 avril 1802) sur les cultes ; 11 floréal (1er mai 1802) sur l'instruction publique ; 28 floréal (18 mai) sur le recrutement et les justices de paix (Duvergier, XIII).

l'administration centrale et par ceux des préfets (1). J'ai laissé au lecteur la tâche délicate de rapprocher les faits reproduits par moi avec d'autres plus anciens ou plus récents et de formuler, suivant ses préférences politiques, suivant aussi ses habitudes d'examen libre et intégral, un jugement sur la valeur comparée de divers systèmes politiques ou administratifs.

Avant de lui remettre en main les éléments de ses appréciations, il me reste à exprimer ma reconnaissance à tous ceux qui m'ont aidé au cours de mes recherches. Je nommerai particulièrement M. Oursel, conservateur de la Bibliothèque municipale de Dijon ; M. Claudon, conservateur en chef, et M. Salviol, conservateur-adjoint des Archives départementales de la Côte-d'Or dont la bienveillance et l'érudition avertie ont accéléré et amélioré la consultation des nombreux documents de ce dépôt ; M. Ch. Schmidt, archiviste aux Archives Nationales, auquel je dois d'utiles conseils et la lecture aisée de livres d'ordinaire malaisément accessibles ; M. le Recteur Boirac qui m'a autorisé à compulser les archives de l'Académie de Dijon ; M. le professeur Sagnac qui m'a communiqué mainte idée utile. Enfin je ne saurais assez dire combien MM. les professeurs Hauser et Eisenmann se sont intéressés aux recherches d'un de leurs anciens étudiants, combien ils l'ont soutenu dans sa tâche, grâce à eux menée à bonne et prompte fin.

(1) Cette division tripartite, connue des historiens politiques (cf. par ex. : A. Fournier, *Napoléon*) est employée par M. Lanzac de Laborie dans ses études sur l'administration parisienne (I, p. III). Sur la portée du Sénatus-Consulte du 16 thermidor an X, cf. Fournier, I, p. 233 ; sur 1813, cf. Aulard, *Napoléon et le monopole universitaire*, p. 313 ; Borey, *La Franche-Comté en 1814*, p. 8 ; Pingaud, *Jean Debry*, p. 324.

PREMIÈRE PARTIE

Les origines de la préfecture

CHAPITRE PREMIER

La Côte-d'Or pendant la Révolution

Créé par la loi du 22 décembre 1789, lors de la grande réforme administrative de l'Assemblée constituante, le département de la Côte-d'Or se compose de la presque totalité des contrées... « d'Auxois, Auxonnais, Beaunois, Châtillonnais et Dijonnais, d'une partie du Charolais et du Morvan ; d'une petite partie de la province de Champagne et de quelques communes de l'Isle-de-France, de la Franche-Comté et du Nivernais (1). » Sa superficie territoriale ne s'est pas modifiée depuis lors ; elle atteint 871.191 hectares. Le 9 février 1790, les 427.333 habitants que comptait alors ce département furent répartis entre 7 districts, 88 cantons et 762 communes. Le chef-lieu fut établi à Dijon que désignaient le chiffre de sa population et sa situation de capitale de l'ancienne province de Bourgogne. Les autres chefs-lieux de district furent Beaune, Châtillon, Semur, Arnay-le-Duc, Is-sur-Tille et Saint-Jean-de-Losne. Les districts disparurent,

(1) Vaillant, I, p. 2. Cf. Kleinclausz, *Hist. Bourgogne*, p. 362. La formation du département de la Côte-d'Or et le choix de ce nom ont été particulièrement étudiés par G. Dumay, *Géographie historique du département de la Côte-d'Or* (Mém. Société bourg. de Géographie et d'histoire, XVIII, 1902) p. 1-42. On trouvera une description géographique et économique dans Vaillant, I, p. 2 ss., utilisée par Simon, *Les subsistances à Dijon de 1789 à 1794* (Hist. économique de la Révolution. Comité départemental de la Côte-d'Or. Enquêtes sur la Révolution en Côte-d'Or, I), p. 211-215.

on le sait, avec la constitution de l'an III et ressusciteront, moins nombreux, en l'an VIII sous le nom d'arrondissements (1).

Il n'est pas encore possible de retracer avec brièveté et précision l'histoire administrative de la Côte-d'Or pendant la Révolution. La législation, très compliquée, se modifie constamment; son application dépend de multiples circonstances locales et ne saurait être étudiée en faisant abstraction de l'histoire politique, religieuse et économique. Cette époque, si mouvementée et si touffue, si riche en idées et en événements, demeure insuffisamment connue (2). A l'aide des travaux déjà publiés, de sujets et de valeur historique fort variables, on peut, toutefois, se représenter dans son ensemble l'état de l'esprit public des populations côte-d'oriennes pendant la période révolutionnaire. Pour qui veut étudier dans ce département l'histoire du gouvernement impérial, c'est la question essentielle. Avec le Consulat, les formes administratives changeront ; le personnel administratif sera renouvelé et soumis à une direction nouvelle et uniforme ; les lois religieuses, militaires, financières recevront des modifications plus ou moins profondes ; un esprit différent animera les assemblées législatives et le pouvoir exécutif. Mais les sentiments primordiaux, les habitudes de pensée, les désirs politiques ou économiques des habitants de la Côte-d'Or demeurent les mêmes et constituent le milieu moral dans lequel anciens et nouveaux administrateurs ont vécu et agi, vivront et agiront.

Les caractères généraux de cet esprit public sont très simples et très constants. La Côte-d'Or accueillit avec enthousiasme la Révolution de 1789 ; elle se montra inébranlablement fidèle au régime nouveau mais sut éviter les excès et les violences révolutionnaires. C'est un département franchement *patriote*, mais d'hommes au tempérament modéré (3).

(1) Kleinclausz, op. et loc. laud. Dumay, p. 36, 37.

(2) Le meilleur tableau d'ensemble est celui de M. Kleinclausz, *Hist. de Bourgogne*, p. 347-395, auquel il conviendra de se reporter souvent.

(3) Cf. L. Hugueney, *Les clubs dijonnais sous la Révolution* ; *leur rôle politique et économique*, 1905, p. 6 : « le bon sens, la placidité d'esprit de ses habitants y ont rendu les exécutions plus rares et la terreur moins tragique ». P. Perrenet, *La Terreur à Dijon* ; *la conspiration des prisons* (Mém. Société bourg. d'histoire et de géographie, XXIII et tirage à part, 1907), p. 7, 8.

C'est spontanément, avant de connaître la prise de la Bastille, que les Dijonnais ont commencé la Révolution (1). Dès le 15 juillet l'autorité du gouverneur est méconnue et sa personne, menacée. Le 17 juillet, ils s'emparent, sans résistance d'ailleurs, du château et de la tour Saint-Nicolas et remplacent la municipalité royale par une commission d'origine populaire. Les jours suivants s'organise une garde nationale sous le nom de milice bourgeoise. Désormais les autorités dijonnaises seront la commission municipale et l'état-major de la milice. Leur premier acte est de défendre aux nobles de quitter Dijon (2). Bientôt des compagnies de volontaires se forment et entrent en lutte sourde avec la garde nationale ; un club commence à se réunir et prépare les élections municipales qui approchent ; la commission bourgeoise se préoccupe d'assurer l'approvisionnement en grains (3). L'année 1789 s'achève au milieu du trouble général et des espérances contraires des partis opposés (4).

L'attachement des populations côte-d'oriennes aux idées révolutionnaires s'affirme de plus en plus au cours des années suivantes. Si le candidat des réformateurs modérés devient maire de Dijon en janvier 1790, il cédera la place en décembre 1791 à un homme d'opinions plus avancées. Les autorités du district d'Arnay-le-Duc ne craignent point d'arrêter Mesdames, tantes du roi ; elles les retiennent malgré la régularité de leurs passeports et ne les remettent en liberté que sur l'ordre formel et réitéré de l'Assemblée (5). Cette conduite est approuvée par les clubs du département qui demandent l'extradition des

(1) Les députés du tiers du bailliage de Dijon appartiennent au parti radical d'alors (F. Claudon, Journal de la réunion des trois ordres du bailliage de Dijon *Enquêtes*, I, 263-265).

(2) Perrenet, op. laud., p. 11-13. Huguenin, *Les volontaires de Dijon en 1789* (Mém. Société... XII), p. 361-368. Jarrot, *Dijon du 14 juillet au 31 décembre 1789* (Mém. Société... XV), p. 160-207.

(3) Huguenin, p. 368-382. Jarrot, p. 207-224. Hugueney, p. 16-28.

(4) La question des subsistances fut souvent inquiétante en Côte-d'Or. En 1789 le lieutenant Bonaparte va à Auxonne et à Seurre réprimer des troubles provoqués par des accaparements. Cf. les études de MM. Boissard et Simon sur les subsistances à Dijon et à Belle-Défense (*Enquêtes*, I).

(5) Perrenet, p. 13-15. Jarrot, *L'arrestation de Mesdames, tantes de Louis XVI, à Arnay-le-Duc* (Bulletin d'histoire et d'archéologie du diocèse de Dijon, XXIV, 1906), p. 189-205.

émigrés et applaudissent à la déclaration de guerre contre l'Autriche. La fuite du roi provoque une vive émotion. De la Côte-d'Or arrivent à la Législative, dès avant le 10 août, des adresses communales qui, chose encore rare, réclament la chute du roi. Les transformations religieuses sont acceptées comme les changements politiques. Le clergé de la Côte-d'Or prêta le serment en très forte majorité ; l'abbé Volfius, aumônier de la milice dijonnaise en 1789, fut élu évêque de Dijon. Les prêtres insermentés sont poursuivis ; la foule les saisit les 17 et 18 juin 1792 et la municipalité pense les protéger en les emprisonnant. Mais personne ne semble avoir songé à massacrer les prisonniers ; même après le 10 août et les journées parisiennes de septembre, leur vie est sauve (1).

La Convention compta peu de départements plus fidèles et plus soumis. La Côte-d'Or lui donne des soldats en nombre considérable contre l'étranger et contre ses ennemis de l'intérieur ; elle marche allègrement contre la Vendée, contre Lyon et Toulon (2). Lors de la grande tentative fédéraliste, le département du Jura propose à celui de la Côte-d'Or de marcher sur Paris. Les autorités dijonnaises refusèrent; sans trop d'exagération, on a pu dire que la domination montagnarde dut, ce jour-là, son salut à la fidélité de ce département. Les députés côte-d'oriens siègent à la Montagne et votent la mort de Louis XVI. Aucun d'eux ne s'affilia à la Gironde (3). Directoire départemental, administrations de districts, municipalités sont d'ailleurs aux mains des adhérents ou des

(1) Hugueney, p. 130-131, 139. Kleinclausz, p. 363, 367, 368. Aulard, *Hist. politique*, p. 194. — M. Gazin-Gozel prépare une bibliographie de Volfius qui sera une véritable histoire du clergé de la Côte-d'Or entre la constitution civile et la réorganisation concordataire.

(2) Kleinclausz, p. 371, 376-378. Chuquet, *La jeunesse de Napoléon*, III, 1899, p. 163, 175, 183, 234. Voici, d'après Vaillant (I, p. 229, 230) le relevé des troupes fournies par la Côte-d'Or pendant la Révolution : 1791, 2 bataillons ; 1792, 7 bataillons et une compagnie franche de 100 hommes : en 1793, 4449 soldats et en outre un bataillon à l'armée de Lyon et 400 cavaliers pour la *force départementale ;* le nombre total des réquisitionnaires levés par la Convention et par le Directoire fut de 14.000. Cf. Sadi Carnot, *Les Volontaires de la Côte-d'Or*. Hutinel et Mathey, *Vitteaux*, p. 453.

(3) Aulard, *Hist. politique*, p. 395. Milsand, *Les élections en Côte-d'Or*. Radiguet, *Les votes des conventionnels en 1793 et en 1815*, Revue Etudes napoléoniennes, II, 1912, p. 413 ss. Jarrot, *Dijon du 1er janvier 1790 au 23 janvier 1793* (Mém. Soc. bourg. de géographie et d'histoire, XVI, 1900), p. 267.

protégés du club dijonnais, filiale des Jacobins parisiens. Cette société, aux noms variés, est la véritable autorité de la Côte-d'Or. Elle surveille, stimule et, au besoin, dénonce les pouvoirs légaux. Toute sa politique consiste à faciliter l'exécution des ordres de la Convention. Elle poursuit avec ardeur les prêtres insoumis ; elle réclame l'application stricte et l'extension des lois du maximum. Mais, dominée par la faction terroriste, la Société dijonnaise ne veut pas interrompre la Terreur après la mort de Robespierre. Dijon demeurera l'une des citadelles du jacobinisme terroriste jusqu'à l'arrivée en octobre 1794 du représentant Calès (1).

Malgré la fougue de leurs discours et l'entraînement de l'exemple, les clubistes dijonnais et leurs amis évitent de verser le sang. L'échafaud ne fut pas dressé en Côte-d'Or contre des criminels politiques tant que les populations furent laissées libres de s'administrer elles-mêmes. La première exécution date de la mission de Léonard Bourdon (de l'Oise) en avril 1793. Le séjour du conventionnel ranime les passions révolutionnaires ; on pourchasse les suspects et les enferme dans les prisons. Mais on se borne à leur infliger des traitements humiliants ou une nourriture démocratique. La venue de Pioche-fer Bernard (de Saintes) provoquera plus de rigueur. Il imagine la « Conspiration des prisons » et attire sur les coupables la justice rapide du Tribunal révolutionnaire de Paris. Il fait traduire devant le tribunal criminel ordinaire de Dijon certains prévenus d'émigration. Les juges dijonnais ne comprennent pas que le tout-puissant proconsul veut une condamnation ; ils se préparent à acquitter le président Micault dont Bernard occupe l'hôtel et vide la cave. Un billet court et brutal les éclaire sur la portée effective du principe de la séparation des pouvoirs et sur la valeur pratique de l'indépendance des magistrats élus directement par le peuple souverain. Le directoire départemental se prête plus volontiers aux désirs du représentant ; contre le témoignage formel d'autres directoires, il refuse à quelques accusés le certificat de résidence

(1) M. Hugueney a décrit (op. laud.) l'activité et l'importance de la société dijonnaise et finement scruté la psychologie politique de ses membres. *Cf.* du même auteur, *Nouvelle contribution à l'histoire des clubs dijonnais* (Enquêtes sur la Révolution en Côte-d'Or, I, p. 49-63).

et pour plus de simplicité décide que l'un d'eux « serait réputé émigré ». Toutefois il n'y eut que 11 condamnations à mort, la plupart illégales ; il ne fut pas créé de tribunal révolutionnaire (1).

Rassurés par la présence de représentants animés d'un autre esprit, Calès et Mailhe, les habitants de ce département purent concourir à la réaction thermidorienne. Ils acceptèrent la constitution de l'an III (2) et crurent à ses promesses de liberté et de gouvernement régulier. Les actes du Directoire les détrompèrent bien vite. Le département avait porté ses choix en l'an V sur des hommes que leur modération fit suspecter de royalisme ; il fut occupé militairement par des troupes de l'armée de Rhin-et-Moselle et la loi du 19 fructidor en annula les élections (3). A plusieurs reprises, le Directoire suspendit ou destitua les municipalités jacobines que la pression exercée par le club dijonnais réussissait à faire installer au chef-lieu. En revanche, les religions soutenues par le gouvernement, la théophilanthropie et le culte décadaire, étaient considérées avec beaucoup de froideur ; en 1797, une centaine d'insermentés célébraient les offices catholiques à Dijon (4).

Bien que les années du Directoire aient peu attiré l'attention des historiens locaux, il est probable que la désorganisation administrative et financière qui caractérisent ce gouvernement se manifestèrent en Côte-d'Or comme dans le reste du territoire de la République. Il me suffira ici de rechercher quelle était la situation générale du département au commencement de l'an VIII (5).

En vendémiaire le ministre de la police, Fouché, se déclare

(1) Perrenet, p. 23-98.

(2) Lajusan, *Le plébiscite de l'an III* (Rév. fr., LX, 1911), p. 23, 24, 28, 38.

(3) Kleinclausz, p. 389. Hugueney, p. 208-214. Aulard, *Hist. politique*, p. 681. Arch. Nat. ADxvi 31.

(4) Hugueney, p. 231, 232. Kleinclausz, p. 390. Jarrot, *Le clergé constitutionnel de la Côte-d'Or* (Bulletin d'hist. et d'archéologie du diocèse de Dijon, XVI, 1898), p. 260.

(5) Le document essentiel, le rapport du commissaire extraordinaire envoyé par les Consuls de brumaire à nivôse an VIII, n'existe plus pour les départements de la 18e division militaire (Rocquain, *L'Etat de la France au 18 brumaire*, 1874, p. vi, n. 1. Cf. Arch. Nat. AF/IV. 1022, ne contenant que des pièces de comptabilité dont aucune n'intéresse la Côte-d'Or).

satisfait de la soumission aux lois que témoignent les habitants de la Côte-d'Or. Cet optimisme est exagéré. La levée des bataillons auxiliaires s'opère avec quelques difficultés surtout à Dijon et à Beaune. La réquisition du 30e cheval suscite des résistances ; l'administration départementale devra le 20 brumaire suspendre cette dernière mesure directoriale et ne demander que le 50e cheval (1). On se plaint beaucoup des innovations financières du gouvernement. L'équivalence établie entre la livre et le franc cause un assez sensible préjudice aux détenteurs de pièces anciennes. L'impôt sur les riches est l'objet de graves critiques. Décidée le 9 thermidor an VII et ordonnée par la loi du 10 messidor (28 juin 1799) cette dernière contribution qualifiée d'emprunt devait être répartie arbitrairement par des jurys composés de non contribuables. Le département de la Côte-d'Or fut taxé à 1.000.000 de francs. Les jurys opérèrent sans se préoccuper du texte légal ; le *Journal de Carion*, fort peu suspect de modérantisme, le constate ; beaucoup de cotes furent abaissées par le jury départemental de révision. Par contre, un fait manifeste clairement la modération des sentiments révolutionnaires en ce département : « les dispositions de la loi qui augmentent la taxe des nobles ne seront point suivies » ; ils « ne paieront point pour la tache originelle ». Les seuls contribuables auxquels l'opinion soit systématiquement hostile sont les riches de récente fortune et de probité douteuse. Il ne put être établi que 1158 cotes pour un montant total de 983.802 francs. Cet impôt comme les autres rentre avec peine. Les caisses publiques sont vides ; les fournisseurs, las d'attendre, menacent le payeur général. Les routes ne sont pas entretenues bien que les voituriers aient été astreints à la lourde et gênante taxe des barrières ; la perception de celle-ci a été confiée à des fermiers qui se dispensent d'exécuter les travaux d'entretien prévus dans leur contrat ; le mal est tel que les

(1) Aulard, *L'Etat de la France en l'an VIII et en l'an IX* (Société hist. de la Révolution française), 1897, p. 3, 12 vendémiaire an VIII (4 octobre 1799). *Journal de la Côte-d'Or*, 10 et 20 vendémiaire, 20 brumaire. Vandal, *L'avènement de Bonaparte*, I, 1902, p. 211, 212.

autorités de la Côte-d'Or sont forcées de saisir les caisses des adjudicataires (1).

Les réquisitions de tout genre accablent et mécontentent les paysans ; la persécution religieuse les aigrit. L'administration centrale se fera bientôt l'interprète des plaintes des campagnes. Elle constatera que « dans quelques cantons on s'est vu forcé à abattre une certaine quantité de bétail rouge dans l'impossibilité où l'on est de le nourrir » ; elle qualifiera les réquisitions de « système ruineux pour l'État, désastreux pour nos administrés, destructeur de l'agriculture, alarmant pour la sécurité publique (2). »

Il ne semble pas cependant que ce pays soit hostile à la République ou à la forme actuelle du gouvernement. Cependant des observateurs officiels constatent le « dépérissement de l'esprit public » depuis floréal an VII (3). Les cérémonies célébrées par les théophilanthropes locaux en l'honneur du général Joubert, le héros du parti au pouvoir, n'ont qu'une importance médiocre. Beaucoup plus significatifs sont les termes avec lesquels on accueille l'annonce du retour de Bonaparte. Le *Journal de la Côte-d'Or* en avise ses lecteurs par une manchette, procédé extrêmement rare alors. Elle est ainsi conçue : « Vive la République ! Buonaparte est de retour ! Il arrive vainqueur des Turcs et en paix avec eux ! Sa présence rendra la paix avec l'Europe et le bonheur ! Vive la République ! » Une rixe se produit entre vendeuses du marché à Dijon parce que « celles de ces femmes qui sont attachées à la Révolution ont d'un air triomphant proclamé... le retour du vainqueur de l'Italie (4) ». Bonaparte apparaît donc comme le général victorieux mais désintéressé, comme le plus sûr appui du gouvernement établi. Personne ne paraît songer au coup d'État qui se prépare ; personne ne semble le désirer.

(1) *Journal*, 10, 20, 30 vend. ; 5 brumaire ; 5 frimaire. Cf. Stourm, *Les finances de l'ancien régime et de la Révolution*, 1885, I, p. 231 ; II, p. 381, 382.

(2) Hulinel et Mathey, *Vitteaux*, p. 482-484. Adm. centrale au commissaire ordonnateur de la 18e division militaire, 7 nivôse an VIII (F/11, 337).

(3) Rocquain, p. 380. *Cf.* Aulard, *Causes du 18 brumaire*, Révol. fr., XXVII, 1892, p. 30-31.

(4) *Journal*, 15, 25, 30 vendémiaire.

CHAPITRE II

Les derniers mois de l'administration directoriale

A la date du 18 brumaire l'organisation administrative était réglementée par la constitution de l'an III et diverses lois postérieures qui avaient accru l'influence du Directoire sur les autorités locales. Le département, divisé en de nombreux cantons administrés par une *municipalité cantonale*, avait à sa tête une *administration centrale*. Les cinq membres qui la composent doivent constitutionnellement être élus ; en fait, le Directoire les nomme plus ou moins directement. Ils ont la haute main sur toute l'administration du département ; en particulier ils veillent à l'exécution des lois, maintiennent la sûreté et la tranquillité publique, rédigent des arrêtés, disposent de la force armée. Les municipalités cantonales leur sont subordonnées ; ils peuvent en annuler les actes ou suspendre les membres. L'administration centrale possède donc de sérieux moyens d'action. Mais elle-même se trouve sous la dépendance du commissaire du Directoire dont les progrès de la centralisation et de l'absolutisme gouvernementaux ont fait le véritable dépositaire du pouvoir exécutif dans le département (1).

Ainsi organisées et armées les administrations centrales étaient capables de soutenir efficacement le gouvernement légal et de résister à un coup d'État ; leur origine, la présence du commissaire leur en inspiraient le désir. De fait, certaines autorités locales, dans le Jura par exemple, n'acceptèrent pas les résultats de la journée du 18 brumaire. En Côte-d'Or, administrateurs et administrés acceptèrent les faits accomplis ; ils imitèrent les habitants des Bouches-du-Rhône dans leur adhésion passive sans connaître les hésitations de l'adminis-

(1) Poullet, *Institutions*, p. 160-175. Jaurès, *Hist. socialiste*, VI, p. 20.

tration centrale du Pas-de-Calais ou la permanence du club des Jacobins de Toulouse (1).

1. — *Le 18 brumaire an VIII* (9 novembre 1799)

Les événements de Saint-Cloud et les décrets des Anciens suscitèrent en ce département comme en Haute-Garonne plus de surprise que d'enthousiasme. Le *Journal de Carion* se dit mal renseigné et évite toute appréciation compromettante : « Les journaux nous manquent depuis l'étonnante révolution qui vient de s'opérer... On ne paraît pas encore revenu de la stupeur dans laquelle des événements si rapides ont plongé. » Une certaine réserve et quelque méfiance se manifestèrent si l'on en croit le même périodique, fort engagé dans les idées et les intérêts des anciens terroristes (2). Cependant cette attitude prudente se modifia promptement. Dès le 30 brumaire parurent des réflexions politiques dont l'ensemble constitue un réquisitoire implacable contre la forme gouvernementale disparue (3). Cette impression est confirmée par la lecture des lettres du personnage qui paraît le plus apte à connaître l'esprit public du département, le commissaire du Directoire : « Il y aura... en général majorité à Dijon pour ces... journées mais les esprits y sont... indécis (4) ».

Ce commissaire n'était autre que le frère du secrétaire des Consuls, du futur secrétaire d'État et ministre de Napoléon, du duc de Bassano. Jean-Philibert Maret n'occupait cette

(1) Vandal, *L'avènement de Bonaparte*, I, p. 28, 29. Chavanon et Saint-Yves, p. XVI, XVII ; Saint-Yves et Fournier, p. 21, 22. Morère, *Révol. franç.*, XXXII, p. 11, 12.

(2) *Journal*, 25 brumaire. On doute de l'exactitude de la tentative d'assassinat imaginée par les auteurs du coup d'État pour décider les troupes à marcher contre les députés ; on garde le silence après la lecture publique des décrets des Anciens. Cf. 25 frimaire. Morère, *Révol. franç.*, XXXII, p. 9, 10, 14.

(3) *Journal* : « ... Constitution... outragée à son berceau par ceux mêmes qui lui avaient donné le jour,... une banqueroute chaque année sous le nom d'arriéré ;... des impositions sous tous les noms imaginables ;... nul code civil. Un changement était nécessaire... L'espoir et la confiance sont rendus à tous les cœurs. »

(4) J.-Ph. Maret à Hugues Maret, 24 brumaire an VIII : « le département n'a pas besoin de mesures régénératrices ». Peu perspicace, le commissaire engage son frère à se fier en la fortune de Siéyès Arch. Nat., F Ib/II, Côte-d'Or 2).

importante fonction que depuis le 5 brumaire. Il y avait été promu sur le désir unanime de la députation côte-d'orienne qui avait signifié au gouvernement la nécessité de donner un remplaçant au sieur Gabet. Celui-ci, bon jacobin, allait être envoyé à Zurich. Les représentants de la Côte-d'Or auraient souhaité que la place fût attribuée à l'un des hommes qui ont le plus effectivement administré ce département, au secrétaire de l'administration centrale Hubert-François-Michel Vaillant. Vaillant, qui avait secondé sans interruption les diverses administrations de la Côte-d'Or depuis 1790, possédait une parfaite connaissance des affaires locales. Il refusa le poste ainsi offert. Les députés songèrent un instant à un membre de l'administration municipale de Dijon, Berthet, dont la nomination parut certaine (1). Mais le gouvernement et la députation s'entendirent pour lui préférer un protégé de Crétet et du directeur Siéyès et « un ami de Bonaparte (2) ».

La nomination de Ph. Maret a eu une réelle influence sur l'accueil fait en Côte-d'Or au coup d'État combiné par Siéyès et exécuté par Bonaparte. Profondément imbu des principes révolutionnaires, Vaillant eût peut-être moins aisément accepté ce changement d'idées et de personnes. Maret n'hésita pas à reconnaître le nouveau gouvernement. Le 21 brumaire (12 novembre), il annonce au ministre de l'Intérieur qu'à la réception des décrets des Anciens il les a fait publier à Dijon et envoyer aux municipalités cantonales pour être affichés. L'administration centrale imita son empressement (3).

Cette initiative ne suscita aucune résistance. A Semur, par exemple, la loi du 19 brumaire fut solennellement proclamée par l'administration municipale du canton, les tribunaux et les principaux fonctionnaires escortés de la garde nationale et de la gendarmerie. La population applaudit. Un seul membre des autorités semuroises protesta. Cet adversaire du Consulat était

(1) *Journal*, 15 et 20 vendémiaire; 15 et 20 brumaire. Administration centrale au Min. Intérieur, 27 thermidor an VII; Hernoux, Dézé, Buvée, Godard et Morisot au même, 28 vendémiaire an VIII : Gautier, député, au même, 6 vendémiaire ; arrêté du 6 brumaire (Arch. Nat., F Ib/II, Côte-d'Or 2).

(2) *Journal*, 20 vendémiaire, J.-Ph. Maret à son frère, 24 brumaire *suprà*.

(3) Commissaire au Min. Intérieur, 21 brumaire (F Ic/III, Côte-d'Or 8). *Journal*, 25 brumaire.

d'ailleurs un ennemi du Directoire et se préoccupait beaucoup plus du paiement des grains chez lui réquisitionnés que de politique générale. A l'unanimité ses collègues réclamèrent et obtinrent de l'administration centrale que le citoyen Menassier, adjoint de Villemote, fût destitué (1).

L'intervention des autorités militaires n'eut pas lieu de se produire ; la mission de Simon, commissaire extraordinaire, demeura parfaitement inutile alors que dans la Haute-Garonne l'action du général Frégeville et l'envoi du général Lannes furent nécessaires à la reconnaissance du gouvernement consulaire. En Côte-d'Or les autorités constituées s'inclinèrent devant l'apparente légalité des décrets du 19 brumaire ; elles avaient peu à peu perdu tout respect pour une constitution sans cesse violée par ses propres auteurs (2). L'administration centrale refusera en nivôse de déférer à une réquisition de fourrages pour l'armée du Danube : « La mise en activité du gouvernement... ne nous permet plus l'usage de pareils moyens ;... ce serait aller contre ses vues paternelles. » Beaucoup de citoyens espérèrent que les hommes nouveaux mettraient fin au régime de désorganisation financière et de persécution religieuse qu'avait instauré le Directoire. Sans espérer de Bonaparte, comme on le fit dans la Sarthe, dans le Loiret, dans la Haute-Saône, la suppression des impôts et de la conscription, tous attendent de lui de décisives victoires et une paix, à la fois prochaine et durable. C'est comme messager de paix que le *Journal de la Côte-d'Or* l'avait salué dès son retour d'Égypte ; c'est comme pacificateur que les populations acclament la proclamation de Bonaparte Consul (3).

(1) Administration de Semur à Administration centrale, 16 frimaire (F Ib/II, Côte-d'Or 2) ; arrêté de l'Adm. centrale, 25 frimaire (16 décembre 1799).

(2) Cf. *Journal*, 30 brumaire ; 20 frimaire, Morère, *Révol. franç.*, XXXII, p. 11-17. Vandal, *L'avènement*, I, p. 409, 443. Jaurès, *Hist. socialiste*, VI, p. 26.

(3) *Journal*, 30 brumaire : ... « Puissent-ils bientôt nous donner la paix ! » Procès-verbal de la cérémonie du 26 brumaire à Semur : « Cette lecture a été partout terminée par des cris de Vive la République ! Vive Bonaparte !... des citoyens de tout âge et de tout sexe... ont témoigné la vive satisfaction... en apprenant... l'espoir fondé où ils sont d'une paix prochaine fondée sur des bases honorables et solides ». *Journal*, 20 frimaire : « les amateurs du son des cloches ont cru que cette révolution... allait être toute en faveur du bruit de ces instruments ». Adm. centrale au commissaire-ordonnateur de la 18e division militaire, 7 nivôse an VIII (F/11, 337).

Commissaire et administration centrale adhérèrent avec le même empressement à la Constitution du 22 frimaire et incitèrent leurs administrés à voter en masse pour l'établissement du Consulat décennal.

2. — *Le plébiscite de la Constitution du 22 frima... an VIII (13 décembre 1799)*

Le 26 frimaire, les administrateurs déclarent : « Il est instant de faire connaître au peuple français la charte qui lui donne enfin un gouvernement stable et reposant sur les bases de la liberté, de l'égalité et du système représentatif. » Ils décident en conséquence d'imprimer la Constitution et de prescrire la confection de registres destinés à recevoir les votes. J.-Ph. Maret pense : « La masse des citoyens est essentiellement amie du gouvernement républicain et ennemie de toutes factions ;... la constitution. . a été reçue en général avec joie. » Il craint cependant que les résultats du plébiscite ne soient pas entièrement satisfaisants. Ce n'est pas que les fonctionnaires soient hostiles au pouvoir actuel ; un seul a refusé de prêter serment et « il est peu probable que l'on relève un seul vote de non acceptation. » Mais les administrations municipales, les juges de paix, les citoyens sont fort insouciants de la chose publique (1).

Pour remédier à cette indifférence, les administrateurs et le commissaire central multiplièrent les lettres aux commissaires municipaux, les proclamations écrites et les cérémonies à effet. Le 27 frimaire lecture est faite des nouveaux textes constitutionnels en présence des tribunaux de Dijon ; « écoutée avec intérêt et en silence » elle fut « suivie de cris de Vive la République ». La musique de la garde nationale exécute « les airs chéris des amis de la République ». On recommande aux libres suffrages des citoyens ce « pacte social, fruit des vertus et du génie » en faisant ressortir les vices des constitutions antérieures ; on exalte l'utilité des conseillers d'État « instruits des besoins de la Société », de ces tribuns « chargés de défendre

(1) Arrêté de l'Adm. centrale, 26 frimaire an VIII (Arch. Nat. B/II, 134 *b*). Commissaire au Min. Intérieur, 8 et 16 nivôse an VIII (F 1b/II, Côte-d'Or 2).

les droits du peuple », du Sénat qui « garantira à jamais la durée de la Constitution ». L'administration centrale attire l'attention sur l'indépendance promise aux tribunaux et sur les peines « punissant avec la dernière sévérité l'audacieux qui oserait violer l'asile d'un citoyen ». Elle exhorte ses administrés à s'unir et à oublier le passé : « Que cette époque mémorable soit donc... l'assurance d'un avenir plus heureux; que toutes les nuances d'opinions disparaissent, que tous les cœurs se rapprochent et se confondent (1). »

De son côté Maret, dans une circulaire adressée aux commissaires municipaux, leur recommande de prêcher « l'union entre tous les Français » et de provoquer une acceptation « prompte et franche ». Dans son zèle pour le gouvernement consulaire Maret les avertit que la nouvelle constitution a droit à une « obéissance passive... et à un respect religieux ». C'était faire de l'adhésion un acte forcé. Ces instructions furent suivies quoique parfois mal comprises. A Auxonne on imagina que chaque citoyen devait émettre son vœu deux fois ; il signerait et sur le registre des *Oui* et sur celui des *Non*. Cette idée témoigne, au dire de l'indulgent *Journal de Carion*, d'une certaine « bonhomie ». A Bagnot, l'émission libre d'un vote est confondue avec la prestation obligatoire d'un serment. Après avoir lu la Constitution les autorités s'adressent aux citoyens : « *ils sont* été invités de prêter le serment d'acceptation de lad. constitution ;... en conséquence nous avons inscrit tous les citoyens sur ledit présent registre qui se sont présenté... qui ont adopté. » A Semur les autorités « rappellent... le bonheur que promet... la nouvelle constitution » et engagent les auditeurs « à se prononcer en faveur de ce pacte social avec la franchise et la loyauté qui caractérisent les citoyens qui ont le désir sincère de voir la prospérité et la durée du gouvernement institué par la nouvelle charte ». Ailleurs encore, commissaires et agents municipaux se félicitent d'avoir à signaler force adhésions et aucun vote négatif (2).

(1) Proclamation du 27 frimaire ; Commissaire au Min. Justice, 27 frimaire (Arch. Nat., B/II, 131 *b*).

(2) Circulaire de Maret, 26 frimaire. Registres de Bagnot et de Semur (B/II, 131 *b*, 130, 132 *a*). *Journal*, 20 nivôse. L'initiative de Maret ne déplut pas au gouvernement ; le ministre de l'Intérieur se borna en nivôse à lui rap-

L'activité des fonctionnaires ne réussit point toujours à l'emporter sur la prudence paysanne. D'assez nombreuses communes accusent une unanimité d'abstentionnistes ; parfois l'agent municipal vote seul (1). Par contre, les votants sont en très forte majorité attirés par le registre d'acceptation. Par exemple le canton de Bonnencontre a 313 acceptants, celui de Bèze 283, celui d'Arnay-sur-Arroux, 580 sans aucun vote contraire. A Auxonne-rural, on constate un non contre 622 oui. A Toutry, « tous vanté avecque zèle pour la constitution ; il ne s'en est point présanté contrere ». L'absence de toute opposition est extrêmement fréquente ; les communes se dispensent d'envoyer, et même de préparer, le registre « de réjection » ou se bornent à dresser un procès-verbal de carence (2).

Malgré cette intervention administrative, malgré ces procédés illégaux de quelques agents économes de leur papier et de leur temps, malgré la nécessité de signer son vote, il y eut des opposants (3). L'émission des votes a donc été libre matériellement du moins. Rares sont les citoyens qui rejettent la Constitution ; le plus souvent ils sont isolés. Dans aucune commune, ils ne furent en majorité. Ils tinrent en échec les acceptants à Choisy ; ils atteignirent le quart des votants à Curley. Quelques

peler avec beaucoup de ménagements personnels que « dans un état libre tous les citoyens doivent se conformer aux lois parce qu'elles émanent... de leurs magistrats et de leurs représentants ». Lucien Bonaparte estime donc que la Constitution est une loi même avant la ratification populaire, simple manifestation politique dont le résultat est connu d'avance (F 1b/II, Côte d'Or 2).

(1) Registre de Charigny : « Personne ne s'est décidé à dire ny oui ny non » ; de Magny, « personne ne s'étant présenté pour émettre son vœu ». (B/II, 132 *a*). Rochefort (B/II, 130). D'après le commissaire du canton de Précy ces abstentions ne sont pas dues à de l'opposition mais à l'ignorance ou à la négligence (7 nivôse an VIII au Min. Intérieur ; B/II, 132 *a*).

(2) B/II, 129, 130. Aiserey, Salives, Bouze, Frolois, Pouilly, etc. (B/II, 126, 127, 128).

(3) Suivant la coutume d'alors, les votants ne remettent point un bulletin mais signent leur nom sur un registre. Ils peuvent se rendre chez l'un des fonctionnaires publics de leur commune (secrétaire de l'administration centrale ou municipal, agent municipal, notaire, juge de paix, etc.). Tout citoyen a la faculté d'émettre son vœu hors de son domicile mais non par correspondance. Un sieur Guérin, domicilié dans le canton de Montbard et de passage à Paris lors du plébiscite, écrivit au commissaire de Montbard de « faire consigner son acceptation sur les registres ». On accéda à sa demande ; puis, nous ne voyons pas en vertu de quelle intervention, son nom fut biffé et l'on annexa la lettre de Guérin au registre (B/II, 129).

détails ne laissent pas d'être curieux ou instructifs. A Beuray, un journalier « illitéré » est consigné parmi les opposants ; le fonctionnaire détenteur du registre certifie son identité. Chez le greffier d'Arnay-sur-Arroux intra muros, un aubergiste signe le vote négatif qu'il vient d'émettre mais deux citoyens portés sur le registre des « non » se ravisent et s'inscrivent sur l'autre. A Saulon-la-Rue un manouvrier et un gendarme votent négativement. A Semur, le citoyen Menassier, dont nous connaissons l'indifférence politique, inscrit sur le registre de non acceptation qu'il tient en sa qualité de « juge de paix pour la troisième fois » sa signature et cette déclaration philosophique, littéraire et antimilitariste : « Le feu n'est point de la lumière; Cedant arma togæ. L'ordre seul est durable. » Est-ce crainte de ne point pleinement comprendre ces aphorismes ou conviction préétablie ? Les vingt-six votants qui se sont rendus chez le digne humaniste se sont tous inscrits sur le registre d'acceptation ; le propre huissier de Menassier leur en a donné l'exemple (1).

Ce n'est pas le seul cas où l'on rencontre sur les registres des professions de foi ou des vœux. Les acceptants de Bagnot demandent aux consuls « la liberté de pouvoir sonné les trois points du jour et... la conservation de tous nos titres et papiers dans les archive respective dans chaque commune ». A Gissey-sur-Ouche le notaire et le géomètre motivent leur vote « espérant bien des hommes qui ont tant bien fait ». Par contre à Plombières un notaire et un vigneron ne consentent qu'avec regret à donner leur approbation à la nouvelle Constitution : « Je l'accepte dans l'espoir qu'elle sera enfin la dernière; que sous son égide, les propriétés seront sacrées et inviolables ; qu'elle sera rectifiée dans les dispositions que le temps et l'expérience prouveront être vicieuses ; qu'elle rétablira la paix intérieure et procurera la paix extérieure et mettra un terme à l'effusion de sang humain dont la cessation est réclamée depuis si longtemps par l'humanité gémissante; que le gouvernement qu'elle crée n'abusera pas du pouvoir énorme et des facultés

(1) A Choisy (B/II, 130) il y eut quatre oui et quatre non ; le citoyen Tribouillard, maréchal, signe d'abord sur le registre des *non* puis sur celui des *oui*. Curley (B/II, 129). Beurey (B/II, 129). Auxonne (B/II, 132 *a*). Semur (BII/132 *b*). Saulon-la-Rue (BIII/126). Arnay (B/II, 131 *b*).

pécuniaires, peut-être trop considérables qui lui sont attribuées, pour asservir le peuple français et rétablir le despotisme absolu (1). »

Les motifs qui ont déterminé la plupart des adhésions à la Constitution de frimaire sont ceux qui avaient facilité la reconnaissance du gouvernement de brumaire. L'administration municipale du canton de Montbard, dans lequel 841 votants viennent de transformer le Consulat provisoire en Consulat décennal, écrit au ministre de l'Intérieur : « Le désir de la paix, l'espoir d'un gouvernement stable sont les seuls motifs qui ont engagé plus des deux tiers des votants à se prononcer... Leur espoir commence à se réaliser puisqu'ils voient disparaître les lois de circonstance et les citoyens éclairés et dignes de toute la confiance appelés à remplir les premières fonctions de l'État. » Les autorités de Frolois expriment également leur espoir de paix et de bonheur dont « la sagesse, la vertu et le génie » des consuls lui semblent de sûrs garants. Le président de Molème atteste de ses concitoyens « la confiance.. dans le nouvel ordre de choses et dans les promesses qu'on nous fait d'une paix honorable et prochaine ». Ce besoin de paix et de calme se retrouve dans la correspondance du commissaire Maret (2). Il est certain que le prestige de Bonaparte et la confiance instinctive que l'on avait en lui ont contribué au succès du plébiscite ; les allusions aux hommes qui « ont bien mérité de la patrie » en sont la preuve ; l'absence de rappels de son séjour d'autrefois dans le département est plus surprenante (3).

Dans l'ensemble, le plébiscite de nivôse an VIII fut un véritable triomphe pour le gouvernement consulaire. Par 27.893 voix contre 10, la Côte-d'Or ratifia le coup d'État. Le chiffre des abstentions est considérable : près de 60.000 sur un nombre approximatif de 87.000 citoyens. Mais le succès grandit si on

(1) B/II, 129, 130, 131 *b*.

(2) Adm. Montbard au Min. Intérieur, 5 nivôse (B/II, 129) ; de Molème, 6 nivôse an VIII, au même ; de Frôlois au même, B/II, 127. Maret au même, 26 frimaire : « la mise à exécution... assure le retour de la paix extérieure et intérieure et le rétablissement de l'ordre dans toutes les parties de l'administion » (B/II, 131 *b*).

(3) Vœux de Gissey-sur-Ouche (B/II, 129). Maret au Min. Intérieur, 26 frimaire, *suprà*. Adm. canton de Molème au Min. Intérieur, 6 nivôse (B/II, 127).

compare ces résultats à ceux du plébiscite de l'an III : 13.083 acceptants contre 557 opposants et environ 75.000 indifférents ou timides (1).

3. — *La vie administrative*

Les transformations administratives qui devaient être la conséquence de la révolution politique ne s'accomplirent que par la loi du 28 pluviôse (17 février 1800). La nouvelle administration fut installée en la personne du préfet seulement le 1er germinal (22 mars 1800). Jusqu'à cette dernière date le département fut administré par les hommes qu'avait choisis le gouvernement disparu.

Nous connaissons déjà le membre le plus influent des autorités départementales, le commissaire du Directoire près l'administration centrale, J.-Ph. Maret. Cette administration, dont l'activité politique n'eut rien de particulièrement notable, fut surtout occupée d'assurer le paiement des impôts, la levée des conscrits, le maintien de l'ordre public. Elle se composait des citoyens Frémyet, président, Dubard, Piette, Godard et Royer. La majorité de ces administrateurs professait des opinions jacobines avérées. Le président Frémyet est signalé dans des notes anonymes comme « Républicain à l'excès,... caractère faux,... jacobin forcené... grossier... brutal et paresseux ». Piette, autrefois vicaire à Auxonne, s'est marié et « a prêté tous les serments requis par la loi » ; il ne serait, dit l'un de ces annoteurs, « propre à aucune place qui exigera de l'esprit et du jugement ». Ainsi que Frémyet, Piette s'est rendu acquéreur de biens nationaux. Le citoyen Royer est « très exalté en Révolution... sans caractère,... on peut dire sans principes... sans aucune espèce de talents administratifs ». Godard est également apprécié avec défaveur ; c'est un « républicain honnête » qui « aime à rendre service » mais se révèle comme « absolument nul pour toute autre fonction que pour celle d'avoué ». Seul Dubard trouve grâce devant nos informateurs inconnus ; « honnête homme, n'ayant point marqué dans

(1) B/II, 471 tableaux et états statistiques.

la révolution et ne l'aimant qu'autant qu'elle lui procurera une place utile... grand calculateur, instruit dans la partie des contributions, doux, affable, laborieux (1) ... »

Les administrateurs du département manifestèrent leur origine directoriale en continuant à surveiller étroitement l'exercice du culte catholique et les actes de ses ministres. Il prescrivirent l'enlèvement de tout signe extérieur du culte, « visible d'un lieu public » et défendirent de sonner les cloches en carillon. Cet ordre n'étant pas suffisamment obéi, ils décidèrent de faire enlever le battant des cloches. Ils tinrent la main à l'observation du décadi. Le 27 nivôse un arrêté exigea de tout ministre du culte le serment prescrit par la loi du 7 vendémiaire an IV et chargea la municipalité de déterminer les jours où aurait lieu les cérémonies des différentes religions. Semblables dispositions réglementaires étaient illégales. Le ministre de l'Intérieur en avertit l'administration ; en la louant de ses « vues d'ordre et de paix » il lui rappelle l'existence des arrêtés consulaires des 7 nivôse et 2 pluviôse (28 décembre 1799 ; 22 janvier 1800. Duvergier, XII, p. 55, 75) qui ne demandent des prêtres qu'une promesse de fidélité à la constitution et restreignent l'étendue des pouvoirs des autorités municipales en matière cultuelle. Blâmée par le gouvernement, l'activité anticléricale de l'administration de la Côte-d'Or n'était pas approuvée de tous les citoyens. Sans doute, le *Journal de Carion* applaudit à toutes les mesures prises contre les cloches dont le « tintamare » lui est fort désagréable et s'inquiète que « le fanatisme secoue ses brandons ». Mais un commissaire municipal signale au ministre de l'Intérieur la différence d'application des lois sur la police du culte qui existe entre la Côte-d'Or et la Haute-Marne ; il lui demande d'indiquer « une marche uniforme d'après les principes de justice, de tolérance et d'une politique bien entendue qui caractérisent le gouvernement actuel ». Un ancien membre de la Convention, Lambert, retiré à Belan, s'adresse également à Lucien Bonaparte pour lui conseiller de laisser le culte catholique pleinement libre

(1) Ces notes, d'origine inconnue, sont dans Arch. Nat. F 1b/II, Côte-d'Or 2.

dans les campagnes et de n'imposer le respect du décadi qu'aux seuls fonctionnaires (1).

Entre temps, Frémyet et ses collègues se préoccupent de l'entretien des routes. Ils ordonnent de saisir les caisses des fermiers de la taxe des barrières, défendent de faire entre leurs mains aucun versement ; ces mesures énergiques ne sont pas légales, si l'on en croit un avis du Conseil d'État. Ils réclament le paiement immédiat des impôts arriérés et des cinq douzièmes de l'an VIII ; des garnisaires seront envoyés chez les contribuables en retard au 1er germinal (2). L'ordre public est troublé par les cris séditieux de quelques conscrits et par la résistance que des fermiers opposent à l'entrée en jouissance des acquéreurs de l'abbaye de la Bussierre. Des brigands masqués ont « escamoté » des prisonniers ; les assassins de fonctionnaires tels que le commissaire municipal d'Arconcey n'ont pu être arrêtés. Il est nécessaire d'envoyer des troupes pour calmer l'effervescence que suscite dans les communes de Lamargelle, Bligny, Savigny et Ivry la présence ou l'arrestation de déserteurs, insoumis ou soldats munis de faux congés (3).

A part ces incidents, la soumission aux lois et l'obéissance au gouvernement consulaire continuent en Côte-d'Or. On se tient d'ailleurs au courant des nouvelles politiques ; on parle des projets de Siéyès et de la division de la République en 25 grandes régions. Cette idée rencontre faveur car l'on espère que Dijon serait l'un des nouveaux chefs-lieux. On ne croit plus à l'imminence de la paix. On plaisante sur l'embarras du Conclave à choisir un nouveau pape ; le *Journal de Carion* assure que « le Saint-Esprit parait... se réunir à la faction italienne ». On s'ingénie à deviner quels seront les nouveaux préfets ; on colporte de fausses nouvelles ; on lance des candidatures. Les administrateurs demeurent fidèles aux directions politiques du dernier gouvernement. Dans la Côte-d'Or comme dans la Haute-Garonne les principes du nouveau gouvernement ne

(1) *Journal*, 30 frimaire. Min. Intérieur à Adm. centrale, pluviôse an VIII (Arch. Nat. F/19, 417). *Journal*, 20 frimaire, 25 pluviôse. Commissaire de Selongey au Min. Intérieur, 21 pluviôse an VIII (F 1c/III, Côte-d'Or 8), Lambert au même, 23 pluviôse an VIII (F/19, 417).

(2) *Journal*, 5 frimaire, 5 pluviôse, 5 ventôse.

(3) *Journal*, 30 frimaire, 15 brumaire, 10 ventôse, 30 pluviôse.

furent pas appliqués avant l'arrivée du représentant des Consuls, avant l'installation du préfet (1). Mais en attendant sa venue, l'organisation administrative perd de sa régularité. « L'incertitude de la conservation de leurs fonctions » provoque beaucoup de défaillances chez les juges de paix et les membres des administrations municipales. Le commissaire Maret se déclare impuissant ; « il est presque certain que l'on ne trouverait personne pour les remplacer ». Il loue le zèle des commissaires cantonaux et note une intéressante évolution dans les corps administratifs à nombreux effectif qu'avait imaginés la constitution de l'an III : « l'action administrative va passer toute entière dans les mains de deux ou trois hommes dans chaque administration municipale, le président, le commissaire et le secrétaire (2) ». La loi du 28 pluviôse accélérera et régularisera cette concentration spontanée des pouvoirs.

(1) *Journal*, 15 frimaire, 10 nivôse, 20 pluviôse, 15 et 20 ventôse. Morère, p. 46.

(2) Commissaire au Min. Intérieur, 3 et 16 nivôse an VIII (F 1b/II, Côte-d'Or 2).

CHAPITRE III

L'application de la loi de pluviôse

Pendant le Consulat et l'Empire, l'organisation administrative eut pour règle essentielle et stable la loi du 28 pluviôse an VIII (17 février 1800). Cette loi, dont bien des dispositions sont encore en vigueur aujourd'hui, avait pour but de réformer le système de divisions territoriales établi par la Constitution de l'an III et d'en organiser l'administration suivant des principes différents. Les bases de l'organisation administrative sous le Directoire étaient le département et le canton ; le district a été supprimé et l'importance de la commune, considérablement réduite. Ce système présentait entre autres inconvénients celui de fragmenter l'autorité sans cependant suffisamment pourvoir à la gestion des intérêts les plus locaux. Le gouvernement consulaire ramena le canton à la conception de la Constituante ; il perdit son rôle administratif et ne conserva que ses fonctions politiques et judiciaires. Les attributions administratives des municipalités cantonales furent divisées entre les communes, redevenues élément primaire de la division territoriale, et une subdivion nouvelle, l'arrondissement. Ce dernier, dont le nom légal est arrondissement communal, ressemble à l'ancien district ; comme lui, il est l'organe intermédiaire entre le département et la commune ; mais il en diffère par le nombre plus réduit et par l'importance plus grande. Par cette diminution du chiffre total des subdivisions intermédiaires se manifeste l'une des pensées maîtresses de la loi. Elle veut concentrer le pouvoir pour le rendre plus fort et plus soumis au gouvernement. Elle le concentre dans les personnes comme dans les lieux ; aux corps d'administrateurs se substituent des administrateurs uniques. Le préfet remplace l'administration centrale du département ; le sous-préfet et le maire se partagent les attributions des municipalités cantonales. Chacun est assisté d'un conseil qui l'éclaire de ses observations sans le lier par ses votes ; si le conseil municipal semble jouir d'une grande autorité, son étroite subordination aux administrateurs du département et de l'arrondissement rend cette concession au passé illusoire. Cette hiérarchie entre les pouvoirs administratifs constitue l'une des bases du régime créé en pluviôse. Le Directoire avait des moyens d'influer sur la composition et sur les actes des administrations centrales ou cantonales. Mais son contrôle se bornait à des mesures répressives. Le Consulat connait l'intervention active et le *contrôle préventif*. Les décisions des autorités locales *ne valent que par* l'approbation du préfet ou du sous-préfet ; les actes de ces surveillants sont eux-mêmes *examinés de près par* le gouvernement qui peut les annuler *pour un motif* quelconque sans avoir besoin d'y découvrir une illégalité. Afin d'assurer la subordination des administrateurs la loi de pluviôse en confie la nomination et la révocation au gouvernement ou à ses représentants directs ; le peuple, autrefois électeur commun et souverain de tous les corps administratifs, n'aura plus que la modeste faculté de présenter des candidats.

Par cette concentration et cette subordination des autorités administratives la loi de pluviôse centralise l'administration locale entre les mains du gouvernement. Il n'est pas exagéré de dire que par elle les consuls et, plus tard, l'empereur administrent les affaires départementales et communales. Au self-government, imaginé par les théoriciens de la Constituante, succède un régime dont le pouvoir central est l'unique moteur.

1. — *Le premier préfet de la Côte-d'Or*

Entre le gouvernement et les citoyens, *l'intermédiaire principal* est le préfet. On a *remarqué souvent* les analogies que ce fonctionnaire *présente avec l'intendant* de l'ancienne monarchie. Comme lui, il est avant tout le représentant du pouvoir central. C'est de cette qualité qu'il déduit tous ses droits et sa *prépondérance* sur les autorités locales et sa compétence en principe illimitée. Comme lui, il ne reconnait d'autre supérieur que le Chef de l'État dont il est l'agent constamment révocable. Comme lui, encore, c'est un fonctionnaire dont l'existence et les attributions sont parties intégrantes du régime administratif normal ; il n'a point les pouvoirs dictatoriaux et la quasi-souveraineté que des circonstances extraordinaires font passagèrement confier à des commissaires du gouvernement ou à un représentant du peuple en mission. Comme l'intendant, enfin, le préfet gère les intérêts propres de sa circonscription, avec le concours des autorités locales. Entre le préfet de la loi de pluviôse et l'intendant de l'ancien régime, il n'existe pas de différences juridiquement essentielles ; seule diffère l'étendue du territoire qu'ils administrent.

Pour remplir les importantes fonctions de préfet, organiser la nouvelle administration et consolider sa puissance en Côte-d'Or, le Premier Consul Bonaparte fit choix de Jean-Toussaint Guiraudet (1). Né à Alais le 1er novembre 1754, Guiraudet avait été élu député du baillage d'Alais aux États-Généraux. Homme de lettres à ses heures, il avait publié une traduction de Machiavel ; aussi bien la Révolution lui confia-t-elle le secrétariat des Relations extérieures. Il est certain que le Premier Consul songea tout d'abord à nommer préfet de la Côte-d'Or un citoyen originaire de ce département, Frochot. Ancien président de l'administration centrale de la Côte-d'Or, Frochot connaissait bien le pays; il avait joué un certain rôle politique pendant la Révolution comme ami de Mirabeau. Il était devenu le protégé de Siéyès qui l'avait fait nommer membre des Cinq-Cents. Un instant la nomination de Frochot parut assurée. En marge d'une note anonyme sur le candidat, Bonaparte écrivit : « Recommandé au ministre de l'Intérieur pour une place de préfet dans la Côte-d'Or ». Mais bientôt les protecteurs de Frochot, Siéyès, Cabanis et Hugues Maret, songèrent à lui pour le poste plus important de Préfet de la Seine. Beugnot, l'actif auxiliaire de Lucien Bonaparte dans la préparation de la liste de présentation des futurs préfets, s'était attribué cette haute fonction. Mais la fermeté de ses convictions républicaines était fort douteuse; Bonaparte ne voulut pas remettre l'administration de Paris à un roya-

(1) Le dossier de Guiraudet semble ne pas exister aux Arch. Nat.

liste impénitent ; il nomma Frochot préfet de la Seine (1).

Cette nomination laissait libre la préfecture de la Côte-d'Or. Les candidats ne manquèrent pas. A Dijon, on désirait vivement conserver le commissaire de l'ex-gouvernement, J.-Ph. Maret. Bonaparte, bien qu'il ait songé à faire de Frochot *le préfet de Dijon*, évita de choisir pour préfets des hommes du pays et d'anciens commissaires (2) ; il préféra envoyer le frère de son secrétaire administrer le Loiret (3). On parla encore d'un citoyen Delettre, d'un ancien administrateur central, Recher et de Charles Hernoux, constituant et membre des Anciens. Ces deux derniers postulants furent soutenus par la députation de la Côte-d'Or et le conseiller d'État Crétet. Il fut également question du général Bourbon-Bussey ; riche de 30 à 40.000 francs de rente, ancien élu de la noblesse de Bourgogne, Bourbon-Bussey avait servi la cause révolutionnaire dans les armées républicaines ; une note dit de lui : « excellentes qualités tant du côté de l'esprit que du cœur,... le meilleur préfet ». Malheureusement pour le général Bourbon il tenait « un peu à la maison Condé » et sa candidature jeta un véritable trouble parmi les dirigeants du parti républicain en Côte-d'Or : « il ne manque plus, écrit le *Journal de Carion*, à ces grands électeurs que de donner leurs voix pour que S. A. Mgr le prince de Condé ne redevienne gouverneur (4) ».

Ni les mérites, ni les soutiens de ces divers aspirants préfets ne parurent suffisants aux personnes chargées par Bonaparte de lui présenter des listes de propositions. Lucien Bonaparte, ministre de l'Intérieur, le consul Lebrun et le général Clerke furent d'accord pour ne citer qu'un nom, celui de Guiraudet ; Talleyrand conserva le silence et le consul Cambacérès donna un avis nettement favorable : « on pense que ce sera un très

(1) Quelques détails anecdotiques sur Guiraudet sont relevés par M. Chabeuf (Mémoires Commission des Antiquités de la Côte-d'Or, XVI, p [illegible]. Passy, Frochot, pp. 210, 224, 225. Cf. Dejean, *Beugnot*, p. 39-78.

(2) Vandal, *L'avènement de Bonaparte*, II, p. 229-233. Aulard, *Centralisation*, p. 149.

(3) *Journal*, 10 ventôse. La carrière du frère du duc de Bassano ne s'achèvera pas à Orléans ; il deviendra directeur-général des vivres des armées et conseiller d'État.

(4) Arch. Nat., F 1b/II, Côte-d'Or 2 et 3. *Journal*, 5 ventôse.

bon choix ». Il semble que Guiraudet fut le protégé de Chaptal et peut-être de Beugnot, dont l'influence fut si grande sur les premières nominations préfectorales. Bonaparte nomma Guiraudet préfet de la Côte-d'Or par arrêté du 11 ventôse an VIII (2 mars 1800) (1). Il le sera jusqu'à sa mort, jusqu'au 15 pluviôse an XII (5 février 1804).

2. — *Les auxiliaires immédiats du préfet*

Comme beaucoup de ses collègues (2), le nouveau préfet était étranger à la région qu'il allait administrer et avait témoigné d'un républicanisme sincère quoique sans excès. Au contraire, le Premier Consul cherchera les sous-préfets et les conseillers de préfecture parmi les hommes du pays et volontiers parmi les ardents révolutionnaires (3).

La loi de pluviôse créa en Côte-d'Or quatre arrondissements communaux dont les chefs-lieux furent Dijon, Beaune, Châtillon et Semur. Le préfet administrait directement l'arrondissement de Dijon ; il n'y eut donc qu'à pourvoir à la nomination de trois sous-préfets. Un arrêté du 25 ventôse an VIII (16 mars 1800) promut à ces fonctions les citoyens Frémyet, Berthet et Martin.

Frémyet fut destiné à la sous-préfecture la plus importante, celle de Beaune. Nous connaissons déjà ce « jacobin forcené », administrateur du département depuis l'an IV et à plusieurs reprises président de l'administration centrale. Il avait, auparavant, été lieutenant dans un bataillon de volontaires côte-d'oriens et s'était distingué dans un combat contre les Piémontais. Son principal appui, en l'an VIII, fut le tribun Chauvelin. On avait cru pendant quelque temps que Beaune aurait pour

(1) Arch. Nat., AF/IV, 8/33, annexe. Sur la préparation de l'arrêté du 11 ventôse, cf. l'intéressant récit de Dejean, *Beugnot*, p. 65-85. Guiraudet exprime à Chaptal (15 frimaire an IX, M/1, 6/1) sa « reconnaissance... au compatriote du Midi ». Ses relations avec Beugnot peuvent être supposées à la lecture d'une lettre assez obscure d'un sieur Jolly à son « aimable préfet » (30 pluviôse an IX, U/1, 4).

(2) Cf. Chavanon et Saint-Yves, *Pas-de-Calais*, p. 4. Vandal, II, p. 219-233.

(3) Cf. Chavanon et Saint-Yves, p. 38. Aulard, *Centralisation*, Rév. fr. LXI, p. 150.

sous-préfet le citoyen Gillotte ; je n'ai pu préciser si ce bruit était fondé(1).

A Châtillon fut envoyé Nicolas Martin, commissaire près de la municipalité cantonale, sur la recommandation de Crétet et de la députation côte-d'orienne. C'était un fonctionnaire travailleur et parfaitement intègre mais possédant « peu de brillant et aucun usage du monde », dira plus tard l'un des successeurs de Guiraudet. Il ne semble pas qu'il ait eu de sérieux concurrents autres qu'un citoyen Cléry, appuyé par le général Marmont (2).

La sous-préfecture de Semur fut, elle, vivement disputée. Des agents municipaux demandèrent au ministre de l'Intérieur comme sous-préfet le citoyen Detalencourt qui « ne fut jamais l'apôtre d'aucune faction ». Un rival de Berthet, plus redoutable, se présenta en la personne du citoyen Laurenceot (ou Laurenceau) « particulièrement recommandé par la citoyenne Bonaparte » et par un chef de division au ministère de l'Intérieur. Le Premier Consul était fort bien disposé à l'égard du protégé de Joséphine. Il écrivit à son frère Lucien le 3 ventôse : « Je vous prie, citoyen ministre, de comprendre dans la liste des sous-préfets le citoyen Laurenceot (3). » Malgré de si puissants soutiens, Laurenceot n'obtint point la place qu'il sollicitait. Il serait curieux de connaître quelles influences furent assez efficaces pour triompher des bureaux, de la citoyenne Bonaparte, du Premier Consul lui-même. Nous savons seulement que Berthet, ancien moine de Saint-Bénigne de Dijon, eut comme appuis la députation côte-d'orienne et Crétet ; une note contemporaine le qualifie de « très-doux,... bon républicain (4) ».

(1) F 1b/II, Côte-d'Or 2, notes. *Journal*, 30 pluviôse.

(2) Dossier Martin (Arch. Nat., F. 1b/I, 167/10). F 1b/II, Côte-d'Or 2, notes.

(3) F 1b/II, Côte-d'Or 2 et 3, notes ; Napoléon Bonaparte à Lucien Bonaparte, 3 ventôse an VIII. Laurenceau à Guiraudet, 30 ventôse (Arch. dép., M/I, 9/1).

(4) F 1b/II, Côte-d'Or 2. Laurenceau se contente d'écrire à Guiraudet, le 9 germinal an VIII : « il est bon que certains hommes et leurs intrigues soient connus,... bien convaincu que celui qui me succède à des talents supérieurs à ceux que j'aurais pu apporter » (Arch. dép., M/I. 9/1). Le protégé de la citoyenne Bonaparte devint sous-inspecteur des forêts à Dôle (Kuscinski, *Les conventionnels fonctionnaires après le 18 brumaire*, Révol. franç. XXVII, 1892, p. 203).

Outre les sous-préfets le préfet reçoit de la loi de pluviôse l'aide d'un conseil de préfecture. Le rôle de ces magistrats attire peu l'attention de la foule et l'historien a peine à le reconstituer; il est cependant de la plus haute utilité pour la bonne marche de l'administration et l'examen des questions contentieuses ; souvent ses membres seront appelés à remplacer le préfet défunt ou absent. Ces auxiliaires importants furent choisis en majorité parmi les membres de l'ancienne administration centrale. Un arrêté du 23 ventôse nomma en effet les citoyens Parigot, Piette, Dubard et Laurenceot. Ce dernier, mécontent de n'avoir pas obtenu la sous-préfecture de Semur, n'accepta point cette insuffisante compensation. Il fut remplacé, le 29 thermidor an VIII (17 août 1800) par Royer. Ces diverses nominations semblent avoir été en grande partie l'œuvre du tribun Chauvelin. Des quatre conseillers de préfecture, seul Parigot ne faisait point partie de l'administration centrale lors du 18 brumaire ; mais on le signale comme ancien président de directoire de district, « patriote pur dans ses principes... entendant les affaires... très circonspect dans sa vie politique ». Ces qualités, sans doute, le firent préférer à l'administrateur Godard qui dut se contenter d'un siège au conseil général (1).

Une place restait à pourvoir. La préfecture devait être dirigée dans sa vie journalière par un secrétaire général. Vaillant, qui remplissait des fonctions analogues depuis 1790, fut chargé d'être l'exécuteur des ordres du préfet ; en fait, il en fut souvent l'inspirateur ou même l'auteur principal. Le *Journal de Carion* se félicita de voir maintenir à ce poste de confiance un révolutionnaire avéré. Le préfet vanta « sa probité, son intelligence et son exactitude, son attachement au gouvernement, ses connaissances en administration (2) ».

Vaillant fut secondé par les employés des bureaux de la préfecture dont le travail ignoré permet le fonctionnement régulier de toute l'organisation administrative et transforme en

(1) F 1b/II, Côte-d'Or 2.

(2) *Journal*, 5 prairial : « nomination... agréable à tous les administrés. » Préfet au Min. Intérieur, 21 floréal an VIII (F 1b/II, Côte-d'Or 2). Par mesure générale, tous les secrétaires généraux des administrations centrales avaient été maintenus en fonctions (Regnier, *Les préfets du Consulat...*, p. 41, n. 1).

actes les pensées des chefs de l'administration (1). Guiraudet fut obligé de se contenter de deux bureaux consacrés l'un aux finances, l'autre au reste des matières administratives. Le personnel se composa de deux chefs, deux sous-chefs, un archiviste et un certain nombre d'employés, d'expéditionnaires et d'hommes de peine. Pendant le reste de l'an VIII fonctionnera encore le bureau des domaines, chargé de la vente des biens nationaux ; d'après les prévisions budgétaires la modicité des crédits alloués par le gouvernement nécessiterait ensuite sa réunion avec le bureau des finances et le renvoi de plusieurs surnuméraires. Guiraudet dut à plusieurs reprises stimuler le zèle et régulariser les méthodes de travail de ses « collaborateurs (2) ».

3. — *Les conseillers généraux et d'arrondissement*

Le préfet ne paraît pas avoir eu d'influence sur la nomination des sous-préfets et des conseillers de préfecture. Ces collaborateurs furent choisis avant son installation dans le département. Au contraire la liste préfectorale de présentation joua un rôle décisif dans l'élaboration des arrêtés relatifs aux conseillers généraux et d'arrondissement. Par une circulaire du 4 germinal, le ministre de l'Intérieur demande aux préfets de lui *indiquer les citoyens qui leur paraissent le plus dignes* d'occuper ces fonctions : « Vous fixerez, recommande-t-il, principalement votre attention sur ceux qui par leur moralité connue, par leur attachement aux principes républicains et par des acquisitions de biens nationaux, présentent au gouvernement une garantie de leur dévouement et de leur fidélité à

(1) Sur « l'utile, obscure et souvent accablante mission » de ce conseil, cf. Lanzac de Laborie, *Paris sous Napoléon*, II, p. 11.

(2) Arrêté du préfet, 28 germinal an VIII. Le bureau des finances est composé de Bouant, chef; Céron, sous-chef ; Bérard, commis principal : Arnollet, Beleurgey, Jacotot. Les citoyens Céron, Arnollet et Beleurgey font également partie du bureau des domaines avec les surnuméraires Blesme, Bichot, Compérot, Clerc, Bizot, Marin, Dupont, Brochot Le bureau général comprend Alexandre, chef ; Saunois, sous-chef ; Legoux, commis principal ; Chabot, Brunet et Sélérier, expéditionnaires. Les archives sont confiées aux citoyens Coindé, père et fils. Plaintes et arrêtés, 2e compl. an VIII : 2 floréal an IX : « à ses collaborateurs dans les bureaux de la préfecture » ; 3 frimaire an X (M/1, 15/1).

la constitution de l'an VIII. » Le 3 floréal (23 avril 1800), Guiraudet adressa une liste de 20 candidats dont 19 furent nommés par l'arrêté du 4 prairial an VIII (24 mai). Seul, Gravier qui allait bientôt devenir maire de Beaune se vit substituer Petitot que des notes anonymes avaient signalé comme capable de remplir les fonctions de conseiller de préfecture. Cette concordance entre les propositions préfectorales et les nominations consulaires est fort intéressante et donne la preuve de la complète confiance accordée par le gouvernement à son représentant dans la Côte-d'Or. La part prépondérante prise par Guiraudet dans la composition des assemblées départementales ressort encore de deux faits significatifs. Les députés de la Côte-d'Or avaient été invités, eux aussi, à présenter des candidats. De leur liste, dix noms sont communs avec celle du préfet ; à l'exception de Gravier, ces aspirants furent nommés. Par contre, aucun des dix autres protégés de la députation ne fut accepté par les Consuls tandis que ceux de Guiraudet étaient tous admis. Un incident ultérieur témoigna encore mieux de la liberté laissée par le gouvernement à son préfet de recruter ses conseillers. Parmi les noms figurant dans l'arrêté du 4 prairial se trouvait celui de F. Ligeret. Or dans le département il existait deux Ligeret et deux F. Ligeret. Le préfet dut demander au ministre de préciser quel était le nouveau fonctionnaire. Lucien Bonaparte lui répondit qu'il avait copié la liste adressée par Guiraudet : « Vous pouvez donc, continue-t-il, appliquer cette nomination à celui des deux citoyens Ligeret que vous avez eu l'intention de proposer. » On ne peut mieux reconnaître que le gouvernement avait délégué son droit au préfet (1).

Parmi les conseillers généraux choisis par Guiraudet, plusieurs ont rempli des fonctions politiques ou administratives pendant la Révolution. Marey, Chatenay-Lanty, Hernoux,

(1) Circulaire, 4 germinal; liste préfectorale, 3 floréal (Arch. dép., M/4, 1). Liste de la députation, 12 germinal : Préfet au Min. Intérieur, 27 prairial ; Min. Intérieur au préfet, 18 messidor (Arch. Nat., F 1b/II, Côte-d'Or 2). Voici la composition du premier conseil général de la Côte-d'Or: Vaillant-Meimoron, Villiers, Marlot, Marey, Godard, Hernoux, Tavernier, Buvée, Rochet, Deblik, Carré, Pion, Baudot, Ligeret, Champion, Godard-Lachaume, Courtois, Viesse-Marmont, Chatenay-Lanty, Petitot.

Burée ont appartenu à diverses assemblées. Godard et Rochet ont administré le département ; Carré et Courtois sont d'anciens commissaires du Directoire ; Marlot fut directeur de la régie des cuirs ; Vaillant-Meixmoron était administrateur des hospices de Dijon ; Petitot avait été chef de bureau à l'ancienne intendance. Les propriétaires fonciers étaient représentés par Viesse-Marmont, Tavernier-Boulogne, Deblick, Champion (1).

Comme dans le Pas-de-Calais, la Seine-Inférieure et les Bouches-du-Rhône, plus que dans le Bas-Rhin, c'est dans le même milieu d'anciens fonctionnaires et de bourgeois enrichis que se recrutèrent les conseils d'arrondissement. Neuf administrateurs ou commissaires, six notaires, deux hommes de loi sont indiqués par leurs fonctions ou anciennes ou actuelles sur les listes de présentation et de nomination. Celles-ci en contiennent peut-être d'autres encore. Elles présentent ce caractère intéressant d'être absolument concordantes. Guiraudet, cependant, avait proposé douze candidats alors que le nombre des conseillers n'est que de onze par arrondissement. Cambacérès et Lucien Bonaparte se bornèrent à supprimer le douzième nom. L'ordre des nominations est celui des présentations. Il est évident que le gouvernement s'est borné à recopier la lettre de son préfet. Il en a reproduit les imprécisions si bien que Guiraudet est lui-même embarrassé pour préciser s'il s'agit de Bousserand, de Meursault ou de Bouzereau-Latour. Cette fois encore le ministre le laisse libre de solutionner la question (2).

La comparaison des groupes de candidats recommandés par le préfet et par la députation est également démonstrative de la prépondérance du premier. Les députés présentent plus de

(1) Cf. Dejean, *Beugnot*, pp. 191, 192. Chavanon et Saint-Yves, *Pas-de-Calais*, p. 55-59, 85-89. Darmstädter, *Bas-Rhin*, XVIII, pp. 299, 303.

(2) Listes, arrêtés : Préfet au Min. Intérieur, 3 messidor an VIII (F 1b/II, Côte-d'Or 2). Voici les membres des premiers conseils d'arrondissement ; Dijon : Poulet, Maulbon, Antoine, Quillardet, Amanton, Pierry, Quentin, Demartinécourt, Muteau, Aly, Lebelin. — Beaune : Bouchard-Dechaux, Moyne-Bouchard, Bousserand, Hernoux cadet, Merle, Gilles-Mollerat, Carnot, notaire à Nolay, Thibault, Bollenot, Colas, Bichot. — Châtillon : Carteret, Delacroix, Simonnot, Renard, Pétot, Lacordaire, Beguin, Quillard, Legrand, Couturier, Maltête. — Semur : Lereuil, Richard, Angély-Ligeret, Guyot, Bonnet, Renaud-Benott, Bellevret, Bullier, Lefort, Vorle, Nicod.

candidats qu'il n'y a de places à remplir ; la plupart de leurs protégés semblent inconnus de Guiraudet et du gouvernement. On peut remarquer que certains noms de conseillers d'arrondissement ont été empruntés par le préfet à la liste des candidats de la députation au conseil général ; la réciproque est exacte mais moins fréquente. Guiraudet a donc nommé en fait les membres des diverses assemblées départementales ; la constatation ne manque pas d'être intéressante et suggestive.

4. — *Les municipalités et les conseils municipaux*

Dans les villes de plus de 5.000 habitants le choix des maires et des adjoints appartenait, d'après la loi de pluviôse, au Premier Consul. En Côte-d'Or, Dijon, Beaune et Auxonne se trouvaient alors seules dans ce cas.

Le parti avancé dijonnais aurait souhaité recevoir pour maire Hernoux ex-conventionnel et membre des Cinq-Cents. L'influence du secrétaire des Consuls décida Bonaparte à faire choix du beau-frère de H. Maret, Léjéas-Charpentier. Celui-ci, âgé de 48 ans, ancien président du tribunal de commerce, possédait une fortune que les informateurs du ministre de l'Intérieur évaluent tantôt à 6.000, tantôt à 17.000 francs de revenus. Ils sont d'accord pour en faire grand éloge de ses diverses qualités : « moralité sans reproche,... bonne moralité, caractère doux,... esprit conciliant,... sans reproche dans sa vie publique ». Il était membre de l'administration municipale de Dijon. Léjéas-Charpentier, nommé par arrêté du 25 ventôse, sollicita par Hugues Maret le concours de deux de ses collègues, Villeneuve et Locquin. Le premier remplissait alors les fonctions de président de l'administration dijonnaise. Maret le dépeint comme un « ami très ardent et très pur de la Révolution » ; il jouirait d'une grande influence sur « la classe nombreuse des artisans » à laquelle il se rattache « par sa famille et par ses rapports ». Locquin se recommande par d'autres considérations ; il a « servi à l'armée d'Italie avec le général (Bonaparte) qui l'estime particulièrement ; ses relations le lient avec les citoyens riches et éclairés ». Par ses deux adjoints, le maire Léjéas entendait se concilier les différentes classes de la population dijonnaise. Ses souhaits furent exaucés (1).

A Beaune la mairie fut confiée au président de l'administration municipale Caillet. A Auxonne, c'est un administrateur municipal, Garnier, qui devint maire (2). Cette constance du gouvernement à choisir les nouvelles municipalités parmi les membres des anciennes est remarquable : elle témoigne du désir de ne pas froisser les intérêts particuliers et de constituer immédiatement un personnel expérimenté (3).

Dans les autres communes du département, le préfet doit pourvoir aux places de maires et d'adjoints. Par un arrêté du 13 germinal an VIII (3 avril 1800), Guiraudet ordonna aux administrations cantonales de cesser leurs fonctions et aux agents municipaux de remplir provisoirement le rôle de maires. La mesure était prudente. Il fallut en effet de longs mois au préfet pour découvrir des administrateurs municipaux qui ne fussent pas trop incapables ou malhonnêtes et qui consentissent à assumer ces fonctions. Le 14 fructidor an VIII (1er septembre), il écrit au ministre de l'Intérieur : « Je suis continuellement occupé à nommer des maires et à recevoir leur démission. » En étudiant la vie municipale en Côte-d'Or pendant le Consulat décennal, nous aurons l'occasion de constater et d'expliquer les embarras de Guiraudet. Cette partie de l'organisation administrative créée en pluviôse fut celle dont l'application s'opéra le plus tardivement et demeura toujours la plus défectueuse (4).

(1) *Journal*, 30 ventôse. Notes F 1b/II, Côte-d'Or 2. Maret au Min. Intérieur, 5 germinal, 23 floréal an VIII ; arrêté consulaire du 25 ventôse (F 1b/II, Côte-d'Or 2).

(2) Arrêté du 25 ventôse (F 1b/II, Côte-d'Or 2).

(3) Cf. Chavanon et Saint-Yves, p. 94.

(4) Min. Intérieur au préfet, 4 fructidor ; Préfet au Min. Intérieur, 14 fructidor (Arch. dép. Côte-d'Or, M/6, 1). Arrêté 13 germinal (M/1, 10/1).

CHAPITRE IV

L'administration des intérêts généraux

Le 22 ventôse an VIII (13 mars 1800) Guiraudet reçut l'ordre pressant de se rendre sans perdre « un seul jour » dans son département ; le ministre de l'Intérieur l'autorisait en même temps à prêter serment par écrit. Le premier préfet de la Côte arriva à Dijon le 30 ventôse, adressa au gouvernement la formule légale et dès le lendemain se présenta devant l'administration centrale. Celle-ci prit connaissance de la commission délivrée au nouvel administrateur par le premier Consul, la transcrivit sur ses registres et déclara cesser ses fonctions. Ainsi s'accomplit le 1er germinal (22 mars 1800) l'installation du régime administratif institué par la loi de pluviôse (1).

A peine installé, Guiraudet fit afficher une proclamation où il indique avec netteté à ses administrés les objets essentiels de sa mission. Le gouvernement consulaire a surtout besoin d'argent et de soldats pour continuer la guerre que lui impose la politique mercantile de l'Angleterre. Comme ses collègues il se préoccupera d'assurer le départ du contingent militaire et la rentrée des impôts (2).

1. — *Administration Militaire*

Successeur des administrations centrales, le préfet exerce en matière militaire les fonctions que leur avait attribuées la loi organique de la conscription du 19 fructidor an VI (5 septem-

(1) Min. Intérieur au préfet, 22 ventôse ; Préfet au Min. Intérieur, 30 ventôse (Arch. dép., M/1, 6/11). Procès-verbal du 1er germinal (M/1, 5/1).

(2) M/1, 5/1 : « les champs de Dijon sont désormais les champs de l'honneur ». Vandal, *L'avènement de Bonaparte*, II, p. 284 : « les premiers préfets furent avant tout des collecteurs d'impôts et des recruteurs d'hommes ». Cf. Chavanon et Fournier, *Bouches-du-Rhône*, pp. 41-43 ; 158, 159.

bre 1798). Il est l'intermédiaire entre le gouvernement, les défenseurs-conscrits et les autorités de la 18e division militaire (1). La législation consulaire accrut encore l'influence du préfet et de ses auxiliaires directs dans les levées de conscrits.

La loi et les arrêtés du 17 ventôse an VIII (8 mars 1800) prescrivirent la formation d'une armée de réserve, l'appel immédiat de 30.000 hommes et déterminèrent les formes du recrutement. Chaque département devait fournir un certain nombre de conscrits que le préfet, et ensuite les sous-préfets, répartissaient d'autorité entre les arrondissements et les communes. Les maires interviennent pour dresser les listes et présider à la désignation des hommes à mettre en marche. Les sous-préfets sont chargés de prononcer sur toutes les questions relatives au remplacement ; les préfets veilleront à faire compléter, le cas échéant, le contingent de chaque commune (2). La Côte-d'Or dut fournir 421 conscrits (3).

Bien que les documents fassent défaut ou soient trop imprécis, on peut penser que la formation d'une seconde armée de réserve et la continuation de la guerre exigèrent de nouvelles levées (4). Il semble que les populations côte-d'oriennes mirent assez peu d'empressement à écouter les proclamations de Guiraudet. En thermidor le préfet leur explique longuement que pour « arracher » aux ennemis la conclusion de la paix « il faut... leur présenter à la fois la foudre et l'olivier ». Guiraudet ordonne aux maires de dénoncer les conscrits qui ne seraient pas partis à l'armée (5).

En l'an X, la loi du 28 floréal (18 mai 1802) appelle aux

(1) La 18e division militaire comprenait alors les départements de la Côte-d'Or, de la Haute-Marne, de la Saône-et-Loire, de l'Aube et de l'Allier. Elle était commandée par le général de division Meynier ; Meynier avait servi en Italie et de l'avis de Bonaparte, ne paraissait pas capable d'être employé à l'armée active (Arch. dép., R/1, 13 ; R/3, 13 vote du conseil municipal de Dijon, 11 thermidor an X, *Correspondance de Napoléon*, 272, 1217).

(2) Duvergier, XII, pp. 210 ss.

(3) *Journal*, 30 ventôse ; la classe de l'an VIII compte 2.500 jeunes gens.

(4) Darmstädter, *Bas-Rhin*, XVIII, p. 338, ne connaît pas de levée en l'an VIII et en l'an IX. La statistique de Vaillant ne nous renseigne qu'à partir de l'an XIII (II, p. 42).

(5) *Journal*, 15 thermidor an VIII.

armes 30.000 hommes de la conscription de l'an IX et 30.000 de l'an X ; elle prescrit la constitution d'une double réserve d'égale force numérique. Légalement, c'est le conseil général qui doit répartir le contingent départemental entre les arrondissements. Mais sa session s'est achevée le 15 prairial et le texte législatif n'est parvenu à la préfecture que le 17. Guiraudet procède donc par lui-même à la répartition. Il convoque les conseils d'arrondissements pour fixer le nombre de conscrits que fournira chaque commune ou groupe de communes (1).

L'événement le plus important de l'histoire militaire de la Côte-d'Or sous le Consulat décennal est la formation à Dijon et dans les environs de la première armée de réserve, celle qui avec Bonaparte et Desaix remporta la décisive victoire de Marengo (14 juin 1800). Ce n'est pas le lieu de décrire la concentration des divers corps de troupes, d'en indiquer la composition et la force, de suivre tous les détails techniques de cette organisation. Il suffira d'indiquer le passage de Bonaparte à travers le département et le séjour qu'il fit à Dijon. Ce fut pour lui une occasion de donner des instructions aux chefs des différentes administrations, de redire son désir de la paix et de s'instruire sommairement des besoins des habitants (2). Après le départ de l'armée commandée nominalement par le général Berthier, la Côte-d'Or ne cessa pas d'être un lieu de passage et de séjour pour de nombreuses troupes. Au camp de Remilly se prépara la seconde armée de réserve sous le commandement du général Brune (3).

Ces mouvements et ces concentrations n'allèrent point sans de lourdes réquisitions et sans grandes surcharges au service normal des étapes. La correspondance échangée entre le préfet, le général Brune et Carnot, ministre de la guerre, témoigne des difficultés que rencontra l'approvisionnement des armées consulaires (4). La campagne de Marengo et la signature d'un

(1) Duvergier, XIII, p. 435 ; arrêté préfectoral, 30 prairial an X (Arch. dép., R/1, 23).

(2) *Journal*, 26 floréal.

(3) *Journal*, 30 prairial, 30 messidor.

(4) Min. Guerre au préfet, 5 floréal, 6 prairial (R/3, 8). Brune au même (R/2, 2).

double armistice en Italie et en Bavière ne mirent pas fin à la lutte entre la République et l'Empire. Les compagnies auxquelles avait été adjugée la fourniture des vivres et des divers objets nécessaires aux troupes exécutèrent mal leur contrat ; les maires se préoccupèrent peu d'assurer la nourriture et le logement des soldats de passage ; ceux-ci réclamèrent plus que le règlement du 25 fructidor an VIII ne les y autorisait. Aussi bien pendant l'an VIII, l'an IX et l'an X, le *préfet se montre fort préoccupé du bon fonctionnement des* étapes (1).

Enfin Bonaparte signe la paix avec l'Empire à Lunéville le 9 février 1801 ; les préliminaires de Londres (1er octobre 1801) se transforment le 27 mars 1802 en la paix d'Amiens (2). Les armées françaises regagnent peu à peu le sol de la République. Il faut les loger. Les casernes sont rares en Côte-d'Or et les municipalités se refusent à en construire. A l'unanimité le conseil municipal de Dijon déclare que 800 ou 900 hommes de garnison sont amplement suffisants pour assurer la tranquillité de la ville et « pour entourer le général divisionnaire de la considération qui lui est due, considération qu'il obtient encore bien plus par son mérite et par ses qualités personnelles que par la force la plus imposante ». Guiraudet partage cette conviction et proteste contre l'intention manifestée par les autorités militaires de loger la 18e demi-brigade chez les habitants (3).

Peu militaristes, on le voit, les Dijonnais se désintéressent fort de porter l'uniforme de la garde nationale. Leur indifférence est partagée par les autres citoyens du département. A la fin de l'an VIII, les élections des officiers sont rendues impossibles par l'absence des électeurs. Au commencement de l'an X « officiers... et sous-officiers refusent de continuer un aussi long service et le confient journellement à un petit

(1) Arrêté, 26 fructidor an IX (R/3, 8). *Correspondance de Napoléon*, 5179, 5786.

(2) Fournier, *Napoléon*, I, pp. 202, 211, 213.

(3) Maire de Semur au sous-préfet, 15 fructidor an X ; délibération du conseil municipal de Dijon, 11 thermidor an X (R/3, 13). Préfet au général de la 18e division, 28 thermidor an X (R/3, 8).

nombre de mercenaires incapables de le faire convenablement ». Les efforts du maire de Dijon n'aboutissent qu'à reconstituer les six compagnies sur le papier (1).

2. — *Administration financière*

Les besoins en argent du gouvernement consulaire, les expédients de tout genre auquel il recourut pour se procurer des ressources liquides, les innovations temporaires ou durables qu'il apporta au régime financier sont connus (2). En Côte-d'Or, des arrêtés ou des avis dans les journaux avertirent les populations des mesures décidées par les Consuls (3). Le préfet s'occupa activement d'accélérer la perception des impôts ordinaires et de la subvention de guerre établie par la loi du 27 brumaire an VIII (18 novembre 1799) sous forme de 25 centimes additionnels au principal des contributions foncières, personnelle, mobilière et somptuaire ; cette taxe supplémentaire devait se substituer à l'emprunt ou impôt progressif sur les riches dont nous avons constaté l'impopularité. Un arrêté préfectoral du 25 germinal (15 avril 1800) ordonna le paiement immédiat de la subvention de guerre et de la moitié des contributions directes et annonça la formation d'une troupe de garnisaires de 890 hommes prélevés sur les corps de séjour dans la 18ᵉ division militaire. Il invita les maires à stimuler le zèle des contribuables. Il dut, toutefois, recourir aux mesures de rigueur et envoyer des détachements de garnisaires dans les divers arrondissements. A en croire le *Journal de la Côte-d'Or*, cette décision eut les plus heureux résultats : « les garnisaires n'ont besoin que de se présenter à la porte du contribuable... pour que celui-ci se hâte de payer (4). » Par contre

(1) *Journal*, 25 thermidor et 5 fructidor an VIII. Maire de Dijon au préfet, 27 vendémiaire an X : état du 26 frimaire (R/4, 9).

(2) Cf. Stourm, *Les finances du Consulat*, 1902 : par ex. pp. 39, 40, 66, 117, 149, 156, 157.

(3) *Journal*, 25 floréal (bons de réquisitions admis en paiement des contributions) ; 30 floréal (bons d'habillements des conscrits). Cf. auparavant 15 frimaire (subvention de guerre), 25 nivôse (rachat facultatif de rentes).

(4) *Journal*, 5 floréal, 10 et 20 prairial ; préfet au Min. Finances, 14 prairial an IX ; Min. Finances au préfet, 8 floréal an X (P/2, 27).

le ministre signale en l'an X des arriérés sur la subvention de guerre et les impôts ordinaires ; le préfet impute ce retard aux mauvaises récoltes.

Ralentie depuis quelque temps, la vente des biens nationaux reçoit une nouvelle impulsion afin de satisfaire aux besoins du Trésor (1).

Des citoyens dévoués et inquiets eurent la pensée d'organiser une souscription nationale parmi les acquéreurs de biens nationaux ; chacun de ceux-ci aurait versé le tiers de son revenu net afin de contribuer au triomphe d'un gouvernement qui était leur unique défense contre une réaction qui les ruinerait. Guiraudet ordonna de poursuivre ces imprudents amis du Consulat dont l'affiche n'était pas signée et risquait de porter le découragement et le trouble chez de nombreux acheteurs de domaines vendus par l'État (2).

3. — *L'organisation judiciaire*

La loi du 27 ventôse an VIII (18 mars 1800) introduisit dans les tribunaux les principes de centralisation et de subordination que la loi du 28 pluviôse venait de rétablir dans l'ordre administratif. Elle créait des tribunaux *spéciaux d'appel*, remplaçait le tribunal civil de département institué en l'an III par des tribunaux d'arrondissement *jugeant en outre correctionnellement* ; le tribunal criminel de département était conservé. Les magistrats *ne seraient plus élus par* les justiciables mais nommés par le gouvernement. Les justices de paix ne furent réorganisées que plus tard (3).

Plusieurs historiens départementaux ont déjà remarqué la prépondérance *numérique des anciens révolutionnaires* dans les tribunaux organisés par le Consulat (4). Le fait est égale-

(1) Ministre Finances au préfet, 28 ventôse an VIII (Arch. dép., M/1, 4/1).

(2) *Journal*, 20 thermidor : « Acquéreurs de biens nationaux nous sommes toujours sur la brèche ; c'est nous qui devons périr si nous succombons à l'assaut ».

(3) Duvergier, XII, p. 167 ss.

(4) Chavanon et Saint-Yves, *Pas-de-Calais*, p. 128-134. Fournier et Saint Yves, *Bouches-du-Rhône*, pp. 171-190, 204 : « en aucun corps constitué du département l'élément révolutionnaire n'eut une place si large... que dans le corps judiciaire ».

ment exact en Côte-d'Or. 29 magistrats en exercice sont conservés : cinq autres appartiennent aux tribunaux de la Haute-Marne et de la Saône-et-Loire, départements dépendant du Tribunal d'Appel de Dijon où ces juges vont siéger ; sept anciens juges ou accusateurs publics sont rappelés à l'activité. Le nombre des magistrats nouveaux ne dépasse pas six ; trois sont des hommes de loi, deux ont appartenu à des assemblées politiques, un présida une administration cantonale. Cependant le gouvernement a pris la précaution d'éviter que la composition des tribunaux consulaires ne soit que la copie de celle des tribunaux du Directoire. Il garde les hommes mais il en modifie les fonctions. Agir ainsi était, d'ailleurs, une nécessité imposée par les suppressions et créations de corps judiciaires décidées par la loi du 27 ventôse. Le Tribunal d'Appel a été recruté parmi les membres du tribunal civil de la Côte-d'Or ; on leur a adjoint trois représentants de chacun des autres départements de la circonscription et un ex-législateur. Ce dernier, Morisot, devient président du tribunal criminel dont le président actuel dirigera le tribunal de Dijon ; il sera aidé par trois des juges criminels en exercice et le substitut du commissaire du gouvernement ; les fonctions de commissaire seront remplies par un ancien conventionnel, ancien membre des Cinq-Cents et ancien accusateur public, Dézé. Le tribunal de Dijon est constitué par des juges au tribunal départemental, le parquet correctionnel et le président du tribunal criminel. Plus disparate est le personnel des autres tribunaux ; on fait appel aux membres des tribunaux correctionnels, aux accusateurs publics, aux anciens juges de district, aux hommes de loi (1). Cette prédominance remarquable de l'élément révolutionnaire pourrait être attribuée à l'influence du jacobin Oudot, juge de Cassation, et du conventionnel Berlier, tous deux côte-d'oriens.

L'installation des tribunaux consulaires eut lieu à Dijon le 15 messidor (4 juillet 1800). Le préfet présida la cérémonie à laquelle avaient été conviées toutes les autorités résidant en cette ville ; on entendit une musique exécuter « plusieurs airs

(1) Arrêté du 16 prairial an VIII (5 juin 1800) (Arch. dép., U/1, 4).

patriotiques » et Guiraudet prononcer un discours à la louange des armées françaises et du « héros qui les conduit ». Dans le reste du département la mise en marche des nouveaux corps judiciaires fut terminée avant la fin de messidor (1).

Le préfet ne peut s'immiscer dans l'administration de la justice civile et criminelle. Il a seulement le droit de surveiller les juges, de renseigner le gouvernement sur leurs idées politiques et leurs aptitudes professionnelles, de proposer des candidats aux places vacantes. Cette partie des attributions préfectorales donne lieu à une correspondance assez active où se manifestent et la valeur des juges de la Côte-d'Or et l'efficacité de l'appui de Guiraudet. Il s'enquiert de l'impression produite par les présidents de tribunaux d'arrondissement ; les réponses des sous-préfets sont toutes favorables à ces fonctionnaires (2). Guiraudet propose pour substitut du commissaire du gouvernement à Dijon, à Beaune et à Châtillon, plusieurs candidats ; le *premier de chaque liste est nommé*. C'est encore à la présentation de Guiraudet que Bernard Legouz dut de remplacer le commissaire près le tribunal d'appel Carnot, promu juge au tribunal de Cassation. Pour faire ces désignations, le préfet s'inspire des indications qui lui sont fournies par les sous-préfets ou des citoyens zélés ; il propose volontiers d'anciens magistrats et des hommes connus par leur passé révolutionnaire, tel que Legouz (3).

L'ordre judiciaire comprend encore en Côte-d'Or des justices de paix. Cette magistrature présente ce trait particulier d'être demeuré élective jusqu'au Sénatus-Consulte du 16 thermidor an X. C'était la seule occasion laissée par le régime consulaire aux citoyens d'exercer directement et effectivement leur droit de vote. Ils semblent avoir usé de cette faculté en floréal an X pour la première et dernière fois.

La lutte électorale fut vive. D'anciens juges de paix, des

(1) Procès-verbal du 15 messidor ; Préfet au Min. Justice, 26 messidor (U/1, 4).

(2) Sous-préfet de Beaune au préfet, 13 germinal an IX ; de Semur au même, 16 germinal ; de Châtillon, 15 germinal (U/1, 4).

(3) Préfet au Min. Justice, 29 ventôse an IX, 24 germinal ; citoyen Jolly au préfet 30 pluviôse an IX ; *sous-préfet de Beaune* au même, 15 ventôse an IX (U/1, 4).

notaires, des maires, même des membres de tribunaux supérieurs sollicitèrent le suffrage des électeurs ; les hommes de loi ou les simples citoyens leur firent une active concurrence. Les votants, dont le nombre paraît avoir été assez élevé, se divisèrent fréquemment ; de nouveaux scrutins furent nécessaires (1). Les fraudes ne sont pas rares. Amanton, adjoint d'Auxonne, signale au préfet qu'en certaines communes on a trouvé plus de bulletins que de votants et que beaucoup de ces bulletins sont d'une écriture uniforme. Un peu plus tard, le zélé Amanton est chargé par le préfet d'enquêter sur certains agissements analogues (2).

Les candidats évincés acceptent avec peine le résultat du vote populaire. L'un écrit à Guiraudet qu'il a été écarté par « l'intrigue la plus vile et la plus odieuse ». Antoine, ex-juge de paix à Chenove, aspirait à le devenir dans le canton Ouest de Dijon ; il n'obtint que le siège de premier suppléant qu'il refuse en une lettre mélancolique à son heureux rival (3). A Auxonne le citoyen Serdet ne peut se consoler du succès de son ancien greffier Luquet. Le maire désireux de « tarir à leur source les mécontentements de la rivalité entre deux citoyens propres à servir utilement la chose publique » propose au préfet de faire nommer greffier Luquet, cette place étant « plus convenable à son état de fortune » ; ainsi Serdet pourrait redevenir juge de paix (4).

Cette lutte pour la magistrature cantonale revêtit une vive acuité et une longue durée dans le canton de Pontailler. Les

(1) Les opérations électorales sont d'autant plus compliquées à suivre dans les documents (U/3, 17) que les électeurs choisissent à la fois le juge de paix et ses deux suppléants créés par la loi du 29 ventôse an IX (20 mars 1801) (Duvergier, p. 426). Une autre loi du même jour détermine quelques-unes des formes de cette élection.

(2) Amanton au Préfet, 15 floréal an X ; Préfet à Amanton, 29 floréal (U/3, 17). Les fraudes électorales furent également fréquentes dans les Bouches-du-Rhône et le Pas-de-Calais (Fournier et Saint-Yves, p. 196 ; Chavanon et Saint-Yves, p. 144).

(3) Proteau à Préfet, 6 prairial an X ; Antoine puiné au juge de paix Guéniard, 20 prairial : « Bien des gens pensent que la place de suppléant de juge de paix ne rendra ni honneur, ni profit. Quant à moi dont la pensée est toujours lente, je ne sais pas encore trop ce qu'il en faut croire ; quoi qu'il en soit, je n'accepte pas celle par laquelle vous me marqués que j'ai été choisi » (U/3, 17).

(4) Maire d'Auxonne au préfet, 7 prairial an X (U/3, 17).

citoyens Saunac et Joly étaient en présence; le premier, ancien juge de paix à Binges, fut soutenu contre Joly, juge en exercice, par le maire de Pontailler, Joanin. Au cours de la campagne électorale, Joanin aurait intimidé certains fermiers et corrompu certains maires en leur promettant du bois pour leur commune ou une entière liberté d'action. Les opérations du scrutin furent fort irrégulières. On négligea de se servir d'urne, on inscrivit les votes sur une simple feuille de papier, on dépassa les délais légaux de clôture, on déchira des procès-verbaux déjà rédigés. Joly obtint au total 767 voix et Saunac 757. Mais l'assemblée chargée de vérifier la régularité des votes (1) rejeta les bulletins de la commune de Lamarche recueillis le 26 floréal, parce que le scrutin devait légalement être clos le 25. Par suite, le nombre des voix obtenues par Joly n'est plus que de 687. Cependant, l'assemblée ne se décida point à proclamer élu Saunac. Peu rassurée sur la validité des *opérations électorales* et désireuse d'élire un magistrat désintéressé dans le débat, elle prit une résolution assez inattendue; elle chargea le citoyen Perrin, qui avait *été préféré* aux deux principaux candidats par 84 électeurs, de remplir provisoirement les fonctions de juge de paix à Pontailler. La solution définitive était laissée au ministre de la Justice (2).

Cette mesure parait bien avoir été prise sur l'initiative du préfet. Elle suscita de vives protestations. Un des membres de l'assemblée remarqua que plusieurs autres communes avaient clos le scrutin après le 25 floréal et que l'*état matériel de leurs* procès-verbaux était rien moins que satisfaisant. Parfois « la fille du maire recevait habituellement les votes en l'absence de son père » ; parfois, certains électeurs jugent bon de recommencer spontanément à voter. Il aurait été plus simple et plus prudent de déclarer *nulles* les opérations électorales dans leur ensemble. Joly put accuser l'assemblée de s'être arrogé un pou-

(1) Elle était composée des notables de droit de chaque arrondissement ; à Dijon elle fut présidée par le préfet (Préfet au Min. Justice, 18 prairial an XI; procès-verbal du 13 thermidor an X. Arch. Nat., F 1c/III, Côte-d'Or 2).

(2) Procès-verbal du 10 thermidor, *suprà*. Cette réunion avait été précédée d'une séance tenue le 5 prairial, dans laquelle l'assemblée s'était déclarée incompétente « les irrégularités... n'étant prouvées que par des allégués ». L'affaire lui avait été renvoyée par le ministre de la Justice le 23 messidor.

voir que la loi ne lui avait pas conféré et d'avoir joint « l'arbitraire et l'injustice à l'usurpation ». A ces raisons de fait et de droit, Joly ajouta un argument d'un autre ordre ; il fit appel à la protection du conseiller d'État Berlier. Saunac se réclama de Frochot. Le ministre de la Justice, assez embarrassé par les affirmations contraires des deux parties et la complexité des détails à constater, hésita ; il renvoya l'affaire au ministre de l'Intérieur qui finit, toutefois, par se décider en faveur de Saunac (1).

Également très âpre fut la lutte pour les greffes de justice de paix. L'article 3 de la loi du 28 floréal an X (18 mai 1802) remet au Premier Consul la nomination de tous les greffiers, auparavant choisis par le juge lui-même. Le préfet fut chargé de documenter le gouvernement sur les candidats et de dresser des listes de présentation. Guiraudet eut fort à faire pour donner satisfaction à tous les solliciteurs et à leurs protecteurs. D'anciens juges de paix oubliés par les électeurs demandent au pouvoir plus éclairé cette compensation ; des citoyens sont attirés par le traitement de greffier et par la stabilité de la fonction « devenue à la nomination du Premier Consul ». Amanton, l'enquêteur officieux de la préfecture, rappelle tous les titres de son beau-frère à obtenir le greffe d'Auxonne; les généraux Meynier, Veaux et Lecourbe recommandent un instituteur de Dijon; le général Lucotte, commandant du département de l'Oise, pense à son frère, sous-inspecteur des forêts dans l'Ourthe (2).

4. — *L'instruction publique*

Sous la Révolution, la direction générale de l'enseignement avait appartenu aux autorités administratives. Il en fut ainsi jusqu'à la création de l'Université. Ici encore le préfet a hérité des fonctions des anciennes administrations centrales et aucun

(1) Joly au Min. Justice, 9 prairial, 13 messidor an X ; Min. Justice à Berlier, 26 vendémiaire an XI ; Frochot au Min. Justice, 1er fructidor an X : réponse du 27 (F 1c/III, Côte-d'Or 2).

(2) Proteau au préfet, 6 prairial an X ; Amanton au préfet, 12 prairial ; Meynier, Veaux et Lecourbe au préfet, 2 prairial ; général Lucotte au même, 12 prairial ; Préfet au Min. Justice, 11 messidor (U/3, 17).

changement grave ne fut apporté dans la législation scolaire avant la loi du 11 floréal an X (1er mai 1802) (1).

Pendant le Consulat décennal, il n'existe pas en Côte-d'Or à proprement parler d'établissement d'enseignement supérieur. Le plus haut degré de l'instruction est représenté dans ce département comme ailleurs par l'École Centrale. Le programme de celle-ci affectait en effet un caractère encyclopédique et comprenait des matières depuis réservées aux Facultés de droit, des lettres et des sciences. Les cours de médecine y faisaient défaut. Continuant les traditions des États de Bourgogne, l'administration centrale avait subventionné des professeurs d'anatomie et d'accouchement. Le Conseil général vota les sommes habituelles dans « l'intérêt de l'humanité (2). »

L'École Centrale fait également office d'école secondaire. Conseil général, conseils d'arrondissements, fonctionnaires sont d'accord pour proclamer l'excellence de l'enseignement de celle de Dijon « dont la réputation attire une foule d'élèves des départements voisins ». Parmi ses professeurs on parle surtout des deux Jacotot dont l'un, inventeur d'une méthode alors estimée pour enseigner les langues, devait devenir recteur de l'Académie de Dijon (3). En l'an X, 395 élèves fréquentent l'École Centrale alors que celle de Lille n'en compte que 160. Cet effectif lui assurerait un rang extrêmement honorable parmi les établissements de ce genre si l'on pouvait affirmer que certains de ces auditeurs ne sont pas inscrits à plusieurs cours simultanément. Les langues anciennes intéressent 80 jeunes gens, la géographie et l'histoire 78, les belles-lettres 31, les mathématiques 41 et la physique 38 ; les cours les moins suivis sont ceux d'histoire naturelle et de législation qui n'ont que 20 et 21 auditeurs ; par contre, on compte 154 élèves de grammaire et 177 de dessin (4).

Entre cette école et les écoles primaires il n'existe pas de collèges ou d'établissements intermédiaires. Cette lacune fut

(1) Aulard, *Napoléon et le monopole universitaire*, pp. 5, 7, 8.

(2) Vaillant, I, p. 532. Conseil général, an VIII (Arch. dép., N/1, 1).

(3) Conseil général, an IX (N/1, 1). Aulard, p. 237.

(4) Etat, an X (Arch. dép. T/2, 1). Peter, *Enseignement secondaire Nord*, p. 173.

vivement regrettés par les assemblées côte-d'oriennes; elles déplorèrent en même temps la disparition des anciens collèges municipaux (1).

Moins brillante encore est la situation de l'enseignement primaire; elle est qualifiée de « déplorable » par le conseil général; le conseil d'arrondissement de Dijon déclare: « l'instruction est nulle, absolument nulle dans les campagnes ». Les causes en sont le changement apporté dans la condition matérielle des instituteurs et la disparition des congrégations enseignantes. « Que l'on ne perde pas de vue, recommande en germinal an IX le conseil d'arrondissement de Châtillon, que c'était des écoles dites des frères de la doctrine chrétienne que sortaient les bons instituteurs. » Cette opinion n'est pas isolée en Côte-d'Or et l'on sait que Bonaparte la partageait. D'autre part, le maître d'école n'a plus, comme autrefois, la jouissance de quelques terres communales et une part dans le casuel; le clergé témoigne de l'hostilité à ces intituteurs qui logent dans les anciens presbytères ou refusent de conduire leurs élèves à l'église (2).

L'administration s'efforce de remédier à cette situation. La nomination des maîtres d'école est entourée de sérieuses garanties. Ils doivent obtenir un certificat d'aptitude délivré par un jury nommé par le préfet. Le conseil municipal de la commune intéressée et le sous-préfet donnent leur avis sur les candidats; le préfet décide. Il règle encore l'indemnité de logement et la rétribution scolaire auxquelles l'instituteur aura droit (3). C'est au préfet qu'incombe la surveillance des maîtres. En prairial an IX les habitants d'Auxey se plaignent

(1) Conseil général, an IX; conseils d'arrondissement Beaune et Dijon (N/1, 1; 2, 1).

(2) Conseil général, an IX; conseil d'arrondissement Dijon, messidor an VIII, Châtillon, germinal an IX (N/1, 1; N/2, 1). Aulard, p. 48. Demartinécourt, commissaire près l'administration municipale de Selongey, au Min. Intérieur, 23 ventôse an VIII: « qu'enfin l'on suive pour toutes les petites écoles l'excellente méthode, la bonne tenue des frères dits de la doctrine chrétienne » (Arch. Nat. F 1c/III, Côte d'Or 8).

(3) Certificat du 7 nivôse pour le citoyen Grandné; avis du sous-préfet de Beaune, 11 nivôse; arrêté de nomination, 19 nivôse. Le préfet réduit à 120 francs l'indemnité que les communes d'Agencourt et de Boncourt, qui n'ont point de presbytères, avaient primitivement fixée à 160 francs en faveur de Grandné (Arch. dép. T/1, 4).

du citoyen Dard qui réclame une rétribution plus élevée que celle fixée par l'autorité préfectorale et va « aux champs au lieu de tenir école ouverte ». Le sous-préfet de Beaune fait une enquête et conclut que ces accusations sont l'effet de la calomnie. Guiraudet rejette, en conséquence, les réclamations des villageois d'Auxey (1). *L'intervention des autorités administratives* s'exerce même en matière de règlement intérieur et d'enseignement. Un arrêté du 4 prairial an X fixe les jours de congé au jeudi et au dimanche au lieu des quintidi et décadi. Le maire d'Auxonne décide de l'attribution des prix sur le rapport d'une commission municipale d'examen (2). Ce sont là des faits qui témoignent de l'intérêt que prennent les fonctionnaires administratifs aux questions scolaires ; ce ne sont point des indices d'amélioration.

(1) Pétition des habitants d'Auxey, 14 prairial an IX ; avis de Frémyet, 12 messidor ; arrêté de Guiraudet, 19 messidor (T/1, 4).

(2) Arrêté du 4 prairial an X (T/2, 1). Arrêté du maire d'Auxonne, 2e complémentaire an IX ; vote du conseil municipal de la même commune de 350 francs pour faciliter la fréquentation scolaire des enfants indigents, 19 pluviôse an IX (T/1, 4).

CHAPITRE V

Administration des intérêts locaux

Dans la conception de la loi de pluviôse, le rôle du préfet est double. Comme représentant du gouvernement, il procure l'exécution des lois et fait participer son département à la vie commune de la République. Comme représentant des intérêts régionaux, il prend ou suggère toutes les mesures requises par les besoins particuliers de ses administrés ; c'est à ce titre qu'il règle et contrôle les budgets locaux, qu'il nomme et surveille les administrations municipales, qu'il se préoccupe des questions sociales ou économiques. Cette seconde partie des fonctions préfectorales n'est ni la moins importante, ni la moins complexe.

1. — *Circonscriptions administratives*

La loi du 28 pluviôse an VIII, avait respecté la division et le nombre des cantons établis par la Constitution de l'an III. Bientôt le gouvernement songea à réduire le nombre de ces circonscriptions qui n'avaient plus de rôle administratif. Une circulaire du 28 floréal an VIII (18 mai 1800) demanda aux préfets leur avis sur la question. La loi du 8 pluviôse an IX (28 janvier 1801) posa le principe de la réduction que l'arrêté du 17 vendémiaire an X (9 octobre 1801) appliqua en Côte-d'Or. De 86 les cantons de ce département furent réduits à 36 (1).

(1) Duvergier, XIII, p. 56-59 : liste et répartition des communes de la Côte-d'Or. Châtillon n'eut plus que 6 cantons au lieu de 14 (Aignay, Baigneux, Châtillon, Laignes, Montigny, Recey) ; Semur est réduit de 13 à 6 (Flavigny, Montbard, Précy-sous-Thil, Saulieu, Semur, Vitteaux) ; de 33 cantons l'arrondissement de Dijon passe à 14 (Auxonne, Dijon-Nord, Dijon-Est, Dijon-Ouest, Fontaine-Française, Genlis, Gevrey, Grancey-en-Montagne, Is-sur-Tille, Mirebeau, Pontailler, Sainte-Seine, Selongey, Sombernon) ; les 26 cantons de celui de Beaune deviennent 10 (Arnay-sur-Arroux, Beaune-Nord, Beaune-Sud, Belle-Défense, Bligny-sur-Ouche, Liernais, Nolay, Nuits, Pouilly, Seurre).

Cette opération n'alla point sans provoquer de nombreuses réclamations. Bien des communes étaient menacées de perdre les avantages des chefs-lieux de cantons et des sièges de justice de paix. Elles s'agitèrent. Les maires célébrèrent à l'envi et contre le voisin les qualités diverses de leur petite cité. Ils décrivent ses marchés, les routes qui la traversent, sa situation au centre du canton rêvé ; ils rappellent les justices ou autres administrations qu'elle possédait avant la Révolution (1). D'autres ne veulent pas relever d'une justice de paix dont ils estiment le lieu trop éloigné ou incommode. Marigny-le-Cahouët, par exemple, sollicite de dépendre de Semur et non de Montbard ; Solongey offre de céder au canton de Fontaine-Française la commune de Chaume si celui d'Is-sur-Tille lui abandonne Villey et Crécey. D'autres enfin demandent à quitter un arrondissement pour passer dans celui avec lequel leurs habitants entretiennent des relations commerciales plus suivies. Pendant tout l'Empire, le canton de Belle-Défense protesta contre son incorporation à l'arrondissement de Beaune alors que les habitants désirent appartenir à celui de Dijon ; en signe de protestation, le conseiller d'arrondissement Hernoux démissionna en fructidor an IX (2).

Démissions, lettres individuelles ou collectives n'impressionnent pas le gouvernement consulaire. Il signifie aux intéressés, par l'entremise du préfet, sa résolution de ne pas modifier les ressorts des tribunaux de première instance et, par suite, de rejeter *de plano* toute demande qui entrainerait changement dans les limites des arrondissements. Il ne se montre guère mieux disposé à l'égard des mutations simplement intercantonales (3).

(1) Préfet au Min. Justice, 23 frimaire an IX ; 6 prairial an IX (Arch. Nat. F 1/2, 536 ; Arch. dép. U/3, 17).

(2) Maire et juge de paix de Selongey au préfet, 9 frimaire an X (U/3, 18). Hernoux au préfet, 12 fructidor an IX (Arch. dép. M/4, 1).

(3) Min. Justice au préfet, 29 floréal an X (U/3, 18). La ville d'Arnay-sur-Arroux demanda sans succès à devenir chef-lieu d'un arrondissement ; le ministre de l'Intérieur blâma le maire de lui écrire directement et lui prescrivit de respecter « l'ordre hiérarchique » existant (Préfet au sous-préfet de Beaune, 6 ventôse an IX. U/3. 17). Cf. Min. Intérieur au préfet, 15 pluviôse an IX (*Ibid.*).

2. — *Administration départementale*

Le personnel des hauts fonctionnaires de l'administration côte-d'orienne demeura durant le Consulat décennal tel que l'avaient constitué les arrêtés consulaires des 11 et 25 ventôse. En étudiant les partis politiques à cette époque, nous aurons l'occasion de noter certains désirs de changements que le préfet manifesta en l'an IX et qui n'eurent pas de suite.

Au contraire la composition des conseils général et d'arrondissement est très instable. Les démissions sont fréquentes ; on les attribue à « des infirmités habituelles et progressives », à un âge avancé, à un séjour dans un autre département (1).

A cette première cause de changement se joignit l'incompatibilité signalée par le ministre de l'Intérieur entre les fonctions de magistrat municipal et celle de conseiller départemental. Pendant longtemps le gouvernement ne s'était pas aperçu du fait et avait copié sans hésitation la liste présentée par le préfet. Parfois l'arrêté consulaire porte même la mention expresse de la qualité de maire du nouveau fonctionnaire : le 4 frimaire an IX, les Consuls nomment conseiller d'arrondissement de Semur « Bourrée, maire de Flavigny ». Guiraudet protesta contre la décision ministérielle ; il fit remarquer que le conseiller général n'avait qu'un vingtième d'influence sur les votes et que les matières des délibérations n'impliquaient pas de conflits entre les intérêts de la commune et ceux du département. Il en serait autrement s'il s'agissait d'un conseiller d'arrondissement car le nombre de ses collègues est plus réduit et la répartition des impôts entre les communes peut créer des situations délicates. En outre, il lui serait fort difficile de découvrir dans les petits villages un autre citoyen capable de remplir les fonctions de maire. A ces raisons déduites de la pratique, le ministre réplique par un argument de droit administratif. La loi du 24 vendémiaire III a interdit le cumul des fonctions administratives lorsqu'il aurait pour résultat de rendre le

(1) Vorle au Préfet, 24 prairial an VIII : Viesse-Marmont au même, 20 pluviôse an X (F 1b/II, Côte-d'Or 2) ; Ligeret au même, 7 germinal an IX ; Deblick au même, 30 nivôse an IX (Arch. dép. M/4, 1). Le premier est seul conseiller d'arrondissement.

fonctionnaire surveillant de son supérieur ; or un maire, conseiller général ou d'arrondissement, aurait à entendre le compte du préfet ou du sous-préfet dont il est le subordonné (1). Guiraudet s'inclina et mit les intéressés en demeure d'opter entre leurs diverses qualités. La plupart des 43 conseillers préférèrent se consacrer à la gestion des affaires communales ; les uns espèrent pouvoir ainsi rendre plus de services à leurs concitoyens ; d'autres avouent éviter par là des fatigues, des dépenses et des pertes de temps. Seuls, peut-être, Godard, adjoint à Beaune, et Mandat, maire de Grancey, choisirent le titre de conseiller général et quatre maires ou adjoints, celui de conseiller d'arrondissement (2).

Pour remplacer les démissionnaires ou les optants, Guiraudet présente de nouveaux candidats. Comme conseillers généraux, il propose d'anciens administrateurs, un commerçant, un médecin, un arpenteur et de préférence, semble-t-il, « de riches propriétaires » ; il a coutume d'affirmer que le postulant « jouit d'une considération universelle ». Le gouvernement continue à faire siennes les appréciations du préfet. Sur 7 présentations 6 sont agréées. Ainsi deviennent conseillers généraux les citoyens Mandat-Grancey, Frantin, Jacquinot, Calvi, Simon et Giboud. A un ancien contrôleur des actes, Joly, le Premier Consul préfère Pierre Jacotot, professeur de physique à l'École centrale et ami de l'influent Berlier (3). La part prise par Guiraudet à la nomination des nouveaux conseillers d'arrondissement est également considérable (4). Le préfet lui aussi subit mainte

(1) Préfet au Min. intérieur, 22 floréal an IX ; réponse, 16 prairial (M/4, 1).

(2) Par ex. les conseillers généraux Baudot, maire de Pagny-l'Egalité, Buvée, maire de Mirebeau ; Carré, commissaire de police d'Auxonne : Petitot, adjoint de Dijon ; les conseillers d'arrondissement Amanton, adjoint d'Auxonne ; Quillard, maire de Belan ; Muteau, maire d'Is-sur-Tille. Les lettres de démission, très variées de ton, sont dans M/4, 1. Tableau des options (M/4, 1).

(3) Jacotot, Simon et Giboud, arrêté du 13 frimaire an X ; Préfet au Min. Intérieur, 20 brumaire an X ; Berlier au même, 24 thermidor an IX. Jacquinot : arrêté du 27 pluviôse an X ; présentation du 8 pluviôse. Calvi : arrêté du 23 ventôse an IX ; présentation de ventôse. Frantin : arrêté du 9 vendémiaire an X ; présentation du 12 *fructidor* an IX (Arch. Nat, F 1b/II, Côte-d'Or 2). Mandat : arrêté du 29 germinal an IX ; présentation du 17 germinal (Arch. dép. M/4, 1).

(4) Par exemple Bourée (sous-préfet de Semur au préfet, 24 fructidor an VIII ; arrêté du 4 *frimaire* an IX. Arch. dép. M/5, 3).

influence. Guiraudet demande aux sous-préfets de lui indiquer des candidats recommandables ; il s'adresse dans le même but aux conseillers démissionnaires ou à des citoyens particulièrement connus de lui. Il se borne d'ordinaire à recopier presque textuellement le nom et les motifs qu'on lui suggère (1) ; parfois, il est obligé de choisir et l'on ne peut saisir quelle raison détermine l'inscription de tel ou tel candidat sur la liste préfectorale (2).

Les assemblées côte-d'oriennes ainsi recrutées entretinrent avec les représentants du gouvernement d'excellents rapports sans rien abdiquer de leur liberté d'appréciation ni de leurs droits. Entre conseillers et préfet ou sous-préfet s'établit une véritable collaboration dans l'exécution des lois générales et la défense des intérêts du département.

Le conseil général a une double fonction et une double qualité juridique. Il participe à l'administration financière en répartissant les contributions directes entre les arrondissements et en statuant sur les demandes collectives en dégrèvement ; il dresse en outre un projet de budget départemental. Ses membres apparaissent donc comme des fonctionnaires ; c'est la qualification que leur donne la correspondance ministérielle (3). Mais ils sont aussi des représentants de leur département. La loi de pluviôse les autorise à transmettre au gouvernement leur « opinion sur l'état et les besoins » de ses habitants et l'arrêté du 16 ventôse an IX (7 mars 1801) reconnait expressément au conseil général « un caractère de représentation départementale » et les invite à émettre des

(1) Par exemple, Viesse-Marmont recommande au préfet Calvi « riche propriétaire attaché au gouvernement et dont les lumières et la moralité sont généralement reconnues ». Guiraudet présente au ministre Calvi « riche propriétaire dont les lumières et la moralité sont généralement reconnues » (Viesse-Marmont au préfet, 29 pluviôse an X ; Préfet au Min. Intérieur, ventôse. Arch. Nat. F 1b/II, Côte-d'Or *).

(2) Amanton au préfet, 18 thermidor an IX : « Vous avez permis que je vous désignasse quelqu'un pour me remplacer ;... d'après la connaissance parfaite que j'ai des citoyens Demoisy et Garnier, le premier convient plus particulièrement au conseil d'arrondissement et le deuxième au conseil général ». Maire de Seurre au préfet, 9 thermidor an IX. Sous-préfets de Beaune et de Semur au même, 19 et 20 pluviôse an IX (Arch. dép. M/4, 1).

(3) Le ministre de l'Intérieur en adressant au préfet les arrêtés de nomination, ajoute : « Veuillez les notifier de suite à ces fonctionnaires » (9 prairial an VIII. Arch. dép. M/4, 1).

vœux sur les matières « d'utilité publique, de... prospérité générale ». En l'an IX l'assemblée côte-d'orienne estime « que les fonctions des conseillers généraux assimilent leurs devoirs à ceux de véritables représentants du département » et le préfet fait sienne cette conception (1).

Sous le Consulat décennal, les conseillers généraux de la Côte-d'Or ont-elles pu, du moins voulu comme celles du Pas-de-Calais et de la Seine-Inférieure, remplir les divers rôles et exercer les diverses attributions que leur avait conférées la loi organique de l'administration départementale (2) ? Les sessions dont la date varie sont courtes (3). Elles commencent par une séance dans laquelle le préfet prononce un discours et par l'élection d'un président et d'un secrétaire. En l'an VIII et en l'an IX, les voix se portent sur un propriétaire d'opinions modérées, Deblik. En l'an X, la démission de Deblik amène l'élection de l'ancien conventionnel Hernoux. Puis, à partir de l'an IX, les conseillers se répartissent en commissions et préparent des rapports (4). Les séances suivantes sont consacrées aux questions financières. On examine les demandes en dégrèvement, on répartit les contributions directes, on dresse un état des dépenses qui incombent au département et des ressources qui lui sont propres, on écoute le compte du préfet. Enfin les derniers jours de la session se passent à signaler les besoins locaux et les réformes sollicitées du gouvernement.

En Côte-d'Or les demandes en dégrèvement sont assez rares ; d'ordinaire, le conseil les rejette, soit parce que leurs auteurs sont de simples citoyens, soit parce que les autorités municipales n'ont pas rempli toutes les formalités prévues

(1) Duvergier, XII, p. 412. Discours d'ouverture : « Comme les vrais représentants du peuple de la Côte-d'Or, vous présenterez et votre vœu particulier et celui de vos commettans » (Arch. dép. N/1, 3) ; an IX, 36 vo (N/1, 1).

(2) Chavanon et Saint-Yves, p. 67 ; Dejean, *Beugnot*, pp. 199-202, 222.

(3) An VIII, 1 au 13 thermidor ; an IX, 15 au 28 germinal ; an X, 1 au 14 prairial (Arch. dép. N/1, 1 ; procès-verbaux des sessions du conseil général).

(4) An VIII, fo 1 ro ; an IX, fo 1 ro ; an X, p. 2. Ces commissions sont les suivantes : agriculture et commerce, ponts-et-chaussées, instruction, population et administration, prisons et secours publics. Elles se composent de 3 ou de 4 membres.

par la loi du 2 messidor an VII (20 juin 1799). On se mit promptement d'accord sur les bases de la répartition des contributions directes et sur l'importance des dépenses départementales. Celles-ci ont pour objets principaux le développement des moyens d'instruction, les frais des tribunaux et les traitements des préfets, sous-préfets et de leurs employés. Sur ce dernier point le conseil réclame avec instance des augmentations de crédit. Il déclare insuffisantes les allocations gouvernementales ; il estime nécessaire la présence de 24 commis à la préfecture et élève de 7.500 à 12.500 les sommes à dépenser par les sous-préfets. Il souhaite un accroissement de traitement au premier fonctionnaire de la Côte-d'Or, dépense utile « chez un peuple accoutumé... à confondre le respect pour la loi avec le respect qu'il porte à la personne des magistrats (1) ».

Ces votes attestent la bonne harmonie qui règne entre les conseillers et le préfet. Le conseil général n'entend pas cependant être une simple chambre d'enregistrement. La loi le charge de contrôler la gestion des finances départementales ; il manifeste la volonté d'exercer cette surveillance. Guiraudet, sans s'y opposer nettement, s'efforce de rendre impossible ce contrôle. Dès sa première session, les adversaires entrent en lutte. Le conseil « arrête qu'il sera demandé par écrit au préfet des instructions sur plusieurs articles de dépenses présentés sommairement et sans détails ». Loin de donner les renseignements sollicités, le préfet laisse comprendre que le conseil n'a pas à se préoccuper de l'emploi des fonds perçus avant l'établissement de l'organisation préfectorale. Les conseillers insistent et réclament du gouvernement « de tracer au conseil la conduite qu'il doit tenir dans sa session de l'an IX ». La réponse se trouva dans l'arrêté du 16 ventôse an IX : » l'audition de compte n'est pas une simple formalité ;... les conseils doivent s'assurer de la légalité de toutes ces dépenses et rejeter, en énonçant les causes de la décision, celles qui ne seraient pas suffisamment justifiées ». Guiraudet paraît ignorer les ordres du gouvernement ; en l'an X, les trop curieux

(1) An VIII, f° 12 r°, 14 v°, 23 v°.

conseillers renouvellent près du ministre de l'Intérieur leur désir d'instructions précises (1).

L'attitude de Guiraudet ne provoqua point de conflit. Le conseil général continua à estimer imprudentes les économies imposées aux administrateurs et à déplorer que le préfet ait été obligé de dépasser les crédits légaux « ne pouvant se résoudre à supprimer nombre de malheureux pères de famille ruinés par une réforme qui serait devenue nécessaire ». Il aurait besoin de 26.600 francs pour solder ses employés alors que le ministre ne lui en accorde que 20.000 (2).

Préfet et conseillers s'unissent également pour défendre les intérêts du département. L'objet le plus vif et le plus constant de leurs *vues générales* est de protester contre la surcharge considérable d'impôts dont l'ignorance et la précipitation de l'Assemblée Constituante accablent les habitants de la Côte-d'Or. Dans le calcul qu'elle fit pour déterminer la répartition entre les départements des impôts qu'elle créait en remplacement des contributions de l'ancien régime, elle commit une erreur de 316.573 livres. Par suite, elle estima la charge fiscale à imposer à la Côte-d'Or à 3.419.909 livres tandis que celle-ci ne payait en 1789 que 3.103.336 livres. Cette différence provient de l'incorporation dans les états soumis aux Constituants de la taxe représentative de la corvée ; « l'Assemblée constituante qui ignorait cette confusion ajouta cette imposition au produit dans laquelle elle était déjà comprise ». La Côte-d'Or réclama en vain pendant toute la période révolutionnaire. Également inutiles furent les doléances du conseil général et les efforts du préfet. A chaque session les plaintes se renouvellent ; les rapporteurs comparent la richesse et les impôts de la Côte-d'Or et des départements voisins. Le préfet profite d'un voyage au Creusot pour interroger un ancien chef de bureau des contributions, député en 1792 auprès des ministres afin d'obtenir réparation de l'erreur si préjudiciable aux populations côte-d'oriennes ; « il me fera connaître, écrit Guiraudet au ministre de l'Intérieur, facilement et d'une manière détaillée

(1) An VIII, f° 5 r° et v° ; an X, p. 24 ; il en est de même à Rouen (Dejean, p. 221).
(2) An X, p. 24.

les motifs des plaintes des administrations qui m'ont précédé et la nature des objections qui lui furent faites dans le temps (1) ». La principale de ces objections était le grand nombre de départements victimes de surcharges semblables. Établir la péréquation des impôts directs sembla trop difficile ; le gouvernement consulaire se contenta d'atténuer le mal en accordant des réductions de contingent aux pays les plus surimposés. De 2.793.000 francs en l'an VIII, le montant de l'impôt foncier fut réduit en Côte-d'Or à 2.662.000, les deux années suivantes.

Les autres vœux exprimés par le Conseil général sont très variés. En matière économique, il se montre fort mécontent de l'état des routes, abandonnées depuis le commencement de la Révolution et trop souvent impraticables. Il souhaite avec instance l'achèvement du canal de la Saône à l'Yonne, « que l'on doit regarder comme le tronc de la navigation intérieure ». Il demande la prohibition d'exporter des blés lorsque la récolte sera insuffisante, l'insertion dans un futur traité de commerce avec l'Angleterre de clauses favorables au commerce des vins de Bourgogne, le vote de mesures qui protégeront les usines métallurgiques de la Côte-d'Or contre la concurrence de celles du Nord. En l'an IX, le gouvernement est invité à faire opérer des recherches dans la région de Baume-la-Roche et de Sombernon où l'on croit qu'il existe du « charbon fossile ». La découverte de mines de ce « précieux combustible » serait de grande utilité pour les forges du Châtillonnais. L'année suivante, on félicite l'Académie de Dijon dont les efforts ont abouti à la « découverte infiniment précieuse » d'une tourbière aux environs de Pontailler. Le conseil souhaite encore l'amodiation de la pêche et de la chasse dans les propriétés publiques, le développement des prairies artificielles, l'augmentation du nombre des étalons et des béliers, la diminution des jachères et la fixation du ban des vendanges non par le conseil municipal mais par une assemblée de propriétaires

(1) Stourm, *Les finances de l'ancien régime et de la Révolution*, 1885, I, p. 201-211. Vaillant I pp. 325, 326. Préfet au Min. Intérieur, 29 floréal an IX (Arch. Nat. F 1b/II, Côte-d'Or 2). Conseil général, an VIII, f° 19 v° ; an X, p. 25.

disposant de voix proportionnées à l'étendue de leurs vignes (1).

L'instruction est subventionnée ; on encourage les *sociétés* savantes et les écoles de beaux-arts et de musique. Dans de longs rapports, on réclame la transformation de l'École centrale en *licée* et la création à Dijon d'écoles spéciales de droit, de sciences naturelles et de médecine. On célèbre avec enthousiasme le glorieux passé littéraire et scientifique de la Bourgogne et de Dijon (2).

Les questions sociales qui retiennent l'attention des conseillers sont surtout la suppression de la mendicité, la désertion des campagnes et la diminution de la natalité. On disserte sur la taxe des pauvres anglaise et sa « progression effrayante » ; on déplore le préjudice causé aux paysans par « la destruction des maisons religieuses, le renversement de la fortune de propriétaires riches et bienfaisants qui résidaient sur leurs propriétés rurales » ; on constate que « le sentiment sublime de la paternité a besoin de régénération morale (3) ».

Les lois existantes ou projetées et le fonctionnement de l'administration sont l'objet de réflexions parfois élogieuses, plus souvent critiques. On signale l'ignorance des maires, l'incapacité des instituteurs, l'habitude des juges de paix campagnards de « fréquenter assiduement les cabarets » ; on se plaint de la faiblesse avec laquelle sont réprimés les délits ruraux (4). Sous l'inspiration de Guiraudet, le conseil général recommande au gouvernement une réforme administrative dont il ne sait assez faire l'éloge. Elle consisterait à supprimer les arrondissements et à les remplacer par des groupes de 3 ou 4 cantons. Un commissaire du préfet résiderait dans chacun d'eux ; il stimulerait et dirigerait les maires, les suppléerait au besoin dans leurs fonctions autres que la tenue des registres de l'état civil et la police rurale, établirait les rôles des contributions directes. La besogne des bureaux de la préfecture serait allégée, les

(1) An VIII, f° 20 r°, 22, 23 ; an IX, f° 16 v°, 18 r°, 23 r°, 28, 34, 35 ; an X, pp. 19, 29, 32, 33, 39.

(2) An X, p. 40.

(3) An IX, f° 21, 32 ; an X, p. 36. Cf. *infra*, la situation des hospices.

(4) An IX, f° 26 r°, 36 r°.

frais de poste réduits, l'action de l'administration plus rapide et plus sûre. Ce projet « a paru réunir les avantages de la convenance et de l'économie ». Pour en convaincre le ministre on annexe au procès-verbal un mémoire rédigé par Guiraudet « avec toute la pureté de stile et la force de raisonnement qui lui sont si familières » (1).

Si le conseil ne veut pas exprimer son avis sur la loi relative à la conscription « attendu qu'il n'a pas eu connaissance officielle de cette loi », il étudie le futur Code civil. Il se félicite de voir bientôt cesser « les variations et les incertitudes de notre législation ». Quelques réformes ne lui agréent point. Le rapporteur regrette la disparition « de cette magistrature domestique de la puissance paternelle dont nous avions si longtemps ressenti les salutaires influences » ; à l'en croire « toutes (les opinions)... s'accordent à réclamer une loi qui, en rendant le divorce aussi long que difficile à obtenir, fasse cesser enfin le scandale public qu'il occasionne chaque jour » ; il souhaite qu'une autre loi « autorise le paiement de ces redevances qui sont le prix de la concession du fond... sans néanmoins rétablir les droits de lots et les autres droits censuels » ; il réclame une prompte réorganisation du notariat. On demande l'abrogation de la loi sur le partage des communaux ; lorsque le délai légal d'inaliénabilité sera écoulé, beaucoup des nouveaux propriétaires vendront leur lot : « alors plus de chaumières, plus de propriétés ! » Répartir les terrains montagneux, c'est supprimer les pâturages nécessaires au mouton, l'unique ressource de certaines contrées. Il eût été bien préférable de prescrire l'amodiation des communaux ; cette mesure aurait procuré aux budgets locaux « des ressources pérennes et toujours renaissantes ». Quittant le terrain social pour les préoccupations économiques, on déclare que l'intérêt de l'agriculture motive le désir d'une loi qui, en diminuant les frais et les formalités des échanges de parcelles rende possible la reconstitution de grandes propriétés, de culture plus aisée et plus productive (2).

En émettant et en renouvelant ces vœux variés et d'ordinaire

(1) An VIII, f° 22, 23 ; an IX, f° 34, 35. Cf. Dejean, *Beugnot*, p. 226, vœu du conseil général de la Seine-Inférieure pour la fusion des petites communes.

(2) An VIII, f° 20 r° : an IX, f° 28 r°, 32 v°-33 ; an X, p. 44-46.

fortement motivés, les conseillers généraux de la Côte-d'Or attestent leur volonté d'être une assemblée agissante et soucieuse des besoins du département. Ils sont aidés dans cette tâche comme dans leurs attributions financières par les conseillers d'arrondissement. Dans une première session, qui précède et prépare celle du conseil général, chaque conseil d'arrondissement instruit les demandes collectives en dégrèvement, recherche le montant et la nature des dépenses propres à sa circonscription, expose ses *vues générales* de réformes. Dans une seconde série de séances, il prend connaissance du contingent assigné par le conseil général à son arrondissement et le répartit entre les communes.

Les conseillers d'arrondissement imitent les conseillers généraux dans leurs rapports avec les représentants du gouvernement. Ils proposent d'augmenter les crédits affectés aux bureaux des sous-préfectures. Ils s'empressent d'attirer l'attention du ministre de l'Intérieur sur une réforme suggérée par Frémyet et Berthet : il s'agit de supprimer les maires de petites communes rurales et de ne conserver que les maires de chef-lieu de canton ; des motifs d'économie et la difficulté de découvrir à la campagne des citoyens capables et désireux de remplir les fonctions municipales inspirent ce plan de réforme, assez analogue à celui de Guiraudet. Invités par le ministre à exposer l'état de l'instruction publique, les conseillers de Dijon déclarent ne pouvoir répondre, faute de temps ; ils prient le préfet de se procurer près des maires les renseignements utiles et se réfèrent aux plaintes formulées précédemment par le conseil général (1). Tout comme les conseillers généraux, ceux d'arrondissement ne peuvent exercer un contrôle effectif sur la gestion financière locale. En germinal an X, à Semur, « le conseil invite le sous-préfet à réunir les pièces nécessaires pour la reddition du compte... et à les mettre sous ses yeux ». Cette demande n'eut aucune suite (2).

(1) Arch. dép. N/II, 1 : procès-verbaux de sessions des conseils d'arrondissement. Semur et Beaune, germinal an IX. Dijon, floréal an IX.

(2) Dijon, germinal an IX ; Beaune, germinal an X ; Semur, germinal an IX ; Châtillon, germinal an X. Les sessions des conseils d'arrondissement présentent donc plus d'intérêt en Côte-d'Or que dans le Pas-de-Calais, par exemple (Chavanon et Saint-Yves, p. 89).

Il semble que dans l'exercice de leurs *fonctions représentatives*, pour user du langage du temps, les conseillers d'arrondissement se montrent plus hardis que leurs collègues du conseil général. En germinal an X, à Semur on se plaint que l'analyse des procès-verbaux imprimés par ordre du gouvernement omette les plaintes de la Côte-d'Or contre la surcharge fiscale à elle imposée en 1790. On regrette les institutions et les hommes du passé. A Dijon, on affirme que « c'était des écoles dites des frères de la doctrine chrétienne que sortaient les bons instituteurs » ; on proteste contre l'état désastreux des édifices autrefois consacrés au culte et contre cette conséquence du principe de Séparation qui empêche les communes et éloigne les citoyens de procéder aux réparations urgentes. A Beaune, on se plaint de l'abrogation de l'édit de Henri II qui avait prescrit les déclarations de grossesse ; le rétablir serait un utile préventif contre l'augmentation du nombre des infanticides. A Semur on réclame contre le partage des communaux car « les habitants les plus aisés et les plus ambitieux s'en sont emparés pour en jouir exclusivement ». A Châtillon surtout le ton et l'objet des vœux des conseillers témoignent d'un véritable esprit de libre critique. Le conseil insiste pour que l'administration des hospices « soit entièrement ramenée aux principes... des anciens établissements fondés d'après la doctrine et sur l'esprit de Vincent de Paule » ; il renouvelle avec quelque aigreur les plaintes de toutes les assemblées côte-d'oriennes contre la surcharge d'impôt subie par le département en 1790 ; il s'élève contre « l'excès des droits de timbre et d'enregistrement » et contre « l'odieuse fiscalité des institutions qui en règlent la perception ». Rompant délibérément avec les doctrines en vogue au XVIIIe siècle et avec les traditions des premières assemblées révolutionnaires, les Châtillonnais réclament l'établissement de taxes sur les boissons « aujourd'hui que les leçons de l'expérience reprennent la place de théories futiles (et que) le gouvernement ressaisit d'une main ferme tant d'utiles institutions ». Sur ce dernier point les souhaits des imprudents conseillers seront satisfaits ; bientôt les *aides* seront rétablies sous le pseudonyme de droits réunis.

De ces *vues générales* réformatrices, le conseil général ne s'approprie qu'un petit nombre. Il accueille au contraire volontiers les vœux plus discrets et relatifs aux questions purement économiques. Il y a conformité de sentiments sur les plaintes suscitées par l'erreur matérielle commise par les financiers de la Constituante, sur l'utilité d'amodier la chasse et la pêche sur les terres ou les rivières publiques, les « avantages incalculables » de l'introduction de béliers mérinos, la nécessité d'empoisonner les loups, l'urgence d'achever le canal entre la Saône et l'Yonne et de réparer les routes (1).

3. — *Finances départementales*

La plus importante des attributions confiées aux assemblées départementales par la loi de pluviôse est la préparation du budget du département. Ce n'est qu'un projet ; la décision appartient au gouvernement seul. Le Consulat décennal fut une époque d'économies systématiques. Les conseils de la Côte-d'Or se préoccupent de n'accorder à chaque chapitre des dépenses locales que la somme impérieusement nécessaire, regrettant de ne pouvoir les doter comme il conviendrait. Malgré cette précaution et les déclarations des conseillers et du préfet le ministre de l'Intérieur diminue ou supprime fréquemment les crédits ainsi votés. Les assemblées insistent, mais en vain.

Trois catégories de dépenses furent principalement l'objet de contestations entre le gouvernement et ses conseillers locaux. Les frais d'administration exigeaient, au dire de Guiraudet, 17.000 francs comme traitement des employés et 16.000 comme frais de bureau ; le conseil, fort bien disposé pour le préfet, nous le savons, « pense servir l'intérêt public » en portant à 21.500 francs le montant des traitements. Dans l'espoir d'obtenir mieux encore, Guiraudet paie ses employés sur le pied de 26.000 francs par an. Une lettre ministérielle lui rappela en termes assez vifs qu'il n'est pas maître du budget de son département ; le ministre, tout en le blâmant de cette initiative illégale, condescend à lui allouer 20.000 francs mais ajoute : « Vous serez obligé de fournir de votre argent environ 3.000 francs

(1) Dijon, messidor an VIII ; Beaune, messidor an VIII, germinal an IX ; Semur, germinal an IX ; Châtillon, germinal an X.

pour le temps écoulé. » Cette mesure énergique indique avec quelle inflexible rigueur le gouvernement consulaire réprimait les essais d'indépendance budgétaire de ses représentants et des assemblées départementales. Guiraudet et son conseil général n'en continuèrent pas moins à déclarer insuffisante la somme accordée par le ministre. En l'an IX, on propose un crédit de 26.600 francs ; en l'an X, on le porte à 38.700 en regrettant de ne pas faire plus car « les employés ne recevront que le plus strict nécessaire eu égard à l'augmentation de toutes les denrées, à l'étendue de leurs devoirs et à la manière dont ils les remplissent (1) ».

Le conseil général se montre moins disposé à accroître les dépenses de l'instruction publique. Il ne refuse pas les crédits utiles pour le perfectionnement du matériel scolaire, pour le développement de l'École centrale ou les dépenses de l'Académie de Dijon. Mais il réduit les sommes proposées par le préfet lorsque l'urgence n'en est point évidente. Il ne veut pas allouer 600 francs à un professeur de sculpture qui ferait double emploi avec celui de dessin qui, à Dijon, donne également des leçons de sculpture ; il n'accorde que 10.000 francs sur les 20.000 dont le préfet demande le vote en faveur de la bibliothèque et du muséum dijonnais. Plus économe encore, le ministre rejeta ce crédit (2). Les chapitres de l'assistance reçoivent de bien modiques allocations. C'est que l'état général des finances de la République et l'opposition systématique d'un gouvernement qui redoute d'augmenter les impôts rendent d'avance inutiles toute tentative en ce sens ; on se borne à des vœux « en faveur de l'infortune » et à « en rendre dépositaire un ministre que signalent son humanité et sa sollicitude pour les besoins des pauvres (3) ».

Malgré ce régime d'économies imposées par les circonstances et par la volonté du Premier Consul, le budget de la Côte-d'Or s'élève en l'an VIII à 363.952 fr. 53. Les dépenses sont groupées en deux séries. Les unes intéressent l'ensemble du dépar-

(1) N/I, an VIII, f° 12 ; an X, p. 17. Min. Intérieur à Préfet, 16 germinal an IX (Arch. dép. M/1, 15/1).

(2) An VIII, f° 11 ; an IX, f° 11 v° · an X, p. 19.

(3) An IX, f° 20 r° ; an X, p. 34. On vote 1.000 francs pour les enfants trouvés (an X, p. 35).

tement comme celles de la préfecture, du Tribunal d'appel, de l'École centrale, des prisons; leur montant est de 152.683 fr. 83. Les autres sont particulières à chaque arrondissement et comprennent les frais et traitements de la sous-préfecture, du tribunal et des justices de paix, les subventions à l'enseignement primaire; elles atteignent 211.310 fr. 70. L'année suivante, un arrêté ministériel du 16 ventôse classe les dépenses départementales en dépenses fixes et en dépenses variables. Les premières, de montant égal tous les ans si de nouvelles lois ne sont pas intervenues, embrassent surtout les traitements administratifs et judiciaires sans que l'on distingue entre les fonctionnaires du département et ceux de l'arrondissement; elles sont fixées, en l'an IX, à 219.255 francs. Les dépenses variables, c'est-à-dire celles de frais d'administration, de prisons et hospices, d'instruction, se montent en l'an IX à 117.225 francs et en l'an X, à 165.195 francs (1).

En même temps que les dépenses, les impôts départementaux augmentent. Le gouvernement en détermine la forme et le maximum, les assemblées locales n'ont à leur disposition que des centimes additionnels aux contributions directes. Ces centimes sont en l'an VIII de dix pour les dépenses prévues et de cinq pour fonds de non-valeur. L'année suivante, le gouvernement permet d'imposer 11 centimes pour payer les dépenses fixes et parer aux non-valeurs et cinq centimes pour acquitter les dépenses variables; le conseil général se contente d'en voter 4 pour ces dernières. En l'an X, les dépenses variables ont augmenté et exigent 54 millimes; les dépenses fixes trop largement dotées en l'an IX, ne recevront que 9 centimes. Il semblerait que les contribuables côte-d'oriens sont légèrement déchargés; mais un déficit est prévu, modique à la vérité. Cette fixité des 15 centimes départementaux est due à une sévère gestion des finances plus qu'à l'accroissement de valeur du centime car le principal de l'impôt foncier diminue (2).

(1) An VIII, f° 14 v°; an IX, f° 8-11; an X, p. 20. Duvergier, XII, p. 412.

(2) An VIII, f° 14 v°, 16 r°; an IX, f° 13 r°; an X, p. 21. A cette époque, les contributions des portes-et-fenêtres comme celle des patentes sont des impôts à tarif et non de répartition; ils ne figurent pas parmi ceux dont s'occupe le conseil général (Stourm, *Finances... Révolution*, I, pp. 270, 271, 288, 289).

4. — *Administration municipale*

Par leur zèle à remplir leurs *fonctions représentatives*, par leur souci d'une bonne gestion financière, par leur indépendance courtoise à l'égard des représentants du gouvernement, les conseillers généraux et d'arrondissement de la Côte-d'Or furent d'utiles auxiliaires des administrateurs du département. Ils démontrèrent la possibilité de faire participer les habitants à l'administration des intérêts locaux. Tout au contraire, les maires et les conseillers municipaux se dérobèrent à leurs devoirs légaux et, soit par négligence, soit par incapacité, favorisèrent l'extension des pouvoirs préfectoraux au détriment des libertés municipales. Celles-ci, cependant, avaient été bien réduites par la loi de pluviôse. Le préfet règle les budgets locaux et, par le conseil de préfecture, exerce sur les communes la tutelle administrative ; toutes décisions doivent être approuvées par lui. Le maire n'est guère qu'un officier de l'état-civil, un agent de police, un intermédiaire entre la préfecture et la commune ; le conseil municipal dont la session annuelle ne dure que quinze jours s'occupe des biens communaux et donne son avis sur les questions qui intéressent les finances de la ville ou du village. Ces attributions et ces responsabilités ne sont pas des plus absorbantes ni des plus lourdes. Toutefois, c'est l'une des graves préoccupations de Guiraudet que de découvrir des administrateurs municipaux qui acceptent ces fonctions et les remplissent sans trop de dangers pour les communes.

A Dijon, la première municipalité se composa du maire, Léjéas-Charpentier, et des adjoints Villeneuve et Locquin (1). Ce dernier démissionna en pluviôse an IX, déclarant ne plus pouvoir continuer le « sacrifice de son temps à la chose publique » et laisser péricliter ses intérêts pécuniaires. Sur la proposition du préfet, il fut remplacé par un ancien chef de bureau à l'ancienne intendance Petitot (2). Plus laborieux et plus grave fut le cas de Villeneuve. Il se démit en germinal an IX.

(1) *Cf. suprà*, chap. III.

(2) Locquin au préfet, 14 pluviôse an IX ; Préfet au Min. Intérieur, 17 germinal ; arrêté 23 germinal (Arch. dép. M/6, 33).

Villeneuve allègue la longue durée de la magistrature municipale et une « poitrine délabrée ». En réalité sa démission lui fut imposée par Guiraudet, alors en but à une campagne hostile menée par certains fonctionnaires. Le mois suivant, Villeneuve s'en plaignit amèrement au préfet et le menaça « de la voie d'un journal ». Il venait d'être remplacé par Maulbon dit d'Arbaumont. Guiraudet avait présenté le nouvel adjoint à l'agrément du ministre dans une lettre qui témoigne du peu d'empressement des Dijonnais : « J'espère, disait le préfet, que celui des trois qui sera nommé acceptera ; beaucoup de citoyens de cette ville pourraient occuper cette place mais la plupart la refuseroient s'il y étaient nommés. » L'espoir de Guiraudet fut déçu. Maulbon refusa le poste d'adjoint et persista dans cette attitude malgré les instances du préfet. Pour éviter un nouvel échec, Guiraudet s'informe des intentions du candidat qu'il va indiquer au gouvernement ; il s'agit du gendre d'un conseiller de préfecture, Bazire-Parigot. Comme motif de ce choix, le préfet se borne à écrire : « Je me suis assuré de ses dispositions ;... il ne refusera pas ». Un arrêté consulaire nomma Bazire-Parigot premier adjoint de Dijon (1).

Léjéas-Charpentier, par contre, demeura maire jusqu'au vote du Sénat qui le fit entrer au Corps législatif. Son successeur fut Pierre-Bernard Ranfer de Bretenières, ancien conseiller à la Cour des Comptes de Dijon. Il eut un redoutable concurrent dans Ch. Hernoux. Ce conseiller général, autrefois membre de la Convention et des Anciens, était vivement appuyé par son ancien collègue, le montagnard Berlier, et par la députation de la Côte-d'Or ; sur leur demande Guiraudet avait présenté Hernoux au choix du Premier Consul. Mais « le citoyen Ranfer-Bretinière père » eut pour lui la puissante intervention de Maret (2).

(1) Villeneuve au préfet, 29 germinal, 22 floréal an IX : « Je ne puis croire que la pétition que j'ai signée pour le citoyen Devosges ait pu vous porter à me desituer : cela annoncerait de la passion et un magistrat intègre n'en eut jamais » ; *réponse de Guiraudet* : « *Vous êtes démis, non destitué* ». Préfet au Min. Intérieur, 4 et 27 floréal ; Maulbon au préfet, 22 floréal ; arrêté du 13 floréal : Min. Intérieur au préfet, 21 prairial an IX (M/6, 33).

(2) Préfet au Min. Intérieur, 14 germinal an X ; Berlier à Guiraudet, 19 germinal : anonyme à Guiraudet, 17 germinal : « Je vous écris par le conseil de Maret pour vous engager à proposer... Ranfer ;... il croit que Hernoux n'étant pas de Dijon pourrait déplaire aux citoyens » ; arrêté du 27 germinal (M/6, 33).

La municipalité de Beaune ne fut pas plus stable que celle de Dijon. Le premier maire Caillet se retira bientôt. Gravier, qui lui succéda, prit prétexte d'un vote du conseil municipal pour l'imiter. L'adjoint Fouquerand fut remplacé en messidor an VIII par Godard ; celui-ci, à son tour, fit place en frimaire an IX à Vivant-Moissenet afin de demeurer conseiller général(1). Le maire d'Auxonne, Garnier, se serait volontiers démis de ses fonctions en pluviôse an IX, alléguant le besoin de se consacrer à ses occupations personnelles. Sur les instances du préfet, il retira sa démission pour quelques mois. En messidor an IX, sa santé l'amena à abandonner la mairie au sieur Girault (2).

Il n'est pas possible de suivre dans les détails le recrutement des conseils municipaux et des municipalités dans les communes moins importantes. Comme dans d'autres départements, le préfet s'efforce de nommer des citoyens instruits et honnêtes sans trop s'inquiéter de leur passé politique (3). La chose est relativement aisée dans les petites villes ou dans les chefs-lieux de canton ; mais dans les communes dont la population est faible, force est bien au préfet de choisir un paysan à peu près ignorant et souvent peu honnête. Deux exemples suffiront à caractériser le personnel municipal d'alors. Le maire de Viévy est accusé de fraudes dans le fonctionnement de la conscription et de s'être rendu, par le moyen d'un intermédiaire, adjudicataire de la perception des impôts directs ; une enquête démon-

(1) Arrêté, 27 messidor an VIII, 13 frimaire an X ; Frémyot au préfet, 19 brumaire an X, 2 fructidor an X (M/6, 21). L'adjoint Parisot continue ses fonctions.

(2) Garnier au préfet, 14 et 28 pluviôse an IX : « la confiance flatteuse dont il vous a plu de m'honorer par votre lettre du 23,... les calomnies par lesquelles on a attaqué mon administration, tout concourt à me déterminer à la continuation des fonctions de maire » ; 29 messidor an IX ; Girault au préfet. 8 fructidor an IX (M/6, 21).

(3) On rencontre de gros propriétaires (Mandat, maire de Grancey, Maulbon dit d'Arbaumont), des fonctionnaires (Parigot, conseiller de préfecture), des hommes de loi, des notaires (Carnot, maire de Nolay ; Muteau, maire d'Is-sur-Tille). Les uns sont d'anciens révolutionnaires plus ou moins modérés (Carnot, maire de Nolay, Hernoux, maire de Belle-Défense, Godard, adjoint de Beaune); d'autres ont émigré (Ranfer de Bretenières, et probablement Mandat-Grancey et Maulbon) ou se sont tenus à l'écart des idées révolutionnaires (Baudot, maire de Pagny-l'Egalité). Chavanon et Saint-Yves, p. 112 ; Fournier et Saint-Yves, p. 149 ; Dejean, p. 226 et surtout Darmstädter, XIX, p. 228.

tra que la seconde accusation, tout au moins, était fondée. Il ne fut pas révoqué, car « malgré le grand nombre d'habitants, il serait difficile d'en trouver un qui *peut* le remplacer ». A Vielverge, la population est divisée en plusieurs groupes hostiles, et qui rêvent chacun de détenir le pouvoir municipal. Guiraudet démêle à peine ces ambitions villageoises et s'évertue à nommer maires et adjoints suivant des indications variables mais toujours intéressées. Il doit envoyer dans cette remuante commune un détachement de troupes de ligne pour maintenir l'ordre lorsqu'on procède à la distribution des *bois d'usance* dont chaque parti accuse l'autre de retenir la meilleure part. En frimaire an IX, le maire Thévenard est destitué et remplacé par le sieur Lance, réclamé par les habitants. Bientôt Lance se démet. Le préfet nomme à sa place Arché, recommandé par l'adjoint. De suite, d'autres villageois pétitionnent et accusent l'adjoint d'avoir été corrompu « par le moyen d'une bouteille ». Le maire Arché se retire. Lorsque Lemoine lui succède, c'est au tour de l'adjoint Jorand d'abandonner ses fonctions au profit du sieur Marie. Ces nominations ne ramèneront pas le calme dans Vielverge; pendant tout l'Empire, la population demeurera divisée et la mairie instable(1).

Si l'administration des maires de grandes communes semble régulière, la façon dont leurs collègues de la campagne remplissent leurs fonctions suscite de nombreuses et vives critiques. Ils interviennent dans les élections des juges de paix et intimident ou corrompent leurs collègues; ils n'hésitent pas à se faire suppléer par des membres de leur famille (2). Ils se désintéressent de la poursuite des délits ruraux et s'attirent des remontrances préfectorales pour leur lenteur à dresser les listes de conscrits. En Côte-d'Or ainsi que dans l'Aude, le Pas-de Calais, les Bouches-du-Rhône, la Seine-Inférieure, le Bas-Rhin, conseil général, conseil d'arrondissement, préfets et

(1) Godard-La-Chaume au sous-préfet de Beaune, 4 frimaire an X ; arrêté préfectoral du 14 pluviôse an X. Arrêté de frimaire an IX ; pétition du 12 ; maire de Pontailler au préfet, 14 ; arrêté de destitution, 18 ; Lance au préfet, 25 germinal an IX, arrêté du 6 et 21 floréal ; Lemoine au préfet, 26 prairial, arrêté 2 messidor (M/6, 60).

(2) Cf. les incidents électoraux de Pontailler, *suprà*.

sous-préfets sont unanimes à les considérer comme « très peu instruits » et fort négligents (1) ; « quant aux maires de campagne, écrit Guiraudet, leur insouciance est en raison de leur impéritie ». Pour remédier à cette situation, Guiraudet dispose de moyens insuffisants. Il peut destituer les maires malhonnêtes, mais il sera très embarrassé de leur trouver un successeur. Les communes ont la faculté de se donner un secrétaire de mairie qui éclairera la municipalité (2). Ce nouveau fonctionnaire sera, en général, le maître d'école. Ce procédé risque de demeurer souvent inefficace. Si le maître d'école sait lire et écrire, il possède peu de connaissances des matières administratives ; d'autre part, beaucoup de communes n'ont point d'école ou craindront une dépense supplémentaire. Aussi bien songe-t-on à des réformes plus radicales. Frémyet et le conseil d'arrondissement de Beaune, Berthet et les conseillers de Semur proposent de diminuer le nombre des maires afin d'en assurer un meilleur recrutement ; ils ne laisseraient exister que les maires de canton, généralement bons. Guiraudet va plus loin. Il désirerait remettre entre les mains du préfet l'administration municipale ; tous les maires de campagne seraient réduits à leurs fonctions d'agent de police rurale et d'officier de l'état-civil ; un délégué du préfet assumerait toutes leurs autres attributions et assurerait l'administration d'une trentaine de communes. Ce plan était cher à Guiraudet ; il pria le conseil général de le faire sien et l'exposa avec ampleur au gouvernement. Le ministre de l'Intérieur lui répondit poliment mais la loi de pluviôse resta inchangée (3).

Le gouvernement n'est point hostile, cependant, à une extension des pouvoirs du préfet et à une mainmise plus complète de son représentant sur les affaires locales. Il y est contraint

(1) Conseil général an IX (Arch. dép. N/I, 1 ; f° 36 r°) ; conseil d'arrondissement de Beaune. messidor an VIII, germinal an IX et X ; discours de Frémyet : « Il est évident que la plupart de nos communes agricoles ne renferment aucun citoyen en état de remplir la place de maire ». Circulaire de Guiraudet (N/II, 1). 12 fructidor an IX (Arch. dép. R/1, 23). Préfet au Min. Police, 22 floréal an IX (V 20). Cf. Bourdon *Rév. fr.* 63, pp. 116, 117 ; Chavanon et Saint-Yves, p. 105 ; Fournier et Saint-Yves, pp. 149, 152 ; Dejean, p. 226 ; Darmstädter, XVIII, p, 309.

(2) Circulaire, 6 nivôse an IX (M/6, 1).

(3) Discours de Guiraudet au conseil général, an IX (N/I, 3).

et par l'insuffisance des maires et par l'indifférence des conseillers municipaux pour les intérêts de leur commune. Un arrêté consulaire permit au préfet d'appeler au conseil municipal des citoyens ne résidant pas dans la localité et de considérer comme valablement constitué tout conseil dont il aurait nommé les deux tiers des membres. Ces mesures qui révèlent les difficultés rencontrées par les préfets dans le recrutement des assemblées communales demeurèrent insuffisantes. Nommés, les conseillers municipaux évitent de se rendre à la convocation qui leur est adressée sur l'ordre du préfet; ils se gardent de délibérer sur les questions qui leur sont soumises. Guiraudet le constate : « l'insouciance des citoyens et surtout l'intérêt particulier... sont la cause que les droits des communes ne sont pas exercés ». La vie municipale ne peut être suspendue. Pourquoi le conseil de préfecture, qui connait bien les intérêts des communes dont il examine les comptes et exerce la tutelle judiciaire et patrimoniale, ne suppléerait-il pas l'assemblée en fait inexistante ? Guiraudet propose au ministre cet expédient. Par une lettre du 2 messidor an X (21 juin 1802), le ministre autorise le préfet à statuer en conseil de préfecture sur les affaires communales si trois convocations adressées au conseil municipal sont demeurées sans résultat. Toutefois, il est recommandé au préfet de s'efforcer de découvrir des citoyens plus zélés et d'éviter le plus possible de recourir à ce moyen ultime(1). Par le fait des intéressés s'accomplit ainsi une grave mesure de centralisation administrative et une dangereuse atteinte aux libertés communales.

Outre le conseil municipal, le maire a divers auxiliaires dont les plus importants le secondent dans ses fonctions de police. Dans les villes de plus de cinq mille habitants, la loi de pluviôse institue un commissaire de police; dans les campagnes, il existe des gardes-champêtres. Le recrutement de ces derniers parait avoir été aussi malaisé et aussi médiocre que celui des maires. Les conseils d'arrondissement se plaignent à diverses reprises de leur négligence à poursuivre les délinquants et de leur inaptitude à dresser de corrects procès-verbaux ; ils pro-

(1) Préfet au Min. Intérieur, 12 prairial an X ; réponse, 2 messidor (Arch. Nat. F 1b/II, Côte-d'Or 2. Arch. dép. M/6, 1).

posent de les mieux payer sur le produit des amendes et d'une taxe répartie entre les propriétaires fonciers en proportion de l'étendue de leurs terres (1). Dijon, Beaune et Auxonne sont les seules villes qui aient droit à un commissaire de police. Leur nomination définitive appartient au ministre de la police générale ; le préfet n'a qu'un droit de présentation. Il est assez embarrassé pour en user car ici encore se retrouvent les deux grandes influences qui agissent sur la vie administrative de la Côte-d'Or, celle du secrétaire d'État Maret et celle du groupe Berlier. Aussi bien, Guiraudet présente-t-il pour la place de commissaire de police de Dijon deux candidats ; Jouvelot, ex-administrateur du département, est vivement recommandé par Berlier, Frochot, Oudot et Guillemot; Naissant, ex-accusateur public, est le protégé du maire Léjéas et de son beau-frère. Naissant l'emporta. A Beaune et à Auxonne, la concurrence fut moindre. Les citoyens Masson et Carré furent nommés. Bientôt Masson donna sa démission ; Guillemot réussit à faire triompher le candidat des parlementaire côte-d'oriens (2).

5. — *La vie économique et sociale*

Pendant le Consulat décennal les administrateurs de la Côte-d'Or intervinrent dans la vie économique du département pour remédier à l'état des voies de communication et du manque de subsistances (3). Ainsi que dans d'autres régions, en Côte-d'Or les routes avaient été complètement délaissées par les gouvernements révolutionnaires et l'on ne pouvait plus en l'an VIII profiter de ce beau réseau de chemins que les États de Bourgogne avaient créés et entretenus. Les conseillers généraux et d'arrondissement le déplorent dans leurs premières

(1) Dijon et Beaune, messidor an VIII (N/II, 1).

(2) Dijon n'ayant que 18.986 habitants (*Journal de la Côte-d'Or*, 30 fructidor an VIII) n'a droit qu'à un seul (Loi 28 pluviôse an VIII, art. 12). Arch. Nat. F/7, 3268.

(3) Le préfet est en outre chargé d'assurer l'exécution des lois qui prohibent l'entrée en France des marchandises anglaises; il doit nommer des commissaires chargés de les rechercher et de les confisquer (Min. Intérieur au préfet, 15 ventôse an X. Arch. dép. M/14, 2). Il exhorte les producteurs locaux à participer aux expositions organisées par le gouvernement; en l'an X, un fabricant de vinaigre dijonnais obtint une médaille de bronze (Levasseur, *Histoire du commerce*... I, p. 404 ; Vaillant, II, p. 50).

sessions ; ils réclament avec insistance l'ouverture de crédits suffisants pour effectuer les réparations les plus urgentes. Il ne s'agit pas de travaux d'entretien mais bien d'une véritable reconstruction des routes. C'est pourquoi le conseil général demande en l'an IX le rétablissement de la corvée sans en prononcer le nom ; cette idée avait déjà été émise à Beaune. Le produit de la taxe des barrières doit « nécessairement et inviolablement être destiné » à payer ensuite les réparations effectuées dans le département (1). Ces plaintes sont confirmées par les renseignements fournis par un homme fort peu disposé à critiquer l'œuvre des administrations révolutionnaires. Vaillant déclare que les grandes routes de Paris à Milan par Montbard et Genève, de Paris à Turin par Arnay-le-Duc et Chalon-sur-Saône ont été totalement négligées malgré leur importance nationale. A plus forte raison la Révolution s'est-elle peu occupée des voies moins connues bien que fort utiles au commerce local. Les habitants de la Côte-d'Or ont besoin de conduire leurs céréales, leurs vins et leurs fers sur les ports de la Saône et de recevoir les grains du Bassigny ; or, les routes de Dijon à Selongey, de Dijon à Seurre et de Beaune à Semur sont « actuellement dans l'état de dégradation le plus absolu (2) ».

Les chemins terrestres pourraient être suppléés par un canal qui relierait la Seine à la Saône. On y songe depuis 1606 ; en 1775, les États ont fait commencer les travaux. Mais la guerre a interrompu cet ouvrage dont on ne saurait assez rappeler l'importance pour la navigation intérieure (3). Le gouvernement pense allouer pendant 25 ans un crédit annuel de 40.000 francs. Cette somme ne permettra pas d'achever promptement les travaux et sera bientôt absorbée par les frais d'entretien des parties déjà construites. Le conseil général sollicite

(1) Conseil général an VIII, f° 22 r°; an IX, f° 23 (N/I, 1). Dijon, messidor an VIII ; Beaune, messidor an VIII et germinal an X (N/II, 1). Ces assemblées protestent également contre les entraves apportées au commerce par la taxe des barrières et contre l'emploi défectueux du produit de cet impôt. Chavanon et Saint-Yves, p. 77, 78, 79; Darmstädter, XVIII, p. 545.

(2) Vaillant, I, p. 37, 43, 53, 54.

(3) Vaillant, I, p. 35. Conseil général an VIII, f° 23 v° (N/I, 1). Conseil d'arrondissement de Dijon, messidor an VIII (N/II, 1).

« avec instance » une somme de 600.000 francs à dépenser en trois ans ou de 900.000 à répartir sur 4 ans et demi (1). Mais le conseil ne peut émettre que des vœux et des regrets ; routes et canal demeurent en l'état où les a laissés le régime révolutionnaire.

Le gouvernement consulaire laissa également la Côte-d'Or sans secours aucun pendant la disette des ans IX et X. La récolte de l'an VIII avait été moins abondante que de coutume. Elle eût été toutefois suffisante sans les grosses exportations que des spéculateurs firent à destination des départements voisins. Telle est du moins la conviction de Guiraudet et du conseil général, confirmée par les indications des magistrats municipaux (2). Les administrateurs de la Côte-d'Or auraient désiré que le gouvernement autorise certaines mesures énergiques, interdise l'exportation des blés au-dehors du département qui les a produits, fasse procéder à d'importants achats de grains en Lorraine par l'administration militaire. La liberté du commerce leur semble devoir céder à l'urgence des circonstances. Le préfet écrit au ministre : « Quelque faveur que l'on doive au commerce, quelques urgents que puissent être les besoins de nos voisins, il serait... contre les principes du droit naturel que la production la plus précieuse allât alimenter exclusivement les départements étrangers et que celui qui a contribué à cette production... éprouvât les horreurs de la disette. » A cette thèse interventionniste, le ministre de l'Intérieur répond par les affirmations de l'école libérale. « Il faut en principe, écrit-il à Guiraudet, que le gouvernement s'occupe le moins possible des subsistances et qu'il laisse agir le commerce... plus propre... à les répartir également entre tous les consommateurs. » Le remède indiqué lui paraît pire que le mal : « Gardez-vous surtout de partager l'opinion de ceux qui dans les moments difficiles ne voyent de ressource que dans les achats que peut faire l'administration ; dès qu'elle se montre, le commerce se retire et la disette s'établit. » Le ministre s'efforce de démontrer au préfet que cette crise n'est qu'une

(1) Conseil général an IX, f° 22; an X, p. 38.

(2) Conseil général an X, p. 29 (N/1, 1). Préfet au min. Intérieur, 27 brumaire, 13 messidor, 22 fructidor an IX ; adjoint d'Auxonne au préfet, 2 messidor (Arch. Nat. F/11, 337).

période ennuyeuse à traverser : « Si votre département a fait une récolte moins abondante... il fournira moins aux départements méridionaux qui cette année sont mieux traités ;... vos administrés trouveront près d'eux les subsistances dont ils auront besoin. » Quant à l'exportation à l'étranger, elle est impossible car toutes les routes sont surveillées et les coupables « seront arrêtés, traduits au château de Ham et jugés comme criminels de l'État (1) ».

Ces assurances et ces dissertations n'empêche pas la pénurie alimentaire de persister et même de s'aggraver. Le blé coûtait en brumaire an IX, 13 fr. 56 le quintal, prix estimé trop élevé ; en messidor, il vaut 15 fr. 55. Guiraudet s'inquiète. Il redoute des troubles : « Dans ce département, le prix des grains ne peut guère dépasser 13 francs le quintal sans que les habitants... ne se livrent à des mouvements séditieux ;... la rareté, la cherté des subsistances sont une arme puissante entre les mains des mal intentionnés. » Cet état d'esprit est la suite des précautions prises autrefois par le Parlement de Bourgogne afin de maintenir le prix du pain à un niveau assez bas. De fait, au début et à la fin de l'an IX il se produit quelques mouvements populaires, vite apaisés d'ailleurs (2).

Guiraudet et les autorités locales suppléent de leur mieux à l'inaction ministérielle. Le maire de Dijon arrête que tous les grains qui arrivent dans cette ville doivent être présentés au marché ; de cette manière, l'approvisionnement des boulangeries sera assuré et « la cupidité de petits revendeurs de grains et de porteurs de sacs » sera déçue. L'adjoint d'Auxonne fixe les heures auxquelles les négociants en grains auront accès au marché. Ces arrêtés provoquent quelques protestations de la part des commerçants lésés mais semblent avoir un heureux effet sur le prix des céréales (3). En dépit de ces

(1) Préfet au min. Intérieur, 22 fructidor, 2 messidor ; *min. Intérieur à* préfet, 7 frimaire, 12 messidor, 2e complémentaire an IX (F/11, 337).

(2) Préfet au min. Intérieur, 2 messidor, 22 fructidor. Préfet au min. Intérieur, 13 messidor, 22 fructidor ; commissaire de police de Dijon au préfet, 25 brumaire : « Hier dans le marché il s'y faisait tout haut des menaces et l'autorité n'était plus écoutée » ; adjoint d'Auxonne au même, 2 messidor (F/11, 337). *Cf.* Dejean, p. 332-336 ; Darmstädter, XIX, p. 646.

(3) Préfet au min. Intérieur, 13 messidor ; adjoint d'Auxonne au préfet, 2 messidor. Pierre Florest au min. Intérieur, 7 messidor (F/11, 337).

mesures la situation est inquiétante en fructidor. Les réserves sont depuis longtemps épuisées ; une grêle vient de ravager les récoltes. Le préfet craint et pour la subsistance de ses administrés et pour le maintien de l'ordre public. Il annonce au gouvernement : « Nous sommes donc menacés... de nous trouver plus ou moins promptement dans un état de pénurie plus ou moins réelle qui se manifestera toujours par une cherté continue;... la tranquillité publique... n'a pas été... troublée jusqu'ici au point d'alarmer mais il eût été dangereux de laisser croître le mal sans employer les mesures de prévoyance. » A Seurre, par exemple « le manque absolu de grains » occasionne une effervescence que calme « l'assurance donnée par les négociants... d'approvisionner la ville ». Enfin le 25 floréal an X, Guiraudet a la satisfaction d'écrire au ministre : « L'approvisionnement a été suffisant et les prix ont subi une diminution sensible (1). »

Les populations côte-d'oriennes avaient pu traverser la crise alimentaire de l'an IX, pénible également dans la Seine-Inférieure et le Bas-Rhin, sans de trop vives souffrances grâce à l'abondance des légumes qui concoururent à la nourriture des paysans. Ils facilitèrent aussi le fonctionnement des soupes dites *à la Rumford*. Ces soupes, destinées à devenir célèbres lors de la grande disette de 1812, se composaient essentiellement de légumes cuits à l'eau ; on y ajoutait un peu d'orge ou de maïs et de pain grillé avec quelques assaisonnements. Chaque ration pesait une livre et demi, équivalait à 300 grammes de pain et devait coûter dix centimes. Sur l'initiative de Guiraudet, il se constitua à Dijon une Société qui réunit les fonds nécessaires et répandit la connaissance de cette nourriture économique. Un comité dont le trésorier fut le futur maire, Ranfer de Bretenières, et dont les membres appartinrent en grand nombre aux corps administratifs, adressa un appel aux Dijonnais charitables et sollicita du préfet la concession gratuite d'un local. Contre la résistance de la régie des domaines, le comité soutenu par la municipalité obtint d'établir ses fourneaux dans les anciennes cuisines ducales où la confection des soupes fut l'œuvre « des filles respectables de la Charité ».

(1) Préfet au min. Intérieur, 13 messidor ; 22 fructidor.

Cette institution de bienfaisance produisit d'assez bons résultats pour que des départements voisins songent à l'imiter (1).

C'est encore la charité privée qui subvient aux besoins des indigents et des malades. Le sous-préfet Frémyot proclame, il est vrai, le droit de tous à l'assistance et le devoir corrélatif de l'État (2). Mais ces paroles n'aboutissent pas à des actes. Les assemblées départementales regrettent que la guerre ait entraîné l'abandon des hospices et se bornent à émettre des vœux dont la réalisation sera retardée jusqu'à la conclusion de la paix. Elles désirent cependant remédier autant que possible à la situation actuelle, fort attristante. On sait que les gouvernements révolutionnaires ont aliéné les biens des hôpitaux comme des autres personnes morales. « Le patrimoine sacré des pauvres », comme le qualifie le conseil général en l'an IX, a disparu. Les ressources des hospices de Dijon, qui se montaient à 300.000 livres, ne suffisent plus aux charges actuelles bien qu'elles n'atteignent plus que 180.000 francs ; celles des hôpitaux de Beaune sont inférieures de plus de 20.000 francs aux dépenses. A Arnay-sur-Arroux, on ne touche plus que 1.300 francs au lieu de 4.500 livres et les frais indispensables montent à 2.000 francs. A Is-sur Tille, la réduction des revenus de 4.000 livres à 800 a nécessité la suppression des six lits de l'hôpital et leur remplacement par des allocations en faveur de 4 enfants abandonnés. Les bureaux de bienfaisance ont subi des pertes analogues. Aussi bien le gouvernement est invité à concéder aux établissements charitables des domaines nationaux ou une partie de l'octroi municipal, lorsque les circonstances le permettent (3).

On lui demande encore de réaliser la suppression de la mendicité « sans doute... opération difficile ». Les conseillers

(1) Préfet au min. Intérieur, 22 fructidor. Exemplaire de cet appel, Bibl. mun. Dijon, fonds Delmasse 2249. Arrêtés du 23 pluviôse an X et 3 germinal (Arch. dép. X/12, 1). Préfet de l'Aube au préfet de la Côte-d'Or, 22 nivôse an X (X/12, 1). Vaillant, I, p. 410 : « cet établissement a eu un véritable succès ».

(2) Conseil général de Beaune, germinal an IX : « La société doit aux malades, aux infirmes et aux vieillards indigents, des secours et des soins ». (N/II, 1).

(3) Conseil général an IX, f° 18 r°, 20 r°, 21 r° ; an X, p. 34. Conseil d'arrondissement de Dijon, germinal an IX (N/I, 1 ; N/II, 1). Vaillant, I, p. 381-465.

généraux ont foi dans le « héros qui préside aux glorieuses destinées de la France » ; il rédigera une loi qui « portera l'empreinte de ses vertus et de son génie » (1). Les conseillers sont parfois moins réservés et moins courtisans ; ils se hasardent à dénoncer parmi les causes de la « progression effrayante » du paupérisme la destruction de l'ancien ordre social et la disparition des maisons religieuses et à prier le gouvernement d'encourager la charité privée « par la considération publique (2) ».

(1) Conseil général, an X, p. 26, 27. La Société de Charité maternelle se reconstitue à Dijon en 1801 (Corneveau, *La Société de Charité maternelle de Dijon*, Mém. Académie Dijon, 4e série, VII, 1899-1904, p. 408).

(2) Conseil général an IX, f° 21 r°. Vaillant, au contraire, estime que la Révolution a été un temps de fraternelle simplicité et que « depuis que les temples catholiques ont été ouverts... les mendiants ont reparu » (*Statistique*, I, p. 408). Conseil général, an IX, f° 21 v°.

CHAPITRE VI

L'esprit public

Représentant du gouvernement, le préfet n'est pas seulement un administrateur ; c'est encore un fonctionnaire politique qui doit surveiller et diriger les idées politiques de ses administrés. Cette partie des fonctions préfectorales est tout particulièrement importante lorsque le gouvernement d'origine récente est mal assuré du lendemain. Tel est le cas du Consulat provisoire et du Consulat décennal. La vie et le pouvoir de Bonaparte sont sans cesse menacés par les chouans ou par les terroristes ; la victoire de Marengo met fin aux intrigues de son entourage ministériel et familial ; sa puissance ne sera définitivement affermie que par la conclusion de la paix générale et par la pacification religieuse (1). Guiraudet eut pour tâche de faire respecter l'autorité consulaire acceptée lors du coup d'État et du plébiscite. Cette mission absorba une large part de son activité mais il rencontra peu d'obstacles.

1. — *La question religieuse*

Avant la création de la préfecture côte-d'orienne, un observateur anonyme annonçait au ministre de l'Intérieur que le gouvernement consulaire serait bien accueilli par les populations, mais qu'une persécution active contre les prêtres serait dangereuse dans ce département cependant assez peu dévot (2).

(1) Vandal, *L'avènement de Bonaparte*, II, p. 393-412. Guillon, *Les complots militaires sous le Consulat et l'Empire*, 1894, p. 15-43.

(2) « ... Quand l'exagération des principes religieux sera tombée, l'ordre public n'aura plus rien à redouter ; ... en maintenant les subsistances à un prix auquel le peuple puisse s'en procurer, en évitant toute espèce de persécution active contre les prêtres, on jouira dans le département d'une tranquillité qui s'établira de plus en plus » (Arch. Nat. F1b/II, Côte-d'Or 2).

Guirandet profita du renseignement. Il tint avec fermeté la main à l'exécution des lois de police cultuelle et s'abstint de toute mesure de rigueur. Cette conduite, conforme à celle du Premier Consul, ne fut pas imitée par les disciples locaux du Ministre de la Police Générale ; sans les tendances libérales du préfet, les sous-préfets de Beaune et de Semur auraient persévéré dans l'attitude de l'ex-administration centrale et surveillé très étroitement l'exercice du culte catholique romain.

Le clergé catholique constitutionnel se montra, comme par le passé, strict observateur des lois civiles. Ses églises étaient assez fréquentées par « le bas-peuple (qui) y entre par habitude, y chante pour faire du bruit, en sort avec plaisir ». D'après Guirandet, les prêtres assermentés sont en « bien petit nombre » et n'ont pas « la confiance générale (1) ». Ils entretiennent de cordiales relations avec les administrateurs du département. Lorsque l'évêque de la Côte-d'Or, Volfius, convoqua un synode préparatoire aux prochains conciles métropolitain et national, Guirandet crut convenable d'envoyer un délégué assister aux séances de cette assemblée ecclésiastique. Volfius ne protesta pas. L'acte du préfet n'en demeurait pas moins une grave infraction au principe de Séparation entre les cultes et l'État. Le ministre de l'Intérieur, Lucien Bonaparte, tança l'auteur de cette « démarche inconsidérée (2) ».

Le clergé insermenté « acquiert de l'importance en raison des dangers qu'il court et du mystère avec lequel il célèbre l'office ». Beaucoup de paroisses sont desservies par des prêtres non-jureurs. Lorsque les habitants ont le choix, ils délaissent l'église du constitutionnel ; au besoin, les femmes recrutent des « prosélittes au curé en communion avec le Pape et les maires les protègent (3) ». Dans d'autres communes, il est vrai, le magistrat municipal ou son adjoint dénoncent leur présence

(1) Notes anonymes, *suprà*. Préfet au min. Intérieur, 16 thermidor an IX (Arch. Nat. F/19, 865).

(2) Ce synode eut lieu du 19 au 21 messidor an VIII (8 au 10 juillet 1800) et réunit 24 assistants (Jarrot, *Le clergé constitutionnel en Côte-d'Or*, Bull. d'histoire et d'archéologie du diocèse de Dijon, XVI, 1898, p. 200. Arch. Nat. F/19, 417).

(3) *Notes* suprà. Préfet au min. Intérieur, 16 thermidor an IX (F/19, 865). Adjoint de Daix au préfet, 23 thermidor an IX ; maire de Plombières au même, 27 ventôse an X (Arch. dép. V 21 et 20).

au préfet et demandent la déportation du prêtre « turbulent ». Frémyot signale à Guirandet que « le fanatisme fait chaque jour des progrès nouveaux ». Les prêtres n'ont-ils pas revêtu leur costume traditionnel ? N'a-t-on pas vu, à Beaune, pendant l'octave de la Fête-Dieu « les rues pleines de petits saint Jean, de petites Sainte-Vierge » ? Berthet se plaint de la négligence des maires à constater le port illégal du costume ecclésiastique et s'oppose à la célébration de la messe dans la chapelle de l'hôpital de Saulieu parce que cette cérémonie en une maison nationale serait une atteinte au principe de Séparation (1).

D'ordinaire Guirandet donne à ces lettres et à d'autres semblables une réponse identique. Il invite le dénonciateur à *recueillir les preuves du fait incriminé* et à les soumettre aux tribunaux. Le préfet stimule d'ailleurs le zèle de ses collaborateurs et les félicite, à l'occasion, de leur activité (2). Il s'inquiète surtout des infractions aux lois relatives à l'état-civil et *aux sonneries de cloches*. *Certains prêtres sont signalés* comme célébrant des mariages à huis-clos, donnant à nouveau le baptême, tenant des registres « comme cy-devant les prêtres les tenoient (3) ». D'autres sonnent les cloches en dépit de la loi du 7 vendémiaire an IV, des *circulaires* de Fouché et des arrêtés de l'administration centrale et du préfet (4). Le *ministre du culte* à Gissey-le-Vieil est condamné par le tribunal de Semur à 4 jours de prison et aux dépens pour une contravention de ce genre. Le sous-préfet Berthet se félicite de ce jugement et prie le préfet de lui donner une salutaire publicité. Il recommande à la gendarmerie de noter les imitateurs du citoyen

(1) Maire d'Arnay au préfet, 23 thermidor an IX ; Frémyot au préfet, 9 messidor an IX : « Ennuyé de ressembler extérieurement à un honnête homme, les prêtres ont quitté le costume des autres citoyens ; la tranquillité a failli être troublée et la division règne dans les familles » ; Berthet au même, 21 nivôse, 26 floréal an IX (V 20 et 27).

(2) Préfet au min. police, 12 messidor an IX : « Je prescris au sous-préfet de Beaune de dénoncer aux tribunaux les faits dont il me donne connaissance » ; préfet au maire d'Uncey, 2 nivôse an X ; au maire de Talant, 24 frimaire an IX ; de Saint-Seine, 6 nivôse an X (V 20, 27, 28).

(3) *Préfet au maire de Flourey, 1er complémentaire an IX. Maire de Fontaine-Française au préfet*, 10 pluviôse an IX (V 23).

(4) Min. Police au préfet, 23 floréal an IX ; préfet au maire de Belle-Défense, 6 frimaire an X (V 20 et 27).

Fleurot (1). Sur cette question, dont on a signalé l'importance à cette époque (2), Guiraudet est d'accord avec ses subordonnés. Il écrit au maire de Belle-Défense pour l'avertir que les cloches ne peuvent être sonnées en signe de joie, le cas n'ayant pas été prévu par les arrêtés en vigueur (3).

Toutefois, moins rude que son collègue Shée, du Bas-Rhin, Guiraudet se garde de méconnaître les usages des populations et leurs désirs bien avérés. Il tolère la sonnerie des trois points du jour réclamée par de nombreux villages (4). Il évite de porter atteinte à la liberté de conscience sous ombre de respecter le principe de Séparation ; les malades de l'hôpital de Saulieu n'auront pas la messe à la chapelle, bâtiment national, mais le prêtre aura libre accès au chevet de ceux qui le feront mander. L'un de ses premiers actes a été de mettre en liberté les ecclésiastiques âgés détenus à Dijon, à l'exemple de Richard, préfet de la Haute-Garonne. Guiraudet, d'ordinaire, apostille favorablement les requêtes de ceux qui désirent rentrer dans leur département natal (5). Il rend hommage à la conduite calme de la plupart des non-jureurs et constate : « la partie de mon département ainsi servie n'est pas la plus troublée ». Quelques mots amers lui échappent contre les évêques insermentés dont le souvenir et les instructions empêchent l'harmonie entre les membres des clergés côte-d'oriens (6).

Malgré ces dispositions libérales, Guiraudet se montre sévère à l'égard des prêtres qui ont refusé la promesse de fidélité à la Constitution réclamée par l'arrêté du 7 nivôse an VIII (28 décembre 1799) ou qui inquiètent les acquéreurs de biens

(1) Sous-préfet de Semur au préfet, 14 messidor an IX : « Il vaut mieux cela que de ne pas avoir puni du tout. L'individu... méritait de l'indulgence ; il a de bonnes intentions » (V 23).

(2) Vandal, op. laud., II, p. 269. Jaurès, *Hist. socialiste*, VI, p. 66, 67. Darmstädter, XVIII, p. 553.

(3) Préfet au maire de Belle-Défense, 6 frimaire an X (V 27).

(4) Préfet au maire de Varanges, 17 frimaire an IX (V 29). Cf. *supra*, le vœu inscrit par les habitants de Bagnot sur les registres du plébiscite en l'an VIII.

(5) Arrêté 2 ventôse an IX ; 19 floréal an VIII ; 27 floréal an IX. Préfet au min. Police, 3 prairial an VIII ; 8 floréal an IX (V 20). Cf. Morère, p. 38, 39.

(6) Préfet au min. Intérieur, 16 thermidor an IX (Arch. nat. F/19, 685).

nationaux. Le nombre des nouveaux réfractaires fut considérable dans le département (1). Refuser cette promesse d'ordre purement civil pouvait être considéré par le gouvernement consulaire comme une preuve d'hostilité politique. Leur présence et leurs discours étaient une cause de danger pour la paix intérieure des villages, ils se querellaient volontiers avec les instituteurs et les maires (2). Guiraudet les rechercha avec soin et les signala aux magistrats de sûreté. C'est que ces prêtres prononcent « contre le gouvernement actuel des discours très condamnables » ou se livrent à des prédications dont « le but est de faire détester le gouvernement, de mettre les citoyens en révolte contre les acquéreurs de biens nationaux » ou répandent un « petit catéchisme des temps présents » assez inquiétant pour que Guiraudet en adresse un exemplaire au ministre de la Police générale (3).

2. — *Les partis politiques*

Ces prêtres insoumis constituent une fraction de l'un des groupes opposés au pouvoir du Premier Consul (4). On les dit en communion d'idées avec d'autres partisans de l'ancien

(1) Aulard, *L'Etat de la France... en l'an IX*, 1897, p. 90. A Auxonne, cependant, tous les ecclésiastiques firent la promesse ; un seul ajouta qu'il la tenait pour un acte « purement civil » (maire d'Auxonne au préfet, 26 thermidor an IX ; V 20).

(2) Frétayet à Guiraudet, 9 messidor an IX : « le fanatisme... a ourdi une conspiration contre les instituteurs tant parce qu'ils demeuraient dans les maisons presbytérales que parce qu'un grand nombre refusait de catéchiser les élèves et d'aller au lutrain ;... ne voulant pas se montrer à découvert, il a engagé les maires à dénoncer ces instituteurs et à demander leur révocation ». Geisel, ministre du culte catholique à Nolay, au préfet, 16 brumaire an X : sous-préfet de Beaune au même, 4 vendémiaire an X : sous-préfet de Châtillon, 5 pluviôse an X (V 20 et 26).

(3) Préfet au magistrat de sûreté de Dijon, 24 pluviôse an X : maire d'Arnay-sur-Arroux au préfet, 25 thermidor an IX ; sous préfet de Beaune au même, 7 ventôse an IX ; préfet à min. Police *générale*, 14 ventôse (V 28, 20 et 18).

(4) Parmi les prêtres même insermentés ou insoumis, beaucoup professèrent des sentiments favorables au gouvernement consulaire. Sur les registres d'adhésion au plébiscite, on remarque fréquemment la signature du *ministre du culte catholique*. A *Jailly-les-Moulins*, les autorités assistèrent à un *Te Deum* chanté à l'occasion de l'attentat manqué de la machine infernale (Procès-verbal, 28 nivôse an IX. V 23). Guiraudet reconnaît que la plupart des prêtres non-jureurs se conduisent « avec assez de sagesse » (au min. Intérieur, 16 thermidor an IX. Arch. Nat. F/19, 685).

régime, les émigrés. Ceux-ci rentrèrent en grand nombre en Côte-d'Or sur la fin de l'an VIII. Coratour causa de vives appréhensions aux acquéreurs des biens nationaux ; des bruits inquiétants circulèrent à Dijon où l'on interpréta avec pessimisme le départ de trois citoyens chargés par le préfet de représenter le département aux fêtes du 1er vendémiaire. Guiraudet s'empressa de rassurer ses administrés. Les émigrés paraissent avoir observé la plus grande circonspection en matière politique et ne s'être préoccupés que de recouvrer les débris de leur ancienne fortune (1).

Ces royalistes plus ou moins cachés furent moins dangereux pour le régime consulaire que les jacobins et terroristes survivants. Les révolutionnaires dijonnais n'avaient point osé résister au sentiment populaire qui poussait Bonaparte au pouvoir ; comme à Toulouse, ils adhérèrent à la Constitution de l'an VIII sans abdiquer rien de leurs convictions. A Dijon, il se forma une sorte de club dont les membres s'efforcèrent de reconquérir le pouvoir local. La plupart des clubistes appartenaient aux corps administratifs ou judiciaires. Le chef de ce groupe de gauche était le président du tribunal d'appel, Larché ; les membres les plus remuants se nommaient Vaillant et Villeneuve. Les derniers jacobins suscitèrent mainte difficulté au préfet et entravèrent les recherches prescrites par le général Meynier après l'attentat du 3 nivôse an IX (24 décembre 1800). Le Premier Consul avait, en effet, attribué l'explosion de la machine infernale à un complot terroriste (2). Le club avait pour défenseur attitré le tribun Chauvelin, d'opinions fort démocratiques, et pour organe, le *Journal de la Côte-d'Or* (3). Guiraudet finit

(1) *Journal de la Côte-d'Or*, 10, 15, 20 fructidor an VIII. *Journal*, 10 fructidor ; préfet Riouffe au 2e arrondissement de police, 23 germinal an XIII (Arch. Nat. F/7, 3586).

(2) Aulard, *Histoire politique de la Révolution*, p. 721-723. Morère, p. 42-45.

(3) Guiraudet signale « un folliculaire à leurs ordres, auteur du journal de Dijon, le citoyen Carion ». Le ministre de la police générale avait plusieurs fois autorisé le préfet à supprimer ce périodique. Guiraudet déclare s'en être abstenu « parce que je croyais sage d'entretenir partiellement au dedans la paix que vous conquérez au dehors » ; en d'autres termes, il n'a pas osé « supprimer ce misérable journal, l'écho de tous les bruits controuvés ». Ce fait montre et la puissance du club terroriste et la liberté relative de la presse départementale. Sur Chauvelin, cf. Jaurès, *Hist. socialiste*, VI, p. 60. Plus hardi, le préfet de Toulouse, Richard, suspendit et fit supprimer l'*Anti-royaliste* (Morère, p. 40).

par dénoncer au gouvernement cette « poignée d'individus... encore la terreur des honnêtes gens de Dijon ». Il demanda le déplacement de Vaillant qui serait devenu sous-préfet de Semur ; Berthet lui aurait succédé au secrétariat de la préfecture. La faible santé de Berthet rendant cette combinaison impossible, le préfet proposa d'envoyer Vaillant à Beaune et de destituer Frémyot sans compensation ; il est « rien moins que porté à approuver un gouvernement et des formes si éloignées de celles qu'il avait affectées sous le directoire exécutif ». La place de Vaillant serait confiée au sieur Alexandre, l'un des chefs de bureaux de la préfecture « des plus anciens et des plus intelligens ». Villeneuve serait remplacé par le citoyen Poligny, « propriétaire honnête et éclairé ». Un « vieillard respectable, jurisconsulte consommé », Virely, dirigerait les juges d'appel au lieu de Larché ; le commissaire Legoux, lui aussi, ferait place à un homme « sage et éclairé », Lamarosse. Ce vaste remaniment du personnel supérieur de l'administration côte-d'orienne demeura à l'état de projet. Le secrétaire d'État, H. Maret, appuya les démarches de Guiraudet ; le ministre de l'Intérieur, Chaptal, fit un rapport favorable au déplacement de Vaillant et à la destitution de Villeneuve ; le Premier Consul semble disposé à donner gain de cause au préfet. Puis tout se calma. Les fonctionnaires dénoncés par Guiraudet demeurèrent en fonctions à l'exception de l'adjoint Villeneuve. Guiraudet avait-il exagéré ses griefs ? L'appui des amis du club, Chauvelin et Berlier, fut-il plus puissant que celui de Maret ? Je ne sais (1).

Entre ces deux partis extrêmes et opposés existe la foule des citoyens de tempérament modéré et désireux, avant tout, d'avoir « un gouvernement fixe, stable, protecteur des personnes et des propriétés ». Ce sentiment, au dire d'un observateur anonyme, est celui de la grande majorité des habitants de la Côte-d'Or. Les uns acceptent le Consulat par lassitude de tant de changements politiques ; les autres le soutiennent parce

(1) Maret au min. Intérieur, 8 *germinal* an IX : Guiraudet au même, 25 germinal ; 14 floréal ; rapport du ministre à Bonaparte, 19 floréal ; (Arch. Nat. F 1b/II, *Côte-d'Or 2*). *Sur les circonstances de la démission de Villeneuve, cf. suprà.* Chaptal encourages Guiraudet à ne pas s'inquiéter de la « *retenue* » *du corps judiciaire* (19 *germinal*. Arch. dép., M/1, 6/1). *Cf.* sur l'opposition des ex-jacobins à Toulouse, Morère, p. 40.

qu'il leur paraît réaliser les vœux de la nation en 1789 ; d'autres encore le défendent parce qu'ils craignent le retour de l'ancien régime et la révocation de la vente des biens nationaux (1). Ce parti gouvernemental a pour interprètes les conseillers généraux et d'arrondissement. Bien que fonctionnaires, non payés d'ailleurs, les membres des assemblées départementales, en Côte-d'Or du moins, témoignent d'une indépendance suffisante pour que leur opinion puisse être considérée comme l'une des manifestations des sentiments populaires (2). Au cours des séances du conseil général, on fait assaut de loyalisme et bientôt de flatterie à l'égard de Bonaparte et de ses ministres. On parle volontiers du « héros », du « génie » qui gouverne la France, de « Bonaparte que ce siècle a proclamé grand sans craindre que la postérité réforme ce jugement ». On célèbre ce gouvernement « résolu à se concilier les cœurs de tous les Français,... digne de leur amour et de leur confiance, dans la pensée duquel se classent successivement toutes les conceptions utiles ». Si le conseil présente des doléances, s'il les renouvelle avec instance, il s'empresse de reconnaître spontanément que trop souvent la continuation de la guerre et la situation des finances ne permettraient pas de les accueillir de suite. A Semur les conseillers d'arrondissement décident de placer « incessamment » un buste de Bonaparte dans la salle de leurs séances ; à Châtillon, on se félicite d'avoir enfin un « gouvernement ferme (3) ».

Le parti consulaire est le plus nombreux. Mais il est le moins organisé et le moins actif. Beaucoup de ses adhérents se

(1) Notes anonymes (F 1b/II, Côte-d'Or 2) : « l'esprit politique est tombé dans un tel affaissement qu'il est à peu près nul ;... un gouvernement fixe, stable, protecteur des personnes et des propriétés forme le vœu général ». *Journal*, 20 thermidor an VIII, souscription entre acquéreurs en faveur du gouvernement qui est leur unique espoir : « c'est nous qui devons périr si nous succombons à l'assaut ».

(2) Il me semble cependant exagéré de dire avec M. Jaurès : « à défaut de la presse... bâillonnée, les procès-verbaux de ces conseils nous donnent l'opinion du pays » (*Hist. socialiste*, VI, p. 73) Les conseillers généraux et d'arrondissement sont gens prudents et en relations fréquentes avec les fonctionnaires dont ils ont été les candidats auprès du gouvernement.

(3) Conseil général an IX, f° 25 v°, 29 r°, 31 ; an X, p. 36, 37 ; an VIII, f° 23 v°. Conseil de Semur, germinal an IX ; Châtillon, germinal an X (Arch. dép. N/1, 1 ; N/2, 1).

désintéressent de la politique par habitude ou par crainte d'un nouveau changement. Par suite, les élections de l'an IX furent surtout favorables au parti terroriste. Les citoyens élirent, avec des formes assez complexes et bon nombre d'irrégularités (1), ceux d'entre eux qui composeraient la liste de notabilité communale dans laquelle le gouvernement devait choisir les fonctionnaires locaux. Les notables communaux désignèrent les notables départementaux et ceux-ci, les notables nationaux. De ces trois listes, la plus significative, au point de vue politique, est la liste nationale qui résume les deux autres et est moins influencée par les considérations locales. Un fait surprend. Le préfet n'est que le quatrième élu par 320 voix sur 468 votants. Les candidats plus favorisés appartiennent au parti révolutio[illegible]aire ; ce sont Morisot, ex-membre des Cinq-Cents en 1799, [illegible]é, ex-conventionnel, et Vaillant ; le nombre des suffrages par [illegible]ux obtenu va de 370 à 333. Les électeurs se divisent ensuite et la composition de la liste devient plus hétérogène. Si Larché réunit 290 voix, son concurrent à la présidence du tribunal d'appel, Virely, en a 248. Par contre, le commissaire Legouz l'emporte de 100 bulletins sur son adversaire Lamarosse. Le médecin Durande, qui, en 1814 relèvera le drapeau blanc à Dijon dont il sera le maire, le receveur Damotte que ses liens d'alliance avec la famille Léjéas autorisent à compter dans le parti modéré, obtiennent 244 et 227 suffrages. Ainsi continue la série des notables départementaux, formée de citoyens appartenant, autant qu'on puisse aujourd'hui en juger, aux divers groupes républicains mais avec un avantage marqué et dans le nombre des élus et dans le nombre des voix obtenues en faveur de la fraction d'opinions avancées (2). A ces notables résidant dans le département, les électeurs doivent adjoindre des élus pris parmi les citoyens absents. Un seul de ceux-ci représente l'élément civil ; Martin Léjéas, maire de Dijon, recueillit 136 suffrages ;

(1) Général Pille au préfet, 24 germinal an X ; min. Intérieur au préfet, 1er pluviôse an X (Arch. dép. M/3, 8 et 1) ; 1er floréal, 26 messidor an IX (F1c/III, Côte-d'Or 2).

(2) Les élections nationales eurent lieu le 20 nivôse an IX (10 janvier 1802) ; le dernier élu obtient 113 voix (Listes et autres pièces, M/3, 8).

les six autres de cette catégorie furent des généraux originaires de la Côte-d'Or (1).

Malgré l'existence en Côte-d'Or de partisans du régime disparu, l'autorité du Premier Consul ne fut pas menacée en ce département. A peine signale-t-on quelques incidents : à Is-sur-Tille une statue de la Liberté est brisée (2). Le pouvoir consulaire se consolide à mesure qu'une législation libérale efface les traces des violences passées et que la guerre cesse sur le continent et sur les mers. Le Concordat, ratifié dès le 23 fructidor an IX (10 septembre 1801), est transformé en loi le 18 germinal an X (8 avril 1802) ; il restaure l'unité religieuse et dissout l'alliance des défenseurs du trône et de l'autel. Le Sénatus-Consulte du 6 floréal an X (26 avril 1802) achève la désorganisation du parti royaliste en amnistiant les émigrés et en leur offrant la rentrée dans leur patrie à condition de ne pas chercher à renverser le gouvernement établi. Beaucoup d'entre eux avaient déjà été rayés des listes d'émigration ; beaucoup s'empressèrent de profiter des nouvelles dispositions législatives. Le préfet de la Côte-d'Or leur facilita l'accomplissement des formalités légales. Placés sous la surveillance des autorités administratives, désireux de recouvrer leurs biens ou leurs anciennes fonctions les émigrés allaient être ou paraître de fidèles adhérents du gouvernement de Bonaparte (3). Plus encore peut-être que la pacification intérieure, la conclusion des traités de Lunéville (20 pluviôse an IX ; 9 février 1801) et d'Amiens (6 germinal an X ; 25 mars 1802) permit au Premier Consul de réaliser ses rêves ambitieux et de devenir en fait le véritable souverain de la France (4).

En Côte-d'Or l'annonce de la paix fut accueillie avec enthousiasme et reconnaissance. Le préfet et son conseil en remercient le Consul par une adresse. Les sous-préfets la propagent avec joie. La ville d'Auxonne éleva une statue à Bona-

(1) Ce sont les généraux Borlon, Gassendy, Petitot, Laborde, Veaux et Heudelet.

(2) Maire d'Is-sur-Tille au préfet, 15 brumaire an IX (M/6, 93/a).

(3) Préfet au min. police, 20 floréal an X ; arrêtés 24 nivôse, 5 pluviôse an X, listes d'amnistiés ou de rayés (Arch. Nat., F/7, 5796).

(4) Sur l'échec d'une tentative prématurée de principat consulaire et ses causes, cf. Vandal, *L'avènement* ..., II, p. 521.

parte que le maire couronna de lauriers « aux accens de l'allégresse publique ». Une distribution de pain aux indigents, un Te Deum à l'église, un feu d'artifice et un banquet complétèrent la série des réjouissances. Des toasts furent prononcés et des couplets composés et chantés en l'honneur de la paix et de celui qui l'avait donnée (1). Diverses communes suivirent cet exemple, sonnèrent les cloches, demandèrent au ministre du culte un Te Deum (2). L'influence du rétablissement de la paix sur l'esprit public et le développement de la puissance du Premier Consul se révèlent avec netteté dans les procès-verbaux des sessions du Conseil général. La déférence du début fait place à la flatterie déclamatoire. Les discours de clôture évoluent d'une manière significative. Le salut adressé en l'an VIII à « la mémoire de ses concitoyens morts en combattant pour la patrie » est encore d'inspiration républicaine. L'année suivante, on exprime « la joie qu'inspire à tout bon Français la paix heureuse qui vient de couronner les hautes destinées de la France et la reconnaissance profonde que l'on doit au génie qui lui a procuré ce bienfait inestimable ». Le lyrisme éclate en prairial an X lorsque le conseil, ayant achevé ses travaux « peut se livrer enfin aux mouvements comprimés de sa reconnaissance...

(1) Adresse du préfet et du conseil de préfecture, 20 germinal an X : « Il n'appartenait qu'à celui qui avait fait une pareille guerre à l'Europe armée d'en être ainsi le pacificateur » (M/1, 6/1). Discours de Frémyet au conseil d'arrondissement de Beaune, germinal an X (N/2, 1). Procès-verbal imprimé des fêtes des 17 et 18 brumaire an IX à Auxonne (Arch. Nat., F 1c/III, Côte-d'Or 8). Le 1er adjoint Amanton chante :

« Gloire à Bonaparte (*bis*) !
« Il nous a donné la paix ;
« Qu'il vive, vive à jamais !...
« Puisqu'à cette table
« La paix nous a réunis...
« Que chacun, le verre en main,
« Par un mouvement soudain,
« Boive à Bonaparte ! »

(2) A Nolay, le ministre Grisel chante ce *Te Deum* le 17 brumaire parce que ce jour correspond à un dimanche (8 novembre 1801). Le maire entend qu'il renouvelle la cérémonie le lendemain, « sinon... il le chanterait lui-même avec les citoyens sous les armes qu'il avait rassemblés ». Ce second *Te Deum*, d'une liturgie insolite, eut lieu en effet (Grisel au préfet, 18 brumaire an X. Arch. dép. V 26). Cf. préfet au maire Belle-Défense, 6 floréal an X (V 27).

à Bonaparte que ce siècle a proclamé grand sans craindre que la postérité réforme ce jugement (1) ».

3. — *La plébiscite de l'an X*

La Côte-d'Or était donc toute disposée à accroître l'autorité du général victorieux et pacificateur. En l'an X comme en l'an VIII, la confiance des masses en Bonaparte triompha des résistances des hommes politiques; elle imposa le Consulat à vie comme elle avait créé et désigné le Premier Consul (2).

Le plébiscite provoqué par l'arrêté du 20 floréal an X (10 mai 1802) suscita plus d'intérêt que celui de l'an VIII. Sans doute, bien des communes doivent adresser des registres vierges de tout vote; les administrateurs locaux le déplorent en attestant leurs propres efforts (3). Il y eut en tout 45.920 abstentions, soit 15.000 de moins que deux ans auparavant. Des citoyens, imitant le Sénat, ne concèdent à Bonaparte qu'une nouvelle magistrature décennale « sauf une seconde élection » lit-on parfois (4). On accepte volontiers que le Premier Consul désigne son successeur; toutefois, un jardinier de Couternon, marguillier de sa paroisse, écrit sur le registre : « je... lui donne en outre plain pouvoir de nous donner

(1) Conseil général an VIII, f° 24 r°; an IX, f° 37 v°; an X, p. 46, 47 (N/1, 1).

(2) On sait les résistances opposées par le Sénat à la transformation politique projetée, l'initiative de Bonaparte dans la rédaction de l'arrêté du 20 floréal, la pression qu'il exerça sur les sénateurs pour obtenir le vote du Sénatus-Consulte désiré (Cf. par ex. *Cambridge Modern history*, IX, p. 21, 22). Alors que le Sénat n'avait consenti qu'à lui renouveler ses pouvoirs d'avance pour dix ans, Bonaparte demanda au peuple de devenir Consul à vie (Duvergier, XIII, p. 424, 425).

(3) L'adjoint de Pichanges certifie « qud pres avoire fait publier par trois fois *diférante au* sont de la *quaisse* l'arrêtés des consuls en da*tte* du 20 floréal... personne ne *sait* présenté*s*... pour les votes énoncés dans *le* di*tte* arrêté » (Arch. Nat. B/II, 495 *b*). A Noidant, le maire vote seul : « Je n'ai eu affaire qu'à des citoyens insoucians attendu que personne ne *c*'est présenté » (B/II, 494 *a*).

(4) A Nuits, le secrétaire de la mairie écrit : « oui mais pour dix ans sauf une 2e élection » ; Nicolas-Joseph Maret ne formule pas cette dernière restriction (B/II, 495 *a*). A Rouvres, un charpentier vote oui pour « dis ans » (B/II, 494 *b*). A Pouilly-en-Montagne, un électeur ne consent à renouveler les pouvoirs consulaires que pour 5 ans (B/II, 495 *b*).

tel successeur qu'il jugera à propos qui soit catholique, apostolique et romain (1). » Plus catégoriques, 101 citoyens refusent de proclamer Bonaparte consul à vie. Il arrive que ces opposants sont de simples abstentionnistes ; la municipalité les a inscrits d'office sur l'un des registres car ces votes ne sont pas signés (2). Mais la réalité de votes négatifs est ailleurs évidente. Les opposants sont d'ordinaire isolés ; à Belan et à Nicey, ils sont trois, à Duesme et à Villers-la-Faye, deux, le plus souvent, un. Ils appartiennent à toutes les classes sociales ; on remarque à Châtillon un inspecteur de l'enregistrement, à Duesme, un ancien soldat, à Villers-la-Faye un garde-forestier. Les propriétaires ou rentiers sont moins nombreux que les artisans ou les cultivateurs (3).

Par contre 37.276 habitants de la Côte-d'Or acclament Bonaparte. Les majorités obtenues dans les communes où se produisent des votes négatifs sont énormes ; à Lamotte, par exemple, le propriétaire Antoine Flamant est seul de son avis contre ses 92 concitoyens qui s'inscrivent sur le registre d'acceptation.

D'ordinaire, la feuille, plus ou moins informe, réservée aux « moyens de négations » demeure vide ; on l'annule ou se dispense de l'envoyer au préfet (4). Parfois l'unanimité absolue, fait si rare dans toute consultation populaire, est réalisée ; les 34 acceptants de Torcy « sont tous les citoyens de la commune qui ont le droit de voter » ; à Mâlain, les citoyens « accourus en foule... avec des acclamations de joie... ont tous accepté ». A Leuglay, sur 91 « citoyens ayant droit de vote » 83 adhèrent à la réforme constitutionnelle si les huit autres s'obstinent dans leur abstentionnisme habituel (5). Il semble

(1) Nolay (B/II, 495 *a*). Couternon (B/II, 494 *b*).

(2) Bussière (B/II, 495 *a*).

(3) Duesme, 1 propriétaire et un ancien soldat, son fils (B/II, 494 *a*). Nicey, un menuisier et deux cultivateurs ; à Poinçon, 1 vigneron ; à Minot, 1 tailleur de pierre ; à Bure, 1 boulanger ; à Chemin, 1 cultivateur ; à Frolois, 1 propriétaire et un rentier (B/II, 493 *b*).

(4) Orain : « personne n'a voté sur le registre négatif ; c'est pourquoi je ne vous fais l'envoi que d'un » déclare au préfet l'adjoint Badet. A Saint-Seine, le notaire Massenot « n'a point fait de registre pour la négative » (B/II, 494 *b*). A Mâlain « les citoyens... n'ayant employé les moyens de négations, le présent registre est mis à néant » (B/II, 495 *b*).

(5) B/ I, 495 *b*.

même que dans certains villages le vote ait eu lieu par acclamation ; le maire se borne à en dresser certificat et n'expédie aucun registre. Le fait s'est passé à Thoste. A Busseaut le maire atteste « que tous les citoyens actifs... qui n'ont pas l'usage de l'écriture ont déclaré d'une voix unanime sur la place publique qu'ils agréoient la nomination de Napoléon Bonaparte... à vie (1) ». A Salives, à Montmançon, à Charigny, le vote écrit paraît bien avoir été précédé d'une proclamation de Bonaparte Consul à vie par le maire au milieu des applaudissements populaires (2).

D'autres témoignages de l'enthousiasme avec lequel les populations de la Côte-d'Or se sont donné un souverain sont notés sur les registres. C'est une femme qui vote à Saint-Seine ; ce sont des négociants absents de leur domicile qui tiennent à s'inscrire dans la commune où ils se trouvent momentanément ; les citoyens illettrés de Busseaut demandent au maire de consigner leur acceptation unanime ; des votants souhaitent que la vie de Bonaparte soit « longue et heureuse » ; à Saint-Pris-les-Arnay, le sieur Charles Barbollet écrit : « à vie, fût-elle de mille ans (3) ». Cette foi en Bonaparte est d'autant plus remarquable que l'on ignore encore son prénom ; on l'appelle tantôt « léopon », tantôt « néopole (4) ».

L'expression naïve de ces votes en démontre la sincérité. On est, en effet, reconnaissant à Bonaparte « des hommages rendus à la souveraineté nationale par ce grand homme » ; on est « persuadé que l'avantage du peuple français, le maintien de la souveraineté du peuple français, le maintien de la souveraineté du peuple, la liberté et l'égalité des droits l'exigent

(1) Le maire certifie « qu'aucun des habitants dudit Thoste et Beauregard ne s'est opposé à ce que Napoléon Bonaparte fut consul à vie puisque au contraire la majeure partie désire qu'il vive longtemps après eux » (B/II, 495 *a*, *b*).

(2) Montmançon : « tous les votans ont donné leur suffrage à Napoléon Bonaparte, 1er consul à vie, et que nous maiton à lui notre chance et que nous le prendron et reconnaisson pour notre bon gouverneur. Telle a été notre vœu et que nous y *perceton* (?) tous pour la vie ». Salives (B/II, 495 *b*). Charigny (B/II, 494 *a*).

(3) Saint-Prix-les-Arnay (B/II, 495 *a*) ; Saint-Seine et Arc-sur-Tille (B/II, 494 *b*) ; Gevrey, Bonnencontre et Busseaut (B/II, 495 *b*).

(4) Curtil : « léopon » (B/II, 494 *b*) ; Vosne : « néopole » (B/II, 495 *b*).

ainsi » ; on désire « la prolongation des jours de ce grand homme que le ciel... a donné dans sa bonté, qui est digne de la récompense qui lui est décernée et qui en mérite une encore plus grande ». Trois citoyens de Seurre précisèrent la nature de cette « plus grande récompense » en votant pour le « consulat héréditaire (1) ».

Les troupes stationnées dans le département votèrent avec enthousiasme et discipline pour « le général qui après les avoir conduits si souvent à la victoire leur en fait goûter aujourd'hui les fruits plus précieux dans les douceurs de la paix » ; généraux et chefs de détachement accompagnent l'envoi des registres militaires d'adresses vibrantes (2).

Le gouvernement consulaire avait donc réussi à augmenter le nombre et l'ardeur de ses partisans. Il avait su également réunir parmi ses adhérents des hommes appartenant à tous les groupes politiques. Si dans l'ensemble de la France, la majorité obtenue par le plébiscite de l'an X fut une majorité de droite (3), en Côte-d'Or républicains de 1793, réformateurs de 1789, fonctionnaires, prêtres et ex-émigrés composent la masse considérable de suffrages qui accepte le Consulat à vie et désire l'empire (4). Il n'y avait pas que de la rhétorique et de l'optimisme obligatoire dans cette affirmation de Guiraudet et de son conseil de préfecture au lendemain du Concordat : « Dans ce département qui se glorifie de vous avoir possédé quelques années la multitude jouit en silence de vos bien-

(1) Charigny (B/II, 494 *a*). Is-sur-Tille (B/II, 494 *b*). Salives (B/II, 493 *b*). Seurre (B/II, 493 *a*), votes de Chabé, homme de loi : Philippot, propriétaire ; Ducordaux, ancien capitaine d'infanterie.

(2) B/II, 635. Sur les registres affirmatifs sont portés les noms de tous les officiers ; la mention *en tournée* remplace leur signature le cas échéant : les soldats votent par compagnie, gradés en tête et dans l'ordre hiérarchique. Le relevé porte 2280 *oui*, 0 *non*.

(3) Aulard, *Hist. politique de la Révolution*, p. 732.

(4) Sur le registre ouvert à la préfecture (B/II, 494 *b*) voisinent Carrelet de Loisy, Joseph et Pierre Jacotot, Volfius, Davosge, Guiraudet, le receveur Damotte, Vaillant, des aubergistes, des vitriers, des artisans. A Is-sur-Tille, le médecin Bernard Chaussier vote « pour le premier consul proclamation de la souveraineté nationale » à côté du curé Chauchot et du propriétaire Fauconney (B/II, 494 *b*). Relevé officiel des votes, B/II, 671.

faite (1). » De celui qui a vaincu la coalition, imposé la paix à l'Empire et à l'Angleterre, réorganisé et pacifié la France, on attend avec confiance une durable tranquillité et une prospérité matérielle croissante ; la paix va réparer les maux de la guerre. Le régime impérial a-t-il réalisé ces espérances ?

(1) Adresse au Premier Consul, 20 germinal an X (Arch. dép. M/5, 1).

DEUXIÈME PARTIE

Le régime impérial

CHAPITRE PREMIER

L'administration départementale

Le régime impérial conserva les divisions territoriales et l'organisation administrative établies par le gouvernement consulaire. Le décret du 26 décembre 1809 accentua cependant l'unité de la circonscription administrative qu'est le département ; chaque arrondissement chef-lieu aurait désormais son sous-préfet particulier comme les autres arrondissements. Sans lien avec un arrondissement déterminé, le préfet apparaît plus nettement que par le passé comme l'intermédiaire entre le département tout entier et le pouvoir central. En outre, déchargé d'un travail d'administration parfois considérable, il peut faire face aux tâches nouvelles qui lui incombent et consacrer toute son activité à surveiller, guider et stimuler les fonctionnaires des diverses administrations de sa circonscription. Certains préfets reçurent, à cette même date, l'aide d'un auditeur du Conseil d'État qui, en s'initiant aux détails de la vie administrative sous leur direction, recevrait d'eux des missions temporaires et suppléerait les administrateurs absents ou empêchés. La Côte-d'Or figure parmi les 34 départements ainsi privilégiés (1).

(1) Articles 15 et 16 (Duvergier, XVI, p. 494).

1. — *Le personnel administratif*

Le préfet du Consulat à vie fut, en Côte-d'Or, celui du Consulat à temps. Guiraudet administra ce département jusqu'à sa mort survenue la nuit du 15 pluviôse an XII (5 février 1804). Ce décès subit fut attribué par un des amis de Guiraudet à « une maladie de nerf à laquelle il était très sujet ». Si l'on en croit le témoignage de sa veuve, Guiraudet « a péri... par suite de tracasseries et de chagrins qu'il a éprouvés dans sa place ». Ni les attaques des terroristes dijonnais, ni les différends entre le préfet et la municipalité dijonnaise, ni les reproches qu'il reçut fréquemment du ministre de l'Intérieur mécontent des retards et des lacunes de sa correspondance ne paraissent avoir été assez graves pour justifier cette assertion. Mme Guiraudet l'émet dans une lettre où elle se défend contre une demande en restitution d'une partie du traitement touché d'avance par son mari. Désireuse également d'obtenir une pension, elle a pu attribuer la mort de celui-ci à une sorte d'accident professionnel afin de faire appel, non plus à la bonté, mais à la justice du gouvernement. Elle fut secondée dans ses démarches financières par le général Montchoisy et le consul Lebrun, par le secrétaire général Vaillant et le *Journal de Carion* (1). Ce dernier fait, assez surprenant, s'explique par la généralité des regrets provoqués par le décès du premier préfet de la Côte-d'Or. Par son réel dévouement aux intérêts de ses administrés, par son souci des misères sociales, par son amabilité et son impartialité, Guiraudet avait acquis les sympathies des diverses classes de la population de son département ; la fermeté avec laquelle il maintint les droits légaux du pouvoir civil à l'encontre des autorités ecclésiastiques lui valut la confiance des révolutionnaires impénitents. Homme honnête et « souvent en avance de ses propres fonds (2) », il laissa une

(1) Conseiller de préfecture Dubard au Min. Intérieur, 15 pluviôse an XII (Arch. dép. M/1, 5/1). Montchoisy au même, 15 pluviôse (Arch. Nat. F 1b/I, 172/2 ; dossier Riouffe). Min. Intérieur au Préfet, 13 messidor an XII ; 25 février 1808 ; rapport au Min. Intérieur (Arch. Nat. F 1b/II, Côte-d'Or 3). Lebrun à Min. Intérieur, 2e complémentaire an XIII (dossier Riouffe). *Journal*, 20 pluviôse an XII.

(2) Vaillant au Min. Intérieur F 1b/II, Côte-d'Or 3.

modeste succession ; Napoléon dut en 1808 élever de 600 à 1.200 francs la modique pension qu'il avait accordée à la veuve de Guiraudet (1).

Un arrêté consulaire du 19 pluviôse an XII (9 février 1805) nomma à la préfecture de la Côte-d'Or Honoré-Jean Riouffe, membre du Tribunat. Né à Rouen le 1er avril 1765, Riouffe avait joué un certain rôle dans les assemblées révolutionnaires ; en l'an V, il se fit le porte-parole de la bourgeoisie républicaine. Entré au Tribunat dès la création de ce corps, il semble n'avoir regretté du régime directorial que la toge parlementaire « vêtement... ample... facilitant la gesticulation de l'orateur et la fougue de son débit » et avoir promptement assimilé le vainqueur du 18 brumaire à César, à Annibal et à Pompée (2). Aussi bien fut-il omis dans la liste des tribuns éliminés lors de l'*épuration* de l'an X. On ne voit pas pourquoi il échangea ses fonctions quasi-législatives contre une situation administrative. Il est probable qu'il fut appelé à la succession de Guiraudet par l'influence d'Hortense de Beauharnais, amie de sa femme. Le *Journal* eût préféré la nomination de Chauvelin, le patron des ex-révolutionnaires dijonnais ; cet autre tribun devint d'ailleurs préfet comme son collègue Riouffe, mais Napoléon le chargea d'administrer la Lys, l'estimant trop grand propriétaire foncier en Côte-d'Or (3). Le nouveau préfet ne réussit à satisfaire ni les administrés ni le gouvernement. Une note anonyme le déclare « trop subtil peut-être pour une administration aussi importante » ; on lui reproche de manquer « de gravité et de dignité dans ses manières » et de se livrer « facilement aux préventions ». En avril 1806 Riouffe entra en conflit avec un adjoint de Dijon au sujet de l'installation d'un nouveau maire ; sa conduite autoritaire fut, nous le verrons, nettement

(1) Montchoisy au Min. Intérieur supra : « Il est mort regretté de la plus grande partie des habitants de ce département. » *Journal*, 20 pluviôse. Les obsèques eurent lieu aux frais du département ; le clergé des trois paroisses de Dijon y assista ; « diverses décharges de fusil ont été faites soit à la porte du temple, soit au cimetière commun ».

(2) Aulard, *Hist. de la Révolution*, p. 628. Vandal, *L'avènement*..., II, p. 48, 51.

(3) *Arrêté* 19 pluviôse an XII ; L. E. de Courmont, veuve Riouffe au Min. Intérieur, 7 décembre 1818 (Arch. Nat. F 1b/I, 172/2, dossier Riouffe). *Journal*, 30 pluviôse an XII.

et vivement blâmée par l'empereur (1). Cet incident aurait-il été le motif qui détermina Riouffe à se démettre de ses fonctions de préfet de la Côte-d'Or le 28 octobre suivant ? Il allègue, d'ailleurs, des raisons de santé. Mais ces « angoisses presque habituelles et douleurs aiguës à la région précordiale » ne l'empêchèrent point d'administrer le département de la Meurthe jusqu'à la fin de 1813 et de mourir « miné » par le travail et les fréquentes visites aux hôpitaux militaires (2).

Au révolutionnaire assagi succéda un descendant des Parlementaires de l'ancien régime, Mathieu Molé. Né en 1781, fils d'un condamné du tribunal terroriste de Paris, Molé avait commencé par publier un *Essai de morale et de politique* fort enthousiaste du pouvoir absolu et des sociétés hiérarchisées. Ce volume attira l'attention d'un autre littérateur, ami et théoricien des rêves napoléoniens ; Fontanes fit nommer Molé auditeur au Conseil d'État. Un rapport et une enquête sur la question juive firent le succès de cette carrière administrative si brillamment commencée. Napoléon approuva les idées du jeune fonctionnaire, le déclara réfractaire aux tendances idéologiques qu'il détestait si violemment et promut Molé directement à une préfecture. L'intervention et la faveur personnelle de l'empereur assuraient le nouveau préfet de la docilité des corps administratifs et de l'admiration officielle (3). Les ministres eux-mêmes se montraient fort courtois avec leur collègue futur. Molé, arrivé inopinément à Dijon, s'était fait installer avec beaucoup de simplicité le 27 décembre 1807. Le ministre de l'Intérieur releva ce défaut de solennité et l'absence forcée de nombreux fonctionnaires. Le préfet expliqua sa con-

(1) Cf. Aulard, *Hist. politique*, p. 626. *Correspondance* de Napoléon, XII, 10.113, 20 avril 1806. Notes (F 1b/II, Côte-d'Or 3).

(2) Riouffe au Min. Intérieur, 28 octobre et 11 novembre 1806 (F 1b/II, Côte-d'Or 3). La démission ne paraît pas avoir été de suite acceptée par le gouvernement ; le ministre de l'intérieur accorda au préfet démissionnaire un congé de trois mois. Il fut question de lui confier la préfecture de Vienne et celle de Poitiers ; il attendit près de deux ans sa nomination à Nancy (Min. Intérieur à H. Maret, 30 octobre 1807 ; F 1b/II Côte-d'Or 3 ; Décret du 29 octobre 1808 ; Duvergier, XVI, p. 257). Cf. lettres de sa femme, de son beau-père et états dans son dossier aux Arch. Nat.

(3) Le dossier Molé (Arch. Nat. F 1b/I. 167/28) est insignifiant. Cf. de Barante, *Eloge de M. le comte Molé*, 1856, p. 2-7.

duite et le ministre s'empressa de lui témoigner ses regrets de sa première lettre et de l'assurer de son absolue confiance. Le ton et les expressions de Crétet sont hautement significatives de sa déférence pour le protégé du Maître (1). Mathieu Molé quitta bientôt (février 1809) la Côte-d'Or pour devenir conseiller d'État et directeur général des Ponts-et-Chaussées. En décembre 1813, il échangera ce demi-ministère pour le titre de Grand-Juge. On sait quels furent sa fortune et son rôle politiques comme premier ministre de Louis-Philippe.

Il fut remplacé par un autre auditeur au Conseil d'État. Un décret du 10 février 1809 nomma préfet de Dijon le baron Jacques-Félix Lecoulteux. Ce parisien né en 1770 avait déjà rempli plusieurs fonctions administratives ; il avait collaboré à l'organisation des contributions indirectes dans le nouveau royaume de Naples et assuré en France l'inspection générale des vivres militaires. Ce choix fut peut-être encore l'œuvre personnelle de Napoléon, fort bien disposé en faveur des jeunes fonctionnaires dont il était à même d'apprécier l'activité et les connaissances administratives (2).

Lecoulteux fut en Côte-d'Or le préfet des plus belles années de l'Empire. Il administra ce département un peu comme Guiraudet. Comme lui, il mourut préfet, le 1er avril 1812, des suites d'une maladie contractée en visitant les hôpitaux de prisonniers espagnols. Cette mort suscita diverses manifestations de douleur officielle. Le conseil de préfecture résolut de faire placer dans sa salle de séance le buste de l'administrateur défunt. On décida que ses funérailles seraient payées au moyen de « centimes supplétifs » que voterait le conseil général ; le conseiller de préfecture faisant fonctions de préfet pendant l'intérim, prononça un discours et promit au trépassé « moissonné à la fleur de l'âge » que longtemps les

(1) Min. Intérieur au préfet, 21 janvier et 1er février 1808 (Arch. dép. M/1. 8/1 : « Je regrette beaucoup que les expressions... au sujet de votre installation aient pu vous être désagréables ;... ces observations ne sont point des reproches et je suis d'avance bien convaincu que je n'aurai jamais d'occasion de vous en faire. »

(2) Arch. Nat. F 1b/I, 169/19, dossier Lecoulteux.

populations de la Côte-d'Or conserveraient son souvenir. Les poètes locaux chantèrent :

« Dans le sein de la paix, victime de la guerre,
» Lecoulteux est surpris par l'ombre de la mort
» Et du peuple affligé la voix toujours sincère
» Célèbre ses vertus et gémit sur son sort (1). »

Les ambitions s'agitèrent autour de la préfecture vacante. On peut, semble-t-il, négliger le chevalier Boccardi, ancien ministre plénipotentiaire de l'ex-république de Gênes. Un sous-préfet de Neufchâteau se présenta avec l'appui du Grand-Juge Regnier. Un descendant d'une famille d'intendants, Rouillé d'Orfeuil, fit valoir une première et malheureuse candidature lors du départ de Riouffe, son titre récent de baron, sa qualité d'auditeur de première classe, ses neuf années de services administratifs dans une sous-préfecture, la mort aux armées de deux de ses frères. Camille Tesseire, sous-préfet de Tournon et neveu de Crétet, écrit au successeur de son oncle : « La nomination à la préfecture de ce département du neveu du ministre qui fut investi de sa confiance (2) et qui lui porta toujours un si vif intérêt serait un témoignage du souvenir que S. M. voudroit bien garder pour celui que les habitants de la Côte-d'Or avoient estimé les premiers. » Teisseire, toutefois, serait satisfait de succéder au préfet qui serait choisi pour remplacer Lecoulteux (3).

Ce fut, comme le craignait ce prudent solliciteur, un préfet que l'empereur envoya à Dijon. Il désigna Auguste-Marie-Paul-Pétronille-Timoléon, comte de Cossé-Brissac, qui, depuis le 13 avril 1809, administrait le département de Marengo. Ce descendant d'une antique famille, célèbre plusieurs fois sous

(1) Conseiller de préfecture faisant fonctions de préfet au Min. Intérieur, 23 avril 1812 ; 21 octobre 1812 ; 19 avril 1813. Min. Intérieur au Préfet, 15 juin 1813 (Arch. dép. M/1, 5/1). Les dépenses s'élevèrent à 3.403 fr. 93 dont 900 de luminaires, 651 de service religieux et de messes, 537,50 de tentures et 412 de distributions aux pauvres. Le ministre, après 15 mois, avertit la préfecture que « par mesure générale... S. M. laisse cette dépense à la charge des familles ». *Affiches de Dijon*, 3 avril 1812.

(2) Crétet avait représenté la Côte-d'Or aux Cinq-Cents.

(3) Arch. Nat. F 1b/I, 169/19, dossier Lecoulteux.

l'ancien régime, possédait cent mille francs de revenus dont quarante constituaient son majorat assigné sur des terres en Maine-et-Loire. Cossé-Brissac avait 37 ans. Sa carrière administrative avait été rapide. Membre du conseil général de Maine-et-Loire dès 1802, président du collège électoral de ce département en 1807, décoré de la Légion d'honneur en 1811, il avait, semble-t-il, compté en 1809 Crétet parmi ses protecteurs (1). Son père était sénateur depuis le 10 août 1807. Il dut sans doute à celui-ci ce déplacement d'office qui constituait un notable avancement et lui permettait de plus grandes espérances (2). Cossé-Brissac dut concevoir ces rêves car la modestie ne fut jamais son principal défaut. Sa correspondance est une continuelle, et parfois naïve, apologie. A l'en croire, le département de la Côte-d'Or est un département modèle et surtout administré par un homme de haute valeur. Il exalte le mérite de ses collaborateurs, surtout lorsqu'il peut attribuer leurs qualités à ses propres conseils ; il sollicite pour eux des décorations, de l'avancement. Il se souvient d'eux et même sous la Restauration se préoccupe du sort de l'ancien jacobin Frémyet. Seul, peut-être, de tous les fonctionnaires de la Côte-d'Or, le maire de Dijon, Durande, et à un moindre degré, l'évêque Mgr Reymond, lui furent antipathiques ; il est peu de rapports dans lesquels l'infortuné Durande ne soit l'objet de quelque réflexion désobligeante (3). Le futur duc de Brissac, pair de France, sera le préfet de la fin de l'Empire, celui qui sacrifiera, jusqu'à l'heure de la défaite définitive, ses convictions politiques à ses devoirs administratifs.

La Côte-d'Or vit donc cinq préfets l'administrer sous le régime impérial. Par contre, les sous-préfets Frémyet et Martin continuèrent à diriger l'administration des arrondissements de Beaune et de Châtillon. Ce dernier mérita tout particulière-

(1) Cossé-Brissac, 20 avril 1809 : « remercie Crétet pour avoir bien voulu ne pas perdre de vue sa demande ». Or sa nomination est du 13 avril (Arch. Nat. F 1b/I, 156/46 et 157/38, dossier Cossé-Brissac).

(2) F 1b/I, 156/46.

(3) Préfet au Min. Intérieur, 28 août 1813 (F 1b/II, Côte-d'Or 4).

ment les éloges des préfets Lecoulteux et Cossé-Brissac (1). A Semur Berthet dut donner sa démission en octobre 1808. Plusieurs fois déjà l'état de sa santé l'avait contraint à demander de longs congés. En mars de cette année, Molé l'autorisa à s'absenter trois mois ; on avait alors l'espoir d'une guérison définitive. Son frère, curé dans la Haute-Saône, écrivait au préfet : « le phisique recouvre chaque jour de nouvelles forces et le nuage qui obscurcissait sa mémoire semble disparaître ». Les événements ne correspondirent pas à cette attente. Des prolongations furent en vain accordées au malade. Il dut se résigner à se retirer. Il avait longtemps hésité car sa situation de fortune était des plus modestes et la législation d'alors ne prévoyait pour lui aucune pension. Molé en sollicita une comme « légitime récompense de ses bons et anciens services ». Le ministre refusa d'abord puis ne s'opposa point à la concession d'une somme annuelle de douze cents francs (2). Trois candidats offrirent de remplacer Berthet. Le sieur de Jailly était le gendre du comte de Damas-Cruz, cousin de Talleyrand. Celui-ci appuya la candidature de Jailly et Molé l'imita, en bon courtisan. Rémond fut opposé à M. de Jailly par le parti des anciens révolutionnaires côte-d'oriens. En sa faveur on pouvait invoquer de sérieuses considérations ; il était conseiller d'arrondissement et avait, à plusieurs reprises, suppléé Berthet ; c'était à lui précisément que l'administration de l'arrondissement de Semur était confiée lors de la retraite du sous-préfet. Malgré l'appui de Berlier, le gouvernement impérial nomma par décret du 27 octobre Gueneau d'Aumont. Ancien élu des États de Bourgogne, membre de l'Assemblée des notables en 1788, Gueneau avait servi la Révolution comme président du tribunal de district et de l'administration municipale de Semur. Le Consulat en avait fait le maire de cette commune et le pré-

(1) Lecoulteux, 18 mars 1811 : « beaucoup d'activité au travail, intégrité parfaite ... on le cite comme le premier des sous-préfets de mon département ». Cossé-Brissac, 5 janvier 1813 : « esprit juste... doux, timide » (Arch. Nat. F1b/I, 167/10, dossier Nicolas Martin).

(2) Congés en messidor an XI, nivôse an XII, messidor an XIII (6 semaines) ; arrêtés préfectoraux mars et septembre 1808 ; Préfet au Min. Intérieur, 30 janvier 1808 ; Décret du 27 octobre 1808 (Arch. dép. M/1, 14/1).

sident de l'assemblée cantonale. Molé put dire de lui : « par ses connaissances locales, sa situation et son expérience, il me paraît réunir les qualités désirables ». A ces titres administratifs, à la présentation par le préfet en première ligne, Gueneau d'Aumont joignait un appréciable avantage sur ses concurrents. Napoléon le connaissait personnellement ; il avait logé chez le maire de Semur en traversant la Côte-d'Or lors de son voyage en Italie en 1805 et avait reconnu par la promesse de la Légion d'honneur l'hospitalité de Gueneau. Le candidat et le préfet eurent garde d'omettre le fait. L'empereur, qui n'avait jamais complété son geste, substitua à l'étoile des légionnaires la place de sous-préfet (1).

La sous-préfecture de Dijon, créée par le décret du 26 décembre 1809, ne paraît pas avoir été organisée de suite. Désigné seulement par un décret du 4 janvier 1811, Jules-Philibert-Louis Perret en fut l'unique titulaire. Originaire de Saône-et-Loire et âgé de 25 ans, le nouvel administrateur était, comme l'exigeait le décret précité, auditeur du Conseil d'État. On ne voit pas quelles influences déterminèrent le choix impérial. Ses liens de famille auraient pu faire hésiter un souverain moins convaincu de la pérennité de sa puissance ; Perret n'était-il pas le neveu de l'ancien chef de l'insurrection lyonnaise si volontiers combattue par les volontaires côte-d'oriens, du général de Précy dont à Toulon le capitaine Bonaparte vainquit les alliés politiques ? Napoléon ne comprit son imprudence qu'en 1814 ; au retour de l'île d'Elbe il s'empressa de révoquer Perret auquel la Restauration réservait l'administration d'Épinal, de Roanne et de Beaune. En attendant Perret mérita les éloges de Lecoulteux pour la délicatesse avec laquelle il évitait de faire parade de son titre d'auditeur ; par contre, le préfet remarquait : « le temps et l'habitude des affaires lui donneront un peu plus d'amour pour le travail ». Cossé-Brissac, lui aussi dénonça le dilettantisme de Perret et se plaignit d'être mal

(1) Préfet au Min. Intérieur, 20 août 1808 ; Gueneau d'Aumont à l'empereur, 30 septembre 1808 ; Berlier et Rémond au Min. Intérieur, 15 octobre ; Talleyrand au même, 16 mars ; Décret du 27 octobre 1808 (Arch. Nat. F 1b/II, Côte-d'Or 3). *Journal*, 20 germinal an XIII.

secondé par lui au cours des fréquentes et difficiles levées d'hommes et de chevaux de l'année 1813 (1).

Le même décret de 1809 avait prévu le séjour en Côte-d'Or d'un auditeur au Conseil d'État. En mars 1811 le titulaire de la nouvelle fonction, aux attributions assez imprécises, n'est pas encore nommé. Le préfet signale la présence dans son département de jeunes auditeurs. L'un, Royer, attaché à la direction générale des droits réunis, s'y trouve à la suite du décès de sa mère ; il supplée le sous-préfet Perret, alors en tournée de circonscription. L'autre, de la Vesvre, « attend sa destination » et occupe ses loisirs en accompagnant le même Perret. Ce dernier devint auditeur attaché à la préfecture de la Côte-d'Or. Lecoulteux et Cossé-Brissac le chargèrent volontiers de remplacer les sous-préfets absents ou les adjoints démissionnaires. De la Vesvre, qui paraît être d'origine dijonnaise, n'eut qu'un rôle toujours effacé dans l'administration du département (2).

Le conseil de préfecture subit diverses mutations, la plupart rendues nécessaires par un décès. Piette et Royer demeurèrent à leur poste. Parigot, devenu infirme, dut démissionner ; il fut remplacé par le frère de l'ancien évêque constitutionnel de Dijon, Alexandre-Eugène Volfius. Le nouveau collaborateur du préfet avait été homme de loi et député du Tiers de Dijon aux États-Généraux. Il mourut vers la fin de l'an XIII. Appuyé par Guillemot, Morisot et Berlier le premier adjoint de Dijon, Petitot, lui succéda et demeura en fonctions jusqu'en 1814 (3). Le quatrième siège de conseiller devint vacant par la mort de Dubard en mars 1809. Trois avocats sollicitèrent la place inoccupée : Dubard fils, Saverot, suppléant à l'École de droit et

(1) Décret du 14 janvier 1811 ; Préfet au Min. Intérieur, 4 janvier 1812, 2 mars 1812 (Arch. dép. M/1, 11) ; 22 mars 1811 ; de Choiseul préfet de la Côte-d'Or au même, 28 novembre 1815 ; Séguier, Préfet de la Côte-d'Or au même, 16 janvier 1821 (Arch. Nat. F 1b/I, 170/10). Cossé-Brissac au même, décembre 1813 (F 1b/II, Côte-d'Or 4).

(2) Préfet au Min. Intérieur, 22 mars 1811 (F 1b/I, 170/10 ; 4 janvier 1812, 3 mars 1813 ; Perret au préfet, 20 avril 1812 (M/1, 11).

(3) Arrêté consulaire, 20 prairial an X ; 2e complémentaire an XIII (M/1,9/1). Préfet au Min. Intérieur ; Berlier au même 19 fructidor an XII. Les éloges décernés par Ranfer de Bretenières, maire de Dijon, à son adjoint Petitot, semblent n'être qu'une pièce administrative car Ranfer appuya dans les mêmes termes la candidature opposée, celle du second adjoint Miette.

Bouchard. Ce dernier l'emporta. Élu candidat au Corps législatif en 1810, Bouchard fut, en 1811, nommé procureur général près la Cour d'appel de Poitiers. Un avocat fort zélé pour la « personne sacrée de S. M. », enquêteur ordinaire de Guiraudet, Amanton, le remplaça. Depuis longtemps Amanton était adjoint, puis maire d'Auxonne ; il sut mettre en lumière la longue durée de ses services gratuits, intéresser à son sort divers chefs de bureaux du ministère de l'Intérieur et provoquer l'intervention puissante de Berlier son « ancien ami (1) ».

Le parti des anciens députés de la Côte-d'Or et des terroristes dijonnais était encore représenté à la préfecture par le secrétaire-général Vaillant (2). Il dominait par conséquent dans l'entourage du préfet sous le régime impérial comme pendant le Consulat décennal. Mais de plus en plus le préfet lui-même était un homme d'autres idées et d'autre origine. Le nom seul de Mathieu Molé et du comte de Cossé-Brissac le prouve suffisamment. Les représentants de la noblesse de robe et de celle d'épée devenaient les serviteurs de la nouvelle dynastie ; la bourgeoisie opulente les imitait en la personne de Lecoulteux, fils d'un riche banquier parisien. Le royalisme se dissimule avec l'écuyer Gueneau d'Aumont et le *Lyonnais*

(1) Conseiller de préfecture faisant fonctions de préfet au Min. Intérieur, 2 mars 1809 ; Décret du 16 mars 1809 ; du 12 juin 1811 (M/1, 9/1). Amanton aux chefs de bureaux Benoît et Fauchat, 25 mai : Bouvier, procureur général à Besançon, aux mêmes ; Berlier au Min. Intérieur, 7 juin 1811 (Fb1/II, Côte-d'Or 3). En 1806, le conseil examina 857 affaires (Vaillant, II, p. 118).

(2) Les bureaux de la préfecture en septembre 1808 étaient au nombre de 4 : Police générale et communes ; Recrutement, routes et canaux ; Contributions, postes et comptabilité ; Domaines nationaux, assistance, agriculture et industrie. On comptait 26 employés, y compris l'archiviste. Préfets et conseillers généraux réclamèrent inutilement l'augmentation des traitements de ces auxiliaires de l'administration ; le 30 septembre 1808, Molé dut répartir entre tous une diminution de 3.000 francs imposée par le ministre. Celui-ci en Côte-d'Or comme dans les Côtes-du-Nord se montre particulièrement hostile aux crédits demandés pour le bureau des domaines, bien que Napoléon utilisât volontiers le commode procédé de l'aliénation de biens nationaux pour couvrir les déficits de ses budgets (*Correspondance*. XII. 9744, 4 février 1806 ; Dubreuil. La vente des biens nationaux dans les Côtes-du-Nord, p. 502, n. 1). Préfet au Min. Intérieur, 21 janvier, 1er avril, 20 août 1807 ; 10 janvier 1810 (M/1. 15/1). Thibaudeau, préfet des Bouches-du-Rhône, éprouva les mêmes difficultés à solder les employés de ses 6 bureaux et les frais d'administration. Dans la Seine-Inférieure les crédits proposés pour les bureaux des sous-préfectures sont réduits d'office (Fournier et Saint-Yves, p. 53, 54, 101 ; Dejean, p. 217).

Perret. A cette évolution dans le choix des premiers administrateurs du département correspondit une transformation analogue dans la composition des assemblées départementales. Le conseil général et les conseils d'arrondissement se recrutent de plus en plus parmi les hommes de l'ancien régime mais la poussée aristocratique ne se manifestera en Côte-d'Or nettement qu'en 1813 tandis qu'elle se révèle dans le Pas-de-Calais et les Bouches-du-Rhône dès 1809 et 1812 ; l'influence et l'activité des ex-révolutionnaires dijonnais et de leurs protecteurs parisiens purent longtemps contrebalancer celles des préfets (1).

La loi de pluviôse avait prescrit que les conseils généraux se renouvelleraient par tiers tous les cinq ans et que les membres sortants seraient désignés par le sort. Le premier tirage eut lieu en l'an XII ; il ne porta que sur 5 sièges, un sixième étant vacant par la démission du sieur Mimard (2). Deux des conseillers anciens virent renouveler leur mandat. Ce furent Jacotot et Simon; Gibou, Mandat, Pion et Mimard furent remplacés par Édouard, Viardot, Bazire et Borromée. Le décret de nomination (3 ventôse an XIII ; 22 février 1805) ne fit que copier la liste préfectorale de présentation (3). L'influence du préfet fut également prépondérante lors du second renouvellement. Il s'agissait en 1810 de pourvoir à 7 places dont une vacante par mort, celle du conseiller Vaillant-Moixmoron et une autre par démission. Le ministre d'État, H. Maret, et son beau-père, le sénateur Martin Léjéas-Charpentier, présentèrent 7 candidats ; le préfet Lecoulteux en proposa 12. Seul, le sieur Teyssière, inscrit au nombre des candidats de Maret ne figure pas sur l'autre liste ; il ne fut pas nommé. Le ministre de l'Intérieur choisit quatre des nouveaux conseillers parmi les 6 protégés

(1) Fournier et Saint-Yves, pp. 88, 91, 112 ; Chavanon et Saint-Yves, p. 61.

(2) Membres sortants : Giboud, Pion, Mandat, Jacotot, Simon.

(3) Décret du 3 ventôse an XIII (Arch. dép. M/4, 1). Conseiller de préfecture faisant fonctions de préfet au Min. Intérieur, 23 pluviôse an XII (Arch. Nat. F 1b/II, Côte-d'Or 3). Le préfet doit choisir les candidats sur une liste élaborée par le collège départemental ; mais cette restriction disparait vite avec le nombre grandissant des places vacantes (Listes : M/3, 9).

communs de Maret et de Lecoulteux et les 3 autres parmi les clients du seul préfet (1).

D'autres nominations furent provoquées par des circonstances imprévues : 6 conseillers moururent ; deux devinrent membres du Corps législatif ; 4 donnèrent leur démission. De ces derniers deux préférent exercer les fonctions municipales auxquelles ils furent nommés ; un avait transféré son domicile dans un département voisin ; un seul témoigna de l'éloignement pour les affaires publiques et préféra se consacrer à l'achèvement de sa maison. Les nouveaux conseillers acceptèrent volontiers la décision gouvernementale ; Mimard regretta vivement que de « violents étourdissements » ne lui permissent pas de siéger au conseil général. La part prise par le préfet à ces nominations hors série paraît assez limitée (2).

La situation sociale, la fortune, les convictions politiques des conseillers nommés sous le régime impérial sont variées. On remarque plusieurs fonctionnaires en exercice : Jacotot est professeur au lycée ; Champagne, inspecteur des droits réunis ; Léjéas, directeur de cette même régie ; Simon, juge de paix ; Borromée et Maulbon d'Arbaumont, conseillers municipaux. D'autres le deviendront : Gibou sera adjoint d'Auxonne ; Causse, maire de Vitteaux ; Édouard, maire de Beaune. Beaucoup ont occupé des places dans l'administration révolutionnaire ; Viardot fut procureur-général-syndic et Édouard membre du directoire de la Côte-d'Or ; Simon fut agent national ; Bazire, receveur de district ; Mimard et Dupré firent partie de conseils généraux de district. Deux sont d'anciens officiers,

(1) Liste de Maret : Laligant, Carteret, Toyssière, Lefebvre, Maulbon, Ladey, Champagne. Liste de Lecoulteux : Pétot, Laligant, Carteret, Lefebvre, Rocaud, Dugay, Champion, Tavernier, Maulbon, Ladey, Champagne, Legoux de Saint-Seine (F 1b/II, Côte-d'Or 3). Conseillers sortants : Tavernier, Godard-Lachaume, Calvi, Courtois, Mandonnet. Décret du 11 juillet 1811 : Pétot, Laligant, Carteret, Lefebvre, Tavernier, Champagne, Legoux de Saint-Seine (Arch. dép. M/4, 1).

(2) Morts : Mariot, Hernoux, Viardot, Simon, Defresne, Frantin. Députés : Villers et Châtenay-Lanty. Démissionnaires : Giboud, Causse, Rochet, Marey. Nouveaux conseillers : Louis Léjéas (27 frimaire an XI), Mimard et Causse (16 floréal an XI), Defresne et Dupré (1er mai 1806), Debruère, Mandonnet et Fouquerand (7 janvier 1807) ; Champagne et Michaud (19 mars 1808) ; Maulbon (11 juillet 1811). (M/4, 1 ; F 1b/II, Côte-d'Or 3).

Defresne et Lefebvre. Les propriétaires fonciers sont en particulier représentés par Mandonnet, Maulbon, Michaud, Laligant et Causse. Le médecin Gibou et l'avocat Fauquerand, le maître de forges Pétot et le négociant Carteret sont les seuls représentants des professions libérales, du commerce et de l'industrie.

Sur les listes de présentation et de nomination on relève des fortunes de 30.000 et de 20.000 francs de revenus et d'autres de 1.200, de 500, de 300 seulement. A peu près tous les échelons intermédiaires peuvent être notés sur ces mêmes documents et dans les renseignements officieux. Une semblable variété se remarque parmi les candidats malheureux. Ledoy n'a que 1.200 francs de rente et Dugay en possède 25.000 ; Teyssière avoue 3.400 et Rouard 2.500.

Plus difficile est la classification politique des membres du conseil général. Les opinions de quelques-uns sont, il est vrai, assez notoires. De Louis Léjéas le préfet peut dire : « l'attachement au gouvernement est chez lui une vertu de famille ». Gibou a été vivement recommandé par Berlier. Mimard et Causse ont été présentés par le général Junot contre des émigrés soutenus par Guiraudet. Celui-ci, ferme républicain cependant, avait proposé le 6 floréal an XI (26 avril 1803) Legouz de Saint-Seine et Richard de Vesvrotte « jouissant de l'estime générale ». Junot s'empressa d'écrire au ministre de l'Intérieur : « Les amis du gouvernement ont été alarmés de ces choix du préfet :... tous les deux, rentrés à peine depuis un mois sur le territoire français... (sont) sans doute de très honnêtes gens... mais dont les intentions ne sont pas encore bien épurées ». Son avis l'emporta pour un temps : de Saint-Seine n'entrera au conseil qu'en 1811. En 1815, Thibaudeau, commissaire extraordinaire, ne révoquera que deux des conseillers nommés de 1802 à 1812, deux anciens membres du Parlement de Bourgogne, de Bruère et Legouz de Saint-Seine. Il est à présumer que leurs collègues dont l'opinion ne nous est pas connue appartenaient à cette classe, nombreuse dans la Côte-d'Or, d'hommes modérés, assez indifférents en politique et fidèles à tout gouvernement établi. Il est possible de constater dans l'ensemble une accentuation faible de l'élément royaliste ou constituant au préjudice du groupe des ex-révolutionnaires. Le conventionnel Hernoux disparu est remplacé par Édouard ; mais de Bruère et de Saint-Seine rappellent l'ancien régime (1).

La composition des conseils d'arrondissement ressemble à celle du Conseil général. Toutefois, l'élément dominant est constitué par les fonctionnaires, notaires, juges de paix, maires ou conseillers municipaux ; les propriétaires sont moins nombreux. Les révolutionnaires d'origine sont représentés par Villeneuve, Corbabon et Louquin auxquels peuvent être joints Philippon, Lamblin et Chaussier ; Villers-la-Faye, Debruère et Sainte-Maure sont leurs adversaires politiques. Ici encore les fortunes diffèrent. Un notaire n'a que 200 francs de revenus personnels tandis que des propriétaires en possèdent 18.000, 10.000, 10.000 ou 6,500. Pour présenter les candidats aux conseils d'arrondissement comme au conseil général, les préfets semblent avoir plus tenu compte des aptitudes administratives ou des considérations personnelles que des ressources pécuniaires ; le ministre de l'Intérieur se borne à transcrire leur liste (2). Il les laisse également assurer à chaque canton, si possible, la présence d'un représentant qui dans ces assemblées soutiendra ses intérêts particuliers. Cette règle, intéressante à constater dans l'histoire de l'administration locale, fut suggérée et par des conseillers et par des sous-préfets ; on l'appliqua surtout aux conseils d'arrondissement chargés « notamment de la répartition de l'impôt (3) ».

(1) Le plus fortuné des conseillers nouvellement nommés paraît être Tavernier (ou Tavernier-Boulogne), 30.000 francs ; viennent ensuite Laligant et Viardot (20.000), Maulbon (13.000) et de Saint-Seine (12 000) : Debruère et Bazire (10.000), Lefebvre (6.000), Mandonnet (5.500), Édouard (4.500), Fouquerand (4.000), Champagne (2.400), Borromée (1.200), Simon (1.700), Gibou (800) et Jacotot (300).

(2) Les renouvellements réguliers de ces assemblées avaient lieu par tirage au sort et par tiers tous les cinq ans. En l'an XIII, des 12 places à pourvoir 11 furent accordées aux candidats du préfet ; le notaire Carnot se vit préférer le sieur Gillotte qui semble avoir été recommandé par le groupe Maret. En 1810-11, on attribue 2 sièges à des notaires, 4 à des juges de paix, 4 à des administrateurs municipaux, un à un négociant (Ligeret), un à un administrateur d'hospice (Teyssière), 4 à de simples propriétaires ; tous sont appuyés par le préfet (M/4, 1 ; F 1b/II, Côte-d'Or 3). Préfet et ministre attendent volontiers les dates de tirages pour remplacer les membres décédés ou démissionnaires : en 1810, cinq places sont ainsi vacantes.

(3) Conseiller Ant. Hernoux au préfet, 12 fructidor an IX : Amanton au même, 22 messidor an IX (M/4, 1) ; sous-préfet de Châtillon au préfet

2. — *Le conseil général*

Sous le régime impérial les attributions et la liberté d'action des assemblées départementales furent réduites par les progrès, plus ou moins légaux, du pouvoir préfectoral et réduites presque à néant par le décret du 10 juin 1810. Ce dernier acte législatif réserve à l'empereur l'établissement du budget départemental ; le conseil général se bornera à donner aux ministres les renseignements nécessaires et à émettre des vœux sur les questions financières comme sur les autres matières administratives. Napoléon, en outre, diminue la durée des sessions, les supprime en 1808, les double en 1810 et en 1812, suivant son bon plaisir. Cette paralysie grandissante du conseil général se manifeste dans l'aspect matériel des procès-verbaux ; ils deviennent constamment plus secs, plus imprécis et plus courts ; ceux des dernières années n'ont que quelques pages. Il est vrai qu'en 1811, les conseillers se bornèrent à enregistrer les communications du préfet et à voter l'érection d'une statue en marbre blanc de S. M. ; en 1812, ils n'ont qu'à calculer le total des sommes dépensées en secours pendant la disette de l'hiver précédent et à répartir entre les diverses routes les crédits octroyés par le gouvernement. La présidence appartint en floréal an XI, germinal an XII et floréal an XIII à Hernoux. Il mourut avant juin 1806 où Viardot le remplaça ; un nouveau décès provoqua l'élection de Jacotot qui présida en octobre 1807, janvier 1809, février et juillet 1810, août 1811, avril et mai 1812 (1).

Dans le vote du budget et, plus tard dans leurs doléances financières, les conseillers s'attachent à faire preuve d'économie. S'ils réclament d'importantes augmentations en faveur des employés de la préfecture, c'est qu'ils veulent éviter qu'on « mette... leurs talents et leur existence à la merci d'un supé-

8 septembre 1810 : « J'ai pensé qu'il entrerait dans vos vues que chaque canton fût représenté à ce conseil qui est chargé notamment de la répartition de l'impôt » (M/5, 2).

(1) Les procès-verbaux non paginés se trouvent dans Arch. dép. N/1, 1.

rieur qui peut être cupide et qu'on mette ses administrateurs généraux à la merci de sa sensibilité (1). » Ils règlent dans leurs premières sessions le budget des cultes avec quelque parcimonie ; ils ne se montreront plus accessibles aux demandes de l'évêque que lorsque le gouvernement leur aura clairement donné l'exemple (2). Cet esprit d'économie les incite à refuser pendant longtemps aux tribunaux les sommes nécessaires à leur installation dans l'ancien Palais de Justice. Le conseil se souvenait que les services judiciaires, établis dans l'ancien Palais des États, en avaient été expulsés pour faire place à la 6e cohorte de la Légion d'honneur ; il craignait que le nouveau local ne fut pas plus définitif et hésitait devant une dépense peut-être inutile. Après la réorganisation de la magistrature en 1810, il se rassura et sollicita de l'empereur l'assignation des *fonds convenables sur les* excédents de recettes des années précédentes (3). Le conseil lutte également contre la *tendance du gouvernement* impérial à imposer aux budgets locaux des charges nouvelles et parfois illégales. C'est ainsi que dans les sessions de l'an XIII, de 1806 et de 1807, il s'abstient de voter le crédit indiqué par le ministre pour le *loyer des casernes* de gendarmerie parce qu'aucun texte législatif n'astreint les départements à cette dépense. Mais le gouvernement *persiste* dans sa résolution. En 1809, les conseillers doivent se résigner à prévoir une somme de 9.000 francs pour cet objet (4).

Ce fait n'est pas le seul exemple de crédits imposés par le *ministre* et le préfet. En 1809, le conseil apprend que le ministre a fixé à 65.437 francs le contingent de la Côte-d'Or dans l'achat et l'aménagement de l'ancienne abbaye de Clairvaux, destinée à devenir une maison centrale de déten-

(1) An XII, 1806, an XIII, janvier 1810.

(2) An XIII : « Il n'y a point de dépenses qui soient plus onéreuses aux habitants de la Côte-d'Or que celles affectées à l'entretien du culte ;... le conseil n'a pu se déterminer à accorder une indemnité aux *vicaires généraux* et aux chanoines ». 1809 : logement de l'évêque, 1.368 francs ; indemnité au même 2.716 ; indemnité aux vicaires généraux, 670 ; aux chanoines, 1086 ; réparations de l'évêché, 1.471 ; séminaires 4.144 ; *dépenses diverses*, 3.000.

(3) An XIII, 1806, 1811.

(4) 1806, 1807, 1809 : « si le gouvernement persiste à mettre cette dépense à la charge du département quoiqu'il n'y ait pas de loi qui l'y astreigne. »

tion. Force est bien de voter ce crédit car la somme a été déjà en grande partie demandée aux contribuables. En effet « le préfet... avait reçu précédemment des ordres... en vertu desquels il a ajouté aux rôles de 1809 la somme de 50.893 francs ». Le reste sera prélevé sur les excédents budgétaires des années antérieures. Il supplée le conseil général « avec l'autorisation de S. E. le ministre de l'Intérieur » et acquitte sur les fonds des dépenses imprévues les 2.800 francs dus pour les frais de route et d'installation de son prédécesseur. Toujours en vertu des ordres ministériels Lecouteux « a ordonné aux receveurs de percevoir le trentième en sus pour... frais de cadastre parcellaire (1) ». Ainsi le préfet s'habituait à créer des impôts et à répartir les ressources locales sans même en avertir le conseil général. Le décret du 10 juin 1810 ne fit que légaliser ces empiètements illégaux (2).

Dépouillé de sa plus importante attribution, le conseil général de la Côte-d'Or n'en persista pas moins à réclamer avec énergie contre certaines décisions gouvernementales. Il avait prévu un crédit de 10.000 francs pour l'assistance aux enfants trouvés et sollicité du ministre l'assignation de cette somme, soit sur les centimes variables, soit sur les excédents disponibles. Dans la seconde session de 1810, à la lecture du budget établi par le ministre et par le préfet, « c'est avec le sentiment de la plus grande peine que le conseil a vu qu'il n'avait été alloué » aucun fonds ; il insista « pour obtenir la réparation de cette omission vraiment désastreuse ». Il demande encore avec instance l'affectation sur les bonis précédents de crédits suffisants pour le bon entretien des chemins vicinaux (3). Les conseillers ne s'in-

(1) 1809 : « le conseil... homologue l'addition faite... aux rôles de 1809 ;... le préfet ayant fait part... des ordres... du ministre... le conseil homologue... » Cependant le 24 brumaire an XIII (15 novembre 1804), le premier Consul avait énergiquement blâmé la perception par les préfets de centimes spéciaux pour frais d'arpentage et solennellement déclaré à son ministre de l'Intérieur : « il ne doit pas être levé un centime si ce n'est en vertu d'une loi ». On voit comment Napoléon faisait respecter ses propres principes (*Correspondance*, X, 8162).

(2) Duvergier, XVII, p. 215. En général l'empereur alloue les mêmes crédits qu'en 1809.

(3) Juillet 1810 ; le conseil appuie en outre l'élévation à 58.000 francs du crédit de 45.000 accordé par le gouvernement pour les bureaux de la préfecture et jugé insuffisant par Lecouteux.

clinent donc pas toujours devant la simple manifestation de la volonté préfectorale ou ministérielle ; ils luttent autant que la législation impériale le leur permet. Cet esprit d'indépendance mérite d'être constaté.

Ils s'efforcent également d'amener le préfet à leur permettre de surveiller l'exécution du budget départemental. Malgré les termes exprès de la loi de pluviôse, Guiraudet s'était dispensé dès la première session du conseil général de lui rendre un compte effectif de la gestion des finances de la Côte-d'Or. Il persista dans cette attitude et ses successeurs l'imitèrent. En l'an XI, les conseillers lui réclament la production d'un écrit clair et détaillé. N'ayant pu l'obtenir, ils ont « cru devoir se borner à la simple relation des comptes du préfet ». Cette insertion de chiffres bruts et incontrôlables ne leur suffit pas en l'an XIII. Ils profitent de la venue d'un nouvel administrateur pour estimer qu'il est de leur devoir de vérifier l'état préfectoral article par article et d'examiner les pièces justificatives. Riouffe communique alors une lettre du ministre de l'Intérieur d'après laquelle ce compte doit « servir seulement pour preuve des dépenses faites et non comme des dépenses à prouver ». Par suite, le conseil doit se contenter d'insérer au procès-verbal les sommes indiquées pour les recettes et pour les dépenses. L'assemblée insiste ; elle regrette cette décision et prie le préfet d'obtenir un ordre plus régulier en la forme qu'une simple lettre « sur un objet qui fait une partie si intégrante des fonctions d'un conseil général ». Elle s'empresse d'ajouter que cette demande ne saurait laisser supposer qu'elle conçoive le moindre doute sur la régularité de la gestion préfectorale. Mais le conseil entend remplir les devoirs que lui a imposés la loi de pluviôse. D'ailleurs « c'est la dernière manifestation du désir qu'il a de connaître définitivement ses devoirs ». Préfets et ministres gardèrent le silence et continuèrent à interpréter la loi de pluviôse comme auparavant.

La dernière des fonctions financières du conseil général disparaît, elle aussi, du moins en pratique. Les demandes collectives en dégrèvement, en effet, deviennent très rares. Les formalités légales sont trop longues et trop compliquées ; elles aboutissent d'ordinaire à un échec. Par suite, les conseils municipaux s'abstiennent. L'assemblée départementale demeure cependant compétente pour statuer sur les réclamations qui se produisent (1).

A ces fonctions administratives, le conseil général joint des attributions que la langue du temps qualifie de *représentatives*. Les conseillers peuvent émettre des vœux. Ils usent volontiers de ce droit pendant les premières sessions du régime impérial. Leur doléance la plus ordinaire a rapport à la surcharge injustifiée d'impôts que la Constituante fit peser sur la Côte-d'Or. En l'an XIII, un nouvel effort est tenté ; on rédige un long exposé de la question et on l'insère au procès-verbal afin d'attirer l'attention de l'empereur : « la plainte de la Côte-d'Or est trop grave pour qu'elle ne touche pas la justice de S. M. et l'on ose se persuader que cette année le ministre se fera un devoir de la lui soumettre enfin ». La même plainte revient les années suivantes, toujours vaine (2). Les autres vœux du conseil ont pour principaux objets l'agriculture, les voies de communications et l'instruction publique. On insiste pour obtenir du ministre les crédits nécessaires à la continuation des cours de sciences médicales et naturelles subventionnés par le département ; on sollicite vivement la création d'un « licée » et d'Écoles spéciales de droit, de médecine et de sciences (3). L'achèvement du canal de Bourgogne intéresse souvent les conseillers qui pressent le gouvernement de tenir ses promesses ; ils demandent la réparation des ponts et la mise en état des chemins vicinaux, complètement laissés à la discrétion des riverains depuis 1790 (4). Comme améliorations agricoles, le conseil recommande surtout la réunion obligatoire des petites parcelles de terre ; ce système facilite l'établisse-

(1) En l'an XIII, on constate l'absence complète de ces demandes et on en indique les causes. En 1809, la commune de Vernot proteste contre l'incorporation d'une terre d'émigré dans le calcul de la valeur des biens imposables et, par suite, contre l'élévation de son contingent foncier ; le conseil reconnait que les domaines nationaux ne sont pas soumis à l'impôt mais rejette la pétition parce que la commune plaignante ne paie pas à l'État plus du huitième de son revenu net. Par contre, Étaules est déchargé de 720 francs que l'on répartit sur d'autres villages.

(2) An XI, an XIII, 1806, 1807, 1809.

(3) An XI : « le conseil regarde comme un devoir sacré d'assigner des fonds qui assurent la continuité du cours d'accouchement » ; an XIII, 1806. 1809.

(4) An XI, an XII, 1809.

ment des clôtures, la suppression de la vaine pâture, l'assiette de l'impôt foncier, la confection du cadastre ; il contribuerait au « rétablissement de la moralité et de la bonne foi dans les campagnes » et à la disparition du souvenir des biens nationaux confondus avec les autres propriétés. Le gouvernement songe, il est vrai, à rendre les échanges moins onéreux en abaissant à un franc la taxe d'enregistrement perçue sur les actes de cette nature ; mais il exige que les terres échangées aient exactement la même valeur et que l'inutilité d'une soulte soit attestée par des experts responsables de leur évaluation. Ainsi comprise la réforme projetée n'en est pas une. Le conseil réclame « à l'unanimité » la suppression de ces conditions gênantes et dangereuses. La législation rurale appelle encore d'autres observations. Les conseillers désirent le vote d'une loi autorisant la perception des redevances qui sont le prix de la concession du sol ; ils n'approuvent pas le jugement des délits ruraux par les maires de campagne, en rapports trop fréquents avec les délinquants, et souhaitent de les voir confier aux juges de paix (1). Ils sollicitent la prolongation du délai accordé aux cultivateurs pour se procurer des voitures dont les roues aient de larges jantes, la réglementation de la chasse et de la pêche, « de sages règlements... pour arrêter le monopole qui s'exerce sur le commerce du bois ». Les doctrines interventionnistes ne sont pas cependant si bien admirées des conseillers côte-d'oriens qu'ils n'insistent en faveur du libre commerce des grains ; c'est que la prohibition d'exporter les récoltes produit une baisse des prix nuisible aux agriculteurs. Les membres du conseil général ne sont pas des théoriciens mais des administrateurs soucieux de leurs intérêts qui se confondent avec ceux de leurs concitoyens (2).

Le décret du 10 juin 1810 laissa intactes les attributions *représentatives* des conseillers généraux. Mais, découragés par l'inutilité de leurs efforts, les représentants de la Côte-d'Or se transforment en inspecteurs des routes et en excellents courtisans. Ils délibèrent « unanimement » et longuement sur le projet, assez onéreux, d'élever « une statue en marbre blanc représen-

(1) An XI, 1807, 1809, janvier 1810.

(2) An XI, an XII, 1807, 1809, 1810 — 1807.

tant le monarque chéri par la France et toujours occupé du bonheur et de la gloire de ses peuples,.. dans le lieu même des séances du conseil » et de faire payer aux contribuables le buste de Lecoulteux qui sera placé dans cette même salle (1).

3. — *Les conseils d'arrondissement*

Le régime impérial restreignait l'importance administrative des conseils d'arrondissement comme il avait fait de celle du conseil général. Il use de son droit de fixer la date des sessions pour mettre les conseillers dans l'impossibilité matérielle d'exercer leurs fonctions légales. La seconde réunion de 1808 n'eut pas lieu en temps opportun pour que les contributions puissent être réparties entre les communes par les conseils d'arrondissement ; elle fut en effet reculée jusqu'en janvier 1809 ! L'empereur aurait pu la retarder encore sans aucun inconvénient car le préfet avait suppléé à l'absence des assemblées locales (2). Celles-ci avaient été par ce moyen commode privées de la plus importante de leurs attributions financières. Elles durent également renoncer à leur droit d'examiner la gestion des finances de leur circonscription. Dès l'an XI, le sous-préfet de Semur annonça que ce soin regardait le conseil général parce que toutes les ordonnances de paiement étaient signées par le préfet. Par ailleurs, les demandes collectives en dégrèvement se raréfient (3).

Aussi bien les sessions deviennent-elles fréquemment sans objet. A Beaune, les conseillers réunis le 15 juin 1810 se séparent le même jour ; ils n'ont ni vœu à formuler, ni dégrèvements à accorder ; ils s'occupent seulement d'arrêter les

(1) 1811 ; les crédits sont portés au budget « suivant les observations de M. le Préfet. » En 1812 le gouvernement se montra moins touché du trépas de cet administrateur « mort victime de son zèle et de son dévouement » ; à la séance extraordinaire du 2 mai, Cossé-Brissac annonça au conseil général que le buste de son prédécesseur serait érigé dans la salle du conseil de préfecture et aux frais de celui-ci.

(2) Les procès-verbaux des sessions du conseil d'arrondissement se trouvent dans Arch. dép. N/2. 1. Semur, janvier 1809 : « Cette session n'ayant point eu lieu d'après les instructions du gouvernement. » En revanche, l'année 1810 connut 3 sessions en février, en juin et en juillet, cette dernière ayant rapport à 1811.

(3) Semur, germinal an XI. Beaune, juin 1810.

dépenses administratives et judiciaires de l'arrondissement. Comme les chiffres des crédits alloués n'ont pas sensiblement varié, le travail est bientôt achevé. A Dijon et à Semur, en janvier 1809, les conseillers s'assemblent pour apprendre que la préfecture a déjà accompli leur tâche ; la séance est levée de suite. En juin 1810 et en août 1811, les conseillers dijonnais ne peuvent découvrir qu'un objet à leurs délibérations : appeler « l'attention du conseil général sur la nécessité de faire combler les excavations pratiquées au bord des grandes routes ».

Les conseils d'arrondissement s'effacent devant les représentants du gouvernement ; ils cèdent encore à ceux du département le rôle d'interprète des populations de la Côte-d'Or. Ils se contenteront d'être les intermédiaires entre les habitants et le conseil général. Le conseil de Châtillon posa le principe en mai 1806 « considérant que par son institution il doit être auprès du conseil général l'organe de l'arrondissement pour lui en exposer l'état et les besoins ». Lors d'une autre session, les mêmes conseillers déclarent avec modestie : « nous ne faisons qu'indiquer notre vœu au conseil général ; c'est à sa sagesse à le méditer et à lui donner consistance ». Les assemblées de Dijon, de Beaune, de Semur imitent celle de Châtillon. On « prie... le conseil général de soumettre le présent vœu au gouvernement avec recommandation de s'en occuper promptement ». Qu'il s'agisse de secours aux enfants trouvés, de réparations à des églises, d'entretien des routes, d'améliorations agricoles, l'appui du conseil général est constamment sollicité (1).

L'initiative et l'esprit d'indépendance n'ont pas complètement disparu de ces assemblées, si déférentes pour les autorités administratives supérieures. Le conseil de Châtillon est, ici encore, le plus intéressant pour l'historien. En l'an XI, il examina la loi sur la conscription. Il se félicite de voir le service militaire de métier mercenaire devenir un devoir patriotique et la paix être mieux assurée par l'intérêt personnel que tout citoyen aura à son maintien. Mais certains détails lui

(1) Beaune, germinal an XII ; février 1810. Châtillon, germinal an XII, an XIII, mai 1806. Semur, janvier 1809 ; février 1810. Dijon, janvier 1809 ; juillet 1810 ; août 1811.

paraissent critiquables : les multiples tirages sont une source d'inconvénients variés pour les conscrits ; les réformes s'accompagnent d'une taxe fort lourde. Il conviendrait de faire procéder à la visite médicale des jeunes gens avant tout tirage au sort ; ainsi serait supprimée la nécessité de nouvelles opérations pour compléter le contingent cantonal. Les conseillers châtillonnais revinrent sur ces idées en 1810. A Beaune, on déplore l'état de l'instruction primaire et l'on souhaite la transformation de l'impôt des patentes en une contribution dont le montant, fixé pour chaque branche de commerce ou d'industrie par des répartiteurs, serait ensuite divisé entre les contribuables par des commissaires spéciaux. A Dijon, on demande que le testament olographe, commode à rédiger mais facile à soustraire ou à perdre, soit obligatoirement déposé chez un notaire ; on se plaint de la cherté de la main-d'œuvre agricole ; on désire la reconstitution des grands domaines agricoles ; on sollicite la libre exportation des grains. Beaune se préoccupe de la multiplication des béliers mérinos ; Semur réclame l'empoisonnement systématique des loups (1).

Cette liberté d'opinion se manifeste dans certaines décisions contraires aux sentiments du conseil général ou inspirées par des intérêts strictement locaux. A Châtillon on admet que les délits ruraux soient jugés par les maires car le tribunal de la justice de paix est d'ordinaire trop éloigné. A Châtillon, encore, on loue le gouvernement d'avoir rétabli les impôts sur les boissons tandis que le conseil de Beaune proteste contre cette loi « désastreuse ». Même opposition en ce qui concerne l'utilité des routes ; d'après les Châtillonnais, celle de Châtillon à Langres mérite un crédit particulièrement élevé car elle sert au transport de leurs bois ; les Beaunois estiment de première urgence la réfection des routes de Bligny et de Seurre à Beaune parce qu'elles sont suivies, soit par les grains de l'Auxois, soit par les vins de la Côte expédiés sur les ports de la Saône. L'irrégularité du débit de la Seine est nuisible aux papeteries de Châtillon ; les tendances séparatistes du canton de Saint-Jean-de-Losne seraient approuvées par le conseil de Beaune si

(1) Châtillon, germinal an XI ; juillet 1810. Beaune, germinal an XII ; Semur, février 1810. Semur, octobre 1807. Dijon, juillet 1810.

l'arrondissement de Dijon lui cédait en échange la commune de Vergy où les vignerons ont coutume de se munir d'échalas (1).

Ainsi toutes les questions locales retiennent l'attention des conseillers des arrondissements de la Côte-d'Or. C'est pour eux un moyen d'occuper leurs séances et de faire illusion sur leur importance dans la vie administrative du département (2).

4. — *Les finances départementales*

Le conseil général et le gouvernement sont économes des ressources départementales, nous l'avons constaté. Les conseillers généraux affirment en l'an XIII : « toute rigueur est louable... dans l'emploi des deniers d'autrui ». D'ordinaire, les dépenses qu'ils décident paraissent fortement motivées, si l'on excepte celles que leur inspire leur zèle gouvernemental et leur admiration pour S. M. Ils savent, à l'occasion, insister pour le maintien d'un crédit utile à la bonne marche de l'administration, aux progrès des sciences ou au soulagement des malheureux. Le ministre de l'Intérieur est moins accessible à ces dernières considérations et se montre parcimonieux par système.

Malgré cette énergique compression des dépenses, les ressources départementales doivent être accrues car de nouveaux besoins se font jour (3). Cette élévation du budget se manifeste dans le chiffre des centimes additionnels perçus au profit du département (4). En l'an XI, les contribuables acquittent 18 centimes dont 2 constituent le fond de non-valeurs, 10 acquittent les dépenses fixes et 6, les dépenses variables.

(1) Châtillon, germinal an XII, juin 1810 ; germinal an XI. Beaune, germinal an XIII ; mai 1806 ; octobre 1807.

(2) Cf. en ce sens Fournier et Saint-Yves, p. 115.

(3) Le principal de l'impôt foncier demeurera immuablement fixé à 2.540.000 ; il en fut de même des 355.500 francs de la contribution personnelle-mobilière. Par suite, la répartition de ces sommes entre les arrondissements ne subit que de légers changements d'après les variations de la matière imposable. En 1806, par exemple, celui de Dijon est cotisé à 978.425 et 139.102 francs ; celui de Beaune paie 853.364 et 104.388 ; celui de Châtillon doit 292.268 et 47.777 ; celui de Semur versera 415.940 et 64.283 francs.

(4) De l'an XIII à 1807, tout au moins, les cotes foncières supportèrent 10 centimes de guerre au profit de l'Etat.

L'année suivante, ils doivent verser, outre les 2 premiers centimes qui ne changeront pas durant tout le régime impérial, 10 centimes et demi pour les dépenses fixes, 5 et quart pour les dépenses variables et 0,875 centimes pour frais du culte, en tout plus de 18 centimes 60. En l'an XIII, si les centimes fixes et variables demeurent constants, on en établit un pour le canal et 1,625 pour les cultes et les chemins. Le budget de 1807 prévoit 11,30 pour les dépenses fixes, 5,70 variables et 1,625 de frais divers ; celui de 1808 ne paraît pas avoir subi de changement. En 1809, il en est de même, mais les charges des contribuables s'accroissent par les rôles supplémentaires imposés d'office par le ministre et par un trentième de centime levé comme frais d'arpentage (1). L'année suivante, les fractions de centimes destinés aux cultes et aux chemins sont converties en 3 centimes. La mainmise complète du pouvoir central sur le budget départemental se traduit par la fusion des centimes variables et fixes et l'élévation à 4 des centimes supplémentaires ; cette mesure est acceptée avec regret par le conseil général qui doit se résigner à la prendre « malgré le désir qu'il a constamment manifesté de ne point augmenter les charges des contribuables de ce département ». Il put en 1811 constater avec plaisir que 3 centimes suffiraient. Mais en 1812 ce sont dix centimes nouveaux qu'il adopte dont 2 paieront les distributions de secours aux indigents pendant la disette qui vient de finir et 8 seront utilisés pour la réfection des chemins. Le total des centimes additionnels a donc passé en dix ans de 18 à près de 30 (2).

Il aurait été encore plus élevé sans les excédents qu'accuse régulièrement chaque exercice. Faibles au début, ces bonis accumulés se chiffrent en 1810 par 121.360 francs ; la plus

(1) La valeur du centime est en Côte-d'Or d'un peu moins de 29.000 francs ; l'acquisition de Clairvaux coûtant 65.437 francs, les rôles furent augmentés de deux centimes un quart environ.

(2) On ne peut faire entrer en compte le tiers de centime demandé en 1812 pour acquitter les frais des funérailles et du buste de Lecoulteux puisque le gouvernement s'opposa à l'inscription de ces dépenses au budget départemental. Auparavant, le conseil général avait voté deux centimes pour contribuer à l'installation du lycée de Dijon. Le ministre déclara ne pouvoir approuver cette imposition que le corps législatif n'avait point autorisée d'avance. L'argent avait été cependant perçu ; il ne fut pas rendu (ans XI et XII).

grande partie de cette somme provenait de la détermination trop forte des centimes pour dépenses fixes. A plusieurs reprises le conseil général avait voulu utiliser cette ressource afin de faire face à certaines dépenses imprévues telles que l'aménagement du nouvel évêché, le mobilier de la préfecture, le transfert des tribunaux dijonnais à l'ancien Palais de Justice, la réfection des chemins vicinaux. L'autorisation nécessaire fut toujours refusée par le gouvernement (1). Celui-ci ne changea d'attitude qu'en 1812 ; il affecta ces réserves à l'acquittement des secours nécessités par la disette.

Les causes principales de cet accroissement des dépenses en Côte-d'Or furent l'augmentation du nombre et du traitement des fonctionnaires, le développement pris par les frais du culte et le besoin de voies de communication. Ce dernier motif est suffisamment indiqué par le chiffre des centimes spéciaux qui lui sont consacrés (2). Le Concordat ne prévoyait pas l'obligation pour le gouvernement de satisfaire à tous les besoins financiers du culte rétabli ; le régime impérial, on le sait, augmenta peu à peu le budget national des cultes et s'en remit aux départements et aux communes de compléter les crédits nécessaires. Le conseil général dut, par exemple, voter une indemnité aux divers membres de l'administration diocésaine, allouer les fonds utiles pour la création d'une maîtrise, le mobilier et les réparations de l'hôtel épiscopal ; en 1806, ces trois derniers objets absorbent une trentaine de mille francs. Mais ce sont surtout les fonctionnaires qui coûtent de plus en plus cher. La loi de pluviôse avait accordé au préfet de la Côte-d'Or 12.000 francs ; le décret du 10 juin 1810 lui en donna 30.000 (3) ; les frais d'administration, et les traitements des employés de la préfecture exigèrent en 1810 55.000 francs au lieu des 38.700 dont le conseil général se déclarait satisfait en

(1) Sur le produit des 3 centimes de 1810, près de 60.000 francs furent consacrés à ces mêmes chemins.

(2) Cultes : ans XI et XIII. Acquisition de Clairvaux, 1809. Chemins vicinaux, 1809, février 1810, 1811. Préfecture, février 1810. Dépôt de mendicité, février 1810.

(3) Loi du 28 pluviôse an VIII, art. 21 ; décret du 10 juin 1810, art. 27 (Duvergier, XII, p. 109 ; XVII, p. 117). La moitié en incombe aux communes.

l'an XI ; dans les sous-préfectures, les dépenses analogues passèrent de 8.600 à 11.100 francs. On crée des fonctionnaires nouveaux : un inspecteur des étalons départementaux et ses subalternes demandent 12.800 francs ; la compagnie de réserve départementale est payée en partie par les communes, en partie par le département dont la quote-part s'élève de 11.400 francs en 1806 à 17.400 en 1809 ; l'établissement d'un dépôt de mendicité réclame 30.000 francs malgré la vente des réserves forestières et les prélèvements opérés sur les revenus communaux (1).

5. — *Circonscriptions administratives*

La superficie et les limites de la Côte-d'Or ne varièrent pas durant les dix années du régime impérial. Il en fut de même de ses divisions intérieures, en dépit des désirs de plusieurs communes.

Le canton de Saint-Jean-de-Losne souhaitait dès le Consulat décennal d'être détaché de l'arrondissement de Beaune pour être incorporé à celui de Dijon. Les habitants faisaient valoir la difficulté de se rendre à Beaune par les bois et les prairies souvent inondées des bords de la Saône, tandis qu'une bonne route et, plus tard, le canal rendaient aisé le voyage à Dijon. Leur commerce consistait surtout en grains, en bois, en foins ; il leur était pénible de porter leurs différends commerciaux devant un tribunal principalement composé de vignerons. On pouvait encore remarquer en leur faveur que l'administration des droits réunis avait rattaché la recette ambulante de Saint-Jean-de-Losne aux services de Dijon. Les maires réitérèrent les démarches; les habitants écrivirent pétitions sur pétitions. Les préfets s'intéressent à leur cause. Guiraudet affirme : « les motifs... portent un caractère de vérité qui ne permet point d'opposer de difficulté. » Lecoulteux déclare au ministre de la Justice : « Je ne balance pas à vous dire que tout est en faveur de la distraction demandée. » Le conseil général appuie la réclamation de Saint-Jean-de-Losne ; le conseil de l'arrondis-

(1) 1806, février 1810. On peut encore signaler le loyer des casernes de gendarmerie (6.235 francs en 1809) et les dépenses de police sanitaire (1186 en 1809).

sement de Beaune n'y fait point obstacle. Il semblerait par suite que le succès fût assuré. Les arguments de la municipalité, l'approbation des administrateurs départementaux se heurtèrent à une fin de non-recevoir absolue. Ministres et Conseil d'État craignirent, en acceptant les demandes de Saint-Jean-de-Losne, de provoquer nombre de réclamations analogues et, par suite, de détruire l'œuvre de la loi de pluviôse. En outre le ministre de l'Intérieur fit remarquer que l'arrondissement de Dijon qui dépasse celui de Beaune de 17.000 âmes serait encore augmenté de 9.000 habitants. A cette objection, Lecoulteux répondit par la proposition de créer un cinquième arrondissement en Côte-d'Or ; un sous-préfet installé à Auxonne, la 3e ville du département par sa population, administrerait les cantons de Pontailler, d'Auxonne, de Seurre et de Saint-Jean-de-Losne ; les communes des bords de la Saône sont riches et vivent d'une vie propre ; la nouvelle sous-préfecture allégerait la tâche considérable des administrateurs de Beaune et de Dijon. Cette idée intéressante ne retint pas l'attention du gouvernement. Saint-Jean-de-Losne demeura rattaché à l'arrondissement de Beaune bien que le décret du 20 juin 1812 y ait créé un tribunal de commerce (1).

Également infructueux furent les efforts d'autres communes désireuses d'être incorporées dans un autre canton ou arrondissement (2). Les préfets semblent n'avoir appuyé que deux de ces demandes. Chivrey, enclavé dans le canton de Nuits dépendait de celui de Gevrey ; le conseil municipal aurait souhaité de voir cesser cette anomalie. Malgré un avis favorable de Guiraudet et un rapport analogue du ministre de l'Intérieur, le Conseil d'État rejeta cette modification « considérant que l'on ne peut sans de gros inconvénients faire des changements dans la division territoriale (3) ». Touillon désirait faire partie

(1) Préfet à Min. Intérieur, 6 ventôse an X ; 10 avril 1810. Min. Intérieur au préfet, 11 et 24 avril 1810. Avis du Conseil d'État, 17 mai 1808. Maire Coste au Min. Intérieur, 10 avril 1808 (Arch. Nat. F 2/1, 507). Conseil général, 1807 ; conseil d'arrondissement de Beaune, mai 1806 (Arch. dép. N/1, 1 ; N/2, 1).

(2) Pluvet (21 fructidor an XI) ; Essey (25 vendémiaire an XII) ; Commarin (Min. Intérieur au préfet, 29 messidor an XIII). (Arch. Nat. F 2/1, 507.)

(3) Rapport du ministre, 28 vendémiaire an XII ; Préfet au Min. Intérieur, 10 avril 1810 (F 2/1, 507).

du canton de Montbard et de l'arrondissement de Semur au lieu d'être rattaché à ceux de Baigneux et de Châtillon. Le bourg de Baigneux est en effet trop éloigné « en sorte que pour régulariser un rapport de garde-champêtre, il faut faire plus de 80 kilomètres ;... ce qui fait que faute de rapport les délits restent impunis ». Les administrations des forêts et de l'enregistrement avaient déjà accueilli les désirs des habitants de Touillon ; le sous-préfet de Semur donna un avis favorable. Par contre celui de Châtillon, dont la circonscription allait être diminuée, fut d'une opinion opposée ; le percepteur de Villaine, menacé de perdre les recettes d'une commune, provoqua une pétition de quelques habitants qui affirmèrent que, loin d'avoir des relations commerciales avec Semur, leur village vendait ses bois et ses blés sur l'unique marché de Châtillon. Pareille incertitude sur les faits rendit d'avance certain l'échec des demandes de la majorité des habitants de Touillon (1).

(1) Pétitions, 17 août et 16 octobre 1808 ; Préfet au Min. Intérieur, 6 avril 1809. (F 2/I, 507.)

CHAPITRE II

L'administration municipale

Par le droit qu'elle leur attribue de nommer et de révoquer maires et conseillers municipaux, par la prérogative qu'elle leur réserve de régler et de contrôler l'emploi des ressources locales, la loi de pluviôse avait donné au gouvernement et au préfet une influence décisive sur l'administration des affaires communales. Le régime impérial accentua encore cette mainmise du pouvoir central. Il en vint à faire administrer des communes par des délégués directs du préfet et à utiliser les budgets municipaux pour solder des dépenses d'intérêt général.

1. — *Le recrutement du personnel*

Nommés pour 5 ans, les maires et adjoints sont directement choisis par le ministre ou par le préfet. De trois le nombre des municipalités côte-d'oriennes dont la nomination appartient au gouvernement passe à quatre ; Semur atteignit, en effet, le chiffre de cinq mille habitants (1). Cette distinction établie par la loi de pluviôse entre les villes importantes et les communes moins peuplées n'a pas en pratique grande portée ; le ministre demande au préfet une liste de candidats et, en général, propose à l'empereur les noms particulièrement recommandés par son subordonné (2).

Le recrutement de la municipalité d'Auxonne ne présenta

(1) Préfet au sous-préfet de Semur, 1er avril 1806 (M/3, 9).

(2) Par exemple, renouvellement d'octobre 1807 (Arch. Nat. F 1 b/II, Côte-d'Or 8). Par contre, Lecoulteux avait en 1809 appuyé la candidature d'un ami de Durande, le médecin Pinot : le gouvernement choisit Basire, indiqué par le préfet mais en troisième ligne (Préfet au Min. Intérieur, 22 août 1809 ; 24 octobre 1809. Arch. dép. M/6, 32).

point de graves difficultés (1). A Beaune, le préfet mit quelque temps à organiser une administration stable. A la fin de l'an X, le maire Gravier avait démissionné ; son exemple fut suivi par l'adjoint Parisot. Toutes les affaires locales incombaient, par suite, à l'adjoint Vivant-Moissenet. Guiraudet, désireux d'éviter de nouvelles et difficiles nominations, prescrivit aux deux administrateurs démissionnaires de continuer leurs fonctions jusqu'à ce qu'ils aient été remplacés. Le maire refusa. Pendant quelques jours, le sous-préfet Frémyot pensa que deux adjoints seraient suffisants pour gérer les affaires de Beaune. Mais bientôt il constata que chacun d'eux prenait volontiers des résolutions contraires à celles de son collègue. Il pria le préfet de mettre fin à cette situation en provoquant la nomination du sieur Édouard comme maire. Guiraudet ne se pressa point de déférer à cette demande. Il attendit que Parisot, en cessant brusquement ses fonctions, rende inévitable l'intervention du gouvernement. Après avoir choisi un adjoint provisoire, il présenta la candidature de l'ancien conventionnel Édouard ; elle fut agréée par le décret du 29 brumaire an XII (21 novembre 1803). Un avocat, Fouquerand, remplaça Parisot. En 1808, Fouquerand appelé au conseil général, dut donner sa démission pour incompatibilité. Morelot lui succéda (2).

A Dijon, le maire Ranfer de Bretenières continua à administrer la ville qu'il représenta aux fêtes du couronnement impérial. Il mérita les éloges du préfet Riouffe pour son zèle administratif, sa moralité et surtout son souci d'effacer les souvenirs du passé révolutionnaire et de « concilier les différentes classes ». Riouffe suggéra à l'empereur de reconnaître les mérites de Ranfer de Bretenières par l'étoile de la Légion d'honneur dont Napoléon se montrait si parcimonieux à l'égard

(1) L'adjoint Amanton devint maire d'Auxonne, puis conseiller de préfecture en 1811. Le conseiller général Gibon préféra devenir adjoint. L'adjoint Gille se retira malgré les instances du préfet ; sur la demande des adjoints, Amanton fut remplacé par un négociant aisé, le sieur Tavian (M/6, 21).

(2) Sous-préfet de Beaune au Préfet, 2 fructidor an X ; réponse, 13 fructidor ; sous-préfet au préfet, 3e jour complémentaire an X, 8 vendémiaire an XI, 3 frimaire an XII ; arrêté consulaire, 29 brumaire an XII ; Edouard au préfet, 20 septembre 1808 ; décrets 19 octobre 1808 et 10 avril 1813 (M/6, 21).

des fonctionnaires civils. Ranfer de Bretenières mourut à la fin de janvier 1806 d'une maladie contractée en visitant les hôpitaux des prisonniers russes installés à Dijon. Le *Journal de la Côte-d'Or*, qui n'est pas suspect de partialité en faveur de tout ce qui rappelle l'ancien régime, se fit l'interprète des regrets de la population dijonnaise : « lorsque comme lui, on a toujours voulu, on a toujours fait le bien, on est sûr de l'estime de ses concitoyens. Le juste n'est jamais oublié (1) ».

Pour succéder à Ranfer de Bretenières, Napoléon fit choix d'un médecin, Durande. La situation de fortune du nouveau maire semble avoir été assez modeste. Il était membre du conseil municipal de Dijon et notable national en l'an IX ; le préfet le présenta, probablement à l'instigation du parti Léjéas (2). Assez estimé de Riouffe, Molé et Lecoulteux, Durande fut en butte à la constante animosité de Cossé-Brissac qui aurait souhaité son remplacement par Étienne Hernoux. Par contre Durande sut se ménager les faveurs impériales. En 1811, il fut chargé de veiller à la frappe de la médaille par laquelle les maires des bonnes villes de l'empire désiraient perpétuer le souvenir du baptême du Roi de Rome ; il devint chevalier de la Légion d'honneur et baron (3).

Les fonctions d'adjoints au maire de Dijon changèrent

(1) Préfet au Min. Intérieur, 19 vendémiaire an XIII : « son dévouement est sans bornes ;... estimé et aimé... pour sa probité et sa moralité ;... consacre tout son temps à l'administration ;... lié par sa famille et son ancien état à l'ancienne magistrature, il ne se sert de sa position que pour concilier... et réunir les différentes classes... La légion d'honneur n'est-elle pas le moyen le plus naturel... de récompense pour des citoyens aisés qui par honneur se livrent à des fonctions pénibles et gratuites ? » *Journal*, 26 janvier et 2 février 1806.

(2) Préfet à Durande, 28 mars 1808 (M/6, 33). Arrêté consulaire, 11 prairial an XII (M/6, 1). Crétet et Molé escomptèrent l'intervention du sénateur Léjéas contre l'adjoint Villeneuve, alors en désaccord avec Durande (Crétet à Molé, 15 septembre 1808. F 1 b/II, Côte-d'Or 8). Durande connut personnellement le ministre de l'Intérieur (Durande à Crétet, 12 janvier 1808. F 1b/II, Côte-d'Or 8) ; mais on ne peut affirmer que ces relations existaient avant la nomination de Durande, bien que le fait n'ait rien d'anormal, Crétet étant originaire de la Côte-d'Or.

(3) Préfet au Min. Intérieur, décembre 1812 (M/6, 33) ; 16 juin 1813 (F 1c/III, Côte-d'Or 4) : « avec des intentions bonnes, sans doute, M. Durande a l'esprit de travers et... peut compromettre à chaque instant, le bien du service ». Notes de Lecoulteux sur la députation dijonnaise de 1811 (F 1c/III, Côte-d'Or 4) ; de Molé « entièrement dévoué à ses fonctions de maire. » (F 1c/III, Côte-d'Or 3.)

constamment de titulaires. Bazard avait démissionné pour raison de santé ; un arrêté du 11 germinal an XI (1er avril 1803) lui donna pour successeur le sieur Mielle, propriétaire aisé et membre de l'ancienne administration municipale. Mielle donna sa démission en octobre 1809. Sa retraite fut pleinement volontaire et le ministre de l'Intérieur le fit inscrire parmi les membres du conseil municipal. Bien que le maire ait désiré avoir pour adjoint le docteur Pinot, le préfet soutint la candidature d'un chef de bureau à la préfecture, Basire. Celui-ci fut nommé. Il était déjà conseiller général ; mis en demeure d'opter Basire préféra le poste d'adjoint. Il le conserva jusqu'en 1811, époque à laquelle il démissionna à la suite de sa nomination à la direction de l'entrepôt des tabacs. Un décret du 31 juillet choisit un parent de la famille Léjéas, le receveur général Damotte qui se retira presque de suite en invoquant les exigences de sa comptabilité (1).

Pendant ce temps, la seconde place d'adjoint était occupée successivement par Petitot, Villeneuve, Muteau, Étienne Hernoux, Villeneuve. Ce dernier, démissionna en même temps que Damotte, en août 1811 (2).

Ces démissions simultanées dont nous ignorons les véritables causes provoquèrent une véritable crise dans la vie municipale dijonnaise. Le préfet Lecoulteux s'empressa de présenter aux ministres plusieurs candidats. La double liste préfectorale se compose de trois anciens conseillers au Parlement de Dijon, d'un avocat, d'un notaire et d'un propriétaire. Ces deux derniers, Muteau et Ét. Hernoux, furent nommés par décret du 5 décembre. En attendant la décision impériale, Lecoulteux se demandait avec anxiété comment il pourvoirait à l'administration du chef-lieu de son département. Durande était à Paris, fort préoccupé des cérémonies du baptême du roi de Rome. Dijon n'avait ni maire, ni adjoint ! Personne ne se souciait de remplacer l'absent et les démissionnaires.

(1) Durande au Préfet, 31 juillet 1809 (M/6, 33). Durande au préfet, 30 juillet 1809 ; Préfet au Min. Intérieur, 22 août 1809 ; Basire au préfet, 29 octobre. M/6, 33. Préfet au Min. Intérieur, 25 mai, 8 octobre 1811 (M/6, 33). Damotte à Durande, 28 août 1811 (F1b/II, Côte-d'Or 4).

(2) Min. Intérieur au préfet 8 octobre 1811 (M/6, 33) ; Villeneuve à Durande, 18 août 1811 (F 1b/II, Côte-d'Or 4).

Dans une lettre confidentielle du 23 octobre, Lecoulteux communique ses appréhensions au ministre de l'Intérieur : « tous les membres du conseil municipal, déclare-t-il, sans en excepter ceux que je présente, montrent la plus grande répugnance pour remplir ces fonctions ». Seul, peut-être, un ancien parlementaire, Pelletier de Cléry, les accepterait. Mais le préfet « après l'outrage personnel qu'il a fait à l'empereur (1) », n'ose le présenter qu'en dernière ligne. Ainsi, la pénurie de postulants est telle qu'un préfet impérial n'écarte pas un personnage aussi peu loyaliste. Lecoulteux conclut : « Si ceux que je vous présente l'imitaient (Damotte) je serais fort embarrassé de trouver des adjoints au maire de Dijon. »

Lecoulteux ne se croyait pas si bon prophète. Il sollicite Villeneuve de reprendre temporairement ses fonctions ; l'ex-adjoint refuse en invoquant une attaque de rhumatismes. Il s'adresse à Muteau qui lui répond par un refus catégorique : « Cette détermination, déclare le candidat malgré lui, ne variera pas, fallût-il sur-le-champ donner ma démission de conseiller municipal de Dijon. » Lecoulteux n'insista pas et offrit le poste vacant aux conseillers Legoux de Saint-Seine et Saverot ; ni l'un ni l'autre ne se laissèrent séduire. Force fut bien au préfet de désigner un conseiller de préfecture dont la situation administrative répondait de l'acceptation. Petitot fut nommé maire par intérim. L'auditeur de la Vesvre reçut mission de remplir les fonctions d'adjoint. Par ces arrêtés des 7 et 25 décembre 1811, la mairie de Dijon devient un annexe de la préfecture ; le préfet gère directement les intérêts locaux (2).

Cette atteinte inévitable aux libertés municipales n'émut aucunement les Dijonnais. Des deux adjoints nommés le 5 décembre 1811, Muteau refusa de suite ; Hernoux demanda à réfléchir. En attendant sa décision, Lecoulteux proposa trois

(1) J'ignore le fait auquel Lecoulteux fait allusion.

(2) Préfet au Min. Intérieur, 23 octobre (confidentielle), 11 décembre 1812, (F 1b/II. Côte-d'Or 3). Durande au préfet, 12 septembre ; Villeneuve au même, 5 décembre ; Muteau au même, 7 décembre ; arrêtés des 7 et 25 décembre ; Préfet au Min. Intérieur, 14 octobre présentant Hernoux, Muteau, Saverot, Pelletier de Cléry, de Suzenet, Legoux de Saint-Seine (M/6, 33).

candidats à la succession de l'irréductible Muteau. Après bien des difficultés la municipalité fut reconstituée avec les adjoints Hernoux et Basire. Bientôt ce dernier fit place à Tardy-Boisset (1).

L'indifférence des citoyens pour la gestion des affaires locales s'observe dans les campagnes comme dans les villes (2). C'est un des motifs de l'instabilité du personnel municipal. Dans nombre de communes rurales, une autre cause agit dans le même sens, la fréquence des destitutions prononcées ou des démissions imposées par le préfet. Si les maires des chefs-lieux de canton sont aptes à remplir honorablement leur tâche, ceux des petits villages sont, le plus souvent, ignorants ou malhonnêtes. Leurs concitoyens leur reprochent de s'approprier le produit de la vente des bois communaux, d'attribuer à leurs amis des parts supplémentaires d'affouage, de falsifier les scrutins cantonaux. Les enquêtes officielles les convainquent d'irrégularité dans la gestion des deniers communaux et de fraudes dans le fonctionnement de la conscription. Le conseil général les estime incapables de juger les délits ruraux parce que les maires « souvent... sont eux-mêmes délinquants ». D'après Vaillant, « la poursuite de ces délits est fréquemment négligée » ; « plus souvent encore, ajoute-t-il, il se fait des arrangemens avec les parties délinquantes ». Lecoulteux attribue à l'attitude des maires l'augmentation et la hardiesse des braconniers. Les préfets se plaignent constamment de la négligence des maires à leur adresser les renseignements qu'ils leur demandent, à exécuter leurs prescriptions ; les sous-préfets partagent l'opinion de leur chef administratif. D'autres, trop zélés, évitent de soumettre leurs arrêtés au préfet et agissent comme s'ils « étaient indépendants dans l'exercice de leurs fonctions (3) ».

(1) Durande au préfet, 14 janvier 1812 : Préfet au Min. Intérieur, 24 avril et décembre 1812 (M/6, 33). Le même au même, 17 mars (F 1b/II, Côte-d'Or 4).

(2) Le même fait se remarque dans les Bouches-du-Rhône (Fournier et Saint-Yves, p. 149). Sous-préfet de Semur au préfet, 13 ventôse an XI (M/6, 1).

(3) Vielverge, Touillon (M/6, 58). Conseil général, 1809 (N/1, 1). Vaillant, II, p. 71. Préfet au Min. Intérieur, 6 février 1807 (M/3, 9) ; 29 novembre 1810 (F/7, 3668) ; sous-préfet de Beaune au préfet, 8 septembre 1807 : « ... seize maires de mon arrondissement étant en retard malgré les différentes demandes que je leur en ai faites » (M/6, 1). Min. Commerce au préfet, 28 août 1812 ;

De temps à autre, le préfet prononce une destitution. Il hésite parfois devant ce remède énergique ; il plaide même auprès du ministre la cause d'un maire. C'est que, comme il l'avoue, « le peu d'instruction... dans ce pays et la pénurie de sujets me mettraient dans l'impossibilité de lui nommer un successeur (1) ».

Aussi bien le préfet choisit-il de préférence comme administrateurs municipaux des propriétaire instruits et dont la fortune lui est une garantie contre des malversations éventuelles. Contraint de le faire, il s'inquiète peu des opinions politiques des nouveaux fonctionnaires ; de même que dans le Pas-de-Calais et le Bas-Rhin les chefs du parti royaliste en 1814 et en 1815 sont appelés par Guiraudet, par Riouffe, par Lecoulteux à gérer les affaires de leur commune avant que Cossé-Brissac ne les introduise au conseil général (2). Le préfet s'efforce d'éclairer les maires d'origine paysanne par ses circulaires, par l'envoi presque obligatoire du *Journal officiel* du département, par les instructions qu'il leur donne au cours de ses tournées. Enfin, il songe à les remplacer par des agents plus zélés et plus éclairés. Le gouvernement consulaire n'a pas accueilli les plans de réformes administratives de Guiraudet et de Frémyot. Il a voulu que les affaires locales continuent d'être, en apparence, gérées par les habitants de la localité. Mais, les préfets sentent la nécessité de remédier à l'insuffisance des maires. De même que les préfets du Pas-de-Calais et du Bas-Rhin instituent des secrétaires ambulants ou des commissaires cantonaux, ceux de la Côte-d'Or créent des fonctionnaires nouveaux sous le titre modeste d'inspec-

6 juillet 1813 : « si c'est insouciance des autorités locales elle doit avoir un terme » (M/14, 8 A/1). Cf. Darmstädter, XVIII, p. 313 ; Chavanon et Saint-Yves, p. 149-152. Beaucoup de maires sont cabaretiers ou aubergistes et négligent totalement la police des établissements analogues de leur commune (Préfet au sous-préfet de Châtillon, 13 février 1810. M/6, 1). *Journal*, 26 novembre 1812.

(1) Préfet au 2e arrondissement de police générale, 30 mai 1810 (Arch. Nat. F/7, 8.533).

(2) Par exemple de Virien, maire de Lantilly ; de Damas, maire de Massingy-les-Semur (Préfet au Min. Intérieur, 16 septembre 1809. F 1c/III, Côte-d'Or 3 ; notes Côte-d'Or 1). Darmstädter, XIX, p. 288. Chavanon et Saint-Yves, p. 112.

teurs et les chargent de stimuler et de surveiller les parties les plus importantes de l'administration municipale. A la demande du conseil général, Lecoulteux établit des inspecteurs des chemins vicinaux en 1810; en 1812, Cossé-Brissac nomme des inspecteurs des cultures betteravières. Cossé-Brissac reprit les idées de Frémyet. Il charge les maires des chefs-lieux de canton de réunir leurs collègues et de présider l'assemblée qui répartira entre les communes le contingent cantonal à cultiver en betteraves. Il aurait voulu faire de cet expédient un système régulier. Ne pouvant obtenir des maires les renseignements statistiques réclamés par le ministre, il proposa « d'établir entre les maires des chefs-lieux de canton et leurs collègues... une sorte de hiérarchie ». Il pria le ministre du Commerce et des Manufactures de lui faire « allouer les menus frais de bureau que pourraient exiger les rapports établis entre ces fonctionnaires ». Cossé-Brissac n'a en vue que le cas particulier qui le préoccupe et provoque les semonces ministérielles. Mais la nouvelle organisation aurait pu se développer et devenir permanente. Elle ne paraît pas avoir séduit le gouvernement pas plus qu'il ne s'émut des longues et énergiques observations du préfet du Bas-Rhin, Lezay-Marnésia. Cossé-Brissac dut se contenter d'accélérer la correspondance administrative au moyen des piétons établis par son prédécesseur dans chaque bureau de poste et de stimuler l'activité des maires par des lettres menaçantes et la perspective, pour les plus zélés, d'être cités à l'ordre du jour civil dans le journal de la préfecture (1).

Le recrutement des conseils municipaux ressemble à celui des municipalités. Dans les campagnes, le préfet rassemble tous les fonctionnaires de bonne volonté et leur adjoint les paysans

(1) Conseil général, février 1810. *Journal*, 18 mars 1810. — *Journal*, 25 octobre 1812, circulaire de H. Lavergne sur la culture des betteraves. Préfet au Min. Commerce, 28 juin 1812 (M/14, 8 A/1) ; au sous-préfet de Semur, 17 novembre 1812 (M/6, 1). Vaillant, II, p. 291. Bernard, maire de Montbard, demanda à plusieurs reprises au Ministre de l'Intérieur de créer une « distinction caractéristique » qui serait accordée aux maires particulièrement dévoués aux affaires de leur commune ou même à tous les administrateurs municipaux afin de les faire aisément reconnaître de leurs administrés (12 frimaire an XIV; 1er juin 1808. F 1b/II. Côte-d'Or 3). Chavanon et Saint-Yves, p. 117 ; Darmstädter, XVIII, p. 309. Schmidt, *Les défauts de l'administration impériale dénoncées par un préfet* (Rev. Et. Napoléoniennes, II, 1912).

que lui signalent ses informateurs locaux. De telles assemblées ne sont ni très éclairées, ni très actives. Les conseillers, choisis dans les villes parmi les plus forts imposés, déclinent volontiers cet honneur ou omettent de remplir leurs fonctions. A Semur, d'après Riouffe, « il est à craindre, ainsi que l'expérience l'a déjà démontré, qu'il ne trouve pas un nombre de déclarations suffisantes pour pouvoir former la liste ». A Villers-Patras, à Othrée, le « conseil municipal n'a pas voulu se réunir » pour choisir un maître d'école ; le maire d'Arceau signale deux conseillers qui, aux séances à la mairie préfèrent celles au cabaret « un jeu de carte sur la table et le verre en main (1) ». Certaines, composées en majorité de parents du maire, s'assurent aisément l'impunité et maint petit avantage ; d'autres, au contraire, entrent en lutte avec le magistrat municipal ou le curé et entretiennent la guerre civile dans leur village (2). Dans les villes, les choses se passent plus discrètement car les conseillers sont d'origine noble ou bourgeoise et gens courtois. A Dijon, on compte au moins cinq représentants de familles parlementaires : Legouz de Saint-Seine, Pouletier de Suzenet, Pelletier de Cléry, de Berbis-Rancy et Ranfer de Montceau. Saverot, professeur à l'École de droit, se rattache à ce groupe dont la plupart des membres sont marguilliers de leur paroisse. Étienne Hernoux rappelle, en compagnie de Villeneuve, les années révolutionnaires. D'autres conseillers sortent du commerce ou des professions libérales. Quelques démissions ou décès provoquent des changements imprévus en dehors des renouvellements légaux de l'an XI et de 1808. La comparaison des diverses listes manifeste l'accroissement de plus en plus notable des hommes de l'ancien régime (3).

(1) Etat de l'instruction en l'an XI dans l'arrondissement de Châtillon; maire d'Arceau au préfet, 27 novembre 1809 (T/1, 4). Préfet au sous-préfet de Semur, 1er avril 1806 (M/3,9).

(2) Préfet au sous-préfet de Beaune, 14 nivôse an XI (troubles à Beuray); au maire de Quetigny insulté par le garde-champêtre, 8 juin 1807 (M/6, 93 *a*). Chapitre IV (Administration religieuse) et dans le même sens Chavanon et Saint-Yves, p. 106-108.

(3) M/6, 1 et M/6, 33.

2. — La vie communale

Sans entrer dans l'examen des multiples détails de la vie administrative des communes durant le régime impérial, détails qui n'offrent d'ordinaire qu'un intérêt purement local, et passager, il importe de signaler les conflits qui se produisirent entre les administrateurs municipaux et le préfet ou les administrés. Ce sont là des faits qui nous apprennent quelles conceptions les uns et les autres se faisaient alors de l'autorité municipale. A Dijon, le choix du local du lycée amena un différend entre Guiraudet et le maire Ranfer de Bretenières. Celui-ci soutenu par son conseil s'opposa à l'installation du nouvel établissement dans les bâtiments de l'ancien hospice Sainte-Anne et à la fusion de celui-ci et de l'hôpital général. Guiraudet prétendit passer outre. Il fit valoir la situation pécuniaire de la ville, incapable d'acquérir des immeubles et le danger de disposer de l'École centrale en faveur du lycée au moment où l'on sollicite la création d'une École de droit. A la vérité, la volonté formelle des fondateurs de l'hospice s'oppose à la réunion projetée. Mais c'est un obstacle juridique dont le préfet n'a cure. Guiraudet affirme la toute-puissance du gouvernement en l'occurrence ; « nous avons le droit de le faire parce que nous nous nommons lion », déclare-t-il à Maret. Au ministre de l'Intérieur il fait remarquer : « Il est important et politique de se décider pour le plan que je propose si on ne veut ouvrir la porte à une foule de préjugés et de prétentions... qu'il sera difficile d'arrêter. » Les conseillers municipaux et les administrateurs des hospices respectaient davantage ces *préjugés* c'est-à-dire les conditions mêmes de la fondation dont la ville bénéficiait ; le ton de la correspondance échangée entre Guiraudet et Ranfer devint assez amer. Cependant l'absolutisme préfectoral allait l'emporter lorsque les héritiers des fondateurs menacèrent de saisir directement de l'affaire le Premier Consul. Les orphelines quittèrent Sainte-Anne mais pour la maison des « ci-devant Bernardines (1) ».

(1) Préfet au maire, 8 brumaire, an XI ; réponse, 21 brumaire : « vous m'accusez de mauvaise volonté et vous me reprochez mon inaction ;... je ne

Son successeur eut à combattre l'esprit autonomiste de l'adjoint Mielle. L'occasion du conflit fut l'installation du maire Durande. Riouffe avait chargé Mielle de prendre les dispositions nécessaires lorsque Durande manifesta le désir de prêter serment publiquement en la mairie et non à la préfecture. Riouffe y consentit (1), et délégua pour recevoir ce serment le conseiller de préfecture Piette. Mielle n'en persista pas moins à rendre un arrêté le 1er avril afin de régler les détails de l'installation qu'il présiderait. Le préfet s'empressa d'annuler l'arrêté de l'adjoint. Mielle s'entête ; il fait afficher son propre arrêté. Il hésite cependant devant la rébellion ouverte et laisse Piette installer le nouveau maire. Il a soin de lui remettre et de publier dans le *Journal* une protestation en règle contre les actes du préfet « contraires aux droits et prérogatives de la place que nous occupons et qui nous est confiée directement par S. M. ». Riouffe réclama la destitution de cet adjoint qui a agi « dans des intentions séditieuses et au mépris de la hiérarchie administrative ». Si l'on en croit Riouffe, fort mécontent, Mielle s'insurgerait contre les pouvoirs attribués au préfet et se ferait le champion de l'autonomie municipale. L'intervention personnelle de l'empereur calma l'irascible préfet. Napoléon chargea le ministre de l'Intérieur d'apprendre à Riouffe que sous le régime impérial « la subordination civile n'est point aveugle ni absolue » ; Mielle demeura adjoint (2).

Molé comme Guiraudet eut à souffrir de l'humeur chagrine de l'adjoint Villeneuve. A la suite de divergences d'idées avec Durande, le préfet pensa à lui demander sa démission. Villeneuve riposta en adressant un long mémoire apologétique aux divers hauts fonctionnaires de la Côte-d'Or. Molé saisit de

vous rappellerai pas la loi qui règle vos fonctions » ; Ranfer à Guiraudet, 9 nivôse an XI ; Préfet au Min. Intérieur, 10 nivôse an XI ; Conseiller d'Etat Foucroy à Préfet, thermidor an XI (Arch. dép. T/2, 2). Préfet à Maret, 4 thermidor an XI ; au Min. Intérieur, 10 nivôse an XI ; 22 ventôse an XI ; maire au préfet, 9 nivôse, 15 nivôse an XI (T/2, 2).

(1) Il le fit : « non comme un droit mais comme convenance » ; le préfet du Bas-Rhin avait donné l'exemple de ces dérogations (Préfet au Min. Intérieur, 10 avril 1806. M/6, 33).

(2) M/6, 33. *Journal*, 10 avril 1806. Napoléon à Champigny, 26 avril 1806 (*Correspondance*, XII, 10143). Cf. Aulard, Révolution française, LXI, p. 197-200.

l'affaire le ministre de l'Intérieur, estimant qu'il « serait très fâcheux que l'autorité supérieure ne l'emportât point ». Crétet crut devoir en référer au sénateur Léjéas. L'influent personnage, que l'on croyait hostile à Villeneuve, se déclara en sa faveur. Crétet s'empressa de recommander à Molé d'attendre une meilleure occasion : « Je crains, lui écrit-il, que bientôt... la mésintelligence inévitable qui s'établira dans la mairie n'oblige le gouvernement à intervenir avec des motifs suffisants. » Les prévisions du ministre se réalisèrent ; Villeneuve dut céder la place d'adjoint au notaire Muteau (1).

Dans le petit village de Vielverge, l'autorité préfectorale n'est point contestée, ni le préfet, attaqué ; mais les habitants ne peuvent se déclarer satisfaits des divers administrateurs que la préfecture leur accorde au gré de leurs désirs inconstants. Lemoine avait été nommé maire par Guiraudet sur la demande de nombreux citoyens. Bientôt la popularité de Lemoine diminue. Les villageois l'accusent « de tirer de l'argent de ceux qui commettent des délits ruraux,... d'avoir vendu aux épiciers les titres de la commune ». L'adjoint Marie ajoute que le maire et ses frères « ont assommé nuitamment deux jeunes gens au cabaret ». Une enquête administrative démontra l'irrégularité des comptes municipaux. Après avoir suspendu Lemoine, Guiraudet lui ordonna de démissionner. Cette sanction ne suffit pas au ministre qui prononça la destitution du maire coupable. Sur l'avis de l'enquêteur Bizot, le préfet nomma à sa place un homme aisé et « de bon sens », Cl. Martin. Bientôt celui-ci dut se retirer devant Thévenard.

Le calme fut à nouveau troublé en 1809. Deux anciens maires, Lemoine et Arché, s'allièrent au desservant Mollin et commencèrent une campagne violente contre le maire en exercice. Thévenard trouva des défenseurs dans l'adjoint Marie et l'ex-adjoint Jorand. Chacun des deux partis fait signer force pétitions ; après coup, il est vrai, les signataires, embarrassés de voir leur nom figurer sur des écrits opposés, affirment ne pas savoir lire ou n'avoir rien compris à l'affaire. L'évêque de Dijon est instruit des propos royalistes et irrespectueux du

(1) Molé à Crétet, 15 et 26 septembre 1808 ; Crétet à Molé, 15 septembre (F 1b/II, Côte-d'Or 3).

desservant ; il apprend que Mollin « fait faire son catéchisme à l'église... par sa servante pendant qu'il se chauffe chez lui ». Depuis longtemps, la lutte était déclarée entre le groupe Thévenard et le parti Mollin-Lemoine. On raconta qu'en 1802 « le desservant ayant défendu la danse sur la place publique... le maire... demanda aux garçons et aux filles... (d') aller danser et que si le desservant... allait les en empêcher, ils l'entortillassent et le fassent danser avec eux ». Cet empêcheur de danser en rond ne réussit pas à persuader l'enquêteur préfectoral des torts de Thévenard ; un arrêté de Lecoulteux déclara sans fondement les accusations portées contre le maire.

L'année suivante, la querelle recommence. Un conseiller municipal entreprend d'expliquer l'affaire au préfet. A son avis tout le mal de ce que Thévenard n'a attribué au plaignant et à son gendre qu'une portion d'affouage bien qu'ils vivent en deux ménages séparés. Pour la troisième fois, le juge de paix de Pontailler fut chargé de renseigner le préfet sur les incidents de Vielverge. Bizot recommanda de solliciter la démission du maire qui, par l'abandon de la carrière ecclésiastique et son modeste patrimoine, indisposait certains propriétaires aisés ; cet avis ne fut pas suivi. L'abbé Mollin au contraire fut déplacé. Malgré son départ, la lutte continua. Le successeur de Mollin fit souvenir les villageois du passé révolutionnaire de Thévenard. Le maire se défendit contre « cette poignée d'agitateurs » ; le maire de Pontailler lui décerna un certificat de parfaite moralité et assura que tout ce bruit provenait des intrigues de certains candidats à la mairie. Cette fois, l'enquête administrative fut dirigée par le sous-préfet de Dijon. Elle démontra que Thévenard percevait des impôts par lui établis, encaissait certains revenus communaux et oubliait de faire les acquisitions de cloche et d'ostensoir auxquelles ces sommes devaient être employées. Perret concluait en demandant au préfet d'imposer à Thévenard de démissionner. Lecoulteux adopta cette proposition (1).

(1) Pétition, 9 fructidor an XI ; Marie au préfet, 8 brumaire an XII ; rapport de Bizot, juge de paix à Pontailler, 18 brumaire ; arrêtés 2 et 16 frimaire an XII. Pétition avril 1809 ; rétractations, 3 avril; cultivateur Moreau au préfet, 14 avril ; Thévenard à Mgr Reymond, 15 mars 1809 ; au préfet, 12 décembre 1811. Plaintes du cultivateur Morelot, 28 août 1810 ; enquête de

L'histoire municipale de Vielverge semble ensuite devenir moins troublée. Elle est fort caractéristique de ces querelles de clocher, nombreuses alors en Côte-d'Or comme dans les Bouches-du-Rhône et le Pas-de-Calais (1) et dont nous relèverons d'autres curieux exemples en étudiant les rapports des desservants ou des instituteurs et des maires.

Outre la surveillance de la conduite administrative des maires, le préfet a celle des finances communales. L'état budgétaire des communes de la Côte-d'Or semble assez variable. Dans l'ensemble il apparaît comme satisfaisant ; certains villages possèdent même des ressources inemployées relativement abondantes et dues en majeure partie à l'affermage des biens communaux (2). En attendant d'aliéner à son profit le patrimoine communal, Napoléon dispose des recettes locales pour diminuer les charges du Trésor. Il décide que le dixième des revenus des biens communaux sera affecté aux dépenses cultuelles et le vingtième à celles d'une gendarmerie militaire qu'il organise sous le nom de compagnie de réserve départementale ; les excédents servent à payer les sommes dépensées en secours pendant la disette de 1811-1812 ; les réserves forestières sont vendues afin de contribuer à l'établissement d'un dépôt de mendicité ; le décret du 22 septembre 1810 frappe d'une retenue de 80 0/0 les fonds que les communes sont dans l'obligation de déposer à la caisse d'amortissement et transforme ainsi en débiteurs insolvables des villages auparavant aisés. Parfois le préfet adresse quelques observations au ministre et relève les inconvénients de ces prélèvements ininterrompus. Lecoulteux remarque que si la ville d'Auxonne doit acquitter son contingent annuel de 1.600 francs dans les dépenses du dépôt de mendicité, elle sera privée de toute ressource pour frais imprévus ; celle de Beaune est à peu près dans le même cas. Le ministre réduisit de 600 francs la contribution de chacune de ces communes ; elles durent, toutefois, acquitter ensemble 3.000 francs

Bizot, 5 août ; Thévenard au préfet, 12 décembre 1811 ; maire de Pontailler au même, 12 décembre ; sous-préfet de Dijon au même, 27 décembre ; arrêté 8 janvier 1812 (M/6, 60).

(1) Cf. les dossiers des communes de Touillon et de Tourtry (M/6, 60). Fournier et Saint-Yves, p. 149-152. Chavanon et Saint-Yves, p. 106-108.

(2) Arch. dép. Q 1233 et X/12, 1.

quoique les uniques dépenses de ce dépôt, encore en projet, ne comprennent que les traitements du directeur et du receveur, soit en tout 2.500 *francs* (1). Napoléon utilise d'une manière plus discrète mais tout aussi réelle les ressources communales en allouant des fonds insuffisants pour l'entretien des routes et en décrétant la culture obligatoire de la betterave dans un but politique. Les habitants sont contraints de réparer les chemins qui leur sont nécessaires, soit par des prestations en nature, soit par des taxes supplémentaires ; certains villages, concevant mal l'influence de la production betteravière sur la guerre maritime et inquiets de cette innovation dont la productivité ne leur paraît pas certaine, afferment la quantité de terrain à eux assignée aux frais de la commune au lieu de la répartir entre les cultivateurs. Ce système d'impôts dissimulés sera fréquemment employé et ingénieusement étendu en 1813 (2).

(1) Préfet au Min. Intérieur, 22 décembre 1810 (Arch. Nat. F/4, 2042) : 12 mai et 29 décembre 1810 (Arch. dép. X/12, 1 ; X/15, 3).

(2) Sous le régime impérial, un grand nombre de communes reprirent leur nom ancien qu'elles avaient abandonné pendant la période révolutionnaire. Les nouvelles dénominations n'étaient entrées dans l'usage ni des particuliers ni des diverses administrations. Sous-préfet de Semur au préfet, 7 août 1811 : « Si l'on adressait une lettre à Mont-sur-Brenne, elle ne parviendrait sûrement pas ». Préfet et sous-préfets sont des plus favorables à ces changements réclamés par les conseils municipaux ; le gouvernement, d'abord désireux de ne pas les multiplier et de les opérer par simple lettre ministérielle, les accueillit plus volontiers et en fit l'objet de multiples décrets lorsque Napoléon, depuis 1810, s'inspire de plus en plus des souvenirs de l'ancien régime (Correspondance et décisions dans Arch. Nat. F/2 I, 843).

CHAPITRE III

L'administration militaire

Le régime impérial concentra dans le préfet et les sous-préfets les attributions militaires des fonctionnaires civils. La loi du 28 floréal an X (18 mai 1802) accorde encore une place prépondérante aux autorités locales dans les opérations de recrutement ; la répartition du contingent doit être l'œuvre des conseils généraux et d'arrondissement : la rédaction des listes, l'examen, la désignation, l'admission au remplacement des conscrits sont la tâche des conseils municipaux. Un arrêté consulaire du 18 thermidor de la même année (6 août) réserva au préfet la fixation des contingents communaux et à un conseil de recrutement la prononciation définitive des réformes. Les décrets organiques des 8 nivôse et 8 thermidor an XIII (30 décembre 1804 et 27 juillet 1805) ignorent à peu près complètement les assemblées locales. Les sous-préfets arrêtent la liste des conscrits, autorisent les remplacements et prononcent les réformes pour défaut de taille. Les préfets président le conseil de recrutement qui décide des exemptions et des dispenses de service militaire, rend définitives les réformes proposées par les sous-préfets, classe par tirage au sort les conscrits dans l'armée active ou dans le dépôt de fait, leur accorde la mise au dépôt de droit. En outre le préfet veille au départ des jeunes soldats, poursuit réfractaires et déserteurs, fait compléter le contingent cantonal ; il dirige la force armée locale, auxiliaire de la gendarmerie, et se préoccupe des troupes de passage, des prisonniers de guerre ou des services de l'intendance. La durée ininterrompue de la guerre sous l'empire accroît encore en pratique l'importance des tâches militaires qui incombent aux préfets (1).

(1) Cf. Poullet, p. 827 à 842.

1. — *La 18e division militaire*

Ils ont, il est vrai, des collaborateurs dépendant des ministères de la guerre (1). Toute une organisation militaire a été instituée par la Révolution et perfectionnée par Napoléon pour fournir aux armées sans cesse en campagne les hommes, les vivres, les habits, les armes, les munitions, les chevaux, les voitures dont elles ont besoin. Le territoire de la France a été divisé en divisions militaires. Dijon est le chef-lieu de la 18e qui comprend sous le régime impérial les départements de la Côte-d'Or, de l'Yonne, de la Haute-Marne et de la Saône-et-Loire. Cette circonscription militaire est commandée par un général de division qu'assiste un état-major assez nombreux (2). Le général Meynier fut remplacé au commencement de l'an XII par le général Montchoisy, ancien commandant des troupes françaises en Helvétie (3). Celui-ci demeura peu de temps à Dijon ; il alla prendre le commandement de la division de Gênes et fit place au général Sionville. A la mort de ce dernier, survenue en juillet 1808, Napoléon envoya dans la 18e division un Piémontais passé au service de la France, le général Frésia (4). Frésia devint bientôt inspecteur-général de la cavalerie. Un ancien compagnon de Bonaparte en Italie et en Égypte, le général Vial, lui succéda et ne quitta ce poste que pour rejoindre l'armée de Saxe en 1813 et mourir à Leipzig (5).

(1) Il y avait alors le Ministère de la guerre et celui de l'Administration de la Guerre. La situation géographique de la Côte-d'Or explique que les services de la marine y aient été réduits à un détachement de trois hommes chargés des fournitures en bois de construction que le département produit assez abondamment (Vaillant, I, p. 380).

(2) Il comprend 3 aides-de-camp, un adjudant-commandant et deux adjoints, un inspecteur et un sous-inspecteur aux revues. Le général commandant la Côte-d'Or dispose de deux aides-de-camp, 2 commissaires de guerres, un capitaine du génie. Résident encore dans le département un payeur divisionnaire et un payeur particulier, un directeur des vivres, un agent-général des transports, des employés et gardes-magasins (Vaillant, I, p. 366).

(3) *Journal*, 30 vendémiaire an XI ; 15 vendémiaire an XII. *Correspondance de Napoléon*, VII, 5831.

(4) *Correspondance*, XI, 9163, 12 fructidor an XIII (30 août 1805). Sionville au préfet, 16 frimaire an XIV (Arch. dép. R/4, 9) ; préfet au capitaine de la compagnie départementale, 15 juillet 1808 (R/1, 13).

(5) Capitaine commandant la place de Dijon au préfet, 15 décembre 1808 (R/1, 13). *Journal*, 16 avril 1809. Chuquet, *Ordres et apostilles de Napoléon*, I, n° 936, 1042, p. 191 n. 1. *Correspondance*, I, 353.

Le dernier commandant de la division de Dijon fut également un vieux soldat des armées d'Italie et d'Égypte, le général Veaux. Veaux était né à Seurre ; depuis longtemps il commandait le département de la Côte-d'Or qu'il n'avait quitté que pour diriger de 1806 à 1808 une brigade des troupes d'occupation de la Poméranie suédoise. Son origine côte-d'orienne et son long séjour lui avaient acquis les sympathies des populations ; malgré ses états de service et sa brillante campagne des bords de la Baltique, Napoléon fit attendre longtemps à son ancien compagnon la place qu'il désirait (1).

Le général de division et, sous ses ordres, le général commandant le département de la Côte-d'Or s'occupent des multiples détails de l'administration militaire. Ils assistent le préfet au conseil de recrutement, répartissent les conscrits entre les divers corps de troupes, ont la haute direction des garnisons locales. Celles-ci furent extrêmement faibles en Côte-d'Or. Une compagnie de vétérans séjourna à Dijon, puis à Auxonne, et fut enfin supprimée ; des bataillons piémontais ou suisses passèrent peu de temps à Auxonne ou à Beaune. Auxonne, l'unique place forte du département, demeura longtemps délaissée ; toutefois son arsenal et son école d'artillerie motivèrent en 1810 la venue du dépôt du 1er régiment d'artillerie à cheval et plus tard du dépôt du 23e de ligne (2). Général divisionnaire et général départemental sont assistés d'un commandant spécial pour les villes de Dijon et d'Auxonne et d'un commissaire-ordonnateur chargé de l'intendance, des étapes et des réquisitions. On constate encore la présence d'officiers détachés par les corps actifs afin de veiller à leur recrutement (3). A l'administration militaire se rattache le commissariat des salpêtres auquel la raffinerie de poudre sise à Vonges donne en Côte-d'Or une certaine importance (4).

(1) *Correspondance*, III, 1919. *Journal*, 30 vendémiaire an XI, 10 juin 1807, 20 juin 1811. Chuquet, I, n° 912, 1535. Capitaine-commandant de Dijon au préfet, 29 novembre 1806 (R/1, 23 *bis*). Cf. Vaillant, I, p. 240, 241 ; *Mémoires Société bourguignonne de géographie et d'histoire*, XVII, p. 364.

(2) Vaillant, I, p. 368, 369. *Journal*, 5 brumaire an XII, 25 nivôse, 5e complémentaire an XII ; Chuquet, III, 4312, 4425 ; *Correspondance*, XX, 16352 ; général Meynier au préfet, 27 germinal an XI. (Arch. dép. R/1, 24.)

(3) Vaillant, I, p. 368. *Journal*, 20 août 1807, 11 avril 1808.

(4) Vaillant, I, p. 369-371.

2. — *Les conscriptions*

On sait comment Napoléon sut user de la législation militaire, devancer la date normale des levées de conscrits, multiplier les appels aux mêmes classes, accroître le nombre d'hommes qu'il exigeait de ses sujets (1). La progression de l'impôt du sang est manifeste en Côte-d'Or. Les contingents des ans XI et XII atteignent chacun 586 hommes; c'est l'époque où le Premier Consul s'est transformé en souverain pacifique. En l'an XIII, la rupture de la paix d'Amiens amène l'élévation du chiffre des conscrits côte-d'oriens à 677. Lors de la reprise des hostilités avec l'Autriche, l'empereur appelle tous les conscrits des réserves des ans IX à XIV et la classe de l'an XIV, fixée à 624 jeunes gens. Dans le courant de 1806, la fraction active de 494 soldats, levée en août, est rejointe dès octobre par les 397 de la réserve. La guerre avec la Prusse ne se termine pas ; les armées russes reparaissent ; en mars 1807, 586 et 195 conscrits sont mis en marche ; en mai et en juin, la classe 1808 est levée par anticipation ; elle compte 777 hommes. Napoléon continue les appels prématurés ; en 1808 il demande 807 soldats à la conscription de 1809. Celles de 1806 à 1809 doivent en octobre lui en fournir à nouveau 945. La nouvelle guerre avec l'Autriche provoque en 1809 trois levées : la première de 807 conscrits atteint en février la classe 1810 ; en avril, les classes 1806-09 doivent fournir 118 hommes destinés à la garde et 414 soldats sont réclamés à celle de 1810 ; en octobre, les conscriptions de 1806 à 1810 sont atteintes pour la 3e ou 4e fois par une levée dite complémentaire qui porte sur 412 jeunes gens. En 1811, Napoléon se contente du contingent de cette année qu'il fixe à 903 conscrits. La lutte avec la Russie amène la levée de 1.194 jeunes gens sur la classe 1812 et de 1232 sur celle de 1813 sans compter les 838 gardes nationaux affectés aux cohortes (2).

Pendant les dix années du régime impérial, la Côte-d'Or a

(1) *Cf.* Poullet, p. 840-842 et les textes indiqués.

(2) Vaillant, II, p. 42, 50, 78, 274, 275, 276, 278. *Cf.* Darmstädter, XVIII, p. 538, 539.

donc dû fournir aux armées de Napoléon 11.638 soldats sur une population de 355.436 habitants. Par ses appels réitérés et prématurés l'empereur n'épuise pas cependant les ressources en hommes de ce département. La classe 1806 compte 4.227 noms sur les registres de conscription ; elle satisfit à quatre appels qui élevèrent le nombre des conscrits mis en marche de 689 à 1.243, celui des réformés de 854 à 1.051 et abaissèrent de 2.669 à 1.746 le chiffre des jeunes gens placés au dépôt. La classe 1810 ne fournit que trois contingents ; mais elle est moins nombreuse et comprend plus de réformés ; par suite, le dépôt n'atteint que 759 hommes (1).

Les recrues étaient désignées par tirage au sort. C'est le procédé qu'indiquent les décrets de l'an XIII et qui avait déjà été appliqué en Côte-d'Or par les conseils municipaux. Ceux-ci avaient reçu de la loi de la conscription de l'an X la faculté de déterminer le mode de désignation des conscrits à condition de n'user ni du scrutin ni de la date de naissance. Dans ce département, les assemblées locales ou les commisions cantonales qui y furent substituées adoptèrent « la voie du sort... considérant qu'(elle)... prévient tous abus, qu'elle n'est susceptible ni de partialité ni d'arbitraire, et qu'elle ne laisse aucune plainte fondée (2) ».

Le régime de l'an X multipliait les tirages au sort. Une première opération désigne les jeunes gens que leur bas numéro appelle à rejoindre de suite l'armée. Pour faire face aux vides que les réformes ou les sursis pourraient produire parmi eux, on forme par le même moyen un contingent supplémentaire égal au quart du premier. Un troisième tirage avait lieu lorsque le gouvernement mettait en activité la portion du contingent laissée en réserve ; on constitue alors un nouveau quart supplémentaire. Les décrets de l'an XIII simplifièrent ce système. Un unique tirage au sort détermine le rang de

(1) Etats 1806 et 1810 (R/1, 23 *bis* et 24).

(2) Ce changement, qui attestait encore la prépondérance des autorités locales, avait été autorisé par l'article 4 du titre I de la loi du 17 ventôse an VIII et des instructions ministérielles du 28 vendémiaire an XII (R/1, 23) ; il avait été nécessaire car la plupart des communes ne pouvaient fournir chacune un conscrit. — Procès-verbaux des commissions de Bligny-sur-Ouche et de Beaune (11 et 15 frimaire an XII. R/1, 23).

tous les conscrits auxquels la loi n'accorde pas d'exemption de service militaire (1). Les inscrits sont appelés suivant le nombre d'hommes demandés à chaque canton. La distinction des contingents de l'active et de la réserve persiste *mais* son importance pratique a beaucoup diminué car les dates de mise en route se rapprochent de plus en plus ; elle disparaîtra lors de la levée de la première classe 1810 (2). Les conscrits restants sont placés au dépôt qui pourvoira aux appels extraordinaires, supplémentaires et complémentaires. Le dépôt est divisé en deux groupes ; dans le premier *figurent* les jeunes gens qui ne doivent qu'à leur numéro de demeurer dans leurs foyers ; c'est le dépôt de fait. Dans le dépôt de droit sont classés les conscrits auxquels la loi accorde un sursis en raison de leur situation de famille (3).

La législation impériale prévoit divers moyens de corriger *les effets du tirage* au sort. Avant de procéder à cette opération, les jeunes gens sont avertis *qu'ils ont le droit* de désigner eux-mêmes les recrues par entente amiable ; un délai suffisant leur est accordé dans ce but. Il ne semble pas qu'en Côte-d'Or on use volontiers de cette intéressante faculté accordée par l'arrêté de thermidor an X (4). Après le tirage, les conscrits peuvent changer leur numéro respectif par une *substitution*. D'ordinaire l'échange ne s'opère pas gratuitement ; on constate que certains jeunes gens ne s'y prêtent que pour éviter la ruine financière de leurs parents (5). Le substitué part au lieu du substituant mais celui-ci continue de figurer sur les

(1) Sont seuls exemptés les hommes mariés, les sous-diacres, les grands-prix de Rome (Poullet, n° 1216 ; circulaire 1808 § 46 ; 1811 § 17. R/1, 24), les membres de l'Université pour lesquels le recteur demande l'exemption et qui font partie de ce corps depuis plus d'un an (Archives de l'Académie de Dijon ; grand-maître au recteur, 26 janvier 1813, 27 avril, 27 novembre 1813).

(2) L'active de 1806 est appelée en août, la réserve en octobre ; les deux portions du contingent de 1808 sont levées en mai et en juin. *Cf.* Vaillant, II, p. 42, 78.

(3) Rentrent dans cette dernière catégorie le frère d'un conscrit actuellement sous les drapeaux, le fils unique de veuve, l'aîné de trois orphelins, le fils dont le père âgé de 71 ans vit de son travail.

(4) Procès-verbaux des commissions de Bligny-sur-Ouche et de Beaune (R/1, 23). *Journal*, 15 brumaire an XI : « nulle part... les conscrits n'ont été désignés de gré à gré ».

(5) *Journal*, 25 janvier, 1er février, 22 février 1807.

listes de conscription avec son nouveau numéro et un second appel peut le faire rejoindre ; il n'obtient qu'un sursis assez aléatoire. Aussi bien le nombre des substitutions est-il faible ; sur les 1.243 conscrits demandés à la classe 1806, on compte 31 substituants ; la classe 1810 sur 1.286 recrues n'en comprend que 18 (1). Au procédé de la substitution on préfère, en général, celui du remplacement.

La faculté de se donner ce que la langue du temps nomme un suppléant est une innovation du Consulat. Elle fut d'abord soumise à une autorisation administrative et motivée par la situation sociale ou scolaire des intéressés ; la loi de l'an X l'accorda sans condition à tous les conscrits. En pratique il est rendu assez malaisé par les qualités exigées du remplaçant et fort onéreux par les risques auxquels il s'expose. Le suppléant doit être libéré du service militaire, faire partie de certaines classes déterminées, présenter une taille plus élevée et des aptitudes physiques plus développées que celles du conscrit. S'il n'est pas agréé par l'officier ou le conseil de recrutement ou s'il abandonne son corps avant deux ans, le suppléé peut durant un court délai proposer un nouveau remplaçant ; en cas d'impossibilité, il est tenu de servir en personne. Le remplacement ne procure donc qu'un sursis et non une exemption. Le conscrit qui y a eu recours demeure inscrit sur les registres militaires ; lors d'un nouvel appel, il devra, s'il est désigné pour partir, fournir un second remplaçant (2).

Le nombre des conscrits qui se font remplacer n'est pas aussi élevé qu'on serait disposé à le présumer. La classe 1806 en compte 51 sur 1.243 recrues ; celle de 1810, 66 sur 1.286 ; la moyenne paraît s'établir autour du 20e du contingent (3). En pratique, un remplacement suppose trois actes juridiques successifs. Le futur remplacé recherche un suppléant ; il fait paraître des annonces dans le *Journal de la Côte-d'Or* ou dans les *Affiches de Dijon ;* il s'adresse à un notaire ou à des

(1) Etats (R/1 23 *bis* et 24).

(2) Cf. par exemple arrêté préfectoral, 10 août 1807 (R/1, 23).

(3) Etats (R/1, 23 *bis* et 24).

agences plus ou moins honnêtes (1). Les deux parties débattent les diverses clauses du contrat et rédigent, très souvent devant notaire, la convention. Puis remplacé et remplaçant se rendent devant le sous-préfet de l'arrondissement où réside le premier. Ils lui déclarent leur intention en faisant mention du contrat déjà conclu. Le sous-préfet dresse acte authentique de cette déclaration et en avertit l'autorité militaire. L'officier départemental de recrutement donne son avis qui, suivant les époques, est écrit et indispensable pour l'acceptation du remplaçant ou simplement oral et facultatif. Le conseil de la commune ou la commission cantonale et, depuis l'an XIII, le conseil de recrutement prononce l'admission du suppléant.

Parmi les clauses du contrat de remplacement, les plus intéressantes concernent la fixation et le versement de l'indemnité due au remplaçant. Les sommes promises sont des plus variables et ne paraissent pas s'être fort accrues au cours des guerres impériales. En l'an XIII, on paie 1.900, 2.250, 2.400, 2.800, 3.000 et 3.600 francs ; en 1806, on trouve des remplaçants pour 3.000 ou 4.500 francs et en 1811 pour 4.000 francs ; en 1812 on offre une rente viagère de 200 francs. Le remplacé doit en outre légalement cent francs pour frais de petit équipement. D'ordinaire, on stipule qu'une faible partie du prix sera versée de suite ; parfois un second versement aura lieu à l'arrivée au corps. Mais souvent le remplacé réclame de plus longs délais ; il a pour s'acquitter, 4, 5, 9, 10 ans. Pendant ce temps, il doit les intérêts en général à 5 0/0, parfois à 6 ou à 10 0/0. Une précaution élémentaire est de retarder le paiement jusqu'après l'expiration des deux ans durant lesquels le remplacé est personnellement garant de la présence au corps de son suppléant. Il arrive que l'on se prémunisse d'avance d'un remplaçant, que l'on prévoie le passage du suppléé dans le contingent actif ou que le remplaçant se réserve la faculté de conclure semblable convention avec des conscrits moins favorisés par le tirage ;

(1) Du moins le ministère de la police générale les qualifie-t-il de « suppôts des Anglais » et prescrit-il au préfet de les surveiller avec rigueur (10 vendémiaire an XIII. R/1, 23 *bis*). *Journal*, 5 frimaire an XI, 26 avril 1807 ; 19 janvier 1809 ; 21 janvier 1810 ; 25 avril 1811. *Affiches*, 29 mars, 30 août, 8 novembre 1812.

des arrhes ou des remboursements sont alors indiqués. D'après la fréquence des annonces du *Journal* et des *Affiches* il semble que même à la fin de l'Empire il fut assez aisé de se procurer un remplaçant ; des hommes mariés acceptent de le devenir (1).

En dehors de la substitution et du remplacement, le conscrit désireux de ne pas servir dans les armées impériales dispose d'un autre moyen légal dont l'efficacité est beaucoup plus assurée. Il peut se marier. Or les hommes mariés sont dispensés de prendre part aux tirages même si leur mariage est postérieur au premier appel adressé à leur classe. C'est l'unique procédé que l'on puisse employer pour se libérer complètement de toute préoccupation militaire. Car les classes qui ont satisfait à un premier appel restent exposées à de nouveaux si un article de la loi ou du Sénatus-Consulte ne les exempte formellement. Cette faveur fut accordée aux classes VIII à XIV par le Sénatus-Consulte du 10 septembre 1806 et aux conscriptions de 1806 à 1810 par celui du 5 octobre 1809. En 1813 Napoléon ne tiendra aucun compte de ces dispositions légales et de ces déclarations solennelles tandis qu'il respectera l'exemption des hommes mariés. Bon nombre de jeunes côte-d'oriens préférèrent la vie conjugale à celle des camps au grand désespoir des administrateurs qui craignent de ne plus rencontrer assez de conscrits célibataires et assurent que « la génération qui s'élève depuis 2 ou 3 années ne promet pas de belles races d'individus » par suite d'unions souvent d'âges disproportionnés (2). L'entrée dans le clergé ou dans l'Université impériale dispense également de tout service militaire ; mais l'empereur veille à ce que le recrutement de ces deux corps ne nuise point à celui de l'armée et Mgr Reymond et Jacotot secondent les vues impériales (3).

(1) Les liasses R/1 23 *bis* et 24 contiennent grand nombre de ces contrats et de déclarations devant le sous-préfet de Beaune. *Affiches*, 1, 29 mars 1812 ; 3 avril 1812.

(2) Sénatus-Consultes (R/1, 24) et décrets rendus en conformité. Par ex. octobre 1809 : « les conscrits des mêmes classes qui ayant satisfait à la conscription n'auront pas été appelés... seront libérés. Il ne sera levé sur ces classes aucun nouveau contingent ». Vaillant, II, p. 46 ; Cossé-Brissac au 2e arr. police, 25 octobre 1813. (F/7, 3590).

(3) Préfet au sous-préfet de Beaune, 1er avril 1811 (R/1, 24) ; au min. Intérieur, 21 septembre 1813 (F 1c/III, Côte-d'Or 7) Bull. d'hist...., diocèse de Dijon, 1885, p. 13. Archives de l'Académie de Dijon.

Durant son règne, la rigueur des lois militaires s'accroît. C'est ainsi que les conscrits réformés doivent à chaque nouvelle levée subir un nouvel examen médical, que les réformes prononcées par le sous-préfet se transforment en simples indications dont le conseil de recrutement fera tel usage qu'il jugera, que ce conseil peut, en toute circonstance et indépendamment d'un appel général, annuler une réforme par lui accordée. Dans de longues et minutieuses instructions, les ministres de l'administration de la guerre ou les directeurs-généraux de la conscription s'efforcent encore d'augmenter la précision et la sévérité des décrets impériaux. Leur appréhension de laisser échapper un soldat possible provoque parfois les réclamations des préfets de la Côte-d'Or. Lecoulteux demande le placement au dépôt de droit des conscrits dont un frère serait sous les drapeaux, soit comme engagé volontaire, soit comme appelé en vertu des lois antérieures à l'établissement de la conscription (19 fructidor an VI=5 septembre 1798). L'assimilation de ces jeunes gens à ceux dont le frère est dénommé conscrit lui parait chose toute naturelle. Tel n'est pas le sentiment du comte Dumas qui répond : « Convaincu... que l'exécution rigoureuse des règlements relatif à la conscription est le plus sûr moyen d'en tempérer les effets et de continuer d'en obtenir de bons résultats, je ne me relâcherai sur aucun point (1). »

Comment les populations de la Côte-d'Or ont-elles accueilli les levées impériales et les rigueurs ministérielles? Les témoignages des organes de l'opinion officielle s'accordent à constater leur « esprit de soumission ». Le *Journal de la Côte-d'Or* affirme qu'il « est peu de départements qui présentent moins de réfractaires ». Les préfets déclarent que les opérations des diverses conscriptions se passent dans le calme le plus parfait et avec la plus grande facilité. Selon leurs rapports aux ministres il ne se produirait ni rébellions, ni évasions, et le nombre des déserteurs et des réfractaires serait infime. Tout au contraire les conscrits manifesteraient les meilleures dispositions. Riouffe écrit en mars 1807 : « Tous les départs sans exception

(1) Instructions ministérielles 1807, 1811, 1808 (R/1, 24). Préfet au directeur, 23 février 1810 ; réponse 10 avril 1810 (R/1, 24).

s'effectuent en chantant. » L'année suivante Molé signale « leur amour pour la personne sacrée de S. M. et leur désir ardent de voler pour combattre sous un tel chef ». En 1811, Lecoulteux a « vu... la jeunesse de ce département voler avec zèle et même avec enthousiasme à la défense de la patrie ». Cette conviction est partagée par des hommes moins portés à l'optimisme et plus désintéressés dans le succès de la conscription en Côte-d'Or. Le ministre de la Guerre félicite en 1806 Riouffe de « l'esprit de soumission (qui) règne dans ce pays » ; le directeur général de la conscription, l'inflexible comte Dumas reconnaît dans une lettre à Lecoulteux en 1811 : « dans un département comme le vôtre... les lois de la conscription se sont toujours exécutées avec régularité (1). »

Cependant ministres et préfets se montrent parfois moins élogieux ou plus inquiets. Lecoulteux avance du 25 au 22 mai la date de départ de la levée supplémentaire sur les classes 1806 à 1810 « voulant éviter de conserver au chef-lieu de mon département une masse d'hommes... de crainte qu'ils ne retournassent dans leurs foyers dont ils étaient peu éloignés ». Les hommes partent mais avec une certaine lenteur dont les ministres font grief aux administrateurs de la Côte-d'Or. Guiraudet fut vivement tancé à plusieurs reprises pour ce motif ; Riouffe eut le même sort. Les conscrits manquants sont au nombre de 11 sur 781 en 1807, de 24 sur les 945 demandés aux classes de 1806 à 1809 en octobre 1808, de 5 seulement lors de la première levée de 701 recrues de la classe 1810 et de 18 sur les 903 de celles de la conscription de 1911. Ces chiffres, il est vrai, représentent la situation du contingent plusieurs semaines après la date légale de départ ; l'examen détaillé des lettres préfectorales ou des états divisionnaires montre que ces chiffres satisfaisants n'ont pas été atteints sans peines ni délais (2).

(1) *Journal*, 28 mars 1811. Préfet à police, 20 brumaire an XIV (R/1, 23 *bis*) ; au min. Intérieur, 4 juillet 1807 (R/1, 24). Préfet au 2e arr. de police, 6 mars 1807 ; 11 novembre 1808 ; 11 mai 1811 (Arch. Nat. F/7, 3590). Min. guerre au préfet, 4 avril 1806 ; directeur de la conscription au même, 17 octobre 1811 (R/1, 23 *bis* et 24).

(2) Préfet au 2e arr. de police, 30 mai 1809 (F/7, 3590). Min. guerre au préfet, 18 et 26 pluviôse an XI, 4 avril 1806 (R/1, 23 et 23 *bis*). Préfet au 2e arrondissement de police, 4 juillet 1807 ; 24 novembre 1808 ; 6 décembre 1808 ; 17 mars 1806 (F/7, 3590).

D'autres faits témoignent que tous les habitants de la Côte-d'Or ne manifestent pas « l'esprit de soumission » qui anime la majorité d'entre eux. Des conscrits se mutilent afin d'échapper au service militaire ; certains simulent des infirmités ou invoquent des « prétextes futiles ». Le conseil de recrutement examine ces conscrits avec soin ; les coupables sont envoyés aux bataillons de pionniers et signalés dans le journal départemental. Lecoulteux et Cossé-Brissac pensent ainsi diminuer le nombre des mutilés volontaires ou des simulateurs ; au dire de ce dernier, lors de la conscription de 1813 levée en 1812 « quelques exemples de sévérité ont produit le meilleur effet ». Les recrues valides et peu belliqueuses ne rejoignent pas leur corps ou le quittent ; elles deviennent réfractaires ou déserteurs. Un état dressé en août 1810 estime à 380 le nombre des réfractaires des classes des ans IX à XIV, c'est-à-dire au onzième environ des inscrits ; mais on observe que beaucoup des conscrits ainsi notés n'avaient plus leur domicile dans le département lors de la levée et que ce chiffre est par conséquent exagéré. Des classes 1806 à 1810, 162 jeunes gens sur 5.876 n'ont pas obéi à l'ordre de départ, soit un sur 36. L'année suivante, un document analogue compte 134 déserteurs sur les conscriptions des mêmes années. De temps en temps, les rapports préfectoraux signalent la présence de déserteurs appartenant à d'autres départements par leur origine (1).

Afin de ramener à l'armée réfractaires et déserteurs, le gouvernement et ses préfets en Côte-d'Or comme dans le Bas-Rhin, emploient d'abord la persuasion et utilisent l'intermédiaire du clergé. Une circulaire du directeur-général de la conscription recommande aux préfets : « Vous devez ouvrir le yeux des notables et des chefs de famille. Faites-leur sentir que leur intérêt propre est essentiellement lié à la répression de cette lâche injustice faite aux familles que la loi ménage... cette considération est particulièrement digne de l'influence des ministres de la religion ; elle doit se repro-

(1) *Journal*, 1er et 29 août 1811. Rapport au min. Intérieur, mars 1813 (Arch. Nat., F 1c/III, Côte-d'Or 7). Procès-verbal du conseil de recrutement, ventôse an XIII ; préfet au sous-préfet de Beaune, 3e complémentaire an XIII (R/1, 23 *bis*). Etats (R/1, 18/1). Rapport, 8 juillet 1811 : 83 réfractaires ou déserteurs côte-d'oriens et 143 d'autres départements (R/1, 24).

duire dans leurs exhortations ; il leur appartient... de la propager dans les esprits ». L'empereur désireux de mettre fin à l'habitude prise de se dérober au service militaire et à la vie hors-la-loi qui en est la suite, accorda par le décret du 25 mars 1810 une amnistie aux réfractaires et aux déserteurs ; elle était absolue pour les conscrits des classes antérieures à celle de 1806 ; pour les conscriptions postérieures, cette faveur était subordonnée à la soumission du délinquant qui aurait, d'ailleurs, le choix de son régiment (1).

Cette mesure de clémence et de politique eut de suite peu de succès en Côte-d'Or ; quatre conscrits seulement en profitèrent. Les autres continuèrent leur existence errante et périlleuse. La législation impériale devient, en effet, de plus en plus dure pour eux. Une circulaire du 18 août 1807 prévoit l'emploi des garnisaires. Toutefois elle en limite le nombre à 4, leur solde journalière à 1 fr. 50 et leur séjour à un mois ; elle recommande de n'y point recourir si la proportion des insoumis ne dépasse pas le huitième du contingent communal, si les parents ne sont pas complices et si l'esprit général des habitants n'est pas mauvais. Ces restrictions disparaissent dans le décret du 24 juin 1808 qui élève la solde à 4 francs par jour et établit la solidarité pécuniaire entre les habitants responsables des frais causés par l'envoi et le séjour des garnisaires. En outre les insoumis et leurs complices sont exposés à de fortes amendes que les tribunaux prononcent au maximum contre les contumaces mais que le Trésor ne peut recouvrer. Un cultivateur de Grancey est condamné à la prison et à l'amende parce qu'il a pris comme domestique un homme dont il a omis de vérifier la situation militaire et qui, en fait, se trouve être un déserteur (2). Tant de rigueurs sont à peu près inutiles. En 1810, sur 542 réfractaires, 325 n'ont pu être arrêtés ; les déserteurs échappent également aux gendarmes, aux gardes champêtres ou forestiers, aux soldats de la compagnie départementale que le préfet lance à leur poursuite,

(1) Circulaire du directeur de la conscription, 11 avril 1811 (R/1, 24) ; cf. 18 août 1807 (R/1, 18/1). Duvergier, XVII, p. 71. Cf. Darmstädter, XVIII, p. 540.

(2) Circulaire 17 août 1807 ; décret 24 juin 1808 ; états de 1811 (R/1, 18/1). *Journal*, 25 thermidor an XI. *Journal*, 3 février 1812.

Les maires ou les habitants les aident ; les forêts et les montagnes les cachent; les soldats de passage ou les conscrits arrêtés voient faciliter leur désertion ou évasion (1). Cependant, les cas de résistance ouverte sont rares et de peu d'importance. On traduit devant les tribunaux des paysans de Bard-le-Régulier et de Lonesme inculpés de recel et de complicité d'évasion. Le journal de la préfecture reconnaît que dans ces deux affaires les débats ont grandement atténué la gravité du délit ; les gendarmes ont fort exagéré le danger qu'ils auraient couru et ont omis dans leurs procès-verbaux les réponses par eux « malhonnêtement » faites aux autorités municipales ; le préfet Riouffe a déclaré « dangereux et punissables » quelques mots échappés au desservant et qui n'offrent rien que de naturel. Les juges se bornent à infliger un an de prison à un père qui a frappé d'un coup de bâton le gendarme qui arrête son fils et quinze jours de la même peine à un autre qui injurie la maréchaussée côte-d'orienne. Même chez ces insoumis « l'esprit de soumission » domine. En 1813 Cossé-Brissac constatera l'augmentation des amnistiés et aussi l'impossibité de parvenir à arrêter ceux qui refusent de profiter de la grâce impériale ; sur 142 déserteurs à poursuivre 43 ont rejoint, 34 sont inconnus ou décédés, 65 échappent « malgré les perquisitions fréquemment répétées » et « la mesure des garnisaires » ; des 161 réfractaires 13 meurent et 54 continuent à ne pouvoir être contraints de rejoindre leur corps (2).

3. — *Les levées spéciales.*

Les conscrits côte-d'oriens sont destinés à recruter principalement les troupes de terre (3). Il est difficile de préciser

(1) Inspecteur de la gendarmerie au préfet, 14 novembre 1806 (F/7, 8424). Etats 1811 (R/1, 18/1 ; parfois de zélés administrateurs municipaux traquent les conscrits insoumis et obtiennent ainsi les félicitations préfectorales (*Journal*, 7 janvier 1809). D'Hauterive, *La police secrète*.. II, p. 10, 59.

(2) *Journal*, 18 janvier 1807 ; 26 novembre 1811. Cf. F/7, 8424. Préfet au 2e arr. police (25 mai 1813. F/7, 3590) ; 135 et 120 amnistiés sur 277 et 281 déserteurs et réfractaires.

(3) Le décret du 28 octobre 1806 assigna 20 conscrits de ce département à l'artillerie de marine. Des arrêtés consulaires des 23 ventôse et 10 thermidor an XI, lui demandèrent une soixantaine d'ouvriers pour les arsenaux maritimes (R/1, 23 et 23 *bis*).

les armées et les corps de troupes dont ils firent partie car la correspondance ministérielle ou préfectorale n'indique que les lieux de dépôt et, à cette époque, il n'était pas rare que le même régiment eût des détachements dans diverses régions de l'empire. La formation de régiments provisoires, composés de bataillons ou d'escadrons empruntés à divers corps, le rappel de fractions détachées ou de cadres compliquent encore la recherche. Il semble que les recrues de la Côte-d'Or soient d'ordinaire dirigées sur l'Italie ; les 52e, 53e et 92e de ligne, le 7e cuirassiers, le 15e chasseurs, le 6e hussards, les 28e et 30e dragons en reçoivent beaucoup. Cependant, en 1806, les régiments stationnés à Boulogne et en 1809 ceux de Wesel furent en partie recrutés dans ce département ; les légions ou dépôts de Lille et de Grenoble, les fusiliers et conscrits de la garde figurent aussi sur les listes de répartition (1).

La Côte-d'Or doit également fournir son contingent aux troupes nouvelles que créent le Premier Consul et l'empereur et qu'ils organisent au moyen d'appels spéciaux. En l'an XI, le gouvernement consulaire demanda à chaque arrondissement d'envoyer quatre hommes recruter les grenadiers et les chasseurs de sa garde ; ils désiraient que ces recrues aient déjà fait la guerre, soient d'une taille assez élevée et âgés de moins de trente ans. Plusieurs maires certifièrent que leur commune ne comptait point d'anciens militaires présentant les qualités requises. Guiraudet dut avouer au ministre de la Guerre qu'il n'avait obtenu qu'un seul engagement (2).

Cet accueil peu encourageant fait à ses demandes d'engagements volontaires amena le Premier Consul à permettre la désignation des jeunes gens nécessaires aux vélites à pied et à cheval qu'il créa et réorganisa à différentes reprises. Ces corps d'élite, placés à la suite de la garde, devaient se recruter parmi les conscrits aisés ; les vélites à pied recevaient de leurs parents une pension annuelle d'au moins deux cents francs ; ceux à cheval étaient taxés à 300 et payaient leur équipement. Le contingent de la Côte-d'Or varia selon les années et les

(1) Décrets et états de répartition de 1808, 1809 (R/1, 21) ; Vaillant, II, p. 42, 50, 78, 273, 275, 276.

(2) Circulaire préfectorale, 30 germinal an XI ; préfet au min. guerre, 18 fructidor an XI (R/1, 12).

troupes de 4 à 20 hommes. Il fut malaisé de les réunir car beaucoup de conscrits de la taille exigée étaient réclamés par l'artillerie ou la grosse cavalerie et le taux de la pension paraissait trop fort. En l'an XII, le préfet écrit au ministre : « Quoique le contingent de mon département ne soit que de 16, nous aurons peut-être... beaucoup de peine pour le compléter ». Les engagés volontaires demeurèrent rares et ne se décident que par l'appât d'un rapide avancement. Les conscrits désignés rejoignent les dépôt de la garde avec lenteur; les autorités municipales doivent stimuler leur zèle (1).

Les familles tardent encore plus à verser les frais de l'équipement ou le montant de la pension. Durant l'an XIII le préfet Riouffe est assailli de réclamations continuelles émanant des bureaux du ministère ou des conseils d'administration intéressés. Le ministre de la Guerre presse Molé de poursuivre les débiteurs négligents ; il signale à Lecoulteux un « arriéré considérable » parce que « des parents... n'ont rien payé depuis plusieurs années ». Cette attitude s'explique parfois par le manque total de nouvelles de leur fils dont se plaignent certains parents (2).

Malgré ces difficultés Napoléon persista dans cette idée ingénieuse de faire payer par les familles la solde de ses soldats et de relever en même temps le niveau intellectuel et social de ses grognards. En 1806, une compagnie d'artillerie fut constituée sur le modèle des vélites à cheval ; deux ans auparavant on avait formé des bataillons de la garde à pied sur celui des vélites à pied. Les volontaires ne furent pas plus nombreux à s'engager dans ces nouveaux corps de troupes (3).

(1) Décrets 30 nivôse an XII, 2e *complémentaire* an XIII, 11 juin 1806 : préfet au min. *guerre*, 4 ventôse an XII ; au *général* Veaux, 24 ventôse an XII ; maire de Montbard au préfet, 2 nivôse an XIV ; *adjoint* de Dijon au *même*, 12 mars 1806 (R/1, 12).

(2) Min. guerre au préfet, 1er pluviôse, 1er *germinal* an XIII, 1er septembre 1807, 15 mars 1808, 14 octobre 1811 ; conseil d'administration, colonel *major* et quartier-*maître*-trésorier de la garde à pied au même 10 thermidor an XIII, 29 janvier et 19 *février* 1806 (R/1, 12). Lettre du cultivateur Rouyer : « il seroit bien malheureux *pour moi* d'être obligé de payer une somme *pareil* parce que je n'ai reçus aucune *nouvelle* de luy depuis la *bataill d'osterlys* ;... je voudrois... une extrait mortuaire *affin de me rendre* ainsy que ma femme tranquille » (2 décembre 1806. R/1, 12).

(3) Décrets ; registres ; la pension fut unifiée à 300 francs en 1806 (R/1, 12).

Une pensée différente inspira la création de compagnies de voltigeurs par l'arrêté consulaire du 22 ventôse an XII (13 mars 1804). Le Premier Consul songeait à constituer une infanterie montée; aussi demandait-il des conscrits « de la plus petite taille ». Il n'hésita point, pour en obtenir, à prescrire un second examen des hommes définitivement réformés pour défaut de taille. Le contingent imposé à la Côte-d'Or dans cette levée anormale de 5.616 soldats fut de 56. Bien que le nombre des jeunes gens susceptibles d'être incorporés dans les voltigeurs se soit élevé à 1.179, le préfet dut faire procéder à plusieurs tirages avant de pouvoir atteindre le nombre obligatoire. Les années suivantes, il fut pourvu au recrutement des nouvelles troupes par un prélèvement sur la conscription régulière (1).

Deux autres levées spéciales présentent un caractère particulier. En 1809 et en 1812, une partie des gardes nationaux de la Côte-d'Or fut mobilisée. A l'annonce de l'expédition anglaise qui menaçait Anvers, les ministres durent, en l'absence de l'empereur et de ses armées guerroyant en Autriche, organiser la défense des côtes belges. On mobilisa les dépôts, on rassembla les gendarmes, on appela les troupes hollandaises. Enfin, on leva des gardes nationales.

Le ministre de la Police générale, Fouché, mit en mouvement celles des départements les plus éloignés. Il écrit au préfet de la Côte-d'Or de préparer la levée de 1.000 gardes, le charge de nommer provisoirement les officiers et de pourvoir à l'armement. Lecoulteux répartit le contingent réclamé entre les arrondissements, excite l'enthousiasme de ses administrés par des communiqués au Journal départemental et stimule le zèle des fonctionnaires. Il ordonne d'ouvrir des registres d'engagements volontaires. Le nombre de ceux-ci ne dépassa pas 44 à Dijon et la plupart n'avait qu'une portée morale. Que pouvait-on, en effet, attendre de plus que cette preuve de patriotisme du capitaine Denis Rousselot, âgé de 71 ans et comptant 52 ans de services militaires ou d'autres anciens soldats plusieurs fois blessés ? Quelques-uns des volontaires sont

(1) Arrêté 22 ventôse an XII ; 16 germinal an XIII ; procès-verbaux 27 floréal, 19 prairial, 24 prairial (R/1, 23).

moins désintéressés. Un ex-colonel de hussards « en surveillance... comme aide-de-camp de Pichegru » veut témoigner de son loyalisme ; un protégé de la municipalité d'Auxonne espère être récompensé par le grade d'officier (1).

Les 1.000 recrues se réunissent au chef-lieu, s'habillent et s'organisent ; elles commencent leur instruction militaire. Lecoulteux a fort à faire pour leur fournir la solde, les vivres, le costume, l'équipement, les armes. Fouché lui suggère de provoquer l'allocation par les communes d'une indemnité journalière de deux francs à chaque garde ; sur ces quarante sous, le département en retiendrait dix pour se rembourser de ses avances. Plus tard l'empereur décida que l'administration de la Guerre fournirait l'habillement et l'équipement (2).

Toute cette correspondance, toute cette agitation demeurèrent inutiles. La longue résistance de la forteresse de Flessingue et les fièvres de l'île de Walcheren rendirent vaine et désastreuse la grande expédition britannique. Napoléon, surpris de l'activité de Fouché et inquiet de ses véritables intentions, blâma les mesures prises par le ministre de la Police et, en particulier, l'appel des gardes nationaux de la Côte-d'Or. Fouché s'empressa de donner contre-ordre à Lecoulteux dans une lettre confidentielle du 4 octobre. Il lui recommanda de licencier le bataillon côte-d'orien « sans éclat » et d'achever, cependant, les listes de contrôle, de conserver les divers états dressés, de répartir sur le papier les gardes en compagnies et de prévoir ceux qui éventuellement pourraient devenir officiers (3).

En 1812, un Sénatus-Consulte du 13 mars sous prétexte de réorganiser la garde nationale décida la levée de cent cohortes composées de conscrits des classes 1807 à 1812. Les hommes mariés étaient dispensés et ceux qui avaient déjà fourni un

(1) Circulaire du min. police, 25 août 1809 ; min. au préfet, 26 août. *Journal*, 3, 21, 24 septembre 1809 (R/4, 9). Sur 44 engagements, 7 seulement émanent de civils (Registres ; préfet au sous-préfet de Beaune, 30 septembre. R/4, 9).

(2) *Journal suprà*. Circulaire 14 septembre ; 2e arr. de police au préfet, 25 septembre 1809 (R/4, 9).

(3) *Correspondance*, XVIII, 15866, 15883. Cf. Guillon, *Complots militaires*, p. 154-168. Lettres confidentielles de Fouché au préfet, 4 et 10 octobre 1809 (R/4, 9).

remplaçant étaient placés dans le 2e ban. Les formes de cette levée sont celles des conscriptions ordinaires; les réformés subissent un nouvel examen : on suit l'ordre des numéros tirés au sort en tenant compte des cas de mise au dépôt de droit; les recrues peuvent se procurer un substitué ou un remplaçant. L'uniforme est semblable à la tenue de la ligne. C'est une véritable conscription déguisée par le nom et atténuée par la promesse de n'employer ces troupes qu'à l'intérieur des frontières de l'empire. La Côte-d'Or eut à constituer la 55e cohorte. Le préfet procéda à la désignation des 888 gardes nécessaires et, plus tard, de 88 hommes destinés à servir comme fourriers, tambours et caporaux. Ces recrues semblent avoir répondu à l'appel avec « l'esprit de soumission » habituel des conscrits de ce département. Au mois de juin il ne manque que 26 jeunes gens résidant hors de la Côte-d'Or; le préfet prévoyait leur remplacement par d'autres gardes. Réunie à Dijon, la 55e cohorte s'organisa; le sénateur Villemanzy la passa en revue et se déclara satisfait. L'empereur avait d'abord décidé de la comprendre dans la 10e brigade et la réserve générale de Paris; bientôt il en ordonna le départ pour la Hollande, dont la récente réunion à l'empire n'avait pas augmenté les sympathies pour le régime impérial. Dédaigneux des promesses de son décret du 14 mars, il songea en juin 1812 à renforcer par la 10e brigade de cohortes la garnison de Berlin! Les gardes mobilisés de la Côte-d'Or auraient été ainsi compris dans ces troupes qui furent anéanties en allant à la rencontre des débris de la Grande-Armée détruite par la retraite de Russie. Mais l'empereur se ravisa et la 55e cohorte demeura à Utrecht (1).

4. — *Les forces de police locale*

Ces gardes nationales ainsi mobilisées sont à peu près les seules troupes de cette catégorie que les habitants de la Côte-d'Or aient constituées sous le régime impérial. A diverses reprises les autorités civiles et militaires auraient désiré orga-

(1) Préfet au 2e arr. de police générale, 12, 24 juin 1812 (Arch. Nat., F/7, 3616). *Journal*, 22 mars, 4, 30 avril, 15 octobre 1812. *Correspondance*, XXIII, 18549, 18626, 18723, 18806.

niser celles des principales villes afin d'assurer la police locale et surtout la garde des prisonniers de guerre. Le général Sionville et le maire Ranfer de Bretenières s'efforcèrent de convaincre les Dijonnais de cette nécessité en frimaire an XIV sans y réussir. Depuis longtemps les citoyens du chef-lieu négligeaient de servir en personne; beaucoup auraient souhaité de voir établir dans leur commune une garde soldée. Même indifférence à Beaune ; même projet à Auxonne (1). Le décret du 8 vendémiaire an XIV (30 septembre 1805), qui avait créé les *gardes nationales réorganisées*, ne fut pas mis à exécution dans ce département. En 1810, le préfet croit pouvoir attester au Directeur-général de la Conscription que la garde nationale a cessé d'exister en Côte-d'Or.

L'affirmation de Lecoulteux est exagérée. Outre les postes composés de remplaçants soldés dans les villes, les populations n'avaient pas complètement oublié dans les campagnes l'institution révolutionnaire du soldat-citoyen. De temps en temps, des détachements se forment à l'effet d'escorter les autorités, de rehausser l'éclat des cérémonies publiques ou de pourchasser les malfaiteurs. A Vitteaux, par exemple, des gardes arrêtent des brigands qui venaient de dévaliser une voiture ; les voleurs se défendirent, les gardes en tuèrent ou blessèrent plusieurs. Napoléon accorda à leur chef, le sieur Durandeau, l'étoile de la Légion d'honneur et prescrivit de le féliciter en son nom ; la remise de la décoration eut lieu avec beaucoup de solennité (2).

Ce n'est qu'à la fin de 1811 qu'on retrouve dans les villes ou dans les bourgs trace de gardes nationales actives. Celles de Beaune et de Nuits se fatiguent à escorter continuellement des convois de réfractaires traversant le département ; le préfet demande qu'elles reçoivent le logement et la nourriture comme les troupes régulières (3). A Dijon, la municipalité et

(1) *Journal*, 15 pluviôse, 25 messidor an XIII. Maire d'Auxonne au préfet, 25 fructidor an XI; arrêté du maire de Beaune, 23 brumaire an XIV (R/4, 9).

(2) Préfet au min. guerre, 4 décembre 1810 (R/4, 9). *Correspondance* XVI, 13313, 31 octobre 1807. Procès-verbal 15 novembre 1807 (F/7, 3668); bulletin police 4 décembre 1807 (F/7, 8553).

(3) Préfet au maire de Beaune 27 septembre 1811 ; au directeur général de la conscription 8 novembre 1811 ; directeur au sous-inspecteur des revues 15 novembre (R/4, 9).

les citoyens hésitèrent plus d'une année à céder aux exhortations de Lecoulteux. Cependant le besoin d'une force de police était évident ; en mars 1810, on avait dû faire garder les prisonniers par les pompiers. Ce n'est cependant que le 18 décembre 1811 qu'un arrêté municipal réorganisa la garde nationale dijonnaise. Tous les hommes valides de 20 à 60 ans en faisaient partie ; ils étaient prévenus 48 heures à l'avance du jour où ils auraient à prendre leur service ; moyennant trente sous, ils pouvaient obtenir un remplaçant. La nomination des officiers eut lieu par élection conformément à la loi organique du 28 prairial an III (16 juin 1795). Le ministre de l'Intérieur, tout en admettant que seule cette loi justifiait et réglementait la formation des gardes nationales côte-d'oriennes, refusa d'en laisser élire les chefs. Ce procédé lui semblait, en effet, incompatible avec « nos institutions actuelles ». Il décida que le préfet choisirait les officiers sur la proposition du maire. Le colonel de la milice dijonnaise fut le sieur de Montherot « jouissant d'une fortune aisée, libre de son temps » ; il fut secondé par trois officiers retraités et par « de bons bourgeois ». De Montherot s'intéressa fort à l'exécution de l'arrêté du 18 décembre ; les préfets signalèrent aux ministres son zèle et son activité tandis qu'ils constatèrent la négligence des officiers et des gardes. Les citoyens se dérobent volontiers à l'obligation du service personnel et préfèrent payer un remplacement. A cette dépense de trente sous par jour lorsqu'ils sont appelés se borne leur participation à la police de la ville (1).

Aussi bien les bourgeois de Dijon avaient-ils accueilli favorablement la création d'une compagnie de réserve départementale. Sous ce nom le décret du 24 floréal an XIII (14 mai 1805) avait prescrit la formation de troupes locales destinées à seconder la gendarmerie. La compagnie de la Côte-d'Or se compose de 101 soldats, 2 tambours, 8 caporaux, 4 sergents et 3 officiers. Ces derniers sont nommés par l'empereur et choi-

(1) Adjoint de Dijon au préfet 31 mars 1810 ; préfet au maire 22 août 1811, arrêté municipal 18 décembre ; min. Intérieur au préfet 4 février 1812. La garde nationale fut également réorganisée à Châtillon (sous-préfet au préfet 22 avril 1812). (R/4, 9).

sis parmi les militaires en retraite ou en réforme (1). Les grades subalternes sont à la nomination du préfet (2). Les hommes sont tirés au sort parmi les conscrits de réserve des ans IX à XIII. On prévoyait aussi le recrutement par engagement volontaire mais ce procédé ne put fonctionner en pratique. Cependant, le gouvernement impérial continua de considérer ces engagements comme le mode normal de combler les vides au cours des années suivantes ; les préfets s'efforcent en vain de stimuler le zèle des maires et de leurs administrés. Ils doivent solliciter des ministres l'indication de moyens plus efficaces. On leur répond de rechercher les jeunes gens qui ont pu échapper à la conscription, de procéder à un nouvel examen des hommes réformés, de vérifier notamment si la taille de certains d'entre eux ne s'est pas augmentée, d'employer les déserteurs ou réfractaires qui bénéficieraient de l'amnistie accordée par le décret du 25 mars 1810. Ces expédients sont insuffisants ; il faut que le ministre permette aux préfets de compléter leur compagnie par des conscrits des dépôts en 1806, de la conscription régulière en 1809 et en 1810 (3).

Les ministres et l'empereur ne cessent, par contre, de prélever sur cette compagnie des soldats exercés. De même que celle de l'Allier, la compagnie de la Côte-d'Or ne peut avoir son plein effectif. En l'an XIII, elle envoie 11 fusilliers à la garde ; en 1806, 29. Deux ans après, on lui demande 43 cavaliers et des instructeurs pour les dépôts des Pyrénées. Les décrets du 24 janvier et du 8 octobre 1810 lui enlèvent 36 soldats au profit des régiments de la garde municipale de Paris et de gardes nationales incorporés dans la garde impériale. En

(1) La compagnie fut d'abord commandée par le capitaine Berger, ex-chef de bataillon au 13e léger, le lieutenant Lanet et le sous-lieutenant Dagnier ; en 1808, Berger démissionna et fut remplacé par Denis, capitaine en retraite du 59e de ligne (min. guerre 20 fructidor an XIII, 14 avril 1806, 25 janvier 1808. R/1, 13).

(2) C'est-à-dire en pratique des officiers de recrutement (capitaine de recrutement au préfet 2 vendémiaire an XIV ; tableaux et contrôles. R/1, 13).

(3) Procès-verbal du tirage 11 fructidor an XIII (R/1, 13). Préfet au directeur de la conscription 11 août 1807 ; 5 février 1808 ; 4 janvier 1811 ; min. Administration de la guerre au préfet 26 mars 1807, 2 décembre 1806 ; décrets 8 octobre 1810, 25 mars 1810, 3 janvier 1812 ; arrêté préfectoral 18 octobre 1810 ; préfet aux maires, 6 décembre 1806, 14 janvier 1812 (R/1, 13). Cf. Dunan, p. 106-126.

1811, 10 soldats départementaux deviennent artilleurs dans la ligne et 21, pupilles dans la garde. La compagnie, par suite, ne fut jamais au complet. Le préfet accuse un déficit de 22 hommes en 1808 et de 56 en 1810 sur 101 (1).

Ainsi réduite, la compagnie ne peut assurer les services dont elle est chargée. Le préfet doit refuser l'envoi de détachements de 10 ou de 15 hommes pour surveiller les magasins et les convois d'artillerie d'Auxonne et hésite malgré plusieurs tentatives de vol à accorder un factionnaire au payeur général. La poudrerie de Vonges est dépourvue de garde jusqu'en mai 1808. Comme dans l'Allier, le 10 août 1810 le capitaine est contraint de supprimer la sentinelle placée à la porte du général Veaux et le poste de la mairie ; il a le plus pressant besoin de ces 4 fusilliers et du caporal. Les autres détachements qui font la police de Dijon sont placés à la préfecture, à la caserne des prisonniers, à l'hôpital, au quartier de la compagnie et comptent en tout 17 soldats ou sous-officiers. Le reste de la petite troupe escorte les prisonniers et les réfractaires, poursuit les déserteurs, veille parfois aux magasins militaires. On la rassemble tout entière pour assister aux funérailles du général divisionnaire ou aux messes militaires restaurées en décembre 1808 par le général Fresia ou pour patrouiller certaines nuits particulièrement tumulteuses ; elle présente alors une force d'une trentaine d'hommes. Ces services supplémentaires fatiguent les soldats dont les nuits de repos sont rares. Le lieutenant s'en plaint au préfet en frimaire an XIV ; le maréchal Moncey attribue à ce surcroît de besogne l'insuffisance de l'instruction militaire ; le capitaine a peine à assurer à ses hommes trois nuits par semaine (2).

La compagnie de réserve départementale est composée de conscrits ; elle a des attributions analogues à celle de la gen-

(1) *Statistique*, II, p. 42, 277, 278. Préfet au directeur de la conscription 5 février 1808 ; min. guerre au préfet 25 septembre 1806 (R/1, 13). Cf. Dunan, p. 106-126.

(2) Préfet au directeur de la conscription 5 décembre 1806, 5 février 1808 ; préfet au capitaine 16 septembre 1807, 16 décembre 1808 ; capitaine au préfet 17 janvier 1813 ; le même au maire de Dijon 10 août 1810 (R/1, 13 ; R/4, 9). Lieutenant au préfet 25 frimaire an XIV ; capitaine au maire 10 août 1810 ; min. guerre au préfet 31 août 1807, 13 juillet 1808 (R/1, 13 ; R/4, 9) Cf. Dunan, p. 87.

darmerie et de la garde nationale ; son caractère distinctif est sa dépendance directe et absolue du préfet. Il la recrute, en administre le budget, détermine l'emploi de ses forces ; il en est le chef unique. Le décret de création lui confère « la même autorité et les mêmes droits que les colonels ont sur les officiers... et les soldats des régiments... qu'ils commandent ». Les ordres des généraux divisionnaires et des ministres sont transmis au capitaine par le préfet, même si la ville est en état de siège. Les officiers de ligne ne peuvent commander la compagnie départementale qu'en cas de mobilisation ou d'autorisation spéciale de l'empereur ou du préfet. Celui-ci est libre de ne pas déférer aux demandes qui lui sont faites par des autorités civiles ou militaires de détachements utiles à la police de la commune ou « à la sûreté de la place ». Les préfets de la Côte-d'Or prirent fort au sérieux leur rôle de colonels d'une cinquantaine d'hommes. Durant la nuit de Noël 1811 25 soldats départementaux patrouillent à travers Dijon. Lecoulteux s'inquiète ; il n'a pas été prévenu ! Le capitaine est mis de suite aux arrêts et menacé des foudres ministérielles ; le maire reçoit de vifs reproches ; le général divisionnaire et le commandant de place doivent adresser au préfet des lettres d'excuse et protester de la pureté de leurs intentions. D'ordinaire, l'omnipotence préfectorale est respectée. Le commissaire des guerres signale au préfet la nécessité de mettre fin aux querelles du lieutenant Lanet et du sous-lieutenant Dagnier ; le commandant de place sollicite de lui l'envoi de détachements aux cérémonies funèbres ou religieuses ; les officiers de la compagnie lui écrivent : « Mon colonel » et les simples soldats lui rappellent : « J'ai servi sous vos ordres (1). »

Cette très préfectorale compagnie de réserve coûte assez cher au département dont elle assure imparfaitement la police. Napoléon avait imposé aux budgets locaux toutes les dépenses de la nouvelle troupe qu'il se préparait en l'an XIII Le vingtième des revenus communaux, une partie des octrois, une

(1) Décret organique art. 18, 25 (Duvergier, XV, p. 251). Préfet au maire de Dijon, au capitaine ; capitaine au préfet 26 décembre 1811 (R/1, 13). Commissaire des guerres Huguet au préfet 21 avril 1808 ; capitaine commandant au même 15 décembre 1808 ; lieutenant Lanet au même 4 avril 1808 ; caporal Cl. Meurgey au même 23 mai 1812 (R/1, 13).

fraction des centimes additionnels furent employés à en payer la solde, la nourriture, l'équipement. Le costume, d'abord bleu-ciel avec collet et parements noirs, devint blanc en 1808 ; ce changement de couleur, motivé par un désir d'économie, ne profita point aux finances départementales car le trop prévoyant Lecoulteux venait de faire renouveler l'habillement de sa compagnie. L'armement, payé également par le département, demeura toujours défectueux et incomplet (1).

Les forces de police locale comprennent encore en Côte-d'Or une compagnie de gendarmerie forte de 22 brigades ; chacune d'elles compte un maréchal-des-logis ou un brigadier et cinq gendarmes. Le capitaine Marinet semble avoir toujours dirigé cette partie du 1er escadron de la 21e légion. Les préfets louèrent volontiers l'activité et le courage des gendarmes de la Côte-d'Or bien que souvent ils jugent leurs procès-verbaux exagérés et ne partagent pas leur tendance à voir partout des rassemblements séditieux ou de dangereux conspirateurs (2).

5. — *Les services de l'intendance*

Les autorités civiles collaborent avec l'inspecteur aux revues, le payeur divisionnaire et le commissaire-ordonnateur comme avec l'état-major de la division et les officiers de recrutement.

Les maires sont chargés de fournir aux troupes de passage le logement et la nourriture ; les sous-préfets font fonctions de commissaires et délivrent aux chefs de corps les mandats relatifs aux fournitures et aux indemnités diverses ; le préfet détermine la liste des lieux d'étapes. Cette partie des attributions préfectorales ne laisse pas d'être ardue. La Côte-d'Or est souvent traversée par des régiments de toute nationalité ou

(1) Décrets 30 thermidor an XIII, 12 juillet 1808 ; préfet au min. guerre 15 janvier 1808 ; min. guerre au préfet 25 juillet 1811 ; min. Intérieur au même, 19 mai 1812 ; capitaine au même 22 mars 1812 ; états et comptes (R/1, 13).

(2) *Statistique*, I, p. 372. Préfet au min. Intérieur 1er juin 1808, 9 février 1810 (F/7, 3668) ; inspecteur-général de la gendarmerie au min. police 14 novembre 1806 ; préfet au 2e arr. de police 4 septembre et 21 novembre 1806 (F/7, 8424).

des convois de réfractaires et de prisonniers. Les habitants appréhendent ces passages car le séjour des troupes occasionne des tumultes et constitue une lourde charge. Aussi bien chaque village essaie-t-il de s'en faire exonérer. Le maire d'Orville donne sa démission pour protester contre la conduite du 23e chasseurs à cheval et les agissements de son voisin de Selongey ; il déclare au préfet : « la moitié de nos habitants ont quitté la commune... obligés de loger tous les jours ». Riouffe répartit les troupes en marche entre Orville pour un sixième et Selongey pour cinq sixièmes. Plus tard le maire d'Is-sur-Tille réclame contre ses voisins qui lui ont envoyé à loger 1.780 soldats des 16e et 67e de ligne ; Lecoulteux décide que Selongey et Orville doivent le logement à 1.400 hommes ; ensuite Is-sur-Tille en logera 750 et le surplus sera partagé entre ces trois localités. Par contre le préfet se refuse à cantonner les troupes dans des villages plus éloignés, mesure qui d'après lui nuirait à la discipline (1).

Théoriquement la nourriture de ces soldats est assurée par le ministère de l'Administration de la Guerre et les entreprises avec lesquelles il traite. En fait, avoue le préfet en l'an XIV, « il est impossible d'employer une autre mesure que les réquisitions ». C'est que le ministre « ne lui ayant encore remis aucun fonds » la compagnie Dupleix n'a pu organiser le service des vivres. D'autre part la caisse du commissaire-ordonnateur de Dijon ne renferme que deux cents francs. Les agents locaux des entrepreneurs cessent le service. Le sous-préfet de Beaune le signale au préfet. Les maires, effrayés de la besogne et des responsabilités pécuniaires qu'elle entraine, se disposent à démissionner. Bientôt les habitants n'exécuteront qu'avec regret les réquisitions dont on les accable. Le gouvernement, en effet, exige leurs denrées et omet de les leur payer. D'après Frémyet « des quantités assez considérables ont été fournies mais à peine a-t-on reçu de très faibles acomptes ;... les oppositions sont devenues plus fortes et... les maires des lieux d'étapes

(1) Préfet au maire d'Orville, 5 messidor an XII ; maire d'Orville au préfet 8 brumaire an XIII ; arrêté préfectoral du 18 brumaire an XIII. Préfet au maire de Selongey 7 mars, 4 avril 1806. Préfet au maire d'Is-sur-Tille 13 avril 1810 ; 6 août 1813 ; arrêté préfectoral du 3 octobre 1810 (R/3, 8).

se trouvent dans les plus grands embarras ». Le préfet obtient enfin de minces allocations qu'il partage entre les communes intéressées ; les créances des petites sont à peu près acquittées mais Auxonne, Beaune, Dijon et Nolay ne reçoivent que 7.204 francs sur les 17.149 qui leur sont dus pour un seul trimestre. Quelques répartitions sont effectuées ultérieurement sans atteindre le montant total des créances de ces quatre communes. En mars 1812 le maire de Selongey réclame quelque acompte « un an s'étant presque écoulé (1). »

Le transport par voitures des troupes, imaginé par Napoléon pour accélérer les déplacements de ses armées, fut une source supplémentaire de réquisitions et de dettes que le Trésor n'acquitta qu'avec lenteur ; il fallut près de trois ans au préfet pour obtenir les mandats nécessaires au paiement des premiers frais nécessités par cette organisation (2).

Des difficultés analogues se produisent pour la recherche du salpêtre. Les villageois voient avec peine le salpêtrier s'installer dans la commune, s'emparer d'une forte partie des bois d'affouage, s'introduire dans leurs caves, les bouleverser et, pour toute rémunération, se plaindre d'eux à ses chefs ou aux autorités départementales. Ils lui refusent le logement et dissimulent leurs caves. Devant cette attitude, le ministre de la guerre invite le préfet à user de ses pouvoirs de police. Guiraudet prescrivit aux municipalités de fournir au salpêtrier un certain nombre de pièces pour son habitation et pour son industrie, de lui donner une portion suffisante de bois communaux et défendit aux habitants d'entraver la recherche de la précieuse matière ; en cas de résistances ou de fraudes, le maire serait personnellement responsable et le village, signalé à la vindicte du gouvernement. Ces mesures demeurant vaines, le commissaire Leschevin demanda leur renouvellement et leur

(1) Commissaire ordonnateur au préfet 7, 15, 16 brumaire an XIV ; au maire de Nolay 9 frimaire an XIV ; Sous-préfet de Beaune au préfet (R/3, 8). Frémyet au préfet 30 frimaire an XIV ; 2 janvier 1806, 16 décembre 1809 ; arrêtés préfectoraux 13 juin, 18 juillet, 13 août 1810 (R/3, 8) ; maire de Selongey au préfet 13 mars 1812 (R/3, 8).

(2) Arrêté préfectoral 16 s ptembre 1807 ; Préfet au Min. Intérieur 25 avril, 21 juin, 19 août, 26 décembre 1808 ; 13 mars, 15 juin 1809 ; 24 mai 1810 (R/3, 8).

aggravation ; le maire qui n'aurait pas veillé à la remise en place des terres lessivées serait frappé d'une amende (1).

Le préfet, en sa double qualité de représentant du gouvernement et de chef de la police locale, est ainsi amené à intervenir dans les divers services de l'administration militaire (2). Cette partie de ces fonctions s'accroît encore par suite de la présence dans le département des prisonniers de guerre.

6. — *Les prisonniers de guerre*

De ceux-ci, les uns ne firent que traverser la Côte-d'Or ou n'y séjournèrent que peu de temps. Russes et Autrichiens appartiennent à cette catégorie. Les maires prient le préfet d'éviter à leur commune les fortes dépenses qu'occasionnent leur nourriture et leur logement et aux gardes nationales le surcroît de fatigues que provoque la garde et l'escorte de ces convois. A Dijon la municipalité se préoccupe d'obtenir le prêt de couvertures pour ces « braves et infortunés guerriers... dans des églises très vastes, sur la paille, sans chaussures et presque nus » ; elle demande aux citoyens de fournir le nombre de gardes nationaux nécessaires à la surveillance de ces casernes improvisées. L'un et l'autre appels ne produisent aucun résultat appréciable. Préfet, maire et général divisionnaire s'inquiètent également des dangers d'épidémies que suscite la présence des prisonniers ; ils organisent un hôpital en dehors de la ville et visitent les malades ; on sait avec quel généreux dévouement Ranfer de Bretenières et Lecoulteux s'acquittèrent de cette partie de leurs tâches militaires (3). C'est encore au préfet qu'incombe le soin de signaler les éva-

(1) Circulaire du Min. de la Guerre 30 vendémiaire an XII ; arrêtés préfectoraux 7 floréal an XII, 22 janvier 1807, 20 septembre 1809 ; sous-préfet de Beaune au préfet 2 brumaire an XIII ; Leschevin au même, 20 septembre 1809 (R/2, 4).

(2) Le préfet surveille le commerce des armes de guerre, particulièrement en 1807 ; il fait rechercher par la gendarmerie les fusils abandonnés par les troupes de passage (19 août 1808) (R/2, 3).

(3) Maire de Selongey au préfet 16 brumaire an XIV ; sous-préfet de Semur au même 15 novembre 1806 (R/1, 4). Affiche municipale 25 frimaire an XIV : maire de Dijon au préfet 26 novembre 1806 (R/1, 4). Général Sionville au préfet 26 frimaire an XIV (R/4, 9). Commissaire-ordonnateur au préfet 6 novembre 1806 (R/1, 4).

sions, de veiller au maintien du bon ordre dans les dépôts et d'éviter la diffusion des nouvelles fâcheuses (1).

La persistance de la guerre entre Napoléon, l'Angleterre et l'Espagne rendit durable le séjour en Côte-d'Or des prisonniers anglais et espagnols. Les premiers furent peu nombreux; on les plaça à Auxonne (2). Des seconds, les officiers qui constituèrent un effectif assez considérable (3) furent installés à Dijon. Ils y vécurent de la modeste solde que leur allouait le gouvernement impérial et des leçons d'espagnol qu'ils donnèrent aux jeunes dijonnais. Dijon reçut encore un certain nombre d'Espagnols, arrêtés comme otages ou comme adversaires de la domination du roi Joseph ; ils sont placés sous la surveillance du préfet qui apostille leurs demandes de déplacement ou d'avances sur le produit de leurs biens séquestrés. Tous ces prisonniers fort tranquilles entretinrent d'excellentes relations avec les habitants; quelques-uns furent même admis dans la société des hauts fonctionnaires et du préfet (4).

Les soldats durent accepter du travail chez les cultivateurs ou les entrepreneurs de travaux publics. L'idée d'utiliser ainsi les prisonniers s'était déjà manifestée au cours des guerres contre la Russie, l'Autriche et la Prusse. Plusieurs décrets impériaux et des circulaires ministérielles avaient développé ce procédé dont Napoléon se promettait le double avantage de diminuer les charges de son trésor et de parer aux conséquences économiques de la raréfaction de la main-d'œuvre paysanne produite par les conscriptions. Les populations accueillirent avec empressement cette mesure ; mais les prisonniers se

(1) Min. Justice au préfet 10 frimaire an XII ; 2e arr. de Police au même, 30 septembre 1806 ; 22 juin 1809 (Arch. dép. M/6, 94).

(2) Ils méritèrent leur mise en liberté en concourant à l'extinction d'un important incendie (*Journal* 17 juin 1810).

(3) Au 1er juin 1811 on en compte 914 dont 4 généraux de division, 10 de brigade, 27 colonels (Arch. Nat. F/7, 3312).

(4) *Correspondance de Napoléon*, XX, 17502, 22 février 1811 ; de Mendoza à l'empereur 30 mars 1811 (F/7, 3312). Cf. M/6, 94 nombreuses lettres de la dame de Mos. Annonces espagnoles : *Journal* 14 juin 1809. On signale seulement quelques rixes provoquées par des Espagnols en bonne fortune occasionnelle (*Journal* 18 août 1811); une commission militaire est spécialement chargée de la répression des délits commis par les prisonniers.

refusèrent en général à accepter l'ouvrage offert; ils ne veulent pas, en particulier, participer aux travaux d'un canal dans le Nord car ils préfèrent ne pas quitter cet heureux département où le vin ne coûte que deux sous la bouteille (1).

Napoléon se décida en 1809 à rendre le travail obligatoire pour les prisonniers et imposa aux paysans l'obligation de leur en fournir. Le ministre de l'Intérieur prescrit aux préfets de faire exécuter la volonté impériale : « Occupez-vous des moyens nécessaires pour les répartir promptement entre les communes. L'autorité locale les logera d'office chez les particuliers aisés qui pourront leur donner du travail et ne pourront se refuser à les recevoir. » Lecoulteux avait jusqu'alors évité les mesures de rigueur ; il obéit. Il décida de placer les prisonniers de préférence dans les communes dont les chemins avaient besoin de réfection. En l'annonçant au sous-préfet de Châtillon il ajoute : « Vous préviendrez ces prisonniers que ceux d'entre eux qui ne voudraient pas travailler et qui quitteraient la maison des particuliers chez lesquels ils seront placés ne pourront être reçus dans un dépôt, qu'ils ne recevront du gouvernement ni solde ni nourriture. » Paysans et prisonniers évitèrent de se soumettre à ces ordres dont la différence réciproque de langage, la méfiance des uns, la paresse et le dénuement « absolu de vêtements, de linge et de chaussures » des autres n'étaient point faits pour hâter l'exécution, au témoignage de Lecoulteux (2).

Parmi les soldats étrangers ainsi condamnés aux travaux forcés furent constitués des bataillons de pionniers. En Côte-d'Or les Espagnols en formèrent deux, que le ministre de l'Intérieur mit à la disposition des entrepreneurs du canal de Bourgogne. De temps à autre, il se produisit quelques troubles ou quelques évasions ; la majorité des travailleurs demeura cependant tranquille. Ils sont placés sous la garde de la gen-

(1) 2e arr. de Police au préfet 2 frimaire an XIV ; réponse 6 frimaire; Préfet au Min. Guerre, 21 brumaire ; général Sionville au préfet 9 frimaire, 20 frimaire, 15 brumaire. Circulaire Min. Administration Guerre 24 novembre 1806 (R/1, 4).

(2) Min. Intérieur au préfet 8 et 22 juin 1809 ; préfet au sous-préfet de Châtillon 15 juin 1809 (R/1 4) ; au Min. Intérieur 8 août 1810 (F/7, 3668).

darmerie; le maire de la commune où ils séjournent doit s'assurer par des visites hebdomadaires de l'exécution par l'entrepreneur des clauses du cahier des charges relatives à leur entretien et à leur salaire; la surveillance générale appartient au préfet (1).

(1) Préfet au Min. Intérieur 27 mars 1806, 29 novembre 1810 (F/7, 3608); sous-préfet de Beaune au préfet 11 juin 1806; Vaillant, II, p. 187. — Règlement 8 octobre 1806 (B/1, 4).

CHAPITRE IV

L'administration religieuse

Le droit civil ecclésiastique basé sur le Concordat fit du préfet le collaborateur incessant de l'évêque. L'administrateur civil approuve la fixation des circonscriptions paroissiales et les règlements de police cultuelle que lui propose l'administrateur religieux ; il donne son avis sur la nomination des curés ; il surveille la *conduite* des desservants dont il peut provoquer la translation d'office ou la révocation ; il stimule le zèle des assemblées locales peu disposées à subventionner le nouveau clergé ; il exige des ecclésiastiques l'obéissance aux lois de l'État. La tâche des préfets fut aisée en Côte-d'Or ; ce département ne connut pas d'agitation religieuse et l'entente entre les deux pouvoirs se maintint sans d'autres difficultés que d'insignifiantes querelles de villages. Cette paix religieuse fut en grande partie l'œuvre d'un prélat conciliant et fort respectueux du gouvernement, Mgr Reymond (1).

1. — *L'application du Concordat*

Pendant tout l'empire le diocèse de Dijon, rattaché à la métropole de Besançon, comprit les deux départements de la Haute-Marne et de la Côte-d'Or (2). Pour le diriger le Premier Consul fit choix d'un évêque constitutionnel. Agé d'une cinquantaine d'années, Henri Reymond avait adhéré avec empres-

(1) Les cultes protestant et israélite n'ayant qu'une très faible importance en Côte-d'Or (Vaillant, I, p. 283, 285), il ne sera question dans ce chapitre que du culte catholique. Sur la législation ecclésiastique du régime impérial cf. Poullet p. 864-885.

(2) Il faut tenir compte de ce fait tout particulièrement en ce qui concerne les crédits alloués par le *Conseil* général de la Côte-d'Or qui escompte une mesure analogue de la part de l'Assemblée Haut-Marnaise.

sement aux réformes ecclésiastiques de la Constituante. Les électeurs de l'Isère le nommèrent évêque constitutionnel de Grenoble. Bonaparte le classa on ne sait pour quels motifs parmi les prélats du clergé assermenté dont il voulait la nomination (1).

Le préfet Guiraudet attendait avec impatience l'arrivée de Mgr Reymond. Il procéda le 17 prairial an X (dimanche 6 juin 1802) à l'installation du premier évêque concordataire de Dijon. La cérémonie eut lieu à Saint-Bénigne au milieu d'une grande affluence de fonctionnaires. Mgr Reymond fut mis en possession de son siège à la fois par l'autorité civile et par les représentants de l'ex-clergé constitutionnel, l'évêque Volfius et son conseiller Leprince (2). Mgr Reymond témoigna la plus parfaite considération pour son collègue démissionnaire ; il le nommera chanoine de son église cathédrale. En attendant, il le mit à la tête du conseil épiscopal dont il s'entoura jusqu'à la nomination des vicaires-généraux. L'abbé Leprince, ex-chanoine de la Sainte-Chapelle de Dijon, avait secondé Volfius dans l'administration du diocèse « avec beaucoup de sagesse et de modération », d'après une note anonyme vraisemblablement destinée au conseiller d'État Portalis. Le Premier Consul l'avait nommé évêque de Bayonne ; sa santé l'obligea de refuser l'offre gouvernementale. Elle le contraignit également à décliner les pressantes sollicitations de Mgr Reymond qui aurait souhaité faire de l'abbé Leprince son premier vicaire-général. Il le chargea du moins de le seconder avec Volfius durant la réorganisation de son nouveau diocèse (3).

Le premier évêque concordataire aurait volontiers recruté ses auxiliaires immédiats parmi les ex-constitutionnels. Outre Leprince, il aurait désiré avoir près de lui un autre ex-vicaire épiscopal, Mignard. Le gouvernement consulaire approuva

(1) Henri Reymond est ainsi annoté : « a des connaissances ;... mœurs régulières ;... du nombre de ceux que le Premier Consul a désignés dans sa 1re note de nomination » (AF/IV, 1044).

(2) Préfet à Portalis 6 floréal an X (V 1). Procès-verbal 17 prairial an X (Arch. dép. V/1, 4). Cf. G. Dumay, *Les évêques de Dijon* (Mémoires Commission Antiquités Côte-d'Or XII, 1889-1895), p. 36-39.

(3) Notes (AF/IV, 1044) ; « caractère sage, doux et modéré ; a des talents et de la vertu » dit-on encore de l'abbé Leprince. Rapport de Portalis 30 fructidor an X. (Arch. Nat. F/19, 417).

d'abord ce choix. Puis, fidèle à sa politique d'équilibre et de pacification il exigea que les deux vicaires-généraux d'un évêque constitutionnel fussent pris parmi les prêtres insermentés. Mignard dut démissionner. Il fut remplacé par un ex-trésorier de Saint-Étienne qui s'était montré fort hostile à Volfius, Nicolas Claudon (1). Le second vicaire-général appartenait également au clergé dijonnais ; ancien chanoine de Saint-Jean l'abbé Colin avait « un talent pour la prédication très remarquable dans les temps actuels ». C'était un homme d' « esprit conciliant » et fort disposé à entretenir de cordiales relations avec les autorités civiles ; il figure sur une liste de candidats à diverses fonctions ecclésiastiques qui circula dans les bureaux de la préfecture (2).

Mgr Reymond avait constitué un conseil épiscopal composé de cinq ex-constitutionnels, Volfius et quatre de ses vicaires épiscopaux : Leprince, Girarde, Deschamps et Toussaint. Deux de ces collaborateurs de la première heure devinrent chanoines titulaires et un troisième chanoine honoraire. Lorsque Volfius se retira, sa place fut attribuée à Champagne, autre ex-vicaire épiscopal (3).

Après avoir ainsi constitué l'administration supérieure de son diocèse, Mgr Reymond s'occupa de déterminer les limites et les sièges des nouvelles paroisses et d'en désigner le clergé. La première de ces opérations n'alla pas sans provoquer les réclamations en sens contraire des communes intéressées ; le préfet et l'évêque durent remanier la carte ecclésiastique du département en tenant davantage compte du nombre des

(1) Arrêtés consulaires 30 fructidor an X, 21 germinal an XI (F/19, 417). D'après Vaillant (II, p. 405, 406), Mgr Reymond aurait sollicité en vain, pour le même motif, le concours de l'abbé Bailly, ancien professeur au collège de Dijon. Chomton, *Hist. de l'église Saint-Bénigne de Dijon*, 1900, p. 322. Mort en 1811 Claudon fut remplacé par l'abbé Lemaître.

(2) Arrêté consulaire 30 fructidor an X ; Guillemot, président par intérim de la Cour d'Appel au Secrétaire d'Etat, 6 août 1809 (AF/IV, 1046). La feuille isolée qui porte le nom des candidats recommandés par les bureaux de la préfecture se trouvait par hasard dans M/8, 33/1 ; elle doit figurer aujourd'hui dans une liasse de la série V.

(3) Évêque au préfet 22 thermidor an X ; circulaire du conseil épiscopal (V 19). Liste des vicaires épiscopaux dans Jarrot, *Le clergé constitutionnel en Côte-d'Or* (Bulletin d'histoire et d'archéologie du diocèse de Dijon, XVI, 1898), p. 143.

habitants, des ressources locales en bâtiments cultuels, de la facilité des communications. Pommard et Volnay furent séparés, chacun de ces villages étant assez important pour devenir une succursale. Des communes de Vandenesse et de Maconge l'une obtint un desservant, l'autre fut rattachée à celle de Mailly. La succursale d'Agencourt et de Boncourt fut transférée à Quincey. On créa une seconde paroisse à Beaune. La Côte-d'Or comprit six cures de 1re classe, 30 de 2e et 420 succursales (1).

Nommer les curés et les desservants était en 1802 chose délicate. Le clergé catholique se répartissait en deux groupes principaux, les assermentés et les insermentés. Mais parmi eux combien avaient varié d'opinions au cours de la Révolution, rétracté ou oublié leur serment, ou par contre accepté des formules moins absolues que celle de la Constituante (2) ! Mgr Reymond dut faire abstraction de ses préférences personnelles, essayer de satisfaire les passions opposées et les rivalités locales, dégager la vérité au milieu de témoignages multiples et contradictoires. Le préfet l'aida de son mieux dans cette tâche difficile ; le voltairien Vaillant correspondit avec les maires, enquêta parmi ses employés et eut, semble-t-il, une part prépondérante dans la réorganisation du clergé côte-d'orien. Dans l'ensemble, en Côte-d'Or comme dans le Bas-Rhin et le Pas-de-Calais dont les évêques sont des ex-jureurs, les prêtres demeurés unis au Pape furent ou maintenus ou promus et les constitutionnels, moins favorisés (3).

L'entourage de Mgr Reymond et les bureaux de la préfecture eurent cependant assez d'influence pour éviter aux assermentés toute rétractation solennelle et faire nommer à la première cure du diocèse un ex-vicaire épiscopal et ex-commissaire du

(1) Arrêtés 17 nivôse an XII ; 21 prairial an XI ; 23 thermidor an XI (F/19, 417). *Journal*, 30 pluviôse an XIII. Etat du 8 floréal an XI (AF/IV, 1044). Vaillant, I, p. 282.

(2) On ne connaîtra bien la réorganisation du clergé côte-d'orien après le Concordat que lorsque le biographe de Volfius, M. Gazin-Gossel, nous aura renseignés sur le passé de nombre des ecclésiastiques auxquels le nouvel évêque fit appel.

(3) Maire de Perrigny à Vaillant 6 vendémiaire an XI (V 28) ; notes M/8, 33/1. Cf. sur le résultat d'ensemble Jarrot (Bull. d'hist. diocèse Dijon XVI), p. 203. Dämst"dter XVIII, 555. Chavanon et Saint-Yves, p. 247.

Directoire près de la municipalité du canton de Bonnencontre. Le premier curé concordataire de la cathédrale fut en effet l'abbé Girarde (1). L'église de Seurre, cure de 2e classe, eut pour curé un ami du général Veaux ; l'abbé Pingeault *bon patriote* pouvait écrire : « mes ennemis sont ceux de la Révolution ». Le desservant d'Avot est un protégé du terroriste Legouz ; le curé de Bligny doit sa nomination au conventionnel Oudot ; certains habitants de Précy, mécontents du choix épiscopal, firent appel à Berlier (2). Ainsi les deux clergés furent représentés, inégalement, dans le nouveau.

Les populations avaient manifesté un vif intérêt au choix de leur pasteur. Les fonctionnaires municipaux ou de simples citoyens écrivent à l'évêque, au préfet ou à Vaillant pour leur manifester leurs désirs. Ils ont soin de faire remarquer en faveur de leur candidat qu'il « a constamment prêché l'obéissance aux lois et à l'autorité civile » ; l'adversaire est « le point de réunion de tous les prêtres non assermentés ou rétractés ». Tous désirent « un prêtre dont la modération nous assure la tranquillité ». Le difficile est de discerner les modérés (3). Les habitants n'acceptent pas toujours la décision épiscopale même lorsqu'elle a été approuvée par le préfet et par le gouvernement. On organise la résistance, rarement violente (4), plus souvent insidieuse. Cette attitude est, d'ailleurs, fréquemment inspirée par des ecclésiastiques hostiles à Mgr Reymond. Le vicaire-général Colin organisa un petit complot autour de la nomination de l'abbé Taisand à la cure de Bligny-sur-Ouche. Taisand était un ex-constitutionnel que le conventionnel Oudot, devenu juge au Tribunal de Cassation, avait fait nommer à l'insu du préfet. Guiraudet fut

(1) *Journal* 5 brumaire an XI. Chomton, *Saint-Bénigne*, p. 322-324.

(2) Pageault à Veaux 1er vendémiaire an XI (V 27). Maire d'Avot au préfet 4 janvier 1812 (V 26). *Délégués de Bligny à Colin*, 3e *complémentaire* an XI (V 13). Delavault, notaire à Portalis 4 prairial an XI (F/19, 337).

(3) Hélyotte au préfet 27 floréal an X ; pétition des habitants de Val-Julien 16 floréal an X ; maires de Tachère, Belleneuve, Arçon, Etevaux, Cirey au préfet 27 thermidor (V 18). Maire de Seurre au même 6 prairial an X (V 27).

(4) Par exemple à Darcey : sous-préfet de Semur au préfet 21 prairial an XI (V 21). *Journal* 25 floréal an XI ; à Létang-Vergy (maire au préfet 18 thermidor an XI. M/6, 93/*a*).

fort vexé du procédé. Colin exploita ce sentiment ; des villageois de Bligny allèrent à Paris solliciter du « conseiller d'État chargé de toutes les affaires des cultes » le déplacement de Taisand. Portalis refusa en observant que le Concordat rendait inamovibles les curés et qu'il serait toujours impossible de satisfaire à la fois tous les partis de Bligny. L'abbé Taisand fut reçu par « plus de 400 personnes... avec une impatience sans égale ». Le vicaire général tint le préfet au courant de ces négociations infructueuses (1). L'abbé Claudon, de son côté, paraît bien avoir secondé les agissements de son collègue Colin (2).

Mgr Reymond eut enfin à rédiger de concert avec Guiraudet les règlements de police cultuelle. Les deux administrateurs tombèrent vite d'accord pour éviter la persistance des fêtes supprimées par la nouvelle législation. Cependant l'évêque ne peut pas ne pas accéder aux instantes sollicitations des Nuitons qui le pressent d'autoriser la célébration d'une messe solennelle le jour de la Saint-Symphorien. Le maire et le sous-préfet s'émeuvent de cette illégalité. Guiraudet demanda à Mgr Reymond d'expliquer sa conduite. L'évêque le fit aisément ; il n'a agi « que pour ne pas mécontenter... les vignerons ». Le préfet se déclara satisfait et informa le vigilant Frémyet qu'il n'y avait aucune suite à donner à cet incident car « on peut être rassuré sur les intentions de M. l'évêque et du curé de Nuits ». Il recommanda aux maires d'exercer la plus grande vigilance et de résister à « l'impulsion d'une aveugle et dominante majorité (3) ». Guiraudet, qui appréciait peu la présence des croix sur les chemins ou l'érection d'autres signes extérieurs du culte sur la voie publique, n'insista pas

(1) Maire de Bligny-sur-Ouche au préfet 6 floréal an X ; 1er fructidor an XI, 4e compl. an XI, chef de bureau Peic au même ; délégués villageois à Colin, 3e complémentaire an XI ; Portalis au Min. Intérieur 23 brumaire an XII : « pour l'en éloigner sa démission serait indispensable et les choses n'en iraient pas mieux puisque chaque parti réclamerait successivement contre le dernier prêtre nommé » (V 18. F/19, 447).

(2) Cf. G. Dumay, Mémoires Com. Antiquités Côte-d'Or, XII, p. 38 n. 1.

(3) Préfet à Evêque 26 fructidor an XI ; réponse 28 fructidor ; circulaire aux maires 16 messidor an XI (V 18).

cependant afin d'en obtenir de l'évêque la prohibition (1). Par contre, il se montra résolu à limiter le nombre et la durée des sonneries religieuses. Cette question des cloches avait été, on s'en souvient, l'une des plus irritantes sous le régime de Séparation. Un règlement concerté par l'évêque et par le préfet essaya de la résoudre par un moyen terme qui ne satisfit personne. D'aucuns auraient voulu sonner et souvent et longtemps ; les autorités civiles et les lecteurs du *Journal de Carion* auraient volontiers mis fin à ce « tintamarre ». Mgr Reymond, cédant aux instances des premiers, pria Guiraudet de s'entendre avec lui pour élaborer « un règlement définitif et uniforme » sur l'emploi des cloches. C'était demander la modification des règles existantes. Le préfet le comprit et refusa tout net. Guiraudet annonça même à l'évêque son regret d'avoir autorisé les sonneries pour les agonisants et pour les défunts qui avaient une douloureuse influence sur l'esprit des malades et lui déclara : « Si je me déterminais à vous proposer quelque changement ce ne serait que pour réduire le nombre des circonstances où il est permis de sonner (2). »

2. — *Le clergé impérial*

L'initiative des mesures réorganisatrices du diocèse avait appartenu à Mgr Reymond ; Guiraudet se borna à contrôler et à stimuler l'activité de l'évêque de Dijon. Pendant toute la durée du régime impérial les préfets exercèrent cette surveillance et l'étendirent aux actes des divers membres du clergé (3).

Le premier soin des représentants du gouvernement fut d'assurer le respect des lois de police ecclésiastique, assez négligées en Côte-d'Or comme dans les Bouches-du-Rhône et l'Aude. Dans

(1) Préfet à sous-préfet de Beaune 5 fructidor an X : « dans ce département... les citoyens sont assez éclairés... pour juger que tout signe extérieur d'un culte... est une atteinte indirecte à la liberté des autres » (V 28). Cf. en ce sens Fournier et Saint-Yves, p. 364.

(2) Règlement 29 prairial an X ; circulaire 16 messidor an XI ; Evêque au préfet 4 vendémiaire an XII ; réponse 10 vendémiaire (V 18).

(3) Préfet au conseiller d'Etat Portalis 25 thermidor an X (V 4). En 1809, on procéda à une nouvelle circonscription des paroisses. (Préfet au Min. Intérieur 13 mars 1809, F/7, 3668). Cf. AF/IV, 1446.

les campagnes, les desservants marient à l'église sans exiger des parties le certificat de l'officier de l'état-civil ; ils enterrent sans autorisation municipale. Parfois la matérialité des faits est discutable (1) ; plus souvent la bonne foi du délinquant est manifeste : il ignore la loi ou a cru le maire qui lui affirme l'inutilité de la pièce réglementaire (2). Dans certains villages, les habitants persistent à célébrer les fêtes récemment supprimées. Quelques prêtres cèdent aux désirs de leurs paroissiens ; ils sont dénoncés au préfet qui les signale au Directeur-général des Cultes (3). Beaucoup se refusent à participer à la cérémonie. Leurs ouailles se passent du pasteur. Le maire ordonne de sonner les cloches : « des paysans... osant prendre les places (des) curés... remplissent de la manière la plus scandaleuse et la plus dérisoire les fonctions du sacerdoce... récitent les prières de la messe, chantent les vêpres ». Le desservant de Lamargelle se plaint au préfet que l'on a « célébré... par des offices divins, sans la participation d'aucun prêtre » la fête de la Nativité (4). Ces manifestations n'ont souvent de religieux que l'occasion. Molé, d'accord avec Mgr Reymond, interdit un *apport* qui avait lieu traditionnellement dans un bois près de Bard-le-Régulier parce que, d'après Frémyet, « on n'y voit accourir que des désœuvrés qui ne viennent là que pour manger et pour s'enivrer ». La population tient avec constance à ces excursions gastronomiques. Le maire de Bard enlève la serrure apposée sur l'ordre du préfet et de l'évêque ; celui-ci demande au sous-préfet de Beaune de

(1) Préfet à desservant de Beire-le-Chatel 28 frimaire an XII (V 20). — En dehors des sanctions ecclésiastiques, ces délits sont punis de peines civiles ; le tribunal de Dijon infligea dix jours de prison au desservant de Lantenay qui avait inhumé sans autorisation un enfant mort de la petite vérole, le danger de contagion atténuant sa culpabilité (Préfet au Min. Cultes 14 avril 1810. V 24).

(2) Richard, desservant de Beire-le-Chatel au préfet 16 frimaire an XII ; les mariés déclarent que le prêtre les a unis « après lui avoir certifié que M. le maire avait dit qu'il pouvait le faire » (V 20) ; sous-préfet de Châtillon au même 23 octobre 1809 (V 21).

(3) Sous-préfet de Beaune au préfet 10 pluviôse an XI : préfet au conseiller d'État Portalis 21 pluviôse an XII (V 19).

(4) Desservant de Lamargelle au préfet 12 septembre 1807 (V 24). Maire de Trouhans au même 24 nivôse an XI (V 28) ; desservant de Massingy au même 10 messidor an XI (V 18).

la faire replacer (1). Ailleurs on continue à sonner les cloches comme par le passé; maires et desservants s'accusent mutuellement de provoquer cette contravention au règlement épiscopal et préfectoral (2).

L'autorité civile entend que le clergé concordataire interprète les lois canoniques dans un esprit moderne de large tolérance. Riouffe s'étonne que le curé de Saint-Seine n'accepte pas pour parrain et marraine deux de ses paroissiens auxquels il reproche de ne pas accomplir leur devoir pascal. Renseignements pris, les parrain et marraine ont bien quitté l'église mais de leur plein gré, parce qu'ils estimaient trop longs les rites baptismaux. Dans cette même commune un prisonnier prussien meurt ; le curé lui refuse une place au cimetière parce que le défunt est sans doute luthérien ; le préfet approuve le maire d'avoir passé outre à cette opposition. A Saint-Remy, le curé ne veut pas participer aux funérailles d'un habitant décédé sans avoir reçu les sacrements. A l'hôpital d'Arnay-le-Duc, un chirurgien « à l'instigation d'un vicaire » pratique une opération afin de permettre le baptême d'un enfant dont la mère est en danger de mort. Lecoulteux attira l'attention du ministre de la police sur cet acte « d'un fanatisme outré (3) ». On rencontre de fréquentes plaintes contre des prêtres qui du haut de la chaire adressent de publics reproches à certains de leurs paroissiens, blâment les décisions ou la conduite des autorités municipales ou ne veulent pas admettre à la première communion les enfants de leurs adversaires locaux : le desservant d'Aubigny « vitupère à l'autel » contre l'état de délabrement où se trouve le mur du cimetière communal. Les préfets

(1) Sous-préfet de Beaune au préfet 28 octobre 1807 ; arrêté préfectoral 19 août 1808 ; évêque au sous préfet 6 septembre 1813 (V 20).

(2) Circulaires aux maires 30 *nivôse an XI* ; 16 *messidor an XI* (V 18); préfet au maire de Lamargelle 12 septembre 1807 ; réponse 27 septembre (V 24). Cf. sur l'inobservation des lois civiles ecclésiastiques Fournier et Saint-Yves, *p. 374.* Bourdon, *Statistique de l'Aude*, Révol. franç., 1912, LXIII, p. 123.

(3) Préfet à l'Evêque 1er messidor an XIII ; réponse du 8 (V 27) ; maire de Saint-Seine au préfet 14 mars 1807, réponse 20 mars (V 27). Maire de Saint-Remy au préfet 12 mai 1808 (V 27). Bulletin de police 17 janvier 1812 (Arch. Nat. F/7, 8374).

admonestent les inculpés ou sollicitent leur changement d'office (1).

Cette adaptation des règles ecclésiastiques aux présentes conjonctures provoqua à deux reprises l'intervention des chefs civil et religieux du département contre l'abbé Arvier. En l'an X, il excommunie deux habitants d'Uncey leur interdisant « l'entrée du temple » et défendant « au nom de la religion » à ses paroissiens d'avoir « aucune liaison même sociale avec eux ». L'abbé Arvier inscrit son ordonnance sur l'un des registres municipaux. Les coupables auraient, semble-t-il, négligé depuis longtemps de se soumettre à divers commandements de l'Eglise. Cette initiative alarma Guiraudet et Mgr Reymond. Celui-ci suspendit immédiatement Arvier de ses fonctions curiales ; celui-là déclara comme d'abus la décision du desservant d'Uncey et demanda de plus amples instructions au conseiller d'Etat Portalis. Il lui fut répondu d'envoyer des renseignements détaillés et de prendre toutes mesures urgentes, au besoin d'ordonner l'arrestation de l'abbé. Guiraudet, bien que peu convaincu de la légalité du procédé, envoya les gendarmes se saisir d'Arvier ; le détenu par voie administrative ne fut libéré que trois mois après en vertu d'une lettre du ministre de la Justice estimant que le « citoyen Arvier a suffisamment expié ses erreurs (2) ».

Portalis avait averti Guiraudet que « le vrai moyen de contenir ce prêtre... sera de ne point l'employer dans la nouvelle organisation » du clergé de la Côte-d'Or. Préfet et évêque oublièrent cette recommandation ; l'abbé Arvier fut nommé desservant d'Aubigny-les-Sombernon. En mars 1810, il fulmina de nouvelles excommunications. Pour toute soumission aux blâmes qu'il avait encourus en l'an X, Arvier consent à graduer les mesures de rigueur. Pendant la première année, il se bornera à des exhortations à l'usage des habitantsqui n'accomplissent pas le devoir pascal. Durant une seconde, il les avertira

(1) Maires de Chevannay, Saint-Hélier et Champrenault au préfet 7 octobre 1808 (F/7, 8533). Préfet au sous-préfet de Beaune 11 avril 1807 (V 27). Sous-préfet de Beaune au préfet 8 avril 1808 (V 25). Maire d'Aubigny au préfet 1808 (V 20) ; maire de Saint-Rémy au même 12 mai 1808 (V 27).

(2) Arrêté 6 messidor an X ; Portalis au préfet 7 et 17 messidor ; Préfet à Min. Police 6 messidor ; Min. Justice au préfet 6 vendémiaire an XI (V 28).

que leur endurcissement les expose à être privés « de l'entrée de l'église pendant leur vie et de ... la sépulture ecclésiastique après leur mort ainsi que l'ordonnent les saints canons ». Enfin, à partir de la troisième année, il mettra ses menaces à exécution. Afin d'en assurer le succès il annonce qu'il « aura recours... à la puissance civile ». Arvier avait aggravé son cas en consignant la nouvelle ordonnance sur les registres de l'état-civil de la commune. Il s'en était mis en possession à la suite de manœuvres assez obscures qui avaient induit le maire en erreur sur les véritables intentions du desservant. A ces délits, Arvier joignit bientôt une résistance opiniâtre et longtemps heureuse contre l'évêque, le préfet et le ministre des cultes. Le fait mérite d'être conté.

L'abbé Arvier écrivit sa déclaration le 28 mars 1810. Dès qu'il en fut informé Lecoulteux lui prescrivit de quitter sur le champ le village d'Aubigny ; sinon il le ferait arrêter « par mesure de sûreté publique ». Mgr Reymond, mis au courant, s'empressa d'écrire au desservant pour lui interdire « d'exercer aucunes fonctions dans le département de la Côte-d'Or » et l'inviter à se rétracter. Le ministre, également averti par le préfet, ne prit pas l'affaire aussi au tragique qu'en l'an X Portalis l'avait fait. Bigot de Préameneu pense que « ce prêtre n'a pas la tête bien saine » ; il juge cependant nécessaire sa révocation. Pendant ce temps le maire Décailly était suspendu de ses fonctions par Lecoulteux pour avoir gravement manqué à ses devoirs professionnels en se dessaisissant des registres municipaux. La sanction ne parut pas suffisante au ministre de la Police qui invita, sans donner d'ordre formel, le préfet à demander au maire coupable sa démission. Lecoulteux profita de cette latitude ; il ne changea pas le maire d'Aubigny parce qu'il ne savait qui lui trouver pour successeur et que le sieur Décailly avait été surtout victime de sa confiance en l'abbé Arvier.

Cette mesure facilita la résistance du desservant. Le 6 août Décailly demande au préfet la « grasse » de laisser le prêtre coupable dire la messe dans l'église d'Aubigny ; sinon la paroisse sera privée de tout service cultuel. Lecoulteux répond par l'ordre de faire partir de suite l'ex-desservant. Le maire en avertit Arvier dont le 20 août il annonce le départ pour le lendemain. La nouvelle était prématurée. Arvier ne songeait nullement à quitter Aubigny. Il eut soin de préparer la justification de sa résistance en concluant un accord avec le desservant de la commune voisine de Saint-Anthot. Celui-ci viendrait à Aubigny dire la messe et serait remplacé dans sa propre paroisse par l'abbé Arvier. Cette ingénieuse combinaison était manifestement contraire à la décision prise par l'évêque le 19 avril 1810 et rappelée à l'intéressé par Mgr Reymond le 30 juillet ; canoniquement Arvier ne pouvait remplir aucune fonction ecclésiastique dans toute l'étendue du département. L'ex-desservant usa ou outre de manœuvres dilatoires. Il fit solliciter par le vicaire général Colin une audience préfectorale ; elle lui fut refusée par Lecoulteux qui répondit à l'intermédiaire : « je l'accorderai... lorsque mes ordres auront été remplis ».

Arvier attendit meilleure occasion d'expliquer sa conduite. Bien que le préfet ait menacé de prévenir le ministre de l'Intérieur de ces agissements, il demeura à Aubigny et continua de célébrer les offices. En avril 1811, l'évêque signale au préfet cette persistante désobéissance à leurs communes défenses et lui demande d'agir avec vigueur contre ce prêtre « fanatique ». Lecoulteux avertit le 6 mai Décailly d'avoir à expulser l'ex-desservant. En cas de refus, le maire sera destitué et les gendarmes iront appréhender l'abbé. Ce ne sont là que des paroles dont Décailly et Arvier s'émurent fort peu. L'été se passa. En septembre le maire expliqua au préfet que l'ex-desservant ne pouvait quitter plus promptement le village parce qu'il avait auparavant à achever de récolter le chanvre de son jardin ; Décailly affirmait son intention bien arrêtée de laisser l'abbé Arvier tranquille de crainte d'exciter « une révolution en ver les habitants ». Lecoulteux, cette fois encore, recula devant l'emploi de la force. Il pria Mgr Reymond d'user de toutes les mesures coercitives que les canons mettaient à la disposition de l'évêque. Arvier fut menacé d'être interdit. Il semble que le tenace desservant se résigna à obéir. Le 13 janvier 1812, il demande au préfet de certifier à l'évêque qu'il a été autorisé par lui à se rendre à Aubigny pour affaires (1).

(1) Copie de la déclaration d'Arvier 28 mars 1810 ; Préfet au Min. Cultes 16 avril 1810 (F 19/11, Côte-d'Or 8). Évêque au préfet et à Arvier 19 avril ;

Pendant près de deux ans, un simple desservant de campagne a tenu en échec le préfet de la Côte-d'Or, l'évêque de Dijon, les ministres des Cultes, de l'Intérieur et de la Police. Lecoulteux ne passa jamais des paroles aux actes. Plus circonspect qu'un préfet du Consulat décennal, un préfet de l'Empire autoritaire s'est laissé berner par un prêtre opiniâtre et par un maire de campagne. Il n'a pas osé destituer l'un et arrêter l'autre. Un tel respect de la liberté d'action des fonctionnaires et de la liberté personnelle des sujets de S. M. est bien fait pour surprendre (1).

Le cas si suggestif de l'abbé Arvier témoigne de l'importance que présente pour le clergé paroissial l'appui de l'autorité municipale. Cette concorde entre la mairie et la cure est rare. Volontiers les administrateurs municipaux se font les inspirateurs ou les soutiens des pétitions envoyées au préfet pour demander le changement du curé ou du succursaliste. Parfois il s'agit de dénonciations sans qu'il se soit produit auparavant de querelles entre le prêtre et les habitants ou de conflits avec les autorités locales. On signale par exemple des desservants dont la moralité apparaît comme suspecte ; d'autres fréquentent les cabarets, témoignent de trop de penchants « pour la table et le vin » ; certains oublient de célébrer les offices religieux. C'est au préfet de désigner un juge de paix, un maire voisin, un citoyen notable pour aller sur les lieux réunir les renseignements nécessaires ; c'est à lui de provoquer de la part de l'évêque une peine disciplinaire proportionnée aux faits établis (2).

Min. Cultes au même 20 avril ; 2e arr. de Police au même 14 mai ; Préfet au maire d'Aubigny 1er août, 14 août ; réponses 6 et 19 août ; vicaire-général Colin au préfet 30 juillet et 22 août ; Arvier au même 30 août et note du préfet ; Evêque au même 29 avril 1811 ; Préfet au maire d'Aubigny 6 mai et 20 septembre ; réponses 10 mai et 28 septembre ; préfet à l'Evêque 8 novembre ; Evêque à Arvier 10 novembre 1811 ; Arvier au préfet 13 janvier 1812 (V 28).

(1) D'ordinaire un préfet n'aurait pas reculé devant l'éventualité, que rien ne confirme, d'une émeute de quelques habitants. Arvier aurait-il eu de puissants protecteurs ? Cette hésitation du préfet Lecoulteux et l'oubli des recommandations de Portalis rendent le fait vraisemblable.

(2) Maire de Létang-Vergy au préfet 24 floréal an XI (V 24) ; préfet à l'Evêque 2 avril 1813 (V 23) : pétition de Savigny janvier 1808 (V 27) ; sous-préfet de Châtillon au préfet 21 novembre 1810 (V 20).

D'ordinaire ces accusations se produisent au cours des querelles qui divisent le village. Le conseil municipal de Marigny-le-Cahouet attribue « la discorde de la commune » à des « bruits sourds » qui se répandent sur la conduite de la « salariée » du curé. Celui-ci prend la défense de sa servante ; « fille sage et vertueuse », elle a obtenu récemment condamnation contre un calomniateur insinuant « qu'elle libertinoit avec le maître d'école ». En réalité, si l'on en croit le desservant, le complot serait organisé par un « grand aboyeur » mécontent de voir la salariée aller se faire soigner à Saulieu et de meneurs avides de « découvrir l'église » et de « casser la chaire ». Les conseillers municipaux se réunirent d'office en session extraordinaire et votèrent l'ordre au succursaliste de congédier sa servante. Lecoulteux se montra fort irrité de cette séance tenue sans autorisation préfectorale ; il cassa la délibération et invita l'abbé Gaudot à surveiller la conduite de sa salariée (1). Semblables accusations, d'exactitude tout aussi discutable, se rencontrent à peu près dans toutes les affaires de ce genre (2).

Quelques-unes de ces fréquentes querelles sont caractéristiques. A Gissey-sur-Ouche en 1808 les appareils d'éclairage ont été retirés de l'église ; le maire s'approprierait le produit de la location des bancs et refuserait au desservant les pièces utiles au paiement de son traitement. Mgr Reymond chargea le curé de Sombernon de réconcilier les adversaires. Le délégué épiscopal ne put décider les habitants à dire si l'instituteur avait ou non le droit à une rétribution pour chanter à l'église. Il confronta le desservant Pellieux et l'instituteur Vallot qui se disputèrent aigrement. Il semble que l'abbé mit les rieurs de son côté car tout le village est « égayé » du récit des querelles de ménage Vallot. Les partisans du desservant racontèrent que le maître d'école cumule ces fonctions avec celles de garde-champêtre et de secrétaire de mairie ; le maire étant complètement illettré, Vallot est le véritable maître des

(1) Desservant Gaudot au préfet 6 janvier 1809 ; arrêté du sous-préfet de Semur (V 25).

(2) Par exemple Gissey-sur-Ouche, infrà. — Juge de paix Decamps au préfet 4 vendémiaire an XI (V 27) ; maire d'Argilly au préfet 10 novembre 1812 (V 20).

affaires communales. Il en profite pour infliger à ses élèves des fustigations sur lesquelles le procès-verbal donne des détails circonstanciés. Le curé de Sombernon revint sans avoir réussi dans sa mission. Bientôt le maire Mutin tendit un piège à l'abbé Pellieux. Il lui affirma qu'il pouvait procéder aux obsèques religieuses sans permis municipal d'inhumer et s'empressa de le dénoncer pour avoir suivi ce conseil. Le préfet Molé prescrivit la réfection de l'acte de l'état-civil correspondant et demanda à l'évêque de changer de paroisse le desservant coupable. Devant l'incrédulité de Mgr Reymond, Molé poursuit son enquête et découvre la trame ourdie par les adversaires de l'abbé Pellieux. Il annonce au ministère de la police son intention de sévir contre le maire et contre l'instituteur. L'année suivante, les ennemis du succursaliste recommencent leurs attaques ; ils se saisissent des clefs de l'église sous prétexte d'éviter le tumulte qu'occasionnerait la célébration des offices par l'abbé Pellieux dont la servante est devenue enceinte. Lecoulteux les approuve et obtient de Mgr Reymond le déplacement du desservant de Gissey (1).

A Cessey-la-Côte, maire et succursaliste se disputent le droit de choisir le fossoyeur. Le prêtre refuse de participer aux funérailles avec le titulaire municipal de cet office. Malgré ses doléances au préfet, Riouffe donna raison au maire en décembre 1808. Le desservant s'adressa à l'évêque. Mgr Reymond estima que la nomination du fossoyeur, n'ayant été réservée à l'autorité civile par aucune loi, appartenait au curé. Cette opinion fut combattue par Riouffe qui argumenta du droit de propriété de la commune sur le cimetière et de l'obligation imposée au maire par l'article 19 de l'arrêté consulaire du 23 prairial an XII (12 juin 1804) relativement au transport du corps des défunts. Bientôt le maire Barthet accusa l'abbé Masson de ne pas réciter « la prière ordonnée par le concordat pour la conservation de l'Empereur » et d'avoir révoqué un vieux sacristain qui « en est mort de chagrin ». Par contre,

(1) Préfet à l'Evêque 12 février 1808 ; procès-verbal 15 mars 1808 ; Préfet au maire et à l'Evêque 8 juin ; le même à l'Evêque 1er juillet ; au 2e arr. de Police 7 août. — Maires de Gissey, Barbirey et Jaugey au préfet 16 juillet 1809 ; réponse 17 juillet ; préfet à l'Evêque 17 juillet ; Colin au préfet 12 août (V 23).

les fabriciens soutiennent l'abbé. Ils font intervenir dans le débat les autorités judiciaires. Le juge de paix de Genlis « à la réquisition des fabriciens » enjoint au fossoyeur municipal de cesser de creuser les fosses ; Charbonnel, magistrat de sûreté près du tribunal de Dijon, lui défend d'entraver les actes du sacristain. Le préfet tance vertement juge de paix et magistrat qui s'immiscent ainsi dans les affaires administratives. Il provoque une entrevue des deux protagonistes ; elle parut ramener la paix. Mais loin du préfet la querelle recommence. Barthot refuserait d'ouvrir la grande porte de l'église, retrancherait au desservant son indemnité communale de 200 francs et sa portion d'affouage ; du moins, Masson le prétend dans une lettre au préfet du 13 mai 1807. Agacé, Riouffe décida « que cette affaire demeurerait assoupie ». Cette décision déplut aux deux adversaires. Le préfet dut intervenir pour calmer le fossoyeur municipal qui en octobre cherchait noise au sacristain (1). L'abbé Masson quitta Cessey et le maire Barthot fit place à Calignon. En 1811, le nouveau maire obtint le déplacement du desservant Bricker suspendu par l'évêque à cause de sa conduite « poussée au dernier degré ». Bricker s'obstina à demeurer dans la cure. Le maire Calignon prie le préfet d'ordonner son expulsion. Lecoulteux reçoit par contre les doléances du succursaliste auquel la commune de Cessey n'a point payé l'indemnité promise et qui se dit exempt de contribution mobilière (2).

A Thoste, le maire ne remet pas au curé les clefs de l'église. A Daix, il en est de même et le desservant ne peut obtenir les ornements nécessaires aux cérémonies cultuelles. A Remilly-sous-Sombernon « une insurrection de femmes » menace d'expulser du presbytère le locataire actuel pour faire place au curé. Le préfet ordonne aux administrateurs municipaux de

(1) Maire au desservant 29 octobre 1806 ; desservant au préfet 8 novembre ; réponse 2 décembre ; conseil de fabrique au fossoyeur 24 février 1807 ; juge de paix et magistrat de sûreté au même, mars 1807 ; Préfet à Charbonnel, 21 mars ; le même à l'Evêque, 26 mars ; Masson au préfet 13 mai et note marginale ; préfet au maire 26 octobre 1807 (V 21).

(2) Maire au préfet 5 et 28 avril 1811 ; réponses 15 avril et 15 mai (V 21).

cesser ces agissements et rend eux et les communes responsables des troubles et de leurs suites (1).

Ces querelles entre l'autorité municipale et le clergé des campagnes dont il serait aisé d'allonger la liste (2) ne suscitèrent point de conflits entre la préfecture et l'évêché. L'attitude du préfet et celle de l'évêque sont, il est vrai, différentes. L'administrateur civil est enclin à croire à la culpabilité des desservants et à requérir contre eux des mesures de rigueur; il semble bien ne considérer le chef du clergé diocésain que comme un subordonné. Sans doute Guiraudet, Riouffe, Molé, Lecoulteux, Cossé-Brissac laissent, en diverses circonstances, à Mgr Reymond l'initiative des décisions; mais les termes qu'ils emploient réduisent leur acte à un simple témoignage personnel de politesse. Riouffe lui écrit : « La considération juste et méritée que j'ai pour vous... me fait désirer que vous preniez l'initiative dans cette affaire. » Par contre il biffe dans une lettre relative à la même affaire cette phrase : « Je m'en rapporte entièrement à votre sagesse pour prononcer sur son sort. » Cossé-Brissac dit de son côté le 2 avril 1813: « Je n'ai voulu faire aucun rapport à S. E. le ministre des Cultes avant. . de m'être entendu avec vous. » Il ordonne cependant une enquête administrative dès le 5 avril. Les préfets affirment par là l'indépendance de l'action des autorités civiles (3). Ils suggèrent à l'évêque la sanction qui leur paraît utile. Si Mgr Reymond tarde à y adhérer le ton devient plus pressant. Le 8 juin 1808, Molé demande à Mgr Reymond son avis au sujet de la requête à lui adressée aux fins de déplacer le desservant de Gissey-sur-Ouche; le 1er juillet, il lui déclare : « Je vous prie de (lui) retirer sur le champ (ses) pouvoirs. » A l'occasion la prière devient un ordre

(1) Préfet au maire de Thoste 27 brumaire an XIV (V 27); au maire de Daix, 7 et 16 juillet, 11 et 21 septembre 1810 (V 21). D'autres maires se plaignent que le curé ne veuille pas leur offrir l'eau bénite ou les expulse du banc seigneurial que le conseil de fabrique a désigné comme siège des autorités. — Sous-préfet de Beaune au préfet 8 avril 1808 (V 26). Maire de Remilly au même 12 prairial an XI; réponse du 14 (M/6, 93/a).

(2) Cf. Recey-sur-Ource 1811 (V 26); Chaumont-le-Bois 1809 (V 21); Darcey 1808 (V 21). A Bligny-sur-Ouche le curé Taisand est à nouveau en butte à l'hostilité de quelques paroissiens (Pétition 5 ventôse an XII. V 13).

(3) Préfet à l'évêque, 2 frimaire an XII (V 24); 9 février 1806 (V 26); 2 avril 1813, au sous-préfet de Châtillon 5 avril (V 23).

à peine déguisé. Riouffe menace de provoquer l'intervention du gouvernement si l'évêque ne se hâte de prononcer le déplacement d'un desservant. Molé invite l'évêque à changer de paroisse le succursaliste de Saint-Remy et ajoute : « Je prendrai... les mesures administratives convenables » pour éviter le retour des faits incriminés. Les préfets écrivent directement aux prêtres accusés ; ils les interrogent et statuent ; ils chargent les maires de commettre « un autre ecclésiastique » ou « quelque individu que ce soit » pour procéder à des obsèques ou à un baptême urgent (1).

Mgr Reymond se montre prudent et ferme. S'il acquiert la certitude de la culpabilité du desservant, il s'empresse de donner satisfaction au préfet (2). Mais il sait combien il faut se défier de la prose municipale et se refuse à traiter provisoirement ses prêtres comme des coupables. Il lit les dénonciations, les pétitions, les rapports que lui communiquent les préfets ; il s'en sert peu et leur préfère le témoignage de ses propres enquêteurs. Il prend hautement la défense d'un « prêtre horriblement calomnié, dit-il, dont je suis le protecteur naturel ». Faisant ressortir les inconvénients de ces changements répétés qui diminuent la confiance des fidèles pour le prêtre, il s'efforce d'assurer aux succursalistes dont le séjour est devenu impossible une paroisse plus avantageuse. Par la plume du vicaire-général Colin, il rappelle au préfet que les curés de chef-lieu de canton sont inamovibles, sauf le cas de forfaiture régulièrement constatée (3).

L'attitude de Mgr Reymond ne déplut pas aux préfets de la Côte-d'Or. Ils continuèrent de lui témoigner la même déférence et la même confiance; ils tiennent le plus grand compte de ses observations et n'hésitent pas à réformer d'après elles leurs

(1) Préfet à l'Évêque 8 juin 1808 (V 23). Gissey : V 23. Préfet à l'Évêque 6 janvier 1806 (V 26) ; 18 mai 1808 (V 27). Préfet au desservant de Beire-le-Châtel 28 frimaire an XII (V 20) ; au curé de Saint-Seine 17 messidor an XIII (V 27); arrêté 10 juin 1808 (V 27) ; préfet au sous-préfet de Châtillon 18 messidor an X (V 21).

(2) Évêque au préfet 1 vendémiaire an XIV : « j'ai terminé... conformément à votre vœu..., » (V 18). Cf. *suprà* le conflit de Gissey en 1809.

(3) Évêque au préfet 16 mars 1808 (V 24) ; enquête de Gissey par un curé assisté d'un notaire. Evêque au préfet 6 janvier 1806 (V 26) ; 13 septembre 1808 (V 24) ; Colin au préfet, 27 août 1811 (V 26).

propres sentiments. Molé, par exemple, qui aurait si volontiers déplacé l'abbé Pellieux, avoua son erreur ; il reconnut que le desservant a été « méchamment induit à cette faute par le maire qui cherchait un prétexte pour le dénoncer » et punit le trop adroit conspirateur. Les préfets sont d'ailleurs animés d'un vif désir d'impartialité et à plusieurs reprises tancent les maires trop pressés de louer les bancs ou de faire la police de l'église « cet objet étant absolument étranger à l'administration de la commune (1) ».

De cet accord entre les deux pouvoirs Mgr Reymond après l'exemple donna à son clergé la théorie. Il affirma sa « volonté constante de maintenir la bonne harmonie... entre l'autorité civile et les pasteurs pour le bien de la religion et la paix intérieure ». En frappant l'abbé Arvier, il adresse au « fanatique » une dissertation en règle sur la nécessité de la tolérance : « Les règlements de discipline doivent toujours s'adapter aux circonstances et aux mœurs actuelles dans la juste crainte de manquer le bien pour vouloir faire le mieux. C'est d'après ce grand et incontestable principe que du XIIIe au XVIe siècle la discipline a été adoucie par les conciles généraux ;... s'il s'en fut tenu un depuis le concile de Trente et surtout dans le dernier siècle, elle aurait été restreinte aux actes religieux nécessaires au salut de droit divin (2). » En dépit de ces dispositions toutes de conciliation et de soumission à l'autorité civile, Mgr Reymond ne fut pas bien en cour. En nivôse an XIII, il est classé parmi le « peu d'évêques dont on puisse se plaindre ou dont on n'ait pas lieu d'être content » ; son nom est ainsi annoté : « n'est qu'étourdi ;... d'ailleurs bon homme ». En 1808 on dit que Mgr Reymond « va mieux à présent (3) ».

Le jugement ainsi porté par le gouvernement provient probablement des reproches de négligence et de lenteur administratives que les préfets n'ont pas ménagés au prélat. Il fut également

(1) Molé constate que le maire de Perrigny-sur-Ognon n'a agi que par esprit de vengeance (au Min. des Cultes janvier 1808. V 26) ; préfet au maire de Labergement-les Auxonne 19 ventôse an XII (V 24) ; de Prenois, germinal an XI (V 26).

(2) Évêque au préfet 18 pluviôse an XI (V 18) ; à Arvier 19 avril 1810 (V 20).

(3) Arch. Nat. AF/IV, 1045 &1046.

inspiré, on peut le supposer, par les prêtres hostiles au premier évêque concordataire de Dijon. L'insermenté Colin continue sa discrète campagne. Le *patriote* Girarde proteste auprès du ministre de l'Intérieur contre le projet conçu par l'évêque de réunir les fonctions de curé de la cathédrale à une prébende canoniale et d'assigner le nouvel office à un archiprêtre révocable, « ce qui ne peut me convenir » déclare Girarde ; le curé de Saint-Bénigne ajoute : « Je suis obligé d'être continuellement en guerre avec lui parce qu'il s'empare de tous mes droits (1). »

Girarde, on le voit, fait appel à l'intervention ministérielle dans ses démêlés avec son chef ecclésiastique. Cette conception est celle du vicaire général Colin qui estime que la forfaiture d'un curé doit être déclarée « par l'autorité supérieure, le conseil d'État (2) ». Très imbu des principes gallicans, le clergé du diocèse de Dijon résout le problème de l'union pratique des deux pouvoirs, religieux et civil, en subordonnant celui-là à celui-ci. Volontiers Girarde aurait fait mieux et supprimé la question. Successivement vicaire épiscopal et commissaire du Directoire, il ne voyait aucun inconvénient à réunir en sa personne et le fonctionnaire du gouvernement et l'administrateur ecclésiastique. A la mort du conseiller de préfecture Dubard, il adressa au ministre de l'Intérieur une lettre très franche et fort instructive de l'état d'esprit du clergé impérial. Il sollicite la place vacante ou celle d'inspecteur de l'Université car son traitement de curé est, à lui seul, insuffisant. Le bon curé n'a pas de préférence entre la carrière pédagogique et les fonctions administratives : « la place dont je jouirai le plus tôt est celle qui me fera le plus de plaisir » confesse-t-il à Crétet. Ce projet séduisant ne put se réaliser ; une note ministérielle déclara que l'office de curé et les postes convoités « ne sont pas compatibles ». Girarde dut renoncer à son désir de servir à la fois l'État et l'Église (3).

(1) Girarde au Min. Intérieur 14 septembre 1807 (Arch. Nat. F 1b/II, Côte-d'Or 3). L'archevêque de Besançon eut également à lutter contre certains membres de son clergé (L. Pingaud, *Jean de Bry*, p. 257-262).

(2) Colin au préfet 27 août 1811 (V 26). Le vicaire-général Claudon tient le préfet pour le « protecteur-né des prêtres » (8 messidor an XIII. V 27).

(3) 3 mars 1809 (F 1b/II, Côte-d'Or 3) : « Monseigneur, la place que j'occupe ne me donne pas de quoi vivre. M. Dubard, conseiller de préfecture,

Mais l'Église et l'État se rendent de mutuels services. Dans le discours qu'il prononça lors de la prestation de serment par le premier clergé concordataire, Guiraudet insiste sur l'aide efficace que le « tribunal aussi puissant que sacré » du prêtre peut apporter aux lois pénales. Telle est également la pensée inspiratrice d'une circulaire du ministre de la Police en l'an XII. Le clergé, collaborateur des tribunaux répressifs et de la gendarmerie, le sera encore des juges civils en arrêtant « dans leurs principes, une foule de querelles juridiques et en ramenant la concorde entre les plaideurs (1) ». Napoléon en fit un auxiliaire de la police et de l'administration politique. Les curés et les desservants sont invités à lire en chaire les bulletins des armées impériales ou les décrets impériaux ; les victoires et les anniversaires des grandes dates de l'histoire impériale sont fêtés par des Te Deum ; le clergé des campagnes est sollicité de remontrer aux paysans les inconvénients de la désertion ; les autorités diocésaines célèbrent en chaire la gloire de Napoléon ou publient des mandements pour exhorter les conscrits ou justifier la politique de l'empereur à l'égard du pape et l'annexion de Rome (2).

En échange de cet appui moral, le clergé obtient des fonctions, des honneurs et de l'argent. Nous aurons l'occasion de relever la part importante accordée en Côte-d'Or comme dans le Doubs par le gouvernement et ses préfets aux prêtres et aux congréganistes dans les écoles ou les œuvres de bienfaisance. A la satisfaction de la municipalité dijonnaise les « respectables filles » de Saint-Lazare reprennent leur costume, « nouveau moyen d'ajouter à la considération publique » ; le

vient de mourir. En réunissant les émolumens de cette place à ceux de la mienne mes ressources seroient suffisantes. Je recours à votre bienveillance et à votre crédit pour me procurer cette place. Les fonctions qui y sont attachées ne me sont point étrangères ; j'en ai déjà rempli d'analogues. J'aurais désiré d'être inspecteur de l'Université mais la place dont je jouirai le plus tôt est celle qui me fera le plus de plaisir. »

(1) Bibl. mun. Dijon, fonds Delmasse 1173 (11 floréal an XI). Circulaire du Min. Police aux évêques 5 fructidor an XII (V 20).

(2) Min. Cultes au préfet 17 octobre 1806 (V 19) ; Evêque au même 14 thermidor an XI (V 19) ; Directeur de la Conscription au même 11 avril 1811 (R/1, 24) ; mandement de Colin analysé par le président Guillemot pour le secrétaire d'Etat (6 août 1809. Arch. Nat. AF/IV, 1046). Portalis à l'empereur, 17 brumaire an XIV (AF/IV, 1045).

maire Ranfer de Bretenières souhaite que celles de l'Hôpital les imitent. Riouffe choisit même des curés comme maires de leur village : son initiative ne fut pas approuvée parce que, lui rappelle le ministre, « les curés et les desservants sont soumis à la surveillance des municipalités » (1). Le ton de la correspondance des préfets avec l'évêque et des rapports présentés au conseil général sur les affaires cultuelles est particulièrement courtois. Des détachements de la compagnie de réserve départementale ou de garde nationale escortent les processions, rehaussant et troublent à la fois les cérémonies solennelles ; les autorités civiles et militaires assistent aux offices religieux avec empressement (2). Enfin et surtout, le budget des cultes se crée et s'accroît.

3. — *Le budget des cultes en Côte-d'Or*

Par le Concordat le Premier Consul n'imposait au trésor public que des charges légères et laissait aux budgets locaux le soin de pourvoir au reste des dépenses cultuelles. Les conseils généraux eurent la faculté de voter aux membres de l'administration diocésaine une indemnité de logement ou un supplément de traitement, d'allouer des fonds pour l'entretien des bâtiments épiscopaux ou la constitution d'une maîtrise et d'un séminaire. L'assemblée départementale de la Côte-d'Or demeura fidèle à ses principes d'économie et évita de son mieux le vote des nouveaux crédits. Toutefois, comme celles de la Seine-Inférieure et du Bas-Rhin, elle accueille avec faveur les demandes personnelles de Mgr Reymond « qui a présenté avec beaucoup de délicatesse l'état de ses besoins et de ceux de son église » et qu'elle estime « personnellement recommandable... par ses vertus pastorales » ; elle lui accorde indemnité de logement, traitement supplémentaire, frais d'ameublement, de représentation et de tournées (3).

(1) Pingaud, *Jean de Bry*, p. 194. Préfet au Min. intérieur 23 ventôse an XIII ; réponse 7 germinal an XIII. (V 18). Ranfer à Portalis 7 germinal an XIII (F/19, 337).

(2) Capitaine-commandant de Dijon au préfet 15 décembre 1808 (R/1, 13) ; arrêté préfectoral 30 mai 1807 (V 10) ; Portalis au préfet 12 messidor an XII. Collin au même 7 août 1811 (V 24) (V 26).

(3) N/1, 1 : an XI, an XIII, 1806, 1809. Cf. Dejean, *Beugnot*, p. 368 ; Darmstädter, XIX, p. 555.

Par contre les conseillers généraux hésitèrent jusqu'en 1808 à allouer un supplément aux vicaires-généraux et aux chanoines ; ils alléguaient les mauvaises récoltes et la vie modeste de ces personnages. En 1809, chaque vicaire-général obtint 1.000 francs et chaque chanoine titulaire, 750 (1). Les crédits acceptés pour les bâtiments sont limités aux ressources budgétaires disponibles ; le conseil refuse de voter des centimes spéciaux car « un impôt est toujours... difficile à supporter lorsqu'il n'est pas sollicité par l'opinion ». Cependant il concède quelque argent « voulant assurer provisoirement à M. l'évêque les moyens de donner aux cérémonies du culte la pompe et la décence qu'elles exigent » et avec le temps, l'article des réparations est plus généreusement doté. On finit par approuver les fonds nécessaires à l'établissement du grand séminaire et aux traitements des professeurs (2). Économes, les conseillers généraux entendent que le budget des cultes supporte une partie des dépenses de celui des beaux-arts ; ils accordent le crédit demandé pour la restauration de l'hôtel épiscopal parce qu'il s'agit d'un « bâtiment utile et qui honore les arts ». Au lieu d'une maîtrise ils préféreraient une académie de musique ; cette dernière leur semble d'une « utilité plus grande et vraiment digne d'une bonne administration » ; la haute direction en serait confiée au préfet et à « quatre pères de famille notables ». Ce projet laïcisateur n'aboutit pas (3).

Le traitement des curés en titre est assuré par le trésor public (4). Celui des desservants dépend de la bonne volonté des paroissiens et du conseil municipal. En principe il devrait être constitué par des dons volontaires et le budget local n'aurait à supporter qu'une indemnité de logement. En Côte-d'Or ce système est impraticable ou ne réussira, Riouffe le pense du moins, que « d'une manière précaire ». Il est indispensable d'assurer par d'autres moyens les ressources

(1) N/1, 1 : an XI : « considérant les charges énormes qui pèsent sur la Côte-d'Or, les pertes que ce département a éprouvées depuis deux ans par l'effet des intempéries... », an XIII, 1806, 1809. États 1807 (V 1).

(2) N/1, 1 : an XII ; an XIII, 1809.

(3) N/1, 1 : an XIII ; comptabilité de la maîtrise, V 2.

(4) Le département comprend six cures à 1500 francs et 30 à 1000 (AF/IV, 1044).

nécessaires au clergé rural. Il convient de solliciter du conseil municipal le vote d'un traitement. Dans ce département, plus que dans les Bouches-du-Rhône ou le Bas-Rhin, la majorité des assemblées locales accueillit favorablement les demandes du desservant. Certaines se montrèrent assez généreuses. A Sainte-Colombe on vote 600 francs, à Lamarche 400, à Varanges 350 ; des crédits particuliers sont prévus pour l'achat et l'entretien des ornements sacerdotaux ; à Beaumont on prévoit dans ce double but une dépense annuelle de 150 francs et une somme de 300 une fois payée ; à Messigny et à Vantoux on établit aux mêmes fins une surtaxe des bancs (1). Ces bonnes dispositions se heurtent à la législation d'alors qui ne permettait pas aux communes de solder par des recettes extraordinaires leurs dépenses normales. Le produit des biens communaux et des centimes additionnels avait déjà reçu d'autres affectations ; les autres ressources prévues dans la loi du 4 thermidor an X étaient ou faibles ou malaisées à percevoir dans les campagnes. Aussi bien les conseillers municipaux établissent-ils en général une capitation progressive sur les habitants ou des centimes additionnels. Le préfet leur fait observer l'illégalité du procédé. En fait les rôles furent établis et acquittés parce que « supposés exécutoires (2) ».

A partir du 1er vendémiaire an XIII (23 septembre 1804) le budget national des cultes fut accru dans de sensibles proportions. Napoléon avait décidé que certaines succursales seraient désormais à la charge du trésor public ; leurs titulaires recevraient un traitement de 500 francs. Les autres desservants auraient comme par le passé à recourir aux budgets locaux mais le montant de l'indemnité devait être fixé par le préfet. En Côte-d'Or la première de ces catégories comprit 302 succursales et la seconde 118. Les communes continuèrent à voter des fonds dont la perception était légalement impossible. Riouffe s'efforça de convaincre le ministre de l'Intérieur de

(1) Préfet à Min. Intérieur 2 janvier 1806 ; arrêtés 23 floréal an XI et 12 frimaire an XII (Arch. Nat. F/19, 417). Fournier et Saint-Yves p. 357. Darmstädter, XIX, p. 537.

(2) Préfet au Min. Intérieur 2 janvier 1806 ; réponse 24 avril 1808 (F/19), 417).

la nécessité d'une interprétation plus libérale des textes législatifs. Le nombre des communes possédant des revenus disponibles n'est, en effet, que de 43 pour tout le département. Il propose de déclarer exécutoires des rôles répartissant l'indemnité accordée au desservant entre les exploitants au prorata de leurs propriétés ; c'est le procédé le plus simple et déjà on l'emploie pour assurer le paiement du salaire des gardes-champêtres. Au besoin, la municipalité pourrait réduire la portion d'affouage allouée à chaque ménage afin d'augmenter le produit de la vente du bois communal. Cette dernière proposition ne déplut pas absolument au ministre mais la première fut impitoyablement écartée. Les communes dont les ressources n'étaient pas surabondantes n'avaient qu'à ne pas voter de traitement au desservant. Les conseils municipaux usèrent peu de cette faculté. La plupart adoptèrent le principe de la participation municipale au traitement du clergé ; le préfet avait décidé que le taux de l'indemnité supplémentaire ou de l'allocation unique serait de 200 francs. Quelques villages obérés fixèrent leur part à la moitié de cette somme et décidèrent de la répartir entre les habitants comme s'il s'agissait de centimes additionnels. Les préfets semblent avoir toléré cette irrégularité (1).

Un décret du 30 décembre 1809 imposa aux fabriques, et à leur défaut, aux communes le paiement du traitement des vicaires ; plus tard le dixième des revenus communaux est affecté aux dépenses cultuelles. Ainsi peu à peu le clergé paroissial était mieux protégé contre la parcimonie des assemblées locales. Il est vrai que l'une des armes employées par les maires dans leurs conflits avec les desservants rappelle l'ancienne saisie du temporel ; ils s'opposent au vote ou provoquent la suppression du traitement de leur ennemi et, par leur refus de lui délivrer les pièces nécessaires, l'empêchent de toucher les sommes qui lui sont dues. Les prêtres lésés adressent leurs plaintes au préfet qui a quelque peine à leur procurer satisfaction ; d'autres quittent le village pour un autre, meilleur débiteur (2).

(1) Vaillant, I, p. 282. — Préfet au Min. Intérieur 18 pluviôse an XIII ; 2 janvier 1806 ; réponse 24 avril 1806 (F/19, 417).

(2) Desservant de Mailly au préfet 23 août 1808 (V 24). Préfet au maire de Cessey-la-Côte 15 avril et 15 mai 1811 (V 24) ; maire de Messigny au préfet

L'insécurité et la modicité de leurs ressources amènent les succursalistes et les vicaires à recourir au casuel. Les tarifs des oblations dues à l'occasion des cérémonies religieuses sont déterminés par un accord entre l'évêque et le préfet. Mais on accuse les desservants de les mal respecter (1). D'autres rédigent eux-mêmes des rôles dont ils poursuivent le recouvrement ou vendent les noix communales à leur profit. Aucun, semble-t-il, n'a songé à ressusciter la dîme. Par contre, plusieurs transforment en redevance obligatoire et tarifée l'offrande habituellement faite pour la lecture de la Passion ou témoignent au prône leur mécontentement contre ceux qui se dérobent aux quêtes en argent ou en nature qu'ils instituent dans la paroisse. Mis au courant des faits, les préfets en vérifient l'exactitude et, s'il y échet, demandent à l'évêque une sanction (2).

L'entretien des bâtiments cultuels, le salaire du personnel inférieur, l'acquittement des diverses charges imposées par les bienfaiteurs de l'église incombent au conseil de fabrique, subsidiairement à la commune. Comme ressources principales, les fabriciens disposent du produit de la location des chaises ou des bancs (3), du monopole de la fourniture du matériel funéraire (4), de la vente ou de l'amodiation des églises inutiles (5). Les tarifs sont approuvés par l'autorité municipale qui parfois considère le conseil de fabrique comme une autorité rivale : le fait se rencontre surtout dans les campagnes. Dans les villes, fabriciens et marguilliers sont choisis parmi les notables et font

4 janvier 1812 (V 26). Desservants de Saint-Romain et Saulon-sans-Fonds à Portalis 27 septembre, 29 novembre 1806 (F/19, 337).

(1) Les habitants de Villers-les-Pots qualifient leur desservant de « sensue » (novembre 1806. V 29) ; enquête d'Amanton sur le succursaliste de Mailly 16 juillet 1808 (V 24). Tarif diocésain et rapport de Portalis 8 fructidor an XI (V 18).

(2) Préfet à l'évêque 22 juillet 1809 (V 23) ; 20 ventôse an XIV (V 27) ; Villers-les-Pots, novembre 1806 (V 29) ; Préfet au 2e arr. Police 13 juin 1812 (V 26).

(3) L'opération ne va pas sans tumulte lorsque les paysans « protestent qu'ils n'iront plus à l'église puisque pour y être assis pendant une année il faut qu'ils donnent 5, 6 ou 8 sous » (*Journal* 1er fructidor an XIII).

(4) Tarif de Dijon 16 mars 1807 (V 18).

(5) Min. Intérieur au préfet 20 novembre 1806 (F/19, 417). *Les fondations reparaissent* ; par ex. décret 2 mai 1806. (F/19, 417).

partie, parfois, du conseil municipal. Il en est ainsi en particulier à Dijon. Préfet et maire entretiennent de bonnes relations avec les trésoriers du culte; Guiraudet, toujours prêt à dépasser la loi, les autorise à s'adjoindre trois « associés » dans chaque paroisse; le ministre de l'Intérieur le blâma une fois de plus de son esprit d'initiative (1).

(1) Préfet au maire de Labergement-lès-Auxonne 19 ventôse an XII (V 24); au min. Intérieur 3 nivôse an XIII (F/19, 417)

CHAPITRE V

L'administration économique

Représentant du gouvernement, le préfet renseigne les ministres sur les faits économiques comme sur la vie administrative ou l'esprit politique de son département. La création du ministère du Commerce et des Manufactures, en janvier 1812, provoqua l'extension de cette partie des fonctions préfectorales; les maires furent invités à adresser de nombreux documents statistiques que les bureaux de la préfecture recueillent, classent, additionnent. Les rapports réguliers du préfet à ses chefs contiennent des indications fréquentes sur l'état des récoltes, les progrès du commerce et de l'industrie. En particulier le gouvernement demande à connaître les conséquences du blocus continental sur la vie économique de la Côte-d'Or (1).

1. — *Le blocus continental; la betterave*

Ce département est peu industriel (2). Le travail à la main et en petit atelier domine. Seule l'industrie métallurgique a quelque importance. Elle s'alimente aux mines de fer du Châtillonnais et trouve le combustible nécessaire dans les forêts de la même région (3). Les forges et les fonderies de la Côte-d'Or profitèrent, du moins jusqu'en 1812, comme celles du reste

(1) Cf. Arch. dép. M/8, 6/1 ; M/14, 8 a/1. Rapports 1er juin 1808, 30 août 1808 13 mars 1809, 9 février 1810 etc. (Arch. Nat. F/7, 3668).

(2) Vaillant, I, p. 446 : « Dans un département agricole tel que celui de la Côte-d'Or, l'industrie doit être très bornée. »

(3) Cf. les détails fournis par Vaillant, I, p. 446 ss. La houille vient de Blanzy et bientôt d'Épinac ou de Ronchamps ; mais elle n'est employée que par les maréchaux-ferrants et autres petits artisans. Le préfet qui en recommande l'emploi aux maîtres de forge ne peut disconvenir de son prix élevé. (Vaillant, II, p. 440).

de la France de la disparition de la concurrence britannique; mais elles souffrirent quelque peu de la cessation du commerce colonial et appréhendèrent qu'à la paix cette prospérité factice ne cessa brusquement (1). Le blocus continental n'affecta guère les industries dont les produits et les matières se trouvent sur place, sur le territoire de l'Empire ou en Suisse. Les fabriques de draps de laine sont dans un état assez satisfaisant bien que d'après Vaillant vers 1808 « il importerait que le gouvernement fit quelques avances aux fabricants, leur accordât des primes d'encouragement ». Malgré cette demande indirecte, la Côte-d'Or ne semble pas figurer parmi les départements dont Napoléon secourut pécuniairement les industriels (2). Il n'en fut pas de même des tissages ou filatures de coton. En Côte-d'Or comme ailleurs la rupture des relations commerciales avec ou par l'Angleterre provoqua une raréfaction de la matière première et une hausse des prix si considérable que nombre de ces usines durent interrompre leur travail. Vaillant signale une filature dijonnaise qui a fermé ses portes en manifestant l'intention de les rouvrir « lorsque les cotons seront... à leurs prix ordinaires ». Une autre à Barjon « allait être portée au double lorsque l'augmentation du coton l'a obligée de suspendre ses travaux ». Celle de Couternon « n'est plus en activité depuis que la matière première est à un prix trop élevé ». D'autres fabricants doivent suivre cet exemple (3). Quant au commerce intérieur du département la prohibition des marchandises anglaises de fabrication et les surtaxes douanières sur les denrées coloniales auraient produit « peu de sensation » si l'on en croyait le sous-préfet de Beaune. Lui-même ne paraît pas très convaincu du fait et observe qu'on a « souffert... de la rareté du numéraire qu'on s'accorde à attribuer à ce système ». Lecoulteux partage l'opinion de Frémyet et annonce avec plus d'assurance que « ce département n'ayant point de douanes et étant en général peu

(1) *Vaillant*, I, p. 460, 467. Préfet au Min. Intérieur 10 juin 1812 (F 1c/III, Côte-d'Or 7). — Cf. en général Levasseur, *Hist. du commerce de la France*, 1912, I, p. 75 ss.

(2) De ce nombre sont les papeteries de Châtillon et de Fontenay. Vaillant, I, p. 473, II, p. 442. — Ballot, *Les prêts aux manufactures sous le premier Empire* (Rev. Etudes napoléoniennes, I, 1912).

(3) Vaillant, I, p. 443-446. Etats et statistiques M/14, 12 et M/14, 8 a/1. Ballot, p. 54, 67.

commerçant les nouveaux droits établis sur les denrées coloniales y ont fait peu de sensation ». En réalité, les habitants de la Côte-d'Or eurent plus de difficulté à se procurer les objets dont ils avaient besoin et les payèrent plus cher. En janvier 1812, le kilogramme de sucre coûte de 11 fr. 40 à 9 fr. 20 suivant les provenances ; le café vaut 9 fr. 50 environ. Les prix, autant qu'on peut les comparer, ont presque décuplé depuis la chute de l'ancien régime ; en avril 1814, le sucre baissera à 7 fr. 50. Les populations souffrirent assez du blocus continental pour qu'une chanson locale se félicite en 1814 de sa disparition tout autant que de celle, escomptée alors imprudemment, des droits réunis et de la conscription (1). L'exportation des grains de l'Auxois continua à se faire aisément par la Saône vers le Midi ou par les routes vers le Jura et la Suisse ; les vins de Bourgogne se répandirent en Allemagne dont le vaste marché leur avait été ouvert par les victoires impériales ; on relève de nombreux passeports accordés à des négociants beaunois qui se rendent « pour les besoins de leur commerce » en Prusse, en Bavière, en Saxe, en Westphalie (2). Le commerce de transit se développa considérablement. La permanence de la guerre maritime et la crainte des corsaires anglais firent effectuer les transports entre la Manche ou l'Atlantique et la Méditerranée par voiture et non plus par mer ; « depuis l'an XI, assure Vaillant, le roulage a presque doublé » sur la route de Langres à Chalon par Dijon (3).

(1) Sous-préfet de Beaune au préfet 30 juillet 1811. *Journal* 23 janvier 1812, 10 avril 1814. *Préfet* au Min. Intérieur 2 novembre 1810 (F1c/III, Côte-d'Or 9 ; confidentielle) Gaffarel, *Dijon en 1814*, p. 80 :

Nous prendrons du bon café
Sans sucre de betterave ;
Nous boirons à bon marché
Sans craindre les rats de cave ;
... Les filles sans trop payer
Porteront belles indiennes
Et pour se bien marier
Auront des garçons par centaines.

(2) Arch. Nat. F/7, 3424, 3533 ; d'autres négociants vont en Espagne, en Russie, en Pologne. — Préfet au min. Intérieur 30 août 1808 (F/7, 3668). — *Cf.* Martin et Martenot, *La Côte-d'Or*, 1909, p. 127.

(3) Vaillant, I, p. 45. On signale en 1810 la présence en Côte-d'Or d'un « assureur de la fraude par Genève » (États des mises en surveillance administrative F/7, 3688).

La privation des denrées coloniales et de certaines matières indispensables à l'indus rie qui était la conséquence des procédés de guerre employés par l'empereur amenèrent l'introduction en Côte-d'Or de nouvelles cultures. Le pastel pouvait remplacer l'indigo dans la teinture en bleu. Napoléon en encouragea la production par l'envoi gratuit de graines, la distribution d'instructions imprimées, la perspective de récompenses. Quelques cultivateurs semèrent et cultivèrent la nouvelle plante ; ils obtinrent des résultats satisfaisants et les autorités côte-d'oriennes comparèrent ce pastel à celui d'Albi. Mais cet exemple ne fut pas suivi. Les préfets et sous-préfets constatent à plusieurs reprises que le nombre des producteurs diminue. En 1812, dans l'arrondissement de Beaune « on a cessé de cultiver le pastel » ; dans l'ensemble du département sa « culture ne se propage point ». La routine traditionnelle du paysan n'est pas l'unique motif de l'insuccès de la plante récemment introduite. Cossé-Brissac estime qu'il « faudrait des ateliers... pour en extraire l'indigo et dans lesquels le cultivateur pourrait placer son produit. Autrement il ne retire aucun bénéfice et cette position décourageante le force à convertir son champ de pastel en une culture plus utile ». Cependant il continue à seconder les efforts des propriétaires mieux outillés ou plus persévérants et reçoit avec plaisir des échantillons de leur indigo. En avril 1812 le journal insère dans la partie « Administration » un rapport séduisant de deux délégués préfectoraux, le docteur Bounder et le secrétaire particulier d'Hautecour ; mais le sous-préfet de Beaune écrit en juin : « on a cessé de cultiver le pastel... parce que l'année dernière on n'a pas su en utiliser les produits ». Dans le Bas-Rhin on constate semblable insuccès (1).

La culture du pastel est encouragée par le gouvernement mais elle demeure pleinement libre. Au contraire, celle de la betterave est obligatoire. Napoléon veut en effet que le sucre indigène remplace celui des colonies occupées par les

(1) Instructions, rapports, M/13, 26. Préfet au sous-préfet de Dijon 21 novembre 1812 (M/13, 26) ; au Min. Intérieur 24 juin, 24 août, 5 novembre 1811 ; 5 janvier, 16 mai, 16 juin, 22 octobre 1812 (M/8, 6/1) ; sous-préfets au préfet mai et juin 1812 (M/8, 6/2). Cf. *Journal* 16 avril 1812. Vaillant, II, p. 383. Darmstädter, XIX, p. 642.

Anglais (1). Auparavant, dès 1808 il avait songé à extraire le sucre des raisins. Une circulaire préfectorale du 3 septembre 1810 avertit les maires de l'importance de ce nouvel emploi de ce fruit de la vigne : « le gouvernement regarde tous les succès qu'on obtiendra en ce genre comme autant d'avantages remportés sur l'ennemi du continent ». De même que dans le Doubs et dans le Bas-Rhin, en Côte-d'Or le résultat fut insignifiant. En vain Lecoulteux répand des instructions imprimées ; en vain il stimule le zèle des maires et leur promet de signaler à S. M. ceux qui seconderont avec le plus d'activité les vues de l'empereur ; en vain promet-il au nom du gouvernement des primes aux meilleurs fabricants et impose-t-il aux établissements publics l'usage exclusif du sucre de raisin. Les vignerons de la Côte préfèrent transformer leurs grappes en vin plutôt qu'en une médiocre cassonade ou en un sirop dont la valeur sucrante est inférieure de moitié à celle du sucre de canne. Les rares producteurs, d'après un mémoire officiel, « l'ont employé à leur usage ; ils l'ont substitué assez avantageusement au miel et même au sucre ; quelques-uns en sucrent leur café et leur thé. Cependant on ne peut disconvenir que ce sirop obtient plus de succès lorsqu'on l'emploie avec des matières dont l'arome est prédominant ». Malgré ces obstacles Lecoulteux continue à recommander dans le journal l'usage du nouveau produit « qui peut avec succès remplacer le sucre de canne dans tous ses usages » ; quelques confiseurs ou pharmaciens usent du « véritable sirop de raisin » qui ne coûte que 2 fr. 80 le kilog (2).

La mauvaise qualité du sirop de raisin provoqua des recherches qui aboutirent à la découverte du sucre de betterave. On se promettait que « bientôt... la culture en grand de la betterave nous donnera du sucre égal à celui des colonies ». Cette espérance fut déçue en Côte-d'Or. Bien que des décrets

(1) Cf. en général Levasseur, *Hist. du commerce*... I, p. 475 ss.

(2) Instructions et rapports ; préfet au Min. Intérieur 24 mai 1809, 6 décembre 1810 ; aux sous-préfets 4 juin 1811 ; aux maires 19 décembre 1808, 21 août 1809, 3 septembre 1810 ; aux administrateurs des hospices, septembre 1810 ; Min. Intérieur au préfet, 5 juin 1809, 18 août 1810 ; 26 décembre 1810 (M/13, 26). Cf. Pingaud, p. 281. Darmstädter, XIX, p. 642. *Journal* 3, 6, 27 janvier 1811. Vaillant, II, p. 350.

impériaux aient imposé au département de consacrer un certain nombre d'hectares à la « précieuse racine », les paysans éludèrent l'exécution de ces ordres et les fabriques fonctionnèrent mal (1).

La haute direction de la nouvelle culture est l'une des plus vives préoccupations des préfets et des sous-préfets. Par une correspondance incessante ils stimulent ou éclairent les municipalités ; par des rapports imprimés ils signalent tous les avantages des ordres de S. M. « sans cesse occupée du bonheur de ses peuples » ; par des lettres énergiques ils s'efforcent d'intimider les maires ou les cultivateurs hésitants. Au début les autorités témoignent d'une ferme confiance dans le succès de cette innovation agricole. « L'entreprise, écrit le préfet au sous-préfet de Semur en mai 1811, l'entreprise est si belle et le bénéfice si assuré que je ne doute point que vous n'ayez à mettre en œuvre que des moyens de persuasion (2). »

Bientôt cet optimisme s'atténua devant la réalité des faits. Les autorités locales, loin de seconder les efforts des représentants du gouvernement, retardent ou évitent leur exécution. Les maires omettent de répondre au sous-préfet qui réclame des renseignements sur la situation actuelle des cultures betteravières. Malgré des lettres de rappel ils persistent dans cette attitude. Irrité, le sous-préfet de Châtillon envoie dans chaque commune retardataire un piéton qui a ordre de ne pas quitter le village sans avoir obtenu une réponse du maire ou d'un notable. En général on se borne à dire au messager que « personne ne s'en est occupé » ou que « les mesures sont prises pour l'année prochaine ». Ailleurs on déclare que le sol est trop chaud, trop sec ou pas assez profond. Le sous-préfet demande au juge de paix ou au notaire des renseignements

(1) Le contingent du département fut de 200 hectares en 1811 et de 300 en 1812 ; *le préfet le répartit entre les arrondissements et les sous-préfets,* entre les communes. Cf. en général Vaillant, II, p. 355. — Le préfet signala encore la « matière sucrée que l'on peut retirer de la tige du maïs » dans le journal (3 octobre 1811) mais sans résultat ni persistance.

(2) Préfet au sous-préfet de Semur 2 mai 1811 (M/13, 26). Cet optimisme reparaît de loin en loin dans la correspondance de Cossé-Brissac qui s'illusionne volontairement sur le zèle de ses administrés ; en avril 1812, il écrit au ministre de l'Intérieur : « les cultivateurs paraissent mettre beaucoup d'empressement à répondre aux vues du gouvernement » (M/8, 6/1).

détaillés et d'après ces indications signale aux municipalités le terrain propice ; les intéressés protestent et prétendent connaître mieux que leurs voisins la nature et les qualités de leurs propres champs. Certains villages refusent de consacrer à la nouvelle culture le terrain propice à celle du chanvre et des légumes qui leur sont plus nécessaires (1).

D'autres communes affectent plus de zèle. Elles invitent les propriétaires de la commune à se réunir afin de se répartir le contingent assigné au village par les autorités supérieures. Les habitants ont garde de se rendre à cette convocation. A force de lettres ou d'objurgations le préfet finit par obtenir que l'assemblée ait lieu (2). Alors chacun refuse de consacrer une parcelle de ses terres à la nouvelle culture. A Brion-sur-Ource les « plus forts propriétaires ne sont point disposés à le faire » ; à Minot « tous... ont fait observer que le sol... ne serait pas assez fertile » ; à Leugley, à Courcelles, à Noiron la résistance est unanime ; à la Villeneuve le maire dit des 20 ares assignés à sa commune : « Je me suis vu forcé de les garder, personne n'ayant voulu en entendre parler (3). » Parfois de généreux habitants assument volontairement la charge de l'entier contingent communal ; ce sont les bienfaiteurs habituels de leurs compatriotes ou des maires désireux de recevoir les félicitations préfectorales ; à Vauxhaulles le maire Jourdheuil accepte, outre les 40 ares de son village, la moitié du terrain imposé à une commune voisine ; c'est qu'il se propose de bâtir une fabrique de sucre (4).

(1) Etat annoté du 19 octobre 1811 ; à Recey, on « a seulement préparé le terrain pour le printemps prochain » ; cf. Prusly et Villotte ; nature du sol, Minot, Bure. Maire de Bissey-la-Côte au sous-préfet de Châtillon 7 juillet 1811 ; maire de Beneuvre au même 28 mai 1811 ; réponses 23 juillet et 20 juin 1811 (M/13, 26). Maires de Sainte-Colombe et de Gurgy au sous-préfet de Châtillon, 16 août et 14 juin 1811 (M/13, 26).

(2) Maire de Chaumont-le-Bois au sous-préfet de Châtillon 23 mai 1811 ; réponse 8 juin. Les maires du canton de Montigny-sur-Aube se partagent le contingent de leur circonscription sans tenter d'inutiles démarches (21 mars 1812. M/13, 26).

(3) Maire de Brion au sous-préfet 28 mars 1811 ; de Minot etc., état du 19 octobre 1811 ; maire de la Villeneuve au même 23 mai 1812 (M/13, 26).

(4) Par exemple à Epoisses, le comte de Guitaut (19 avril 1812) ; maire de Vauxsaulles au sous-préfet de Châtillon 22 mai 1812; commissaire de Nesle, 20 avril 1812, de Duesme 6 juillet. On signale quelques soumissions volontaires à Montigny-sur-Armançon par l'adjoint et par un conseiller municipal (14 avril 1812), à Obrée 6 juin 1811, à Recey 1er juillet 1811.

En général, les municipalités sont contraintes de répartir d'office le contingent communal. On attribue à chacun une part réduite dans le sacrifice commun. A Genay, 40 ares se divisent entre 17 propriétaires dont aucun n'obtient plus de 8 ares ; à Griselles 89 paysans se partagent 95 ares ; à Broingt-les-Moines, ils sont 20 pour 13 ares 50 ! La base de ces répartitions varie. A Laignes, on décide qu'elle se fera au prorata de la contribution foncière ; à Bissey elle aura lieu d'après la qualité des terres. L'opération offre une trop belle occasion de surcharger le voisin et de satisfaire les haines ou les rivalités de clocher ; on cède à la tentation et l'intéressé, en attendant que le préfet ait statué sur sa plainte, se dispense de cultiver la « précieuse racine (1) ». Afin d'éviter cet inconvénient et de ne mécontenter personne en imposant tout le monde, certains conseils municipaux se décident à amodier un terrain aux frais de la commune et confient à un cultivateur le soin de semer et de récolter les betteraves. Malgré les sérieux avantages offerts, ce procédé rencontre parfois des résistances ; à Noiron on est obligé de mettre le champ « en réquisition ». La culture de la betterave se transforme ainsi en une surcharge au budget communal (2).

Par répartition ou par amodiation les communes ont désigné les paysans obligés de produire des betteraves. Chacun d'eux, en son particulier, s'ingénie à éluder cette obligation. Grâce aux convocations et aux réunions inutiles, le temps a passé. La saison est trop avancée ; on verra à faire mieux l'an prochain. S'il ne peut invoquer cette excuse, le cultivateur réclame de la graine. Le maire écrit au sous-préfet qui transmet la demande au préfet qui l'adresse au ministre ; la réponse suit la filière inverse. Pendant cette correspondance le temps passe ; la graine arrive trop tard (3). Si l'envoi est fait à une date rap-

(1) Maire de Bissey au sous-préfet 25 mars 1812 ; de Molesmes au même 16 avril 1812 (M/13,26).

(2) Duesme 26 avril 1812 ; Beneuvre 23 mai 1812 ; Noiron 6 avril 1812 ; à Leuglay l'amodiataire aura 50 francs et toute la récolte ; à Rochefort (10 mai 1812) et à Pothières (10 avril 1812) on lui promet de le rembourser de ses avances et éventuellement du préjudice que lui causerait la transformation en champ de betteraves d'une de ses chenevières (M/13, 26).

(3) Maire de Cérilly au sous-préfet de Châtillon, 15 juin 1811 ; de Bellenot au même 29 mars 1812 ; d'Essarois au même 3 mai 1811. Etat du 19 octobre 1811 ; M/13, 26.

prochée, le propriétaire intéressé prétend l'obtenir gratuitement ou du moins ne la payer que sur le produit de la récolte future. Sur ce dernier point l'unanimité et l'opiniâtreté des paysans sont telles que les autorités doivent céder. Le préfet avoue : « Il eût été très difficile sans cela d'engager les cultivateurs à faire aucun essai sur la culture de la betterave. » Même en ne s'engageant à les payer que conditionnellement les paysans entendent obtenir au détail les graines à un prix moins élevé que celui du gros ; certains usiniers en avaient acheté à 14 et 16 francs le kilogramme et les vendent 10 « afin de ne pas rebuter le cultivateur (1) ». Lorsque tous ces procédés dilatoires lui font défaut l'intéressé demande à être remboursé des frais de main-d'œuvre (2).

Mécontent de ne pas recevoir de réponse favorable le campagnard « sèmera dans des terres mauvaises la graine qui lui sera distribuée et ne s'occupera aucunement de son produit ». Ces habitudes de *sabotage* sont constatées par le sous-préfet de Beaune et par le préfet : Cossé-Brissac attribue « le défaut de germination de cette plante... à la mauvaise préparation des terrains ». A Broingt-les-Moines un propriétaire intéressé s'empresse de semer de l'orge dans le champ désigné pour recevoir les graines de betteraves (3).

L'hostilité des paysans à la nouvelle culture a plusieurs causes. Il est évident que beaucoup ne comprennent pas le lien entre la récolte de la betterave et la guerre contre les Anglais ; ils s'étonnent d'entendre le maire de Vauxhaulles affirmer qu'en cultivant la « précieuse racine » ils feraient acte de patriotisme et seconderaient l'empereur dans sa lutte « contre nos éternels ennemis ». En bons campagnards « timides... même apathiques quand on leur propose des nouveautés », les cultivateurs s'inquiètent devant cette plante mal connue et dont ils ignorent et les procédés de culture et les emplois possibles. Les lettres

(1) Maire de Grancey au sous-préfet de Châtillon 30 mars 1812 ; Rousselot commissaire-betteravier au même 20 avril 1812 ; sous-préfet de Semur au préfet 18 août 1812 (M/13, 26).

(2) Maire d'Aignay au sous-préfet de Châtillon 6 juillet 1811 ; cf. *suprà* les remboursements promis par les communes de Pothières et de Rochefort.

(3) Sous-préfet de Beaune au préfet 4 décembre 1812 ; commissaire-betteravier Hevelle au sous-préfet de Châtillon 8 mai 1812 (M/13, 26) ; Préfet au Min. Intérieur 11 juillet 1812 (M/8, 6/1).

administratives et les instructions imprimées ne peuvent en quelques mois dissiper la routine traditionnelle du paysan. Son apathie n'est pas irrémédiable ; elle disparaîtrait à la longue s'il entrevoyait un profit dans cette transformation d'une partie de ses cultures. Ainsi écrit le maire de Grancey : « Ils n'en connaissent pas le résultat ;... si les betteraves... leur produisent, ils seront plus hardis (1). »

Pour être productives les betteraves doivent tout d'abord exister. Le gouvernement impérial demande aux cultivateurs leur travail, leur terre ; il leur promet la semence. Certains seraient « jaloux de répondre aux vues de S. M. » mais celle-ci semble prendre à tâche de décourager ces rares néophytes en betteraves. Il est difficile de se procurer de la graine et souvent la qualité en est médiocre. A Vauxsaulles au lieu des 6 kilogrammes nécessaires on n'a que 500 grammes ; à Grancey, on ne peut distribuer entre 6 propriétaires que 7 onces et demi ; le maire de Terrefondré n'a reçu des semences que pour 2 ares quoique le contingent de sa commune soit de 25. Cossé-Brissac signale cette pénurie au ministre de l'Intérieur : « On craint non sans fondement qu'il soit impossible d'avoir de la graine en quantité suffisante pour ensemencer les 300 hectares assignés au département. » A diverses reprises il réitère ses plaintes et ses inquiétudes (2). Les semences, parcimonieusement accordées, sont trop vieilles. Le sous-préfet de Semur le maire de Châtillon et d'autres témoins « attribuent le défaut de germination de cette plante à la mauvaise qualité de la graine » ; Cossé-Brissac ne proteste pas contre cette affirmation (3).

Mauvaise graine, mauvais terrain, culture négligée ne sont

(1) Maire de Vauxsaulles au sous-préfet de Châtillon 26 mai 1811 ; sous-préfet au maire de Beneuvre 28 mai 1811 (M/13, 26). Maire de Châtillon au sous-préfet, 21 octobre 1811 ; de Grancey au même 22 mai 1812 : de Vauxsaulles au même 26 mai 1811 ; d'Etrochey au même 27 mai 1811 (M/13, 26).

(2) Maire de Vauxsaulles au sous-préfet de Châtillon 18 avril 1812 ; de Terrefondré au même 22 mai 1812 : sous-préfet de Châtillon au préfet 3 avril 1812 (M/13,26). Préfet au Min. Intérieur, 5 janvier 1812, 17 avril 1812 (M/8, 6/1).

(3) Maire de la Villeneuve au sous préfet de Châtillon 23 mai 1812 ; maire de Châtillon au même 22 octobre 1811 (M/13, 26). Préfet au min. Intérieur 11 juillet 1812 (M/8, 6/1) ; sous-préfets au préfet juin 1812 (M/8, 6/2).

pas des conditions favorables au développement de la production betteravière. Elle est très faible en Côte-d'Or. On annonce au préfet que la récolte est absolument nulle ou que « nulle part (la graine) n'avait levé ou en si petite quantité que chaque cultivateur s'est décidé à labourer le champ où elle avait été semée ». Le fait est confirmé par le sous-préfet de Châtillon. Cossé-Brissac annonce au ministre de l'Intérieur : « en général les betteraves n'ont pas réussi ». Si mince produit ne mérite pas d'être transporté aux fabriques. Les cultivateurs préfèrent l'utiliser sur place. Le maire de Larrey prévoit qu'elle entrera dans l'alimentation de ses mérinos; celui de Semur constate ce même fait. Dans l'arrondissement de Châtillon, au cours de la disette de 1811-1812, « cette racine sert à la nourriture des hommes (1) ».

Cet emploi alimentaire, tout utile qu'il soit, ne répond pas aux vues de Napoléon. La betterave doit être convertie en sucre. Le préfet le sait et le dit à ses administrés ; il veille de son mieux par ses arrêtés et par ses délégués à ce qu'aucune partie ne soit « détournée de l'emploi auquel le gouvernement veut qu'elle soit destinée » ; il prescrit aux propriétaires d'apporter leurs betteraves aux usines, règle le prix et les conditions de paiement (2). Mais les établissements dans lesquels la « précieuse racine » se transformera en « sucre égal à celui des colonies » sont rares dans le département. En 1812, il n'en existe que deux ; un troisième va se construire à Courtivron ; Jourdheuil, maire de Vauxhaulles, envisage la création d'un quatrième pour 1813. Ce sont de petites usines à production assez faible ; leur éloignement de beaucoup de villages est une cause de dépenses supplémentaires et de découragement pour les cultivateurs. Si ceux-ci se hasardent à transporter leurs betteraves chez le fabricant de sucre, ils ne sont pas sûrs que celui-ci acceptera ce produit ; la qualité en est souvent inférieure et

(1) Commissaire Drioton au sous-préfet 24 septembre 1812 ; maire de Bure au même 20 mai 1812 ; sous-préfet au préfet 19 novembre 1812 (M/13, 26). Préfet au Min. Intérieur, 1er octobre 1812 (Arch. Nat. F 1c/III, Côte-d'Or 7); 24 mai 1811, 16 mai, 16 juin 1812, 11 juillet 1812 (M/8, 6/1). Maire de Larrey au sous-préfet de Châtillon 30 mars 1812 ; sous-préfet au préfet 10 novembre 1812, maire de Semur au sous-préfet de Semur 16 septembre 1811. (M/13, 26).

(2) *Journal* 17 décembre 1812.

nuirait à celle du produit fabriqué. Les industriels se montrent même trop exigeants sur ce point d'après le maire de Larrey et le sous-préfet de Semur. Par suite « il est à craindre que ces racines restent pour le compte de ceux qui les ont cultivées » ; cette perspective, envisagée par le sous-préfet de Châtillon, n'est point faite pour stimuler les paysans « à seconder les vues de S. M. ». Le maire de Montlilot avait prévu qu'il « aurait fallu pour encourager les cultivateurs leur indiquer un placement utile de leur récolte (1) ».

Cet insuccès de la culture politique de la betterave constaté également dans le Bas-Rhin et le Doubs est donc imputable autant à la négligence du gouvernement impérial qui ne fournit à ses sujets ni semences convenables ni débouchés utiles qu'à la mauvaise volonté des paysans. Les préfets de la Côte-d'Or semblent l'avoir compris. Jamais ils n'usèrent de moyens de rigueur contre les municipalités récalcitrantes ou contre les cultivateurs désobéissants. Les sous-préfets se contentent de demander aux maires les noms des propriétaires négligents et de menacer de leur écrire ; ils répètent que S. M. « sans cesse occupée du bonheur de ses peuples veut que la betterave soit cultivée ». De telles déclarations ou de telles menaces n'étaient point faites pour intimider les campagnards âpres au gain ; elles demeurèrent, d'ailleurs, absolument platoniques. Les préfets se bornèrent eux aussi à laisser planer une vague appréhension de leur intervention auprès des « cultivateurs qui refuseraient, soit par insouciance, soit par mauvaise volonté, d'exécuter ce qui leur a été prescrit (2) ». Ils s'abstinrent de passer de la parole aux actes. Ils n'employèrent constamment que « des moyens de persuasion ». Articles dans le *Journal*, exposition d'échantillons, lettres d'éloges ou de blâmes se multiplient. Afin de lutter contre la mollesse ou la

(1) Préfet au Min. Intérieur 1er octobre 1812 (F 1c/III, Côte-d'Or 7) ; au sous-préfet de Châtillon 8 février 1813 : sous-préfet de Semur au préfet novembre 1812 ; 30 juillet 1812 (M/6, 6/2) ; sous-préfet de Châtillon au même, 10 avril 1812 (M/13, 26) ; maire de Montlilot au sous-préfet de Châtillon 28 mai 1811.

(2) Sous-préfet de Châtillon au maire de Bissey-la-Côte 23 juillet 1811 ; de Beneuvre, 7 juin 1811 ; de Chaumont-le-Bois, 23 mai 1811 : « je vous prie de me faire connaître leur nom ; je leur écrirai » : arrêté préfectoral 26 mars 1812 (M/13, 26). Darmstädter, XIX, p. 642, 643. Pingaud, p. 280-282.

négligence coupable des maires et contre l'ignorance ou la mauvaise volonté des paysans, des commissaires sont créés. Ces nouveaux fonctionnaires, délégués directs du préfet, se rendent dans les villages, se renseignent sur l'état des cultures betteravières, pressent la répartition du contingent communal, veillent à la mise en état des terrains désignés, distribuent les semences, dirigent la culture et la récolte, indiquent l'usine proche. Choisis parmi les percepteurs, les notaires ou les citoyens zélés et ambitieux des faveurs préfectorales, ces commissaires ne trouvent pas toujours un cordial accueil parmi les populations. On ne tient aucun compte de leurs avis ; on manifeste « partout beaucoup d'insouciance » et peu de bonne volonté ; les autorités municipales refusent de les recevoir. C'est ainsi que Develle, percepteur à Recey-sur-Ource, se rend à Broing-les-Moines enquêter sur les agissements de certain propriétaire qui a semé de l'orge dans le champ assigné par la commune à la culture de la betterave. Il propose au maire de faire amodier un autre terrain. « Mais M. le maire qui avait été dérangé de son sommeil est retourné couché » ; le commissaire va chez le secrétaire de la mairie qui ne se dérange pas. Après 4 heures de démarches inutiles, l'infortuné percepteur rentre à Recey « aussi avancé » qu'auparavant (1). Ainsi la ténacité paysanne et l'inertie des municipalités ont raison des arrêtés du préfet et des décrets de l'empereur.

2. — *Les voies de communication*

Le gouvernement laissa aux ressources et à l'initiative locales le soin d'entretenir et de compléter les voies de communication terrestres. Les routes de 1re classe sont mal entretenues. Vaillant constate qu'elles sont « aujourd'hui en assés bon état mais il en reste encore beaucoup qui sont dans l'état de dégradation le plus absolu ». La grande route de Paris à Milan n'est pas, en 1806, « tout à fait praticable » ; celle de

(1) *Journal* 25 octobre 1812, circulaire du commissaire Lavergne; 17 décembre 1812. Commissaire Driolon au sous-préfet de Châtillon, 24 septembre 1812; Develle 6 mai 1812 ; percepteur de Gurgy, 27 avril 1812 au même, (M/13, 26). — *Journal* 4 avril, 3 et 14 novembre 1811.

Paris à Turin, à la même époque, n'est pas plus viable ; « il faut espérer, déclare l'auteur de la *Statistique*, que le gouvernement connaîtra toute l'utilité de cette route, qu'elle sera bientôt complètement réparée ». Les voyageurs sont contraints d'en éviter une partie et de passer par le chemin d'Auxerre à Dijon qui est mieux entretenu. Les ponts et les ouvrages d'art sont assez souvent en mauvais état. Les routes moins importantes sont plus négligées encore. Vaillant remarque « l'état de dégradation où se trouve encore » celle de Nancy à Chalon par Langres et Dijon. La communication entre Moulins et Besançon est « d'une importance majeure » car elle sert à l'échange des fromages et des bois du Jura contre les grains et les vins de la Bourgogne et des régions voisines ; l'insuffisance de son entretien « obligeait les voituriers à passer par Dijon pour se rendre à Beaune ». Le décret du 16 décembre 1811 classa à nouveau les routes du département mais cette réforme toute administrative ne remédia point à leur situation matérielle. En 1812 le conseil d'arrondissement de Dijon se plaint des excavations qui bordent les routes impériales ; en 1814 le conseil général déclarera qu'on a suspendu « depuis la fin de 1812 tout emploi de matériaux sur les grandes routes (1) ».

Les voies d'intérêt départemental ou routes de 3e classe offrent un tableau encore plus attristant pour les administrateurs et les habitants de la Côte-d'Or. Le 16 février 1808 Molé signale au Directeur général des Ponts et chaussées « l'état affreux des routes dites de 3e classe sur lesquelles aucuns travaux n'ont été faits depuis le commencement de la Révolution ». Il demande à l'ingénieur départemental d'employer un crédit de 10.000 francs sur celle de Bèze à Pontailler de « telle sorte qu'on puisse au moins la parcourir... sans danger ». Ce souhait, cependant modeste, ne put être exaucé car la somme prévue est *fort* insuffisante. Ailleurs le chemin a totalement disparu ; le maire de Montigny écrit au préfet que les voyageurs venant à ce village doivent passer sur les champs

(1) Vaillant, I, p. 37, 39, 43, 45, 40, 58 ; II, 543. Conseils d'arrondissement N/2, 1. Conseil général N/1, 1 et 8/1, 221/1.

riveraine de l'ex-route et endommagent ainsi gravement les récoltes (1).

Comment remédier à cette situation ? L'argent manque. Un décret du 18 septembre 1807 alloue 100.000 francs sur le produit de la vente du quart des bois communaux mis en réserve. Ce crédit ne suffirait même pas aux seuls ouvrages d'art. On sollicite en vain l'autorisation d'employer à ces utiles dépenses partie des excédents antérieurs des budgets du département. Molé, devenu Directeur général des Ponts et Chaussées, n'est pas plus heureux dans ses réclamations auprès du ministre de l'Intérieur que les conseillers généraux ou les préfets ; il obtient seulement 10.000 francs en 1810. Les habitants contribuent aux dépenses des travaux publics par des centimes additionnels dont la charge grandit subitement en 1812 ; dans sa session de cette année, le conseil général, sur l'ordre plus ou moins déguisé du gouvernement, maître unique du budget départemental, vote 8 centimes destinés à la réfection des routes (2).

La modicité des ressources en argent dont ils disposent amena préfets et ingénieurs à rétablir la corvée en Côte-d'Or ainsi que dans le Bas-Rhin. Dès 1807 le Conseil général et le conseil d'arrondissement de Beaune y avaient songé. L'ingénieur Ulriot-Monfer calcula que le transport par les communes intéressées des matériaux diminuerait les frais de réfection de moitié. Il fit part de cette observation à Molé. Le préfet demanda au Directeur général la faculté « de faire travailler aux réparations de toutes les routes de 3e classe par des prestations en nature » et de réserver les maigres crédits dont il dispose aux ouvrages d'art. La réponse fut favorable. Molé employa de suite le nouveau procédé fort économique ; la route de Beaune à Semur fit en 2 ans des progrès « inouïs » au témoignage de Frémyet. Les populations subirent avec regret cet accroissement de charges. Aux affirmations enthousiastes du sous-

(1) Préfet au Directeur 16 février 1808 ; à l'ingénieur 5 janvier 1808 ; réponse d'Ulriot-Monfer 9 février 1808 ; maire de Montigny au préfet, 8 octobre 1807 (S/1, 221/1).

(2) Conseil général 1810, 1811, 1812 (N/1.1) ; Directeur au préfet, 29 août 1810, 7 avril 1808 (S/1, 221/1).

préfet de Beaune désireux de voir étendre aux travaux de la route d'Arnay-sur-Arroux à Autun « l'heureux essai que nous avons fait du moyen de la corvée », Lecoulteux oppose « les réclamations sans nombre et les difficultés... éprouvées de la plupart des communes pour la route de Beaune à Semur ». Le préfet hésite à accueillir les propositions de Frémyot car il sait combien ce procédé est illégal ; il redoute des résistances « d'autant que nous n'avons aucun moyen... de les y contraindre ». L'autorisation du Directeur général n'avait pu en effet rendre légal cet impôt en nature. Illégales également sont les contributions spéciales perçues sur les habitants de certaines communes qui veulent se dispenser des prestations. Il est vrai, on présente les rôles comme des souscriptions bénévoles « les habitants ayant préféré en payer le prix ». Cette idée ingénieuse permet au préfet de rendre exécutoire le rôle établi à Beaune au prorata de la contribution mobilière car il « ne peut être considéré que comme une prestation volontaire (1) ».

L'état des routes nationales et départementales permet de supposer combien lamentable était celui des chemins vicinaux. En 1809, appuyé par les conseillers d'arrondissement de Dijon, le conseil général assure qu'ils n'ont été l'objet d'aucune réparation depuis 1790 ; ils ont complètement disparu et par défaut d'entretien et par empiètement des propriétaires riverains. Les conseils généraux sollicitent la création d'inspecteurs qui relèveraient ces usurpations et veilleraient à la réfection des chemins. L'année suivante, ils accordent un crédit de près de 60.000 francs pour le même objet. Le préfet institue ces inspecteurs dont l'action paraît avoir produit des résultats notables. Cependant l'argent manquant pour les chemins vicinaux comme pour les grandes routes, les « modiques » allocations obtenues par le préfet furent par lui réservées aux ouvrages d'art ; il invita pour le surplus les maires à constituer des « ateliers de travail ». La corvée était rétablie par arrêté

(1) Ulriot-Monfer au préfet 9 février 1808 ; sous-préfet de Beaune au préfet 16 juin 1810 ; réponse 26 juin 1810, arrêté préfectoral 19 novembre 1811 ; préfet au Directeur, 23 septembre 1808 (S/1, 221/1) ; conseil de Beaune octobre 1807 (N/2,1).

préfectoral. Elle fut imposée à titre de peine aux paysans qui empiètaraient sur les voies vicinales restaurées (1).

De toutes les voies de communication en Côte-d'Or le canal attira seul l'attention soutenue du gouvernement et encore grâce aux efforts réunis de Crétet et de Molé (2). Nous savons avec quelle impatience les assemblées locales en désiraient l'achèvement. La mise en service du canal de Bourgogne réunirait la Saône et la Seine, le Nord et le Midi de la France, elle permettrait l'exportation à bon marché des bois, des fers, des grains, des vins de la Côte-d'Or et l'importation de matières utiles à son industrie, de la houille en particulier qui lui viendrait d'Épinac et de Blanzy (3). On souhaitait d'autant plus vivement de jouir de ces avantages qu'en l'an XI avait été inaugurée la communication entre le Doubs et la Saône par le canal Napoléon (4). Maintes fois, on répéta que « l'intention formelle de S. M. » était d'activer le plus possible les travaux. L'empereur affecta au creusement du canal de Bourgogne plusieurs bataillons de prisonniers espagnols. Et des ressources assez importantes furent accordées par les ministres compétents. En l'an XI, le conseil général apprit que des fonds avaient été alloués pour la partie comprise entre Dijon et Belle-Défense ; la loi du 18 avril 1808 établit un centime supplémentaire aux contributions foncières et mobilières pendant 20 ans ; le décret du 18 septembre 1807 affecta 200.000 francs aux ouvrages du canal sur le produit des réserves de bois communaux ; en 1811, Napoléon alloua un crédit de 1.000.000, et ralentit la construction du canal du Nord pour accélérer celle du canal de Bourgogne : une taxe dénommée octroi de navigation fut perçue sur les navires circulant dans les parties mises en service (5).

Depuis janvier 1809, en effet, les bateaux pouvaient utiliser

(1) Conseil général 1809, 1810 (N/1,1) ; Vaillant, II, p. 188, arrêté du 19 janvier 1810. *Journal*, 24 janvier 1811. — *Journal*, 22 janvier 1809. Darmstädter, XVIII, p. 548.

(2) *Journal* 23 août 1807.

(3) Vaillant, I, p. 113-115.

(4) *Journal*, 25 vendémiaire an XI.

(5) Décrets 18 septembre 1807, 24 février 1811 ; Directeur au préfet 31 décembre 1810 ; décret 12 août 1810 sur l'octroi de navigation (S/2,1).

le canal entre Saint-Jean-de-Losne et Dijon. L'arrivée et le départ du premier navire en cette dernière ville furent salués à coups de canon ; on organisa à cette occasion des fêtes officielles et populaires. Le maire se préoccupa de réglementer le service des portefaix et la police du port ; le préfet eut désormais à déterminer les dates annuelles de chômage du canal (1). De suite on commença les travaux entre Dijon et Plombières en même temps que l'on étudiait le tracé ultérieur. On ne savait où la voie d'eau traverserait la chaîne de montagne séparant les deux bassins fluviaux ; on hésita longtemps entre Sombernon et Pouilly. Après avoir penché pour ce dernier point de partage, Molé devenu Directeur général des Ponts et Chaussées se ravisa ; en 1811, il manda à son successeur en Côte-d'Or de « n'attaquer aucune partie dont l'exécution pourrait préjuger la question... » car il avait l'intention « de faire délibérer de nouveau le conseil des ponts et chaussées (2) ».

3. — *L'agriculture. La disette de 1811-1812*

L'agriculture domine la vie économique de la Côte-d'Or. Conseillers généraux et préfets contribuèrent à sa prospérité qui fut réelle malgré le difficile recrutement de la main-d'œuvre et le bas prix des grains. Les assemblées départementales désirent l'empoisonnement simultané des loups dans tout le département, l'introduction de béliers mérinos, le développement de l'instruction agricole, le meilleur recrutement des gardes-champêtres ; elles contestent l'utilité d'un haras et d'une pépinière départementaux. Les préfets transforment ces souhaits en arrêtés lorsque l'étendue de leur pouvoir le leur permet ; ils appuient auprès des ministres les demandes ou les refus des conseillers (3). Spontanément ils règlent l'heure

(1) *Journal* 29 janvier 1809. Vaillant décrit les fêtes et donne une statistique des mouvements du canal, II, p. 420 ss. Arrêté préfectoral 15 novembre 1811 (S/2,1). Vaillant, II, p. 158 ss.

(2) *Journal* 10 juin 1810. Directeur à l'ingénieur Forey 10 juillet 1810 ; au préfet 10 juin 1809, 10 août 1811, 8 août 1808 (S/2,1).

(3) Conseil général, an X, p. 29, 32 ; XII ; XIII ; 1810 (1er). Beaune, février 1810. Vaillant, I, p. 349 ; II, p. 377 ; 375. *Journal*, 15 ventôse an XI ; 28 décembre 1809 ; Préfet au Min. Intérieur 13 avril 1812 (M/13,23/1). Cf. Martin et Martenot, *La Côte-d'Or*, p. 127.

des battages en grange, défendent de glaner avant la date fixée par la municipalité et d'aller couper dans les bois les liens des gerbes, prescrivent l'échenillage annuel, la fermeture des pigeonniers lors des récoltes, la mise en défense des prairies nécessaires à la reproduction des regains (1). De concert avec les maires ou le gouvernement ils créent ou suppriment des foires, en changent les jours et en contrôlent la réglementation (2). Ils ne sont pas étrangers aux décrets qui autorisent la réunion des petites parcelles de terre en propriétés plus grandes et moins morcelées ; l'idée, nous l'avons vu, était chère aux membres des assemblées côte-d'oriennes ; partagée par le Sénateur régional François de Neufchâteau et par le comte Léjéas elle fut appliquée, avec réel succès, au témoignage de Vaillant, dans la commune d'Aiserey et quelques villages voisins (3). Enfin, préfets et conseillers sollicitent, suivant l'état de la récolte, la prohibition ou l'autorisation d'exporter à l'étranger les grains de la Côte-d'Or. D'ordinaire, ce département produit des céréales en assez grande quantité ; en 1808 la surproduction provoque une véritable crise ; « les magasins, les greniers des cultivateurs ont été encombrés ; les fermiers n'ont pu trouver... dequoi payer leurs fermages ; les marchands ont vu dormir leurs capitaux ». Un décret permit la sortie des blés surabondants par Marseille ; « mais cette faveur (!) n'a influé en aucune manière sur la vente des grains qui sont toujours restés à un prix très bas ». Il en fut de même en 1809 et en 1810 (4).

La situation des céréales changea complètement en 1811. Cependant on avait espéré de brillantes récoltes : « La récolte, écrivait Lecoulteux au ministre de l'Intérieur, s'annonce sous les meilleurs auspices ; depuis longtemps les différentes

(1) *Journal*, 13 avril 1809 ; 29 juillet 1810 : 3 février et 30 juin 1811 ; 1er juillet 1812 ; Vaillant, I, p. 348 ; II, p. 487.

(2) Ces foires n'ont qu'une faible importance et se limitent à l'échange du bétail contre quelque mercerie (Vaillant, II, p. 423 ; Arch. Nat. F/12, 1249/*a* et 1285).

(3) *Journal* 3 frimaire an XIII ; Vaillant, II, p. 4, 414 : « dans ces communes les fonds ont acquis une valeur incomparablement plus forte qu'avant le partage ».

(4) Conseil général, 1809, 1810 (N/1,1). *Journal* 2 février 1809. Vaillant, II, p. 419. Cf. en ce sens Darmstädter, XIX, p. 646.

saisons... ne se sont comportées aussi bien. » Mais les conditions atmosphériques se modifièrent brusquement. « Les gelées des 11, 12 et 13 avril... et la sécheresse extraordinaire de la fin de mai et d'une grande partie de juin » occasionnèrent un déficit de près de 60.000 hectolitres. En outre le grain rendit mal au battage. D'ordinaire 20 gerbes suffisaient à donner un hectolitre de grains ; en automne 1811 il en fallut 35. Les réserves alimentaires n'atteignaient guère que 10.000 hectolitres ; les pommes de terre avaient souffert de la chaleur. Le préfet communiqua au ministre les appréhensions de ses administrés ; la situation, écrit-il le 4 novembre 1811, « est moins avantageuse que celle de 1810. Cependant j'espère qu'au moyen de légumes et de pommes de terre et surtout du commerce d'importation nous arriverons aux récoltes de 1812 sans éprouver de véritable disette ». Il observe peu après que l'on a ramassé beaucoup de faines « ce qui sera d'une grande ressource pour les malheureux ». Cette phrase de Lecoulteux éclaire tristement l'état des subsistances alimentaires en Côte-d'Or au début de l'hiver de 1811-1812 (1).

La disette ne se fit toutefois sentir qu'en mars 1812. Lecoulteux écrivit le 14 de ce mois : « Dans plusieurs localités des maires ont fait... des recensements desquels il est résulté que les approvisionnements suffiront à peine pour la subsistance de deux mois tandis que nous en avons encore cinq à attendre avant la moisson prochaine. » L'hectolitre de blé valait 30 francs alors qu'on le payait au plus 23 en juin 1811. Il augmenta bientôt et considérablement ; sur le marché de Nolay il passa de 42 à 43 fr. 75 en huit jours ; à Beaune et à Nuits il coûte 40 fr. La hausse était récente ; elle alarma les habitants. Des désordres se produisirent. A Beaune un attroupement force un aubergiste à céder les 300 ou 400 hectolitres de blé qu'il détient ; d'ailleurs, aucune violence n'est exercée sur sa personne et le prix convenu lui est acquitté. Sur le marché, des femmes poussent des cris contre la municipalité ; un boucher « avec un tablier tout ensanglanté et sa gaine contenant des

(1) Préfet au 2e arr. Police 28 mai, 4 novembre 1811 (Arch. Nat. F/7,3625) ; au min. Intérieur 19 novembre 1811 (Arch. dép. M/8,6/1). Cf. en général Levasseur, *Hist. du commerce...*, I, p. 52.

couteaux » s'empare d'une mesure. Pour éviter de plus graves incidents la police se décide « à tenir les sacs » et à distribuer « à chacun sa mesure ». Le maire reçut des menaces anonymes. Des poursuites furent intentées contre les auteurs de ces délits ; mais le tribunal n'infligea que des peines modérées : le principal coupable fut condamné à 20 jours de prison. C'est que l'opinion populaire et la conviction des autorités étaient hostiles aux mesures de rigueur réclamées par le ministre de la police « cette affaire ayant présenté beaucoup de circonstances atténuantes ».

A Châtillon les prisons se remplissent de « malheureux (qui) venaient... demander de les y faire entrer... annonçant qu'ils n'avaient d'autres ressources pour avoir du pain » ; les cultivateurs refusent de vendre leur blé aux ouvriers parce qu'ils craignent de ne pas en être payés ; la gendarmerie dissipe un groupe de femmes qui avaient entouré des voitures de grains passant dans la ville et dont elles réclamaient la vente (1).

Pendant longtemps le gouvernement impérial ne lutta contre la disette qu'en réprimant sévèrement les troubles et en organisant des distributions extraordinaires de secours (2). La situation s'aggravant Napoléon rendit les décrets des 4 et 8 mai 1812. Tout en proclamant son attachement à la liberté du commerce des grains l'empereur restaure en grande partie la législation Conventionnelle des subsistances ; on voit ressusciter les réquisitions, les menaces contre les accapareurs, le maximum. En conséquence de ces décrets, un arrêté préfectoral du 11 mai 1812 prescrivit aux marchands de grains de faire la déclaration du stock de marchandises existant dans leurs magasins, de leur provenance et de leur destination. Toute voiture transportant de ces denrées devait être accompagnée d'un certificat constatant son chargement et le nom du destinataire ; les infractions seraient punies de la saisie des grains qui seraient vendus au marché le plus proche. Le 16 mai l'hectolitre de blé

(1) Préfet au 2e arr. Police, 14 mars 1812 ; 20 mars 1812 (F/7,3625); maires de Nuits, Nolay et Beaune au préfet 16 mars ; sous-préfet de Beaune au même 15 mars ; rapport du commissaire de police de Beaune (M/8,6/1) ; sous-préfet de Châtillon au préfet 8 avril (M/8,6/1).

(2) Cf. Lanzac de Laborie, *Paris sous Napoléon*, V, p. 211-292. Sur l'émeute de Caen, cf. Jaurès, *Hist. socialiste*, VI, p. 247.

est taxé à 33 francs, chiffre fixé par le décret du 8, alors que le prix normal aurait été de 19 fr. 48. Le 25, la taxe est étendue à l'orge, au méteil et au seigle ; l'avoine et le maïs qui ne servent pas à la fabrication du pain en demeurent exemptés (1).

Le préfet et ses collaborateurs auraient préféré à ces mesures impériales la liberté de continuer l'établissement de magasins dont les stocks visibles rassureraient les populations et décourageraient les spéculateurs. Ils avaient provoqué des souscriptions et « si la sollicitude du *gouvernement eût pu* retarder un peu l'émission de ces décrets les mesures... prescrites n'auraient pas été ordonnées car dans ce moment-là même les grains diminuaient et arrivaient de toute part ». Au contraire « la taxe des grains a tout fait resserrer ; tous les moyens ont été employés *pour cacher les grains* ». Aussi bien Cossé-Brissac abrogea-t-il le 18 juillet son arrêté du 16 mai. Les décrets avaient prévu que le maximum durerait jusqu'en septembre ; le préfet de la Côte-d'Or prit prétexte de l'approche des moissons pour rapporter au plus vite une décision prise à regret. Il avoua au ministre de la police avoir agi à la demande de plusieurs administrateurs locaux qui voient dans cette abrogation « le seul *moyen de faire reparaître* sur les marchés les denrées dont ils étaient absolument dépourvus ». A l'appui de cette mesure hardie, il observe que le maïs qui n'avait pas été taxé a continuellement abondé sur les marchés et par sa présence a rendu les plus grands services (2).

L'établissement de magasins est remplacé par des achats administratifs et par des réquisitions de grains. La ville de Dijon cherche des grains à Pontailler, celle de Beaune en demande à la Saône-et-Loire et au Jura. Des boulangers partent munis d'une autorisation préfectorale acheter du blé dans les départements voisins et jusqu'en Alsace (3). Le préfet invite les maires à recenser les grains existants dans leur

(1) Arrêtés (M/8,6/1). La taxe fut la même dans le Bas-Rhin ; dans le Doubs l'hectolitre se paie 48 francs (Darmstädter, *XVIII*, p. 669 ; *Pingaud*, p. 320).

(2) Sous-préfet de Dijon au préfet 10 août 1812 (N/8,6/1 ; préfet au 2e arr. Police 2, 18 et 24 juillet (F/7,3623).

(3) Préfet Côte-d'Or au préfet Saône-et-Loire 12 juin 1812 ; au maire de Seurre 1er juillet ; arrêtés 20 et 29 juin, 2 et 5 juillet (M/8,6/1).

commune ; il interdit de les laisser sortir sans autorisation municipale ; des commissaires « constateront les excédents disponibles » et les sous-préfets les feront conduire « au fur et à mesure des besoins... sur les marchés ». Ils pourront, s'il est nécessaire, recourir à la gendarmerie pour assurer l'exécution de ses ordres. Le sous-préfet de Dijon doit « faire requérir par les commissaires l'apport à chacun des marchés... de 120 hectolitres » ; Cossé-Brissac en exige 110 du village de Pontailler et 715 de la ville d'Auxonne (1). Au dire de Perret « le service des réquisitions a été fait sans opposition ». L'oublieux sous-préfet néglige de mentionner la résistance du maire d'Auxonne, les cris poussés à Pontailler, le tumulte de Bligny-sur-Ouche qui nécessita l'intervention des gendarmes, le séquestre mis sur les voitures de passage par la municipalité de Seurre. En 1812 comme en 1793, les populations et les administrateurs locaux n'ont qu'une politique alimentaire, garder leur blé et à l'occasion s'emparer de celui du voisin (2).

Un plus efficace secours provint de l'organisation de secours publics et de charités privées. Des citoyens généreux firent aux boulangers de leur ville l'avance des fonds nécessaires pour aller au loin chercher du blé. A Beaune les sieurs Lachapelle et Gauthey se distinguèrent par leur libéralité ; à Semur « madame de Saint-Maure... a fait des distributions de soupes économiques pendant deux mois à 50 pauvres par jour » ; à Dijon, il semble que quelques fonds furent recueillis par souscription (3). Un décret du 24 mars 1812 imposa aux budgets locaux les frais d'une distribution journalière et gratuite de soupes à la Rumford. Ces soupes dont on avait apprécié les ser-

(1) Préfet au maire de Dijon 20 juin ; au sous-préfet de Dijon 20 juin ; aux sous-préfets 1er juillet ; au maire d'Auxonne 2 et 3 juillet ; au maire de Pontailler 29 juin (M/8,6/1).

(2) Sous-préfet de Dijon au préfet 10 août 1812 ; préfet au maire de Seurre 1er juillet (M/8,6/1) ; au 2e arr. Police 18 septembre (F/7,3625). Le maire d'Auxonne empêche également le départ de 440 hectolitres de légumes achetés par l'intendance militaire de Besançon (préfet au sous-préfet de Dijon 27 juin).

(3) Sous-préfet de Semur au préfet 23 août 1812 ; préfet au sous-préfet de Beaune, 1er juin ; au maire de Dijon 30 mars : Min. Intérieur au préfet 26 novembre 1812 (M/8,6/1). Cossé-Brissac signala parmi les fonctionnaires les plus dévoués le secrétaire Vaillant et le conseiller de préfecture Piette ; les sous-préfets Frémyet, Martin et Gueneau d'Aumont se distinguèrent plus que Perret (19 août 1812 au Min. Intérieur. Arch. Nat. F 1b/II, Côte-d'Or 4).

vices pendant la disette de l'an X n'avaient pas complètement cessé d'être utilisées à Dijon pour la nourriture des pauvres en hiver (1). Leur emploi fut généralisé et systématisé. Des comités, nommés par les sous-préfets et composés de maires, de curés et de notables, dirigent la fabrication et la distribution des soupes. En Côte-d'Or ces secours ne commencèrent qu'en mai à être normalement distribués. Le préfet attribue ce retard à la difficulté de constituer les comités et aux hésitations de certains d'entre eux qui « auraient voulu faire acheter aux indigens valides par un travail au profit des communes le bienfait gratuitement accordé par S. M. ». Dans beaucoup de cantons, on usa de la faculté laissée par l'article 15 du décret de remplacer les soupes par d'autres « espèces d'aliments ». D'après Cossé-Brissac cette conduite serait inspirée par « l'impossibilité de réunir en ce temps de l'année les légumes nécessaires... la difficulté de construire des fours et de distribuer ces soupes dans les campagnes » ; en réalité le principal obstacle à la stricte application du décret du 24 mars fut le prix de revient élevé des soupes qui en Côte-d'Or coûtent en moyenne 17 centimes et quart alors que l'on avait prévu une dépense de 10 *centimes*. Cependant en août 1812 on avait distribué dans les cantons d'Arnay-sur-Arroux, Nolay et Mirebeau respectivement 3.340, 27.900 et 1.610 soupes *à la Rumford*. Ailleurs les indigents reçurent des rations de farine, de légumes ou de pain. Un état d'octobre 1812 porte le nombre des pauvres ainsi secourus à 181.825 dans les villes et à 104.110 dans les campagnes ; près de quatre millions de soupes ou de rations leur furent partagées (2).

Le décret du 24 mars eut d'heureux résultats dans ce département. La mendicité cessa dans plusieurs cantons ; « partout, affirme le préfet, le secours... arrivé à propos... a fait cesser toutes craintes de manquer d'aliments et... excite la plus vive reconnaissance pour la sollicitude paternelle de S. M. » Ainsi s'explique le maintien de la tranquillité publique en Côte-d'Or,

(1) *Journal* 5 janvier, 2 février 1806.

(2) *Instructions, états, circulaires* ; rapport préfectoral 3 juin 1812 ; (Arch. dép. X/12, 1). *Cf.* dans le Doubs (Pingaud, p. 320) et à Paris (Lanzac de Laborie, V, p. 137-146).

malgré quelques incidents que nous avons relevés ; « le peuple, observe Cossé-Brissac, dans sa misère extrême a montré une résignation digne d'admiration ». Les souffrances avaient été vives cependant. Le blé taxé à 34 francs l'hectolitre se vendait en réalité au moins 40. Et, comme le rapporte le préfet, « on s'est estimé encore heureux de pouvoir s'en procurer à ce prix ». Malgré la générosité des particuliers et l'intervention des comités de secours, le pain manqua dans nombre de localités et pendant longtemps. Cossé-Brissac le déclare expressément à la fin de juillet : « dans un grand nombre de communes rurales, les habitants malaisés ne mangeaient pas de pain depuis deux mois » ; les bourgs et les petites villes éprouvèrent la même pénurie ; tel fut le cas de Châtillon, de Saulieu, de Montbard et de Flavigny. On remplaça le pain comme l'on put. Dans l'arrondissement de Dijon on mangea des légumes et du maïs ; dans le Châtillonnais on consomma les betteraves et « le son bouilli avec des légumes verts et des racines de plantes de jardin ou sauvages (1) ».

La distribution des soupes et des rations diverses cessa vers la fin d'août. Il y eut à ce moment une baisse sensible dans les prix du blé ; on crut le péril définitivement écarté. Mais bientôt la hausse reprit et les populations de la Côte-d'Or redoutèrent à nouveau d'être privées de pain. Les « pluies solsticiales » firent verser les blés ; le grain fut « enflé » par l'humidité ; dans le Châtillonnais « les souris, les courtillières et les sauterelles ont fait beaucoup de dégâts ». A Beaune, bien que le marché soit suffisamment approvisionné, deux femmes achètent du blé et le cèdent de suite à un prix plus élevé. Cette conduite « évidemment coupable » provoque une émeute qui se calme par l'arrestation des deux délinquantes. Les personnes aisées et prudentes « se répandent dans les campagnes et accaparent à tout prix » afin de se constituer des provisions. Ces craintes étaient exagérées car la récolte, malgré les intempéries, laissera un excédent probable de 342.230 hectolitres. Toutefois en certaines régions plus pauvres l'état des subsis-

(1) Rapport du 3 juin ([illegible]/12, 1) : préfet au min. Intérieur 1er octobre 1812 ; 18 septembre (F1c/III, Côte-d'Or 7) ; sous-préfet de Dijon au préfet 19 août (M/8, 6/1). A Vitteaux (Hutinel et Mathey, p. 487) en mars 1812 le kilogramme de pain blanc coûte 70, celui de pain bis 60 et de viande 80 centimes.

tances préoccupe les administrateurs. En novembre 1812, le sous-préfet de Châtillon annonce que « la récolte... sera loin de suffire à la consommation ». L'hiver se passa sans trop de difficultés. La plantureuse récolte de 1813, dont les greniers et les granges ne purent contenir en quelques villages toute la surabondance, éloigna définitivement toute crainte de disette (1).

D'après Lecoulteux et Cossé-Brissac, la disette n'aurait été en Côte-d'Or que factice. Ils signalent aux ministres les exportations de grains qui privent le département des subsistances qu'il a produites. D'après les maires « sur les différents ports de la Saône il existe des approvisionnements considérables » ; la taxe établie dans le Jura à 38 fr. 75 provoque un vaste exode du blé de la Côte-d'Or vers ce département. Les préfets souhaitent que le gouvernement prenne des mesures pour « rétablir l'équilibre » et parer aux agissements des négociants trop spéculateurs et refréner « l'insatiable cupidité des commerçants ». Cette conviction est celle des autorités locales et des populations. On se plaint des boulangers qui vendent plus cher que la taxe municipale ne le permet et fraudent sur le poids ou sur la qualité ; on proteste contre l'exportation des grains ; on réclame la constitution de magasins ou l'obligation pour les boulangers d'avoir une réserve de farine (2). « On a vu, assure Cossé-Brissac,... des choses monstrueuses ; les localités qui devaient être le mieux approvisionnées manquer absolument, leurs habitants obligés d'aller acheter au dehors tandis que les produits de leur territoire n'étaient que cachés ». Le sous-préfet de Semur affirme : « Les subsistances n'auraient pas manqué... sans les enlèvements et les accaparements extraordinaires. » Les ministres se refusèrent constamment à croire les rapports préfectoraux ; ils affirmèrent leur foi dans la liberté intégrale du commerce et leur résolution de la main-

(1) Préfet au 2e arr. Police, 28 août ; septembre 1812, 14 décembre (F/7, 3625) ; sous-préfet de Châtillon au préfet, 4 novembre (M/8, 6/2) ; préfet au Min. Intérieur 14 septembre (M/8, 6/1).

(2) Maire de Nuits au préfet, 16 mars (M/8, 6/1) sous-préfet de Semur au même 9 août (M/8, 6/2) ; préfet au 2e arr. Police 20 mars, 11 avril, 2 juillet, 28 août, 14 décembre (F/7, 3625) ; au min. Intérieur 13 août 1812 (F 1c/III, Côte-d'Or 7).

tenir. Toute cette rhétorique ne convainquit pas Cossé-Brissac mieux au courant de la situation locale que le duc de Rovigo; il continua à proclamer que la liberté du commerce « doit être coordonnée aux besoins publics » et à regretter de n'avoir, pour ne pas laisser affamer ses administrés, de moyens plus directs que les excédents des exercices départementaux antérieurs et les centimes additionnels. Il aurait voulu éviter la disette par une administration avisée et non y remédier plus ou moins bien par une subite charité (1).

(1) Min. Police au préfet 28 mars : « par la circulation qu'il (le commerce) établit, lorsqu'elle est parfaitement libre, tous les pays sont assurés d'être approvisionnés »; 31 mars : « la hausse que le prix des grains avait éprouvée à Beaune y aurait amené infailliblement une grande quantité de grains »; 22 octobre : « Je vous recommande d'une manière particulière de ne pas confondre le commerce loyal et légitime avec le monopole et l'accaparement; la moindre fausse démarche de ce genre pourrait avoir des résultats fâcheux ». Préfet au 2e arr. Police, 2 juillet et 14 décembre (F/7. 3025). — Sur des plaintes analogues, cf. Jaurès, *Hist. socialiste*, VI, p. 218.

CHAPITRE VI

L'administration et les questions sociales

Le régime impérial considère comme matières de police les relations du capital et du travail, les institutions de bienfaisance et d'assistance. Le préfet en a par suite la haute direction dans son département. En Côte-d'Or les préfets s'intéressèrent au sort de leurs administrés ; Guiraudet et Riouffe fondèrent ou développèrent une filature destinée à remédier au chômage involontaire ; Lecoulteux et Cossé-Brissac propagèrent la vaccination et s'inquiétèrent des petits enfants.

1. — *Employeurs et employés*

Ils se préoccupèrent moins des travailleurs adultes. A cette époque le gouvernement et les autorités témoignent plus de sympathie pour le patron que pour l'ouvrier. L'administratif *Journal de la Côte-d'Or* annonce en 1806 la réapparition des associations de compagnons en ces termes : « ces associations toujours funestes à la tranquillité publique et à la sûreté individuelle connues sous le nom de compagnonnage paraissent s'être renouvelées ;... ces coteries sont une vraie peste publique » ; il ajoute que « les autorités ont l'œil ouvert sur ces sociétés illicites ». De fait, le tribunal de Dijon condamna à la prison et à l'amende des compagnons auteurs d'une rixe entre membres des différents *devoirs*. Le commissaire de police de Beaune fut blâmé par le Grand Juge pour avoir arrêté sans en référer au magistrat de sûreté un « compagnon ouvrier » qui injurie les femmes du marché. Mais les « sociétés illicites » et secrètes persistèrent ; on a retrouvé la trace de compagnons beaunois en 1811 (1).

(1) *Journal* 3 août, 18 décembre 1806. Martin-Saint-Léon *Le compagnonnage*, 1901, p. 96. — Sous-préfet de Beaune au préfet 30 mars 1808 (F/7, 8533). *Cf.* en général, Jaurès, *Hist. socialiste*, VI, p. 564.

A part leurs querelles historiquement inhérentes à l'institution compagnonnique, les « coteries » ouvrières ne troublèrent pas l'ordre public en Côte-d'Or. Les documents semblent avoir conservé le souvenir d'un seul mouvement ouvrier et encore il fut de modeste gravité. Les compagnons papetiers de Troyes, de Châtillon et de Fontenay se coalisèrent en juillet 1811 et prononcèrent l'interdit contre un patron ; Lecoulteux dénonça le fait au procureur impérial. Le conflit s'apaisa facilement car les avis parvenus à la préfecture étaient exagérés. Un patron papetier exposa au préfet que la coalition avait été provoquée par un ouvrier congédié qui aurait désiré recevoir une gratification promise à tout ouvrier ayant séjourné trois ans à la fabrique. Il avait été convenu que les primes dues aux ouvriers quittant l'usine profiteraient à ceux qui continuaient d'y travailler. Pour éviter le retour de ces incidents, le patron « suivant le principe admis par les ouvriers qu'aucun bon ou mauvais ne doit gagner plus qu'un autre » supprima toute gratification « ce qui s'exécuta très facilement ». (1)

Cette mise à l'index est bien l'œuvre de compagnons car le préfet de l'Aube remarqua que les ouvriers contraignaient le patron à verser une indemnité à leurs camarades de passage et se réunissaient chez un aubergiste ; ce sont là pratiques connues du tour de France. Ils veulent aussi régler la nourriture, le salaire, réserver à leurs enfants les places d'apprentis et ont organisé contre les employeurs récalcitrants « des peines sévères dont la capitale est l'interdiction de la fabrique ». Aussi bien les patrons se plaignent-ils du « despotisme des ouvriers » et par l'intermédiaire de l'Académie de Dijon saluent avec joie l'invention de machines qui permettront de diminuer le nombre de ces auxiliaires exigeants. Ils remercient en même temps le « gouvernement vigilant » qui combat cet abus et constatent qu'il « subsiste encore dans presque toute sa force ». Cossé-Brissac s'appropria dans un rapport au ministre de l'Intérieur les sentiments de l'Académie (2).

(1) Préfet de l'Aube au préfet de la Côte-d'Or 8 juillet ; patrons au même, 5 juillet ; préfet au 2e arr. Police 21 juillet 1811 (Arch. dép. M/14, 12).

(2) Rapports à l'Académie de Dijon (M/14, 1/a), préfet au Min. Intérieur 21 septembre 1813 (F 1c/III, Côte-d'Or 7). Darmstädter, XVIII, p. 318. Cf. Levasseur, *Hist. du commerce*, I, p. 377 ss.

Dans un département aussi peu industriel que la Côte-d'Or, le mouvement ouvrier eut peu d'importance. Les salariés agricoles virent leur sort s'améliorer par suite des conscriptions répétées qui raréfièrent la main-d'œuvre. Cause et effet sont constatés par Vaillant et les conseillers d'arrondissement de Dijon. On sait comment Napoléon essaya de donner satisfaction aux plaintes des propriétaires en leur fournissant des ouvriers à bas prix par l'obligation du travail imposée aux prisonniers de guerre (1).

2. — *Les mendiants*

Également inquiétants pour la tranquillité publique sont les mendiants que la législation et les pratiques administratives du régime impérial assimilent volontiers aux vagabonds. Guiraudet désira ne pas être seulement à leur égard le chef de la police ; il s'associa très activement aux efforts d'un groupe de commerçants dijonnais soucieux « de venir au secours de la classe indigente des citoyens en procurant de l'ouvrage à ceux qui n'en ont pas » et de fournir sur place un débouché industriel aux laines produites dans le département par la création d'une filature. Les promoteurs de l'entreprise entendaient que la nouvelle manufacture fût la propriété d'actionnaires qui se partageraient les bénéfices éventuels après prélèvement d'un dixième au profit du bureau de bienfaisance. Cette filature n'a par conséquent rien d'un atelier public et fonctionnant dans un but désintéressé. Cependant cette œuvre de commerçants actifs et philanthropes pouvait rendre service aux chômeurs et aux mendiants valides. Comme ses collègues des Bouches-du-Rhône et du Bas-Rhin le firent pour des ateliers de charité, Guiraudet s'intéressa à ce moyen de lutter contre la mendicité. Il s'empressa de donner à ce projet l'approbation administrative, légitimement sollicitée « pour un établissement aussi utile ». Il prit l'atelier de filature sous sa haute protection, prescrivit aux mendiants d'aller y demander du travail, présida

(1) Cf. tableaux comparatifs et observations de Vaillant, I, p. 508. Conseil arr. Dijon juillet 1810 (N/2, 1). Cf. Martin et Martenot, *La Côte-d'Or*, p. 127.

les assemblées d'actionnaires, encouragea ses administrés à souscrire les actions, indiqua au directeur des employés capables et obtint de l'administration militaire la concession gratuite d'un ancien couvent transformé en caserne (1).

La filature des Capucins éprouva quelque peine à recueillir l'argent nécessaire. Une réunion d'actionnaires décida d'y joindre un atelier pour la fabrication des draps afin d'employer les produits filés ; par cet « encouragement salutaire à l'industrie » on espère justifier « un rehaussement de la valeur des actions qui ne peuvent plus être considérées seulement comme des gages de bienfaisance ». Malgré cette extension le développement de la manufacture demeura gêné par la « lenteur... avec laquelle... est rentré un capital de 40.000 francs au lieu de 60.000 francs à quoi se montent les souscriptions ». La gratuité de l'apprentissage lui assura un personnel suffisant de jeunes garçons et de jeunes filles ; les ouvriers durent être recrutés parmi les vieillards de l'hospice ou les détenus ; d'autres y entrèrent plus librement mais en petit nombre (2).

Cependant filature et tissage vivaient et tendaient à grandir. En l'an XII, on employa 18.000 livres de laine, 10.000 de coton, 600 de fil ; l'année suivante on put utiliser 30.000, 20.000 et 1.000 livres. Riouffe s'intéressa à la création de son prédécesseur. Il résista de son mieux aux demandes de l'autorité militaire qui réclamait de rentrer en possession de la caserne des Capucins afin d'y établir un hôpital et un dépôt pour les prisonniers. Consulté, le ministre des finances se déclara incompétent. Riouffe dut céder. « On n'a pas eu, rapporte Vaillant, égard aux réclamations réitérées faites par M. le préfet ... les agents militaires ont mis un très grand empressement à réoccuper cette maison ». On chercha en vain un autre local aussi économique et aussi convenable. La filature dijonnaise dut liquider en 1807. « Les comptes ont été réglés et les action-

(1) *Journal*, 15 fructidor an XI ; 20 thermidor an XI. Directeur Viole au préfet 4 frimaire an XI (M/14, 2) ; procès-verbal 9 germinal an XI (X/15, 1) ; brochure-prospectus Bibl. mun. Dijon, fonds Delmasse 301. Cf. Darmstädter, XIX, p. 307, 308 ; Fournier et Saint-Yves, p. 30.

(2) *Journal*, 24 frimaire an XIV. Etat du 3e complémentaire an XIII et notes du directeur Moret (M/14, 12).

naires n'ont retiré que les deux tiers du principal de leurs actions (1) ».

La municipalité dijonnaise sentit le besoin de remplacer la manufacture disparue. Par arrêté du 16 décembre 1807, le maire Durande classa les mendiants en deux catégories ; les invalides recevraient de lui permission de mendier et les valides devaient se rendre à l'atelier établi dans la prison municipale ; les contrevenants infirmes seraient traduits en police correctionnelle comme vagabonds et les autres, incarcérés et contraints au travail. Plus tard Durande régla les heures de travail, la composition des rations, la quotité et l'emploi des salaires. Il s'agit non plus d'un établissement privé et philanthropique mais d'une sorte de workhouse municipal, tel que celui de Strasbourg. Après quelques mois durant lesquels on augura bien de l'initiative prise par Durande, le petit nombre des travailleurs forcés et la hausse des denrées rendirent onéreuse l'exploitation de la nouvelle filature. Le maire en proposa la suppression ; les mendiants dignes d'intérêt seraient secourus par le bureau de bienfaisance ou les sœurs de charité ; quant aux autres ce sont de « mauvais sujets ... *à tenir enfermés... plutôt par mesure de sûreté publique* que par la suite de la mendicité (2) ».

Aux institutions créées par la bienfaisance privée ou par la police municipale succédèrent les dépôts de mendicité établis *par le décret impérial du 5 juillet 1808*. Le préfet vit étendre ses pouvoirs et ses attributions. Ordre était donné aux mendiants de se rendre au nouvel établissement ; en cas de résistance ou de fuite « *les mendiants vagabonds seront arrêtés et traduits dans les maisons de détention* »; en d'autres termes, ils seront emprisonnés sans jugement, par une simple décision de l'autorité administrative dont le préfet est le chef. C'est à lui de préparer l'organisation, de diriger le fonctionnement, de recruter le personnel, de dresser le budget du dépôt de mendicité dont les dépenses incombent au département et

(1) Etat *suprà*. préfet au commissaire des guerres 11 janvier 1806 ; min. Finances au préfet 11 janvier 1806 (M/14, 12) : commissaire des guerres au préfet, 6 novembre, réponse 8 novembre 1806 (R/1, 4) ; Vaillant, II, p. 55, 65.

(2) Arrêtés des 16 décembre 1807, 1er février 1808. Durande au préfet 28 mars 1808, 2 février 1809 (X/15, 1). Darmstädter, XIX, p. 307.

aux communes. En Côte-d'Or, la tâche du préfet nécessita une correspondance active et assez vaine : lors de la chute de Napoléon le dépôt de mendicité n'était pas encore construit. La première cause de ce retard fut la difficulté de trouver un local convenable et facile à aménager. Au bout de treize mois et de multiples propositions, préfet et ministre se mirent d'accord en faveur de l'ancien couvent des Ursulines de Semur (1). Vint ensuite la rédaction des plans et devis ; les hommes de l'art prirent leur temps ; les bureaux les imitèrent tout en remaniant leurs propositions (2). Enfin le 30 août 1813 on procéda à la mise en adjudication des travaux pour le prix présumé de 150.000 francs. L'adjudicateur se mit à l'ouvrage mais bientôt l'invasion et le changement de gouvernement paralysèrent son activité ; les travaux ne furent repris qu'en septembre 1814 (3).

Pendant ce temps les mendiants attendirent en liberté l'asile que leur préparaient la volonté impériale et la lenteur administrative. Seuls les contribuables et quelques nouveaux fonctionnaires s'aperçurent de la réalisation progressive du décret du 5 juillet 1808. La vente des bois communaux mis en réserve devait fournir les frais de premier établissement ; les prélèvements ordonnés par l'empereur sur l'affouage et les ressources communales disponibles représentaient 70.000 francs auxquels le conseil général dut ajouter 30.000 par le vote de centimes additionnels afin d'assurer les dépenses annuelles courantes. Ces ressources étaient amplement suffisantes pour les minces dépenses de l'établissement encore en projet. Cependant il fallait payer directeur et receveur dont la nomination avait été rapide. Lecoulteux présenta des candidats qui plurent au ministre de l'Intérieur. Le médecin Rémond, qui avait à diverses reprises suppléé le sous-préfet de

(1) On avait songé à l'ancien couvent des Capucins de Dijon, à un bâtiment analogue à Flavigny et même au Palais des Etats de Dijon ! (Min. Intérieur au préfet 27 décembre 1808, 9 mai 1809, 24 octobre 1809, 16 janvier 1810. (X/15 1 et 29). Dans le Bas-Rhin le dépôt de mendicité fonctionna dès 1812 mais le conseil général en approuvait peu l'organisation (Darmstädter, XIX, p. 308).

(2) Par exemple, préfet à l'architecte Saint-Père 3 février 1812 (X/15,2).

(3) Min. Intérieur au préfet 5 janvier 1813 ; préfet au Min. Intérieur, 30 août 1813, 1er août 1814 ; à l'architecte 26 septembre 1814 (X/15, 2).

Semur, devint directeur par arrêté du 11 octobre 1809. Le receveur, Lestre-Gautherin choisi en avril 1811, postulait cette fonction depuis deux ans ; il avait eu plusieurs concurrents recommandés par le sous-préfet Gueneau d'Aumont, par le général Junot ou par la délégation envoyée par Dijon au baptême du Roi de Rome. Les fonctions plus modestes de chirurgien, de pharmacien, de préposé aux entrées, de garde-magasins, de surveillant furent ardemment sollicitées ; les candidats firent intervenir des membres de l'Institut et du Conseil d'État que préfet et ministres ont peine à ne pas tous mécontenter (1).

3. — *Établissements hospitaliers et institutions charitables*

La création du dépôt de mendicité est une mesure de police administrative et non un acte d'assistance publique. Le gouvernement impérial pensa rarement aux malheureux. Les préfets, les municipalités et les assemblées de la Côte-d'Or le suppléèrent.

Les malades avaient été abandonnés pendant la Révolution à la bienfaisance privée ; Vaillant et les conseillers généraux déplorent l'aliénation du patrimoine « sacré » des hospices et l'affaiblissement de leurs ressources. Le régime impérial ne put restaurer complètement l'ancienne organisation des hôpitaux côte-d'oriens. Il leur assura cependant une administration régulière d'un comité nommé par le préfet et de nouvelles ressources par l'assignation d'une partie du produit des octrois. D'assez nombreux legs furent faits aux hospices. Cependant, au témoignage de Vaillant « cette partie de l'administration publique est susceptible de beaucoup d'améliorations (2) ».

(1) Conseil général 1811 (N/1, 1) ; états (X/15, 3). Sous-préfet de Semur au préfet 9 novembre 1811 ; préfet à Rémond 21 novembre 1811. Lestre-Gautherin au préfet 6 avril 1809 ; sous-préfet au même 15 juin 1809 ; duc d'Abrantès au même 19 décembre 1809 ; préfet au sous-préfet de Semur 8 avril 1811. — Min. Intérieur au préfet 12 septembre, 11 et 17 octobre 1811 (X/15, 1).

(2) Vaillant, I, p. 381-398 ; II, p. 217-243. Des lettres de l'administration de l'hospice de Montbard et de sous-préfet de Semur au préfet montrent que Vaillant n'a point exagéré l'état des hospices durant le régime impérial (23 nivôse an XII ; 1er avril 1809. X/2, 1). Cf. général an XII (N/1, 1).

Parmi ces améliorations souhaitées par Vaillant, la municipalité dijonnaise réalisa celle d'une clinique gratuite. En 1807 elle restaura l'ancienne « chambre des pauvres » où les « chirurgiens de la ville donnaient aux malheureux des conseils sur leur santé (1) ». Et surtout l'administration préfectorale développa considérablement la prophylaxie médicale. Elle institua un médecin des épidémies par arrondissement et propagea l'emploi de la vaccine. Guiraudet organisa un comité central dont il se réserva la présidence ; des articles insérés dans le Journal exposèrent les avantages de ce procédé et calmèrent les inquiétudes causées par certains accidents ; des circulaires invitèrent les municipalités à créer des salles de vaccination gratuite. Le maire de Dijon rapporta de Paris du vaccin (2). Mais des résistances se produisirent, d'après Vaillant, « de la part de ceux qui devaient... favoriser » l'introduction de la vaccination ; cette réforme médicale « a été en but en quelque sorte à l'esprit de parti ». Afin de triompher de ces obstacles et d'accélérer l'accroissement du nombre des vaccinés dans son département, Lecoulteux décida le 26 septembre 1810 que la vaccination serait obligatoire dans un certain nombre de cas ; il défendit en effet aux maitres d'école d'admettre, aux administrateurs des hospices ou des prisons de laisser sortir, des enfants ou des adultes non vaccinés ; il recommandait en outre aux officiers de l'état-civil d'inviter les parents à faire vacciner les nouveau-nés et aux patrons d'agir de même à l'égard de leurs ouvriers. L'action du préfet rencontra de zélés auxiliaires en la personne de plusieurs médecins et curés auxquels le ministre adressa des félicitations ou des médailles (3). Le nombre des vaccinés augmenta. En 1810, des 340.006 habitants de la Côte-d'Or, 256.335 avaient eu la petite vérole, 25.523 avaient été vaccinés ; les années suivantes 22.886 suivirent

(1) Vaillant, II, p. 247.

(2) *Journal* 20 messidor an XI ; 30 floréal an XII ; 30 prairial an XII ; 30 frimaire an XIII. Vaillant, I, p. 104. Il n'existe aucune trace de décision impériale blâmant ces mesures en Côte-d'Or, il en fut autrement dans les Bouches-du-Rhône (Aulard, *Centralisation*, p. 196).

(3) Vaillant, II, p. 385, 386, 393 : en particulier le curé Girarde et les docteurs Morelot, Bounder, Lacoste et Rouhier. Préfet au Min. Intérieur novembre 1812 (F 1c/III, Côte-d'Or 7). *Journal*, 24 mai 1810. Cf. Pingaud, p. 215, 216.

les conseils des autorités ; ce département avec sa proportion d'environ un septième de vaccinés suivait de bien près le Bas-Rhin, département qui occupait le premier rang dans la prophylaxie de la petite vérole et où l'activité du préfet Lezay-Marnésia réussit à faire vacciner le sixième de la population (1).

Pour les pauvres, l'administration releva les bureaux de bienfaisance si déchus pendant la période révolutionnaire. Administrés par un comité analogue à celui des hospices, ils avaient des ressources provenant, soit des allocations communales, soit des fondations, soit des libéralités privées. En hiver le préfet ouvre des chauffoirs et la distribution de soupes à la Rumford recommence si le besoin grandit (2). Il existe encore un « conseil gratuit et charitable » des prisons nommé par le préfet et une commission administrative de secours à domicile, subventionnés par les budgets locaux et dont l'activité est fort appréciée de la municipalité dijonnaise et du gouvernement (3). Préfet et maire encouragent les aumônes particulières que distribuent les sœurs de Charité « qui sont les ministres de la bienfaisance » ; ils les chargent de répartir du bois et du pain, de préparer les soupes durant la disette de 1812, de rechercher les couvertures nécessaires aux prisonniers ; ils se félicitent de leur collaboration et attestent, par exemple en 1806, que « dans le service des prisonniers de guerre (elles) ont déjà donné tant de preuves de leur zèle et de leur entier dévouement (4) ».

Napoléon ne s'occupa des enfants en bas âge que lors de la naissance du roi de Rome. En 1810, son ministre de l'Intérieur refusait encore d'approuver le crédit voté à plusieurs reprises

(1) Vaillant, II, p. 393. *Préfet au 2e arr. Police*, 10 août 1812 (Arch. Nat., F/7,3625). Darmstädter, XVIII, p. 314, 315).

(2) Vaillant, I, p. 399-405. *Journal*, 15 frimaire an XI, 5 janvier et 13 mars 1806, 1er février 1810. Préfet et maire autorisent et surveillent la « maison de prêt sur gages » du sieur Bulliot, plus tard administrée par les hospices de Dijon (X/9, 1).

(3) *Journal* 1er février 1810 ; 19 décembre 1811 ; Durande au préfet, 2 février 1809 (X/15, 1).

(4) *Journal* 1er février 1810, 26 mai 1811 ; appel de Durande 2 décembre 1806 (R/1, 4). En Côte-d'Or les « hospitalières » desservent encore divers hôpitaux et bureaux de bienfaisance (Vaillant, I, p. 384-398 ; II, p. 5).

par le conseil général de la Côte-d'Or en faveur des enfants trouvés (1). La restauration officielle de la Société de Charité maternelle fut inspirée plus par la politique que par la bonté; la nouvelle institution devait réunir les dames de la haute bourgeoisie, des principaux fonctionnaires et de l'ancienne aristocratie sous l'égide de Marie-Louise et pour le plus grand profit de la domination napoléonienne. Aussi bien le préfet dut-il promouvoir la formation de la section dijonnaise. Lecoulteux s'y employa. Il suggéra à ses administrées effrayées du chiffre de 500 francs fixé pour la cotisation annuelle de se grouper sur le nom de l'une d'entre elles ; il fit appel au concours des autorités, il multiplia les exhortations écrites aux personnes les plus riches de son département et se servit près des dames de Dijon « de l'intermédiaire de Mme Lecoulteux qui par son exemple et par la douceur de son éloquence parviendra plutôt à la persuasion ». Malgré le préfet, la préfète et de zélés collaborateurs (2) la liste demeura longtemps très courte et beaucoup de souscriptions furent inférieures au tarif impérial (3).

Le cardinal Fesch, qui avait été nommé secrétaire-général de la Charité maternelle, stimula l'activité de Lecoulteux ; un décret du 25 juillet aplanit bien des obstacles en supprimant la réglementation minimum des cotisations. Cependant le préfet dut attendre jusqu'au 8 décembre 1811 pour convoquer une assemblée générale des dames associées. La réunion présidée par Lecoulteux choisit un conseil d'administration. La présidente fut Mme de Bretenières dont Lecoulteux loue la bonté traditionnelle et délicate ; les fonctions de trésorier, offertes à l'avocat-général Jacquinot, échurent après son départ pour La Haye en qualité de procureur général à M. Pradier d'Agrain ; celles de secrétaire furent remplies par le conseiller de préfecture Amanton sur le refus de M. Legouz de Saint-Seine, puis

(1) Conseil général 1810 1re et 2e sessions (N/1, 1); conseil d'arrondissement de Semur 1809 (N/2, 1).

(2) Cf. Cornereau, *La Société de Charité maternelle de Dijon* (Mémoires des Sciences, Arts et Lettres de Dijon, 4e série, VII, 1899-1900), p. 395-417. Parmi ces collaborateurs le préfet distingua Amanton.

(3) Décret du 5 mai 1810 ; préfet au min. Intérieur 11 juillet 1810 (X/5, 1).

par Hernoux (1). A peine constitué le groupe dijonnais vit diminuer le nombre de ses membres et baisser le chiffre des souscriptions. Seule en 1813, la préfète, maintenant comtesse de Cossé-Brissac, remplira presque un devoir administratif en versant la somme réglementaire de 500 francs, cotisation que la fortune et le traitement élevé de son mari rendaient légère. Le total des 19 souscriptions atteint 2.708 francs. Ces ressources, augmentées d'une subvention impériale de 2.500 francs, suffiront aux dépenses et permirent de secourir *en 1812* 75 *femmes ou enfants* (2). En 1813, les dames de la Charité maternelle de Dijon continuèrent leur office charitable en attendant de solliciter le haut patronage de la duchesse d'Angoulême, affirmant ainsi le caractère politique et administratif de l'œuvre du père du roi de Rome (3).

(1) Convocations du 28 novembre ; cardinal *Fesch* au préfet 26 décembre 1811 ; Legoux de Saint-Seine au préfet 2 janvier 1812 ; Hernoux au même 10 février 1812.

(2) *Journal* 7 janvier 1813. Générale Houdelot au préfet 18 novembre 1811 ; comtesse de Champmol au même, janvier 1812 ; listes de 1811, 1812, 1813 (X/5, 1). — Vaillant, II, p. 400.

(3) Min. Intérieur au préfet 19 décembre 1814 (X/5, 1) : la liste de cette date porte de nombreux noms de l'ancien régime.

CHAPITRE VII

L'instruction publique, les finances et la justice

Bien que représentant du gouvernement dans son département, le préfet est avant tout le chef de l'administration civile, de la police et un fonctionnaire politique. Les administrations judiciaire et financière n'ont en lui qu'un surveillant et, parfois, un auxiliaire ; il en sera de même de l'instruction après la création de l'Université impériale.

1. — *L'enseignement*

L'enseignement est peut-être l'unique matière administrative dans laquelle le régime impérial a restreint les attributions des préfets (1). La première atteinte à leurs fonctions scolaires, très étendues durant le Consulat décennal, fut portée par la loi du 28 floréal an X (18 mai 1802). Aux Ecoles Centrales étaient substituées des Ecoles spéciales, auxquelles était confié l'enseignement supérieur, et des lycées. Sur les premières le préfet n'eut plus d'autre influence que son rôle d'informateur ordinaire du gouvernement (2). Sur les seconds il conserva quelque action comme membre du bureau d'administration et par son droit de contrôle sur les délibérations et les finances de la ville de Dijon. Nous avons relevé le conflit, assez vif, que suscita entre Guiraudet et le maire Ranfer de Bretenières la question du local destiné au lycée. La création de cet établissement d'instruction était due en grande partie aux efforts du préfet, puissamment soutenu par Maret et par Léjéas-Charpentier

(1) Cf. sur la législation scolaire Poullet, p. 890-914.

(2) Desserteaux, *Le centenaire de la Faculté de Droit de Dijon*, (Bulletin de la Société des Amis de l'Université de Dijon IX, 1907-1908, p.91-121).

contre les sollicitations des défenseurs de Besançon (1). Pour faire face aux dépenses qu'elle entraînait, préfet et maire ouvrirent une souscription. Malgré les dons généreux de Guiraudet, de Guyton-Morveau et de Maret, la somme désirée semble ne pas avoir été atteinte. On recourut au conseil général qui vota de suite deux centimes additionnels. Par malheur, les conseillers avaient oublié que les dépenses du lycée étaient strictement municipales et que seul le *Corps législatif* pouvait, encore à cette époque, établir de nouveaux impôts ; le ministre de l'Intérieur déclara ce vote illégal. Mais l'argent avait été perçu ! Après quelques négociations, il fut convenu que la ville de Dijon serait censée en avoir emprunté le produit ; elle rembourserait en quatre ans le département, qui, de son côté, ferait état de cette ressource avant de voter de nouveaux centimes (2). Guiraudet intervint *encore* en présentant à la place de proviseur Pierre Jacotot et en présidant, ainsi que le firent ses successeurs, les distributions de prix (3).

Plus important est le rôle du préfet dans le fonctionnement de l'enseignement primaire. Il arrête le nombre et le lieu des *petites écoles*. Il use de ce pouvoir avec prudence et avec une sympathie marquée pour le développement de l'instruction primaire. Guiraudet refuse, il est vrai, d'approuver la délibération du conseil municipal d'Arc-sur-Tille qui, également séduit par « l'écriture » de deux candidats, les a tous deux choisis pour instituteurs ; il le fait « la population n'étant pas assez considérable pour que deux écoles primaires y soient établies ». Par contre la commune d'Ancey ne figurait point sur les listes préfectorales. Elle traita cependant avec un maître chargé d'aider le desservant dans les cérémonies du culte et de « polir et civiliser les mœurs » des enfants. Riouffe avait d'abord rejeté

(1) Préfet à Maret 16 vendémiaire an XI ; réponse 23 vendémiaire ; pétition du conseil municipal et des habitants : ils « ne se livrent point aux spéculations commerciales qui bannissent le calme si cher aux muses ». (Arch. dép. T/2, 2).

(2) Arrêté préfectoral 15 brumaire an XI ; maire au préfet 14 brumaire ; *Journal* 10 ventôse, 20 et 25 frimaire, 10 prairial an XI ; préfet au conseil général 16 germinal an XIII (T/2, 2).

(3) Préfet au min. Intérieur 23 messidor an XI ; arrêté consulaire 30 fructidor an XI (T/2, 2). *Journal* 15 fructidor an XIII. Préfet au 2e arr. Police 7 septembre 1806 (F/7, 8424).

cette proposition : mais bien vite il se ravise, biffe sa première décision et écrit : « le préfet veut bien déférer à cette demande... jusqu'à ce qu'il en soit ordonné (1) ». A ces écoles ainsi limitées et situées, le préfet assure un personnel capable en astreignant les candidats à subir un examen devant un « jury d'instruction » qu'il nomme directement ou par les sous-préfets (2).

En vertu de ses pouvoirs généraux, le préfet approuve le choix fait par le conseil municipal du maître d'école et la délibération qui fixe l'indemnité de logement et la rétribution scolaire dont jouira celui-ci. Il veille au respect du principe constitutionnel qui interdit toute imposition non autorisée par le Corps législatif ; en conséquence, il rejette tout établissement de rôle par la municipalité. Mais il laisse libre initiative dans la détermination de l'indemnité de logement à condition que la situation financière de la commune soit prospère. Grâce à cette interprétation libérale de la loi les villages aisés peuvent par ce moyen accorder à l'instituteur le traitement officiel que la législation lui refuse. A Aiserey, par exemple, en 1806 cette indemnité passe de 135 à 300 francs « considérant qu'il est impossible qu'un père de famille puisse vivre avec le susdit traitement attendu la chèreté de toutes denrées (3) ». Bon économe des deniers communaux, Guiraudet répartit entre les écoles dijonnaises de filles et de garçons les sommes votées par le conseil municipal en faveur de ces seules dernières (4).

Les assemblées locales manifestent dans leurs actes et dans leurs paroles un vif désir de promouvoir l'instruction primaire. Elles dépassent parfois la limite de leurs disponibilités pour

(1) Arrêté du préfet, 21 fructidor an X ; du sous-préfet de Beaune 1er brumaire an XI ; préfet aux sous-préfets 13 ventôse an X et listes des jurés; préfet au maire d'Arc-sur-Tille 14 ventôse an XI; délibération du conseil d'Ancey et arrêté préfectoral 15 pluviôse an XIII (T/1, 4).

(2) Préfet aux sous-préfets 13 ventôse an X ; arrêtés 9 germinal, 8 et 30 floréal an X (T/1, 4).

(3) Préfet au maire d'Aubigny 26 nivôse an XIII ; d'Agey 22 mars 1806 ; délibérations d'Aiserey 27 vendémiaire an XI, 15 février 1806, 1er mai 1807 (T/1, 4).

(4) Arrêté préfectoral 3 thermidor an XI ; chaque instituteur aura 500 francs et le logement estimé 200 ; 900 francs seront partagés entre les maîtresses (T/1, 4).

s'assurer d'un instituteur capable ; souvent afin d'augmenter ses ressources elles transforment en taxe municipale la part du casuel qui lui revient pour sa traditionnelle coopération aux cérémonies religieuses (1). A Aignay — Côte-d'Or, les conseillers municipaux affirment que dans « un état régénéré il importait que tous les citoyens sussent au moins lire et écrire » ; ceux d'Arceau sont « animés du désir de procurer à la jeunesse des moyens d'instruction ». A Dijon on se préoccupe d'organiser des écoles pour filles ; le maire fait appel en cette occasion aux « filles de la Charité dont le zèle ne s'est jamais démenti toutes les fois qu'il a été question d'opérer le bien » ; en 1807, dans l'arrondissement de Semur 1497 fillettes fréquentent les écoles publiques et la commune d'Is-sur-Tille fait choix d'une institutrice (2).

La très grande majorité des instituteurs est laïque ; on ne signale guère comme congréganistes que les écoles dijonnaises dirigées par les frères des écoles primaires ou par les sœurs de la Charité (3). Leur valeur est des plus variables. Un rapport du sous-préfet de Châtillon se montre fort optimiste ; la plupart des maîtres sont annotés ainsi : « a de la capacité » ou « fort instruit ». Par contre Vaillant assure : « à l'exception d'un très petit nombre de communes, les instituteurs de la campagne ne sont que d'anciens maîtres d'école qui n'ont guère d'autres talents que de savoir un peu chanter à l'église et d'être les complaisans des desservants (4) ». Ces *petites écoles* ont cependant un bien modeste programme ; elles enseignent à lire, à écrire, pas toujours à calculer. L'un « des instituteurs les plus instruits » de l'arrondissement de Châtillon, Edme

(1) Le préfet rejette d'ailleurs ces délibérations « *sauf*... à s'arranger avec les habitants qui l'employent ausdits services ». Préfet aux maires d'Athée 16 prairial an XIII et d'Agey 22 mars 1806 (T/1, 4).

(2) Délibération d'Aignay 7 décembre 1806 ; d'Arceau 16 janvier 1807 ; maire de Dijon au préfet 19 frimaire an XI ; état du sous-préfet de Semur 1807 (T/1, 4). Vaillant, II, p. 81.

(3) Etats 1er août 1807 ; 12 janvier 1808 etc. (T/1,4).

(4) Etats de pluviôse et messidor an XI (T/1, 4) ; conseil d'arrondissement de Beaune (N/2, 1) ; Vaillant, I, p. 324. Le maire d'Arceau se plaint au préfet (23 mai 1807) d'un « menuisier » improvisé instituteur par quelques conseillers municipaux et qui « s'est imaginé que le traitement de 200 francs lui donneroit de la science ».

Marchandon, fait connaître aux enfants de Larrey les principes de la lecture, de l'écriture, de l'orthographe, de la grammaire et de l'arithmétique. C'est beaucoup plus que ne le demandent les conseillers municipaux d'Aignay qui par contre entendent que l'instituteur enseigne la morale et « le respect pour les cérémonies religieuses... les autorités constituées et tout ce qui émane du gouvernement (1) ».

Cet état de l'instruction provoqua des projets de réforme. Les conseillers d'arrondissement sollicitent à Châtillon le relèvement du traitement des maîtres d'école afin de pouvoir les mieux recruter et également la création d'un enseignement agricole élémentaire dont seraient chargés les « ministres d'une religion dont l'essence est d'être la bienfaitrice de l'humanité (2) ». Entre les petites écoles et les écoles communales secondaires (3) existe toute une variété d'établissements scolaires dont les autorités encouragent le développement. On y enseigne un peu d'histoire et de géographie, quelque notion de musique et de dessin ; les garçons apprennent parfois les rudiments du latin et les filles souvent les « ouvrages propres à leur sexe (4). »

Telle était la situation de l'enseignement public (5) en Côte-d'Or lors de la création de l'Université impériale. Ni la loi du 16 mai 1806, ni les décrets organiques des 17 mars et 17 septembre 1808 ne modifièrent les conditions d'exercice et l'étendue de la très modeste influence laissée aux préfets en l'an X

(1) États de l'an XI ; délibération d'Aignay 7 décembre 1806 (T/I, 4).

(2) Conseil d'arrondissement de Châtillon an XI (N/2, 1). Dans le Bas-Rhin on pense aux médecins pour un enseignement analogue (Darmstädter, XIX, p. 140).

(3) Les écoles secondaires communales dépendent pour la nomination des professeurs du ministère de l'Intérieur et non de la préfecture depuis l'arrêté consulaire du 19 vendémiaire an XII (Aulard, *Université*, p. 68). Auparavant on rencontre des preuves de l'intervention de Guiraudet (Volfius à Guiraudet, 4 fructidor an X ; arrêtés 14 brumaire an XI, 12 germinal an XI (vacances). (T/2, 4).

(4) Le maire de Dijon réclame du gouvernement une « maison d'éducation pour les jeunes demoiselles » (États 1807 et 1808. T/1, 4).

(5) Aucun incident ne révèle l'exercice par le préfet ou ses subordonnés de leur droit de surveillance sur l'enseignement privé ; les états de 1807 et de 1808 signalent des écoles particulières, assez nombreuses surtout dans les villes et de degré intermédiaire entre les petites écoles et les futurs collèges communaux.

sur l'enseignement supérieur et secondaire. Les représentants du gouvernement adressent désormais au Grand-Maître les renseignements que leur demandait auparavant le ministre de l'Intérieur. Mais, comme l'a déjà remarqué M. Aulard, le décret du 15 novembre 1811 « fut pour les préfets plutôt une occasion de conflit qu'une reprise de pouvoirs ». De fait en Côte-d'Or les conséquences logiques de l'attribution à l'autorité administrative d'une surveillance scolaire assez imprécise ne se produisirent pas ; recteur et préfet vécurent en bonne intelligence. Au cours de l'enquête instituée en 1811 par le ministre de la Police, Lecoulteux donna un témoignage des plus favorables sur l'esprit qui anime professeurs, administrateurs et élèves du lycée de Dijon (1). La tendance centralisatrice est assez puissante pour que le gouvernement se réserve le choix des professeurs et des programmes des cours médicaux subventionnés par le conseil général de la Côte-d'Or ; le préfet n'a qu'un droit de présentation et la désignation des femmes auxquelles le département accorde une subvention pour fréquenter les leçons d'accouchement (2).

La constitution d'un corps enseignant autonome a plus sérieusement diminué les pouvoirs scolaires du préfet. L'habilitation des candidats aux places d'instituteur est réservée au Grand-Maître ou sur sa délégation au recteur de l'Académie de Dijon ; c'est le Grand-Maître qui délivre l'autorisation d'ouvrir les écoles communales ou privées, qui confère les diplômes, enfin qui confirme les instituteurs en fonctions ou approuve le choix des nouveaux. Lecoulteux renvoie les maires d'Argencourt et d'Alise se pourvoir devant le recteur à cette dernière fin. Toutefois, le préfet n'est pas sans jouer quelque rôle dans le recrutement et la surveillance des maîtres d'écoles. Mais il le fait en vertu de ses droits généraux. Il a la faculté d'arrêter le budget communal et par suite de fixer l'indemnité de logement et autres salaires dus à l'instituteur ; le conseil municipal ne peut se réunir sans son autorisation lorsqu'il est question de le nommer ou de le révoquer. En Côte-d'Or ainsi que dans

(1) Schmidt, *La réforme de l'Université impériale en 1811*, 1905, p. 68. Aulard, *Centralisation*, p. 164.

(2) Vaillant, II, p. 82, 283, 284.

le Bas-Rhin beaucoup de communes recourent volontiers aux *ignorantins* dont la réputation pédagogique est bien établie et les traitements sont d'ordinaire inférieurs à ceux de maîtres laïques (1). Comme par le passé les premiers administrateurs du département et les assemblées locales se montrent favorables à la cause de l'instruction populaire. Les traitements sont augmentés ; les rétributions scolaires se précisent ; Lecoulteux prescrit aux maires de compter parmi les enfants indigents dont la commune acquitte le minerval les pupilles des hospices (2). Le nombre des écoles de garçons augmente et de nouvelles se créent pour les filles ; cependant le conseil d'arrondissement de Beaune se plaint en février 1810 que « la jeunesse croupit dans l'ignorance et dans l'oubli des bons principes (3) ».

2. — *Les finances*

L'administration financière de la Côte-d'Or comporte un personnel assez nombreux que dirigent des directeurs des contributions directes, de l'enregistrement et du domaine, des droits réunis, un trésorier et un payeur-général. La plupart de ses fonctions furent occupées par de proches parents du secrétaire d'État H. Maret ; celles de payeur furent remplies par le payeur de la 18e division militaire (4).

En l'an XII la création de percepteurs à vie et nommés par le gouvernement améliora le recouvrement des impôts directs ; Vaillant constate que le nouveau système n'est pas plus onéreux que celui de la ferme de la perception, permet une comp-

(1) Préfet au maire d'Agencourt 19 août 1811 ; d'Alise 8 mai 1810 (T/1, 4). — Cf. Darmstädter, XIX, p. 139, 140. Archives Académie Dijon.

(2) Préfet au maire d'Arceau 26 décembre 1809 ; d'Ahuy 30 novembre 1808. Circulaire du 24 août 1809. — Arrêté 28 mars 1810 : à Argencourt, par mois chaque enfant paiera 75 centimes, 1 fr. 50 ou 2 francs suivant qu'il apprend à lire, à écrire ou à compter (T/1, 4).

(3) Vaillant, II, p. 285, 286. N/2, 1 : février 1810.

(4) Le directeur des droits réunis est Louis Léjéas ; son frère cadet succède à son beau-frère Damotte comme trésorier-général. — Service des rentes et pensions par le payeur divisionnaire, par exemple *Journal* 13 avril et 27 juin 1812.

tabilité régulière et offre « une utile garantie aux citoyens » (1). Les habitants de la Côte-d'Or ne se montrèrent cependant pas plus empressés que sous le Consulat décennal à verser leur argent aux Caisses de l'État. Afin de vaincre leur résistance le préfet autorise l'emploi de garnisaires. Par une circulaire du 28 frimaire an XII (20 décembre 1803), Guiraudet défendit aux maires de renvoyer ces auxiliaires du fisc avant l'entier acquittement de toutes les sommes dues dans la commune et leur reprocha à cet égard une certaine mollesse. L'hésitation des municipalités à seconder l'action des agents du trésor s'explique par l'hostilité que les populations témoignent aux garnisaires ; à la suite d'une démarche de ce genre, le maire de Belleneuve fut vivement attaqué par une « société d'aboyeurs » et dut démissionner (2). Les arriérés de contributions directes sont assez importants ; ils croissent jusqu'en 1807, diminuent durant cette année et recommencent bientôt leur marche ascendante. Le préfet qui constate le fait assure : « il n'en faut pas chercher la cause ailleurs que dans la stagnation absolue du commerce des grains » ; les plaintes du conseil général et plus tard les déficits des récoltes n'améliorèrent point cette situation. Les contribuables n'entrèrent pas d'ailleurs en résistance ouverte ; par l'organe des conseillers d'arrondissement ils protestèrent contre l'organisation des patentes et l'inégalité proportionnelle des impôts ; par eux-mêmes, ils retardèrent l'acquittement des rôles le plus possible en attendant que l'affaiblissement du pouvoir impérial leur permette en 1813 d'éluder quelque peu leurs obligations fiscales (3).

Les protestations contre les droits réunis furent plus vives sans cependant susciter de troubles sérieux. La loi du 5 ventôse an XII (25 février 1804) créa la régie des droits réunis, le droit d'inventaire, l'exercice limité aux caves, celliers et maga-

(1) Vaillant, I, p. 333. — *C'est au préfet, estime le directeur des contributions indirectes, à poursuivre le recouvrement des percepteurs en déconfiture* (30 janvier 1813. F/4, 2032).

(2) R/1, 23. Maire de Beneuvre au magistrat de sûreté de Dijon 14 avril 1807 (*M/6, 93/a*).

(3) Vaillant, II, p. 114 ; préfet au Min. Intérieur 17 novembre 1808 : « depuis longtemps les recouvrements des impôts *n'ont été aussi arriérés* qu'ils le sont actuellement » (Arch. Nat. F/11, 337). Cf. Dejean, p. 319, 320. Préfet au 2e arr. Police, 9 octobre 1806 (F/7, 8424) ; 10 mai 1811 (F/7, 3663).

sins et aux six semaines immédiatement postérieures à la récolte. Napoléon accentua bientôt la réforme ainsi amorcée. La loi du 24 avril 1806 ajouta au droit d'inventaire ceux de vente au gros et au détail, rendit permanent l'exercice et l'étendit à tous les négociants et débitants de boissons ; elle réglementa minutieusement la surveillance des nouveaux contribuables. En 1808, les décrets des 25 novembre et 21 décembre supprimèrent le droit d'inventaire et de vente en gros et les remplacèrent en une taxe payée « à chaque enlèvement ou mouvement des boissons » qui en Côte-d'Or s'élèvent à 50 centimes par hectolitre de vin. Le droit au détail est maintenu et porté de 10 à 15 0/0 du prix de vente. Un droit nouveau était créé au profit du Trésor à l'entrée des villes et variait avec le chiffre de la population. Les articles 22, 23 et 24 étendaient encore et renforçaient le droit de visite des employés de la régie (1).

Cette législation suscita les protestations aussi énergiques qu'inutiles des intéressés et des assemblées départementales (2). Au début elle fut assez mal appliquée. En prairial an XIII, le ministre des Finances se plaint que « les boissons se vendent et circulent sans que les droits s'acquittent » bien que la loi interdise de les enlever des caves du récoltant sans être muni de la quittance du droit d'inventaire. Le préfet s'empresse d'attirer l'attention des maires sur ces infractions. Dans quelques communes l'application de l'exercice provoque un peu d'effervescence. A Bouix et à Poinson-Beneuvre, les gendarmes durent se retirer tout d'abord devant les menaces de la foule mais l'arrivée d'un détachement de 8 hommes de la compagnie départementale suffit à calmer les récalcitrants propriétaires. A Bourberain, le cabaretier Prétot barra le chemin aux employés, un sabre à la main ; le maire s'esquiva « tant ce monstre est craint ». Les habitants groupés devant l'auberge

(1) Le droit d'inventaire ayant été fixé à 40 centimes par hectolitre de vin et celui de gros à 5 0/0 du montant de la vente, le trésor ne perdait rien à la réforme.

(2) *Considérations particulières présentées au Conseil d'Etat par les propriétaires, cultivateurs et négociants du canton de Nuits... sur les effets de la loi du 24 avril 1806* (Arch. dép. P/3, 3/1). Conseil général 1806 ; conseil de Beaune mai 1806, 1807 (N/1, 1 ; N/2, 1). Cf. en ce sens Darmstädter, XVIII, p. 828.

entendirent Prétot proférer « des propos séditieux » et les appeler à la résistance contre un gouvernement plus tyrannique que « du temps de Robespierre ». Ils ne bougèrent point et les employés, par la menace de l'usage de leurs armes, eurent raison du cabaretier robespierriste (1). D'ordinaire on se soumit par crainte ; les préfets purent attester, sans doute avec quelques exagérations locales, le bon esprit de leurs administrés et Napoléon évalua avec satisfaction quel serait le produit des droits réunis si tous les départements imitaient la conduite de la Côte-d'Or (2).

Cependant la régie des droits réunis et son directeur départemental Louis Léjéas ne se relâchèrent point d'un esprit de stricte fiscalité et ne prirent aucune mesure afin de ménager les intérêts des contribuables. Tout au contraire, Léjéas est prompt à réclamer vengeance des moindres incidents. En mars 1808, quelques habitants de Montbard profitèrent du carnaval pour se gausser des employés de la régie. Ils se promenèrent avec un chaudron et une bannière en chantant une chanson où il était question de « mort-aux-rats ». Or un des *rats-de-cave* de la localité se nommait Chaudron. Léjéas crut à une sédition ; sans la prudence des commis, assure-t-il au préfet, « ils auraient été abordés par les masques, outragés dans leur personne ; leur sûreté même eût été compromise ». La terreur de Léjéas était contagieuse. Le comte Français, « conseiller d'État, directeur général de l'administration des droits réunis », tient cette promenade carnavalesque pour le prodrome d'une révolution. Le sous-préfet de Semur par intérim, Rémond, prit les choses moins au tragique, défendit le maire de Montbard accusé de complicité et rétablit la vérité des faits (3). Ce ne fut pas la seule occasion où les autorités

(1) Circulaire du ministre des Finances au préfet 10 prairial an XIII : préfet au 2e arr. Police 29 brumaire an XIII ; 30 octobre 1806 : « Est-ce que du temps de Robespierre on vous tirannisoit ainsi ? S'il y avait 500 hommes comme moi, nous aurions bientôt fait de bouleverser tout çà » (P/3, 3/1 ; F/7, 8424). *Journal*, 25 prairial an XIII.

(2) Préfet au 2e arr. Police 9 octobre 1806 (F/7, 8424) ; 19 mai 1811 (F/7, 3668). *Correspondance*, X, 8524 ; 14 germinal an XIII.

(3) Sous-préfet de Semur au préfet 28 mars 1808 (F/7, 8533). Le comte Français écrit : « les malheurs de la tourmente révolutionnaire ont été préparés par des chansons et par des pamphlets... moyen approprié au caractère de la nation ».

civiles eurent à défendre les sujets de S. M. contre les agissements des employés, petits ou grands, de la régie des droits réunis. Le maire de Nuits proteste contre l'attitude d'un receveur qui refuse arbitrairement la délivrance des congés ou expose les redevables à les attendre « depuis 8 heures du matin jusqu'à une heure aprez-midi ». Durande, maire de Dijon, obtient l'entrée libre dans la ville des raisins à condition que les pressoirs et les caves de leurs récoltants fussent ensuite ouverts aux préposés de la régie (1). La perception du droit d'entrée impliquait la connaissance précise du chiffre de la population des villes. Ce fut là une source de conflits entre les municipalités et les employés, toujours disposés à différer d'avis sur ce point. Forte des instructions ministérielles, la régie commence par percevoir la taxe et à en fixer le taux à un chiffre élevé. Les contribuables et les autorités municipales réclament contre ce procédé. La régie fait la sourde oreille ou conteste l'exactitude des recensements allégués. Elle demande un nouvel examen contradictoire, suspecte l'impartialité du délégué de la ville et, si elle perd sa cause, se refuse à payer les frais occasionnés par son attitude. En vain, le préfet soutient-il les intérêts des redevables auprès des ministres ; ceux-ci approuvent les actes du directeur Léjéas. Il ne fallut pas moins de quatre recensements pour démontrer à Léjéas et au ministre Gaudin que Montbard n'ayant que 1835 habitants devait être exempt du droit d'entrée. Il en fut à peu près de même à Is-sur-Tille. A Beaune la régie finit avec mauvaise grâce par avouer que la population étant inférieure à 10.000 âmes elle ne devait percevoir qu'une taxe de 60 centimes au lieu de 80 (2).

La régie des droits réunis lève encore l'octroi de navigation sur le canal et depuis 1810 a la haute direction du monopole

(1) Procès-verbal du maire de Nuits et lettre au préfet 13 avril 1807, 3 juin 1807 (P/3, 4) ; arrêté du maire de Dijon 26 septembre 1810 ; comte Français au préfet 1er vendémiaire an XIII (P/3, 3/1).

(2) Léjéas au préfet 24 février 1809 ; 8 avril 1809 ; 22 mai 1809 ; min. Finances au même 14 novembre 1809 ; maire de Montbard au même 2 décembre 1809 ; Rémond au sous-préfet de Semur 24 avril 1809 ; min. Finances au préfet 21 août 1810 (P/3, 3/1). — Etat du 19 février 1809 pour Is-sur-Tille. Préfet au min. Finances 3 décembre 1811 ; au sous-préfet de Beaune 14 février 1812 (P/3, 3/1).

du tabac. Le préfet préside en 1811 à l'adjudication du transport des tabacs entre les magasins de l'entrepositaire général et ceux qui ont été établis dans les chefs-lieux d'arrondissement. Il veille à la stricte application du monopole et à la prohibition de la culture du tabac dans toute la Côte-d'Or (1). Il ne semble pas que les habitants aient protesté contre les innovations impériales. Ce silence des textes officiels pourrait bien être trompeur car la royauté restaurée s'empressera de tolérer les plantations de tabac et de laisser comprendre que la législation fiscale du gouvernement disparu ne serait maintenue que provisoirement. Il est à peine besoin de dire que le provisoire fut définitif (2).

Le préfet a en outre la direction de la vente des biens nationaux. Le produit en est faible « parce que, déclare Vaillant, à l'exception de quelques objets épars et de médiocre valeur il n'existe plus de domaines à aliéner dans le département ». Comment justifier alors la persistance que les conseillers généraux et les préfets mettent à obtenir du ministre les crédits nécessaires au fonctionnement d'un bureau de la préfecture spécialement affecté à l'administration et à l'aliénation des biens nationaux ? Il est vrai, une partie importante de ces domaines fut distraite en faveur de la Sénatorerie et de la 6e cohorte de la Légion d'honneur dont le siège était à Dijon (3).

3. — *L'ordre judiciaire*

Fonctionnaire administratif, le préfet n'a aucune action officielle sur les magistrats et sur le cours de la justice. Il

(1) Octroi de navigation, cf. Vaillant, I, p. 341, 342. — Tabac : procès-verbal d'adjudication 10 juillet 1811 ; Léjéas au préfet 28 décembre 1811, 13 février 1812 (P/3, 4). — En outre le préfet surveille le fonctionnement de la loterie nationale ; les 9 bureaux produisent environ 240.000 francs dont la moitié est absorbée par les lots gagnants (Vaillant, I, p. 349). Tirages : par ex. *Journal* 24 décembre 1807. — La taxe des barrières disparut en 1806 (Vaillant, II, p. 340. *Journal* 25 septembre 1806).

(2) Ordonnances 17 mai et 29 juin 1814 ; administration des tabacs au préfet 31 mai 1814 (P/3, 4).

(3) Vaillant, I, p. 342 ; 410 ; II, p. 115. Conseil général, 1806 (N/1, 4). Cf. Arch. dép. P/6,2. — L'état actuel des recherches sur les biens nationaux en Côte-d'Or sous la Révolution rend impossible un examen plus détaillé de la question sous l'Empire.

documente le Ministre de la Justice sur les candidats et sur les juges en exercice ; son influence paraît encore grande quoique les documents ne permettent pas de préciser le rôle joué par Riouffe lors de l'épuration de 1807 et par Lecoulteux (1) lors de la réorganisation de la magistrature en 1811, époque à laquelle à Dijon comme à Aix les anciens révolutionnaires se virent presque mis en minorité par la nomination de nombreux membres des anciennes cours royales (2). Le préfet doit en outre défendre les droits du pouvoir administratif contre les empiètements éventuels de l'ordre judiciaire. Seul, Charbonnel, magistrat de sûreté à Dijon, semble avoir mésusé de ses attributions. Il écrit à un fossoyeur municipal pour lui enjoindre de céder la place au clerc choisi par le curé ; il recommande au maire d'Is-sur-Tille de « faire de fréquentes tournées dans les cafés et cabarets aux heures des offices » ; tant de zèle pour le clergé motiva des lettres de blâme que les préfets adressèrent à Charbonnel et l'oubli dont il fut victime lors de la réorganisation du tribunal de Dijon en 1811. Durant tout le régime impérial, il ne se produisit qu'un conflit de compétence entre la justice ordinaire et la justice administrative : il fut motivé par une question toute juridique et le conseil d'État donna tort au préfet (3). Ici encore la Côte-d'Or donne l'impression d'un département tranquille

(1) Le préfet Lecoulteux appuya les réclamations des habitants contre le projet de suppression du tribunal de cette ville (sous-préfet de Châtillon au préfet 22 janvier 1810 ; réponse du 14 février. U/1, 5).

(2) On compte parmi les nouveaux membres Esmonin de Dampierre, président de chambre, Delagoutte, Carrelet de Loisy, de Bruyère de Rocheprise, Barbier de Reulle, Ranfer de Montceau, Déchaux, conseillers. En 1806, un magistrat de l'ancien régime, Pelletier de Cléry, refusa la place de procureur-général pour cause de santé ; elle fut donnée à un bonapartiste éprouvé, Ballant (*Journal* 6 avril, 8 juin 1806). Cf. Fournier et Saint-Yves, p. 204.

(3) F/7, 8533. Préfet au Min. Intérieur, 15 septembre 1810 et décret 7 août 1810 (R/8 ; Arch. Nat. F/2 I, 109 ; l'arrêté est « relatif à des inscriptions hypothécaires prises sur les biens du sieur Berger par le sieur Maire pour sûreté de sommes dues à ce dernier pour fournitures de subsistances, étapes et convois militaires » ; il fut annulé par le Conseil d'État « considérant qu'une action intentée pour le paiement de fournitures faites en conséquence d'un marché entre un fournisseur et son sous-traitant ne peut être regardé comme tenant à l'interprétation de ce marché, qu'une action de cette nature n'intéresse en aucune manière le gouvernement ».

où les ordres du gouvernement s'exécutent sans peine et où les fonctionnaires donnent aux administrés l'exemple de la concorde, au moins apparente (1).

(1) Le personnel des juges de paix n'attira pas d'une façon particulière l'attention des préfets ; le recrutement aurait pu, semble-t-il, en être meilleur (Annotations préfectorales 1813, U/3, 17 : Conseil général 1809 ; conseil d'arrondissement de Beaune, germinal an XII ; de Châtillon an XI). Cf. en un sens plus pessimiste Darmstädter, XVIII, p. 319, 320.

CHAPITRE VIII

L'administration politique

Sous le régime impérial l'ordre ne fut troublé en Côte-d'Or que par des incidents passagers et sans gravité, inévitables quels que soient la forme du gouvernement et les hommes au pouvoir. Nous avons constaté le peu d'importance des tumultes provoqués par l'application des droits réunis, par la disette de 1812 et par les conflits entre habitants et maires ou desservants. Les délits et crimes de droit commun ne présentent pas de fréquence ou de caractère particuliers (1). Tout au plus peut-on remarquer quelques actes de brigandage ou de vol à main armée qui sont souvent le fait de réfractaires (2). Le plus grave danger pour la tranquillité publique provient peut-être du passage des troupes françaises ou alliées : des soldats de la ligne se querellent avec les gendarmes ou les portefaix d'Auxonne ou de Seurre ; des artilleurs causent du désordre dans les maisons mal famées de Dijon ; des troupes hanovriennes molestent les habitants de Selongey. Une division westphalienne se rendant en Espagne aurait voulu être logée dans les maisons des Dijonnais et leur laisser toute sa menue monnaie allemande ; les citoyens résistèrent ; un officier fut battu et plusieurs soldats blessés ; le maire « a parlé aux colonels comme à des soldats ». En dépit des protestations du général Morio, le préfet Lecoulteux fit partir ces hôtes encombrants

(1) Par exemple, pendant le premier trimestre de 1812, les tribunaux du département prononcèrent 1 condamnation à mort, 5 aux travaux forcés, 7 à la réclusion, 49 à la prison et à l'amende, 32 à la prison, 36 à l'amende. (Rapport du préfet au Min. Intérieur. Arch. Nat. F 1c/III, Côte-d'Or 7). La cour criminelle n'eut pas besoin de se réunir pendant les trois premiers mois de 1810 (*Journal*, 22 mars 1810).

(2) Procès-verbal du 15 novembre 1807 ; préfet au Min. Intérieur, 1er juin 1808 (F/7, 3668) ; bulletin Police 4 décembre 1807 (F/7, 8533).

vers Beaune (1). Riouffe avait pu dire de ses administrés que « beaucoup moins industrieux qu'agricoles » ils sont « par conséquent plus portés à la paix qu'à l'agitation » ; à plusieurs reprises le capitaine de gendarmerie attesta et la tranquillité et le bon esprit du département (2).

1. — *Le plébiscite de l'hérédité impériale*

Amis du calme, les habitants de la Côte-d'Or ne souhaitent pas de bouleversement politique et, en majorité, se déclarent à l'occasion partisans du gouvernement établi. Il en fut ainsi lors du plébiscite prescrit en exécution du Sénatus-Consulte du 28 floréal an XII (18 mai 1804). L'opinion publique avait été surexcitée par la nouvelle de la conspiration de George Cadoudal. Les corps constitués et de simples citoyens s'empressèrent à l'exemple du Conseil général de témoigner leur indignation de cet « affreux complot ». Les élèves du lycée de Dijon, disent-ils, ont failli devenir « orphelins une seconde fois » ; ils se réjouissent : « le Dieu protecteur de la justice... a tourné contre ces ennemis de l'État le poignard qui devait vous percer ». A Arnay-sur-Arroux, les élèves de l'école secondaire du citoyen Pacaud imitent la belle écriture et le noble style des lycéens dijonnais. Les habitants de Pontailler sont « pénétrés d'horreur et d'indignation pour l'auteur de l'exécrable complot formé contre vos jours ». Ceux d'Auxonne félicitent la « personne auguste » du Premier Consul d'avoir échappé au danger et s'écrient : « C'est à Londres qu'il faut marcher. » Les juges de Châtillon réclament un châtiment exemplaire des coupables ; le tribunal de Semur rend « grâce au génie de la France ». Le sous-préfet Martin ne s'étonne pas de l'alliance de George et de Pichegru ; mais « le second de nos héros... qui ceignit tour à tour le glaive de Scipion et le bouclier de Fabius... serait devenu un vil Catilina ! » Plus éloquent encore

(1) Maire d'Auxonne au préfet 4 brumaire an XIII (Arch. dép. M/6, 93/*a*). 2e arr. Police au Min. Guerre 21 frimaire an XIII ; préfet au 2e arr. 15 juillet 1806 (F/7, 3668) ; 10 mai 1809 (F/7, 8533). *Journal* 19 mars et 13 avril 1809.

(2) Préfet au 2e arr. Police 18 prairial an XIII (F/7, 8424). Capitaine Marinet au 2e arr. police (F/7, 8533).

Lucotte, sous-inspecteur des forêts à Semur, fulmine : « Que l'Être suprême écrase de son tonnerre, quiconque oserait jamais... porter une main sacrilège sur votre auguste personne (1). » Pendant ce temps, le *Journal de la Côte-d'Or* annonce la présence de Dumouriez et du comte d'Artois près de la frontière d'Alsace, l'invasion du pays de Bade, du consentement du margrave, affirme-t-il sans hésitation, l'arrestation et l'exécution du duc d'Enghien, le suicide de Pichegru et la condamnation de George Cadoudal (2). Dans la lettre rédigée le 13 floréal par le préfet Riouffe au nom des principaux fonctionnaires de la Côte-d'Or, Bonaparte est conjuré d'assurer la sécurité de la République en transformant son consulat viager en empire héréditaire afin que « les parricides n'aient plus désormais l'espérance coupable de tuer d'un seul coup les institutions et celui qui les a créées ». Municipalités, juges, sous-préfets se hâtèrent de compléter leurs adresses. Partout le même vœu se formule ; partout on supplie le Premier Consul d'accepter « un si haut degré de puissance tutélaire » et de céder au désir unanime « de transmettre à nos enfants comme... héritage assuré l'état de prospérité que vous avez su nous donner et que vous et votre postérité pouvez seuls maintenir (3) ».

Riouffe, après avoir ainsi tracé leur devoir à ses auxiliaires, lança une proclamation à ses administrés pour leur recommander avec force de voter en faveur de la nouvelle transformation constitutionnelle. Le Sénatus-Consulte « donne

(1) Lycée 11 ventôse an XII ; Arnay-sur-Arroux ; Auxonne 7 ventôse ; Pontailler 7 ventôse ; tribunal de Châtillon 1er ventôse ; de Semur 3 ventôse ; sous-préfet de Châtillon 5 ventôse ; Lucotte 11 ventôse (F 1c/III, Côte-d'Or 1). Cf. Voillot, chef d'escadron d'artillerie à Auxonne, 4 ventôse (Arch. Nat. B/II. 850/*c*).

(2) *Journal* 5 et 30 ventôse, 5 et 25 germinal an XII.

(3) 13 floréal an XII : « Il est temps que votre main courageuse et fortunée pose la clef de la voûte. Si dans notre sagesse vous pensez qu'il est une dénomination de la suprême magistrature plus en harmonie avec le système politique de l'Europe, nous vous conjurons de l'adopter... Consacrez par l'hérédité le nom que vous avez immortalisé par vos succès » (F 1c/III, Côte-d'Or 1). Auxonne 23 floréal ; sous-préfet, maire et juges de Semur 22 floréal ; autorités administratives et judiciaires de Beaune 22 floréal ; municipalité de Pontailler 27 floréal ; Châtillon : « Acceptez une couronne qui est l'hommage de tous les cœurs et qu'elle soit, comme vos vertus, héréditaire dans votre illustre famille » ; 18e division militaire et général Montchoisy 14 floréal B/II, 849/*a* et 850/*c*).

aux Français des institutions... telles que le peuple... les voulut en 1789, c'est-à-dire le vote libre des impôts, la liberté individuelle, la liberté de la presse, la représentation nationale, le gouvernement d'un seul et la garantie des grands dignitaires de l'empire qui à leur tour garantissent le peuple ». Moins illusoires étaient les promesses par lesquelles s'achevait l'appel préfectoral : « En votant un pouvoir héréditaire et durable vous créez une garantie pour vous et vos enfants contre le retour de l'anarchie ;... vous vous garantissez contre le retour d'une dynastie qui n'aurait que des vengeances à exercer, des préjugés à rétablir, des vaincus à honorer (1) »...

Près de 20.000 citoyens obéirent à la voix du préfet ; une trentaine osa refuser la couronne au général Bonaparte. L'examen des registres de vote démontre que les opérations électorales de l'an XII ressemblèrent fort à celles des ans VIII et X. A Braux et à Vouges le maire est l'unique votant ; à Champagny-sur-Vingeanne et à Veuvey, maire et adjoint certifient que « personne ne s'est présenté » ; à Savoisy et à Saint-Didier de prudents villageois signent sans indiquer la nature de leur vote. Par contre à Thorey-sous-Charny, le maire fait acclamer par « la voix unanime de tous les habitants... le vote de Napoléon Bonaparte Empereur des Français ». La municipalité de Précy-sous-Thil estime que le vote est obligatoire ; des 177 inscrits, 155 signent sur le registre affirmatif de la commune et 4 sur celui de Saulieu. A Sussey, le maire affirme que les 224 suffrages positifs constituent l'unanimité des voix dans son village (2). Cependant on observe des minorités négatives imposantes étant donné le chiffre des votants. Par exemple, à Is-sur-Tille on compte 3 *non* contre 10 *oui;* à Buxerolles, 5 contre 9 ; à Fontangy, cas unique peut-être, la majorité des suffrages exprimés est hostile à l'empire par 3 voix contre 1. Les opposants appartiennent aux diverses classes de la société ; à Buxerolles, le maire, le secrétaire de la mairie, un chirurgien, un marchand et un cultivateur attestent leurs convictions républicaines ; à Diénay, un laboureur et un

(1) 5 prairial an XII (F 1c/III, Côte-d'Or 9).

(2) Il serait facile de donner d'autres exemples, surtout d'abstention en masse ou d'hésitation entre le *oui* et le *non* B/II, 698/*b* et *d*).

maçon les imitent ; devant le juge de paix du canton Est de Dijon, Charles-Pierre Madémier, propriétaire à Arc-sur-Tille (1), paraphe de son mieux un *non* énergiquement inscrit (2). Les ecclésiastiques, en nombre, adhèrent au gouvernement impérial, les vicaires généraux en tête (3) ; des hommes qui, dix ans plus tard, restaureront l'ancienne royauté à Dijon, tels que Durande et Louis Saverot, figurent sur le même registre que le républicain Vaillant et l'ex-évêque Volfius et s'unissent à eux pour rétablir la monarchie en France (4).

Malgré l'écrasante majorité obtenue par le projet gouvernemental, les résultats de ce troisième plébiscite sont moins favorables au pouvoir de Bonaparte que les deux premiers. Le nombre des opposants, très inférieur à celui de l'an X, est supérieur aux 16 partisans du Directoire. Et fait plus grave, le chiffre des suffrages affirmatifs a considérablement diminué ; en l'an VIII, il avait été de 28.000 environ et, en l'an XII, on est loin des 38.000 voix qui avaient accepté le Consulat à vie. Il est légitime d'attribuer ces variations à la reprise de la guerre maritime, peut-être aussi à la loi du 5 ventôse an XII créatrice des droits réunis ; les fréquentes allusions que font les rédacteurs des adresses à un triomphe décisif sur les « perfides insulaires » et à la proche conclusion d'une paix « solide et glorieuse » constituent un indice notable en faveur de la première partie de cette hypothèse ; la seconde est justifiée par les événements de 1814 et les plaintes des vignerons que nous connaissons déjà (5).

La nouvelle constitution fut acceptée avec enthousiasme par

(1) On voit que le vote était permis comme auparavant dans une commune autre que celle du domicile : Cf. Précy-sous-Thil (B/II, 698/*a* et *d*).

(2) B/II, 698/*a* ; *c* ; *d*.

(3) Registre de la préfecture (B/II, 698/*a*) et des notaires de Dijon ; à Is-sur-Tille (B/II, 698/*a*).

(4) Registre de la préfecture *suprà*. Le recensement des votes (B/II, 853) indique 19702 oui et 27 non.

(5) Adresse de Semur 22 floréal (B/II, 849 *a*). Le collège électoral du département avait en nivôse souhaité au Premier Consul : « Qu'après avoir terrassé notre orgueilleux et irréconciliable ennemi vous jouissiez enfin de la paix et de l'allégresse universelle » (F 1c/III, Côte-d'Or 3).

les fonctionnaires qui, tel le président du tribunal de Châtillon, rappelèrent que « la successibilité a été la source... de (la) grandeur et de (la) puissance... et de la tranquillité dont nous avons joui si longtemps ». Le *Journal de la Côte-d'Or* crut opportun de distribuer à ses abonnés le texte intégral du discours de cet éloquent magistrat, André Dumont. Le conseil municipal de Dijon envoya une délégation de gardes nationaux escorter le maire et assister aux *fêtes du couronnement* ; la ville organisa, à cette dernière date, des réjouissances publiques qu'animèrent des danses et d'abondantes distributions gratuites de vin (1).

2. — *Les élections politiques*

Par la constitution de l'an VIII, Bonaparte avait fort restreint la participation des administrés au choix des administrateurs et des législateurs ; pour toutes les fonctions publiques autres que celles de juge de paix les citoyens ne jouissaient que d'un droit de présentation et le nombre des candidats ainsi recommandés au gouvernement rendait en pratique assez illusoire cette limite à la liberté d'action du pouvoir exécutif. En l'an X, rassuré sur le maintien et la durée de sa puissance, le Premier Consul donna l'exercice de cette faculté une importance en apparence plus grande : en ce qui concerne les membres des assemblées politiques, tout au moins, le chiffre des candidatures à chaque place vacante fut réduit à deux, entre lesquelles le souverain par l'intermédiaire du Sénat choisissait librement (2).

Ce droit de nomination, pour employer le langage d'alors, était accordé à presque tous les citoyens mais ils n'en usaient pas directement. Réunis dans des assemblées cantonales ils désignaient parmi les plus imposés de la région les membres des collèges d'arrondissement et par l'organe de ces élus ceux

(1) Bibl. mun. Dijon, fonds Delmasse 786. *Journal* 25 fructidor an XII ; 10 frimaire an XIII.

(2) Par contre, les juges de paix cessèrent d'être élus directement ; ils furent nommés parmi des candidats présentés par les assemblées électorales.

du collège départemental. Les collèges procédaient ensuite aux présentations suivant une procédure assez compliquée (1). Dans toutes ces assemblées le gouvernement avait un représentant nommé par lui pour 5 ans, le président.

En Côte-d'Or, la statistique de Vaillant renseigne sur le nombre des électeurs primaires et des membres des collèges. Le canton de Châtillon qui a 3.240 citoyens en délègue 36 au collège d'arrondissement et 13 à celui de département ; c'est le contingent le plus élevé. Les chiffres les plus bas sont fournis par le canton de Grancey avec 919 électeurs, 7 et 3 délégués (2). La rédaction des listes de citoyens actifs ou des registres civiques donna lieu à quelques irrégularités. Elle était l'œuvre des sous-préfets, aidés des maires et contrôlés par le préfet. Riouffe eut à noter des omissions, en particulier de militaires nés dans le département, à veiller à la ponctualité des radiations pour cause de décès et à stimuler l'activité de ses subordonnés (3).

Les préfets ont un rôle plus direct à jouer dans les élections. Ils indiquent au gouvernement les citoyens les plus dignes d'être nommés présidents des assemblées cantonales et en cas d'urgence les désignent eux-mêmes. Bien que purement honorifiques les présidences sont fort recherchées. Un sieur Budelot écrit à la comtesse de Champmol pour solliciter celle du canton de Précy-sous-Thil ; cette nomination s'ajoutera aux bienfaits dont il est déjà redevable à son « respectable époux », le ministre de l'Intérieur Crétet. Le conseiller d'État Berlier recommande vivement les candidatures de ses amis ; il fait valoir, par exemple, que le notaire Muteau « à beaucoup d'expérience des affaires... joint un attachement sincère au gouvernement impérial ». La général Marmont, le conseiller Crétet, le maréchal Davout, le général Nansouty, Talleyrand

(1) Il fallait tenir compte des choix à faire dans une proportion déterminée parmi les membres du collège et hors de celui-ci, des adjonctions décrétées par l'empereur, du calcul des absents pour cause de fonction publique etc. Cf. Poullet, p. 541 à 553.

(2) Vaillant, I, p. 323, 324 ; II, p. 86.

(3) Arrêté préfectoral 15 avril 1806 ; préfet au maire de Dijon 1er septembre 1806 ; d'Auxonne 2 septembre ; au min. Intérieur 6 février 1807 ; circulaires aux maires mai 1807, février 1807, juillet 1807.

ont également leurs candidats (1). Le préfet essaie de donner satisfaction à tous. D'ordinaire, s'il s'agit d'un renouvellement quinquennal il présente en première ligne le président actuel ; au cas de vacance par décès ou par démission il indique le citoyen dont les puissants appuis sont une garantie « d'attachement au gouvernement ». Le ministre de l'Intérieur ratifie le plus souvent les propositions préfectorales ; il ne s'en écarte guère que sous l'influence de Berlier (2). La plupart des candidats du préfet appartiennent déjà à l'administration comme juges de paix, notaires, maires, conseillers généraux ou d'arrondissement. A côté des fonctionnaires on rencontre les propriétaires fonciers et les ex-émigrés qui considèrent leur nomination comme une preuve de leur rentrée en grâce auprès du souverain et ne sont point les derniers à ambitionner cette fonction toute politique (3).

Dans ce département la tenue des assemblées électorales parait n'avoir jamais donné lieu à des incidents. On remarque cependant quelque inexpérience chez les directeurs des opérations électorales et beaucoup d'indifférence chez les électeurs. A Précy-sous-Thil, par exemple, on croit que la liberté des électeurs est limitée aux plus imposés d'entre eux ou à ceux qui figurent sur les listes de notabilité communale ; à Selongey et à Dijon-Est on n'achève pas le second tour de scrutin, à Laignes et à Fontaine-Française on conserve soigneusement les bulletins au lieu de les brûler. Malgré ces irrégularités qu'ils signalent au ministre de l'Intérieur, les préfets de la Côte-d'Or se déclarent satisfaits du calme et de la rapidité des opérations ; ils se félicitent des choix faits par les électeurs primaires qui

(1) Général Nansouty au min. Intérieur (?) 5 floréal an XI ; Crétet au même 30 frimaire an XI, Marmont au même 26 ventôse an XI (F 1c/III, Côte-d'Or 2). Berlier au Min. Intérieur 7 avril et 15 juin 1808, 2 mai 1809 ; Lecoulteux au même 16 septembre 1809 (F 1c/III, Côte-d'Or 3).

(2) Par exemple pour Laignes, préfet au min. Intérieur 1er avril 1806 ; décret 22 avril 1807 (F 1c/III, Côte-d'Or 3). Par contre Piette appuyé par Berlier est préféré en 1808 à Amanton, recommandé par Molé (F 1b/II, Côte-d'Or 3).

(3) Molé, Talleyrand et Lecoulteux s'emploient en faveur du comte de Damas-Crux, parent des deux premiers (préfet au Min. Intérieur 16 septembre 1809. (F 1c/III, Côte-d'Or 3). Préfet au min. Intérieur 21 novembre 1812 M/3, 9). Dans une liste de 1807, la majorité des présidents est cependant composée de noms d'origine révolutionnaire (Arch. dep. M/3, 15).

« ayant oublié leur esprit de parti n'ont cherché... que des gens probes et éclairés (1) ». Ils ne louent point ces mêmes citoyens de leur empressement à user de leurs droits civiques. Contrairement à ce qui se passe dans le Doubs le chiffre des abstentionnistes est en Côte-d'Or considérable. D'après Guiraudet, certaines assemblées n'ont pu terminer leurs opérations et « d'autres n'ont pas même un électeur » ; à Semur sur 40 nominations à faire on ne peut en mener à terme que 24. Lecoulteux observe des faits analogues en 1809 (2).

Les assemblées cantonales désignent les candidats aux places vacantes dans les conseils municipaux et dans les justices de paix ; elles choisissent les membres des collèges électoraux. Cette dernière partie de leurs attributions intéresse vivement le ministre de l'Intérieur qui demande aux préfets de le renseigner sur l'état d'esprit de ces nouveaux corps. En Côte-d'Or il est promptement rassuré ; Riouffe lui atteste que « d'après l'opinion générale, l'esprit des collèges électoraux est très bon (3) ». Préfets et ministres améliorent ces dispositions favorables en choisissant avec discernement les présidents des assemblées électorales et en en complétant le nombre par l'adjonction de légionnaires dévoués (4).

Les collèges de la Côte-d'Or procédèrent à deux élections sous le régime impérial. En nivôse an XII, le Premier Consul confia la fonction de président du collège de département à son compagnon d'armes, le général Marmont qui était côte-d'orien d'origine. Il désigna pour ceux d'arrondissement Larché, Hernoux, Ligeret et Carteret. Ce dernier avait eu un rival dans Borromée ; une erreur de qualification glissée dans l'arrêté de

(1) Préfet au Min. Intérieur 25 fructidor an XI ; (F 1c/III, Côte-d'Or 3) ; aux présidents de Laignes et de Fontaine-Française 4 nivôse an XII (M/3, 9). Min. Intérieur au préfet 30 mars 1811 (F 1c/III Côte-d'Or 4). Préfet au Min. Intérieur 1er prairial an XIII (M/3, 9).

(2) Préfet au Min. Intérieur 4 frimaire an XII ; 4 novembre 1809 (F 1c/III, Côte-d'Or 3) ; présidents de Semur et de Genlis au même 8 et 4 fructidor an XI (F 1c/III, Côte-d'Or 3). Cf. Aulard. *L'esprit public dans le Doubs sous Napoléon Ier*, (R. Etudes napoléoniennes, I, 1912).

(3) Préfet au min. Intérieur 1er prairial an XIII (F 1c/III, Côte-d'Or 3).

(4) Sur ces adjonctions cf. préfet au Min. Intérieur 6 février 1807 (7 légionnaires) (F 1c/III, Côte-d'Or 3) ; le collège de Beaune en 1810 compte 18 légionnaires.

nomination permit à ce dernier de réclamer à la fois le fauteuil de l'assemblée de Châtillon et « l'honneur d'assister au... Couronnement de l'empereur, cérémonie... auguste et... intéressante pour les bons citoyens ». Le ministre sur les explications de Maret déclara que son intention avait été de choisir Carteret. Mais une indisposition inopportune retint l'heureux candidat éloigné de la réunion électorale et le préfet nomma Borromée pour le remplacer. A ce choix, Guiraudet aurait préféré la nomination du conseiller général Champion-Nansouty, de Vaillant, Frémyet, Berthet et Martin. Les présidents des collèges d'arrondissement avaient bien été présentés par lui mais en 2e ou 3e ligne ; le préfet ne songeait pas à Marmont, dont la désignation peut être attribuée à l'intervention personnelle de Napoléon. Le ministre de l'Intérieur, renseigné par Maret, ne voulut sans doute pas rendre par trop évidente l'action administrative sur les électeurs et ne nomma point d'auxiliaires directs du préfet (1).

Les cinq présidents rivalisèrent d'enthousiasme pour le chef du gouvernement et méritèrent les éloges des bureaux du ministère (2). Le général Marmont prononça un discours dans lequel il insista sur l'importance des attributions du collège : « le premier Consul, qui met au premier rang de ses devoirs de gouverner la République dans le vœu de ses citoyens étudie l'opinion pour la suivre ; il ne la contrarie jamais ». Les électeurs applaudirent ces affirmations hardies, en votèrent l'impression et élurent le père de l'orateur candidat au Sénat en compagnie de Martin Léjéas, déjà membre du corps législatif. Pour cette dernière assemblée ils désignèrent deux magistrats, les présidents Morisot et Larché ; les deux premiers suppléants furent encore d'anciens terroristes, le général Veaux et le commissaire Legouz ; le commissaire près de la Cour criminelle Dézé et un juge du tribunal de Beaune devinrent

(1) Min. Intérieur au préfet 8 brumaire an XII ; liste de présentations préfectorales ; min. Intérieur au secrétaire d'Etat 19 nivôse an XII ; au préfet 24 brumaire an XIII ; Borromée au même, 5 fructidor an XII, 15 vendémiaire an XIII.

(2) Notes (F 1c/III, Côte-d'Or 3) ; sur Marmont on écrit « la régularité des opérations et la bonté des élections prouvent que S. E. a éminemment rempli les fonctions de président» (M/3, 9).

seconds suppléants. Les électeurs de Dijon portèrent leurs voix sur le secrétaire de la préfecture Vaillant et sur le propriétaire Villiers, beau-père de Berlier. Ceux de Beaune nommèrent le tribun Chauvelin et le magistrat Chantrier. A Semur on choisit le maire de la ville, Gueneau d'Aumont, et Petit, juge de paix de Montbard. Châtillon désigna son sous-préfet Martin et le conseiller général Calvi. En outre chaque collège élabora une liste de candidats aux fonctions de conseillers dans l'assemblée départementale correspondante.

Ces choix plurent au préfet Riouffe et au gouvernement qui présenta à l'agrément des sénateurs Viesse-Marmont et Léjéas (1). Ils manifestent la prédominance de l'élément révolutionnaire parmi les électeurs de la Côte-d'Or. La désignation des futurs sénateurs est due à des considérations personnelles qui rendaient presque inévitables les fortes majorités obtenues par Viesse-Marmont et par Léjéas. Des dix candidats au Corps législatif le seul Calvi parait ne pas avoir rempli de fonctions publique pendant la Révolution. Morisot a fait partie des Cinq Cents en l'an VII ; Larché et Chauvelin sont connus pour leurs idées avancées ; Martin et Gueneau ont été membres d'administrations municipales ; Chantrier et Petit furent l'un juge de tribunal de district, l'autre juré de la Haute-Cour ; Vaillant a dirigé l'administration municipale depuis 1790 et Villiers est le beau-père du régicide Berlier (2). Ces élus le sont d'un faible nombre d'électeurs. Les abstentionnistes sont assez nombreux quoique le droit constitutionnel impérial considère l'électeur comme investi d'un devoir et non comme jouissant d'un droit et le menace à la 3e absence injustifiée de la perte de son titre. Le collège départemental compte 172 inscrits et au maximum 124 votants ; Viesse-Marmont et Léjéas obtiennent 86 et 85 voix ; Morisot et Larché, 76 et 75. Mais bientôt les électeurs se dispersent. Au 3e scrutin ils ne sont plus que 88 et Dézé est élu

(1) Préfet au Min. Intérieur 1er prairial an XIII. *Journal* 5 ventôse an XII. Procès-verbaux et notes diverses dans F 1c/III, Côte-d'Or 3.

(2) Berlier appuya vigoureusement la candidature de son beau-père auprès du ministre de l'Intérieur (21 thermidor an XII. F 1c/III. Côte-d'Or 3). Villiers et Larché devinrent législateurs ; Léjéas bientôt questeur du corps législatif entrera au Sénat (*Journal* 20 pluviôse an XIII, 5 fructidor an XII : 23 août 1807).

par 45 suffrages, le quart des inscrits. A Dijon, 89 citoyens se présentent sur 143 ; Vaillant et Villiers recueillent 73 et 65 bulletins ; le suppléant Jacotot n'en a que 57. Les électeurs de Châtillon doivent procéder à trois tours de scrutin avant de nommer Calvi et Martin par 39 et 31 voix sur 60 suffrages. A Beaune sur 122 inscrits, 51 déposent leur bulletin le premier jour ; l'urne est scellée et le lendemain on continue : à midi il y a 60 votants. On s'aperçoit que l'un des inscrits est mort et que deux autres sont dans l'impossibilité d'assister aux opérations. Cette opportune remarque ramène le quorum à 60. Le dépouillement ne donne de majorité sur aucun nom. On recommence et à 7 heures du soir, 64 bulletins ayant été déposés, Chauvelin et Chantrier sont élus par 51 et 49 suffrages. Après 3 tours de scrutin, le chiffre des votants tombe à 59 et l'on se hâte de proclamer Edouard second suppléant. A Semur du 21 au 28 nivôse se succèdent des scrutins inutiles car la moitié des inscrits ne se présente pas. On relit les instructions envoyées par le préfet ; elles autorisent la déduction des citoyens « notoirement » incapables de venir à la réunion. On en découvre 14 sur 119 et l'on peut ainsi dépouiller des scrutins de 54 suffrages alors que les premiers tours en avaient compté 82 ; le chiffre de voix obtenues par les élus descend de 44 à 28. Ces électeurs peu nombreux ne sont disciplinés qu'à Beaune et à Dijon ; ils apparaissent comme très divisés dans les autres arrondissements. Dans le collège départemental les voix d'abord bien groupées se dispersent à mesure que leur nombre diminue ; de brusques écarts se produisent : Bachez après avoir recueilli 22 et 29 voix est au dernier tour élu par 73.

En décembre 1810 les présidents ont changé mais les électeurs, nommés à vie, continuent à faire preuve ordinaire d'indifférence et d'indiscipline. Le préfet avait présenté plusieurs candidats pour occuper les divers fauteuils présidentiels. Il n'omit pas les anciens directeurs des opérations électorales mais leur préférait des hommes nouveaux. Le ministre l'approuva sur ce point, mais ne sanctionna pas toutes ses propositions. A Beaune et à Châtillon il fait choix de Guillemot, président à la Cour d'appel, et de Michel Junot, conservateur des forêts. A Semur, Leclerc-Buffon, indiqué en 3e ligne, et à Dijon, le recteur Jacotot, présenté en 2e, sont nommés au lieu de Gueneau de

Mussy, inspecteur-général de l'Université et de Ranfer de Monteeau, inscrits en 1er rang par Lecoulteux. Le dernier choix s'explique par l'intervention de Berlier qui, sans alléguer de faits précis contre le fils de l'ancien maire de Dijon, se déclara nettement en faveur de Jacotot (1). Le préfet fut moins heureux encore dans ses vues sur le président du collège départemental. Lecoulteux aurait souhaité appeler à ce poste important le comte Lejéas, le frère du secrétaire d'État, autrefois commissaire du Directoire près l'administration centrale de la Côte-d'Or, le juge au tribunal de Cassation Carnot ou le général Veaux. Napoléon, qui avait désigné le maréchal Marmont pour diriger les opérations électorales à Anvers, le remplaça par un autre bourguignon d'origine, le maréchal Davout. Le prince d'Eckmühl se soucia peu de quitter le commandement des troupes françaises stationnées en Allemagne et de venir présider les comices côte-d'oriens. L'empereur recula d'un an la date de la réunion de ceux-ci au risque de mécontenter les électeurs. Ceux-ci furent d'autant plus surpris lorsqu'ils apprirent « tout à coup, seulement la veille de l'ouverture de la session » que Davout ne viendrait pas. Lecoulteux, aussi peu satisfait de la désinvolture du maréchal, dut découvrir un autre président. La chose était malaisée. « Les partis, écrit confidentiellement Lecoulteux au ministre de l'Intérieur, se regardaient et chacun espérait profiter de ce changement pour le succès de ses projets ; il fallait trouver un homme qui put contenir les partis par sa sagesse, les balancer par son impartialité, en imposer à tous tant par une représentation physique que par une considération reconnue et générale ». Cet homme fut le président du tribunal criminel, Morisot.

Morisot, nommé d'urgence président du collège départemental, prononça un discours fort applaudi dans lequel il loua tour à tour le « si grand personnage » qu'il suppléait, le « premier magistrat du département » et l'empereur « ce héros intrépide, actif, infatigable, non moins habile politique que grand guerrier, le père des peuples et l'exemple des monarques ». Il donna « un dîner splendide à tout le corps électoral » et fut élu

(1) Berlier au min. Intérieur 20 septembre 1809 (F 1c/III, Côte-d'Or 3).

candidat au Sénat par 101 suffrages sur 144 votants ; on lui adjoignit le général de division Lazare Carnot par 81 voix. Les candidats au corps législatif furent Vaillant et l'avocat Bouchard, devenu conseiller de préfecture. Les Beaunois choisirent Chantrier et Guillemot ; les électeurs de Châtillon se groupèrent sur les noms de Martin et du conseiller général Chatenay-Lanty. A Dijon on élut Jacotot et Villiers ; à Semur on préféra Gueneau d'Aumont et le conseiller-général Champion-Nansouty. Il est intéressant de remarquer qu'en majorité les nouveaux élus figurent déjà sur les listes de l'an XII et que tous, à l'exception du propriétaire Villiers, occupent une fonction administrative, judiciaire ou militaire.

Le chiffre des abstentions demeure élevé (1). Le collège départemental compte 256 électeurs ; le nombre des votants y oscilla entre 144 et 128. Carnot n'a que 81 voix, soit moins que le tiers des inscrits. Vaillant en obtient seulement 75 ; si Bouchard en recueille 85, il n'est élu qu'au 3e tour. A Dijon, sur 190 électeurs, 126 se présentent et élisent Jacotot par 96 voix et Villiers par 70. A Beaune, la discipline se maintient assez pour donner sur 89 votants 76 et 75 voix à Chantrier et à Guillemot. A Semur, il en est différemment ; les votes se dispersent comme en l'an XII ; des 128 citoyens, 54 votent après plusieurs scrutins inutiles pour Gueneau et 42 pour Nansouty. Ce n'est qu'à Châtillon que les électeurs se montrent plus préoccupés de leur devoir civique. 92 sur 114 déposent leur bulletin et 87 se prononcent pour Martin et 78 pour Chatenay-Lanty. Partout le nombre des voix isolées ou des candidats de faible parti est sensible. Quelques faits prouvent le peu d'empressement des électeurs. Les diverses élections se font à la fois dans le collège de Beaune « sur la représentation faite par un grand nombre d'électeurs que des opérations isolées feroient une grande perte de temps et les éloigneroient trop longtemps de leur domicile où leurs affaires les appellent ». Malgré cette précaution les opérations durèrent trois jours et le procédé employé ne facilita point les dépouillements. Du moins ce collège achève-t-il la tâche qui lui est fixée. A Châtillon, le président Junot

(1) Procès-verbaux et notes diverses dans F 1c/III, Côte-d'Or 4. Lecoulteux au Min. Intérieur 24 janvier 1811 (F 1c/III, Côte-d'Or 1).

« a engagé les électeurs à s'écarter le moins possible de l'assemblée afin de donner aux opérations plus de suite, d'ensemble et de rapidité ». Ces conseils sont assez bien suivis tant qu'il s'agit d'élections politiques. L'ardeur se ralentit lors des scrutins qui désigneront les aspirants au conseil d'arrondissement. Pendant huit jours l'urne demeure ouverte et reçoit en tout 45 bulletins. Le terme fixé par le décret de convocation arrive ; on brûle les bulletins et l'on se sépare. Le préfet sera libre de présenter au gouvernement les citoyens qu'il lui plaira. Le collège départemental ne réussit pas à compléter la liste des futurs conseillers généraux.

Les élections de 1810 furent aussi favorables au parti révolutionnaire que celles de l'an XII. On y voit triompher le grand Carnot, le terroriste Vaillant, Guillemot, membre des Cinq-Cents, Jacotot et Martin. Les hommes de 1789 sont représentés par Gueneau d'Aumont, Champion-Nansouty et l'ex-constituant Chatenay-Lanty. Ces choix répondaient-ils aux désirs de Lecoulteux ? La chose est certaine en ce qui concerne Morisot. Elle est possible pour Carnot, Vaillant, Bouchard, Villiers, Guillemot, Nansouty, Martin et Chatenay-Lanty ; Chantrier, Gueneau et Jacotot sont moins favorablement appréciés dans des notes envoyées par le préfet au ministre. Il semble que Lecoulteux aurait volontiers promu préfets ses deux collaborateurs de Dijon et de Châtillon et recommandé au Sénat Bouchard et Villiers. Ce dernier souhait seul se réalisa ; le beau-père de Berlier rentra au corps législatif en compagnie de Chatenay-Lanty « un des riches propriétaires de l'arrondissement où lui et toute sa famille sont fort considérés ». Par les motifs qui le déterminèrent à choisir pour président Morisot, il semble que Lecoulteux ait voulu ne favoriser aucun parti ; mais l'absence de traces de son intervention près des électeurs peut être due au hasard et ne permet pas d'affirmer qu'il se soit désintéressé des opérations électorales (1).

3. — *L'esprit public : l'action préfectorale et la presse*

Les élections ne sont pas l'unique occasion pour le préfet de former la conscience politique de ses administrés. Il est le

(1) Cf. en ce sens Lanzac de Laborie, *Paris sous Napoléon*, II, p. 53, 54.

chef de la police politique ; en surveillant les auteurs de propos séditieux et les pseudo-conspirateurs et en provoquant les mesures de *haute police* contre eux, il intimide les mécontents. Par ses discours, ses proclamations, ses circulaires, il donne le ton aux fonctionnaires ; des entretiens particuliers précisent et complètent cette direction ostensible. En faisant lire décrets et bulletins dans les églises ou les mairies ou annoncer à son de caisse les traités de paix, il tient au courant des événements politiques la masse de la population (1). Enfin par la presse il s'efforce de diriger les sentiments de la bourgeoisie et des lettrés. De même, par un choix avisé des sujets de compositions, proviseur et professeurs du lycée inculquent à leurs jeunes élèves l'admiration des hauts faits de l'empereur et excitent leur ardeur antibritannique (2).

Les habitants de la Côte-d'Or furent réduits sous le régime impérial à ne lire qu'un seul journal, celui de Carion. Guiraudet, on s'en souvient, aurait voulu le supprimer parce que ce « folliculaire » était l'organe des ex-terroristes. Il ne l'osa point et se borna à lui transmettre les reproches du conseiller d'État Portalis, mécontent des plaisanteries et des fausses nouvelles dont le Concordat est l'occasion (3). Le préfet se montra plus hardi envers une feuille imprimée chez Berthaut-Petitot. La *Correspondance de littérature, de jurisprudence, de commerce et de politique pour le département de la Côte-d'Or* n'eut que 3 numéros. Créée le 1er messidor an XI elle disparut le 7 du même mois. Ce journal manifesta cependant une vive admiration pour le Premier Consul qu'il compare « au plus magnanime et au plus belliqueux de nos rois » ; il proteste contre les « moyens perfides » employés par le gouvernement anglais et insère les circulaires ministérielles qui sollicitent le vote de bâtiments pour renforcer la flottille de Boulogne. Mais les rédacteurs eurent l'imprudence de parler du Concordat. Tout

(1) Cf. *Journal* 23 juillet 1807. Sur les fonctions politiques du préfet cf. Villat, *Napoléon à Nantes en 1808* (R. Et. Nap., II, p. 341). Arch. dép. M/6, 93/a : préfet au maire de Dijon, 9 frimaire an XIV.

(2) Violation du traité d'Amiens (*Journal* 15 fructidor an XII) ; avènement de Bonaparte (25 vendémiaire an XIII).

(3) Portalis au préfet 4 floréal an X (V 18). Cf. en général Welschinger, *La censure sous le premier Empire*, 1887, p. 16, 17, 18 ss., 104-129.

en louant de cet acte le gouvernement, ils le déclarent insuffisant : « la liberté des cultes est un prétexte à l'immoralité ;... la religion doit... obtenir non pas seulement sa liberté mais une protection prononcée parce qu'elle est nécessaire à l'ordre public essentiellement fondé sur la religion ». Guiraudet s'émut de cet article. Le 9 messidor un arrêté supprima la *Correspondance*. Le *Journal de Carion* enregistra sans déplaisir la décision préfectorale et l'attribua à la manifestation « d'un esprit d'opposition propre à ressusciter les partis, à réveiller d'anciennes haines (1) ».

Cet essai de concurrence à la feuille anticléricale de Dijon se renouvela en l'an XII. Pendant le mois de nivôse parut un *Journal littéraire de Dijon*, imprimé également chez Berthaut-Petitot. Le rédacteur en chef, Chambellan, a l'audace d'user du calendrier grégorien en concurrence avec l'ère républicaine (2) ; il témoigne d'un vif enthousiasme pour Bonaparte et d'une véritable passion anglophobe. Dans presque chaque numéro il prédit que le Premier Consul « franchissant bientôt d'un pas de géant l'espace qui nous sépare de nos plus cruels ennemis va détruire un colosse insolent et rendre au monde entier la liberté des mers ». Une ode sur la « cité fidèle », sur « Jérusalem » que le Concordat a rappelée à la vie n'offusqua point le vigilant préfet de la Côte-d'Or. Il laissa analyser les actes administratifs, insérer le discours du général Marmont aux membres du collège départemental, une protestation contre la substitution opérée par les révolutionnaires du buste de Marat à celui de Henri IV. Par contre il se fâcha en lisant quelques plaisanteries à l'adresse des habitants de Beaune, fort innocentes et bien naturelles chez les compatriotes de Piron. Guiraudet les déclara « très déplacées, faites pour entretenir des préjugés aussi ridicules que mal fondés et troubler l'harmonie qui règne entre toutes les parties du département ». Le *Journal littéraire* fut supprimé par arrêté du

(1) Bibl. mun. Dijon 24140/6. *Journal de la Côte-d'Or* 15 messidor an XI.

(2) L'usage de « l'ère ancienne » avait été à nouveau prohibé par arrêté préfectoral du 9 messidor an VIII (V 20) et le *Journal* de Carion avait classé le calendrier révolutionnaire parmi les « institutions républicaines » (25 nivôse an VIII).

30 nivôse. L'imprimeur, en apprenant la nouvelle aux lecteurs, leur annonçait son intention de se pourvoir devant le ministre de la Justice. Renonça-t-il à ce projet ? Son recours fut-il rejeté ? Quoi qu'il en soit, le *Journal de Carion* fut à jamais délivré de toute concurrence (1).

Ce *Journal de la Côte-d'Or* est un cahier bihebdomadaire de 8 à 12 pages, mesurant 21 centimètres sur 14 et coûtant à Dijon 15 francs par an. Jusqu'au 20 janvier 1812 il fut à la fois une feuille d'informations et un recueil d'annonces. A cette date il dut se conformer aux ordres impériaux et se diviser en deux : Carion continua d'imprimer la partie commerciale sous le titre d'*Affiches de la Côte-d'Or* et bientôt se contenta de paraître le dimanche ; l'imprimeur Frantin édita la section politique et littéraire dont beaucoup de numéros comprennent un cahier réservé aux actes de « l'Administration » (2). Ainsi se manifeste le caractère officiel du *Journal*, caractère qui en fait existait depuis longtemps.

Le périodique départemental contient des informations locales, des nouvelles politiques et des articles. Les sujets de ceux-ci sont des plus variés. Les auteurs, généralement anonymes, traitent de Saint Médard et de la pluie, des lois somptuaires de Rome, de l'influence du vendredi et du nombre 13, du ridicule. Assez régulièrement ils s'intéressent aux variations de la jurisprudence et de la toilette féminine ou aux récentes publications littéraires (3). Certains affectionnent l'histoire locale, dissertent sur l'origine des noëls bourguignons ou font raconter par Jacquemart son passé et ses actuelles impressions. D'aucuns se plaisent dans le genre badin ; ils rédigent la « Description anatomique du cœur d'une coquette » et l'origine « des mousselines, linons et gazes » ou s'essaient à imiter La Fontaine. La prose cède ainsi la place à

(1) Bibl. mun. Dijon fonds Milsand 1666. Le 21 nivôse Jean Bonace avait plaisanté sur les noms des rues de Beaune et conclu : « Il y a de l'érudition à Beaune, Monsieur, il y a de l'érudition. »

(2) *Journal* 9 janvier 1812 ; *Affiches* 1er mars 1812. Cf. Darmstädter XVIII, p. 316.

(3) Cf. par exemple 11 juin 1809, 9 novembre 1811, 7 février 1811, 14 juillet 1811. Hypothèque, 2 avril 1809 ; tutelle, 15 mars 1810 ; 24 mai 1810, 10 octobre 1811, 23 février 1809.

la poésie (1). Les poètes n'oublient pas leur rôle d'éducateur de la foule. Ils célèbrent le génie et les victoires présentes ou futures de l'empereur, invoquent la protection de la déesse Lucine sur le futur roi de Rome, chantent sa naissance ou « César, sa compagne et son fils ». Ce souffle lyrique s'inspire également des fêtes et des anniversaires de l'histoire impériale, s'excite à la pensée de la conquête de la Russie « pays lacustre » ou s'exprime sur la fondation de la quatrième dynastie avec une « singularité piquante (2) ».

Beaucoup de ces odes nous semblent aujourd'hui parfaitement ridicules ; quelques-unes, assez lestement rythmées, ne sont pas déplaisantes. Toutes avaient pour but de stimuler l'enthousiasme populaire, de lui donner une expression. Les encouragements des préfets ne manquèrent pas, sans doute, à leurs auteurs. Cette intervention préfectorale, obligatoire depuis le décret du 5 février 1810, demeure toujours discrète. Elle dicte, on peut le croire, les extraits du Moniteur que le *Journal de la Côte-d'Or* reproduit de temps à autre ; elle indique les coupures fréquentes que l'organe départemental doit emprunter à un journal anglais l'*Argus*, rédigé par le gouvernement français. Cet *Argus* observe toutes les difficultés politiques, financières ou commerciales auxquelles l'Angleterre

(1) 10 thermidor an XI, 20 frimaire an XIII ; 26 novembre 1807 ; 6 décembre 1807.

(2) Cf. 3 mars 1811, 31 mars, 15 août 1811 ; 26 mars 1812.

Voici deux exemples de ces poèmes : *Ode à Bonaparte* par le général Lucotte :

Jamais le tigre impunément
Au lion ne fait une injure...
Ces mers qu'on croit inexpugnables
Comme les Alpes formidables
A ta voix nous les franchirons...
Scipion combat avec nous ;
Malheur, malheur à Carthage ! (15 messidor an XI).

Chanson du couronnement et du mariage des rosières dijonnaises :

Sur l'antique monarchie
Chantons le De profundis !
A la nouvelle dynastie
Gloria in excelsis !
Aux sages lois de l'empire
Nous disons le grand Credo :
Vous amans, que ça fait rire,
Vous y gagnez le conjungo (15 nivôse an XII).

doit faire face ; il assure que le blocus continental nuit plus aux marchands de Londres qu'aux consommateurs de Paris ; il prétend que les escadres anglaises ne sont qu'un « vain fantôme » et qu'Albion appelle avec ardeur une paix que retarde seul « l'or corrupteur » de son gouvernement (1).

Appréciations du Moniteur et dissertations de l'*Argus*, groupées sous la rubrique *Politique*, s'accompagnent de renseignements sur les relations de l'empire et des puissances voisines, les révolutions de la Turquie, la conclusion des traités de paix, l'approche des guerres, la formation des alliances. Ces informations sont d'ordinaire exactes mais fort tardives ; lorsqu'elles risquent d'inquiéter les populations, la rédaction a soin d'ajouter que « ces nouvelles n'ont rien d'officiel ». Les démentis, par contre, sont avoués par l'administration. On apprend d'elle qu'il est faux de penser que des soldats côte-d'oriens soient destinés à faire campagne dans la fiévreuse île de Saint-Domingue, que le gouvernement pense à rétablir les impôts en nature, que les armées impériales aient subi des revers (2). Une place spéciale est réservée aux nouvelles militaires ; elles se bornent à la reproduction des bulletins de la Grande-Armée ou à l'annonce de victoires remportées par les lieutenants de l'empereur ; de brefs commentaires purement géographiques éclairent ces informations constamment favorables (3).

De la politique intérieure il est peu question. Le journal analyse les discours de S. M. ou des Excellences ministérielles ; il reproduit ceux du préfet. Il insère le texte des lois et des décrets avec, à l'occasion, les circulaires explicatives. Il annonce les levées d'hommes, leur répartition entre les arrondissements et les dates de mise en route des recrues. L'appel des gardes nationales en 1809 fait l'objet de nombreux entre-

(1) *Journal* 2 mars 1806 ; 3 avril 1806 ; 4 juin 1806 ; 6 juillet 1806 ; 7 septembre 1806 ; 2 avril 1807 ; 4 juin 1807. Cf. Aulard, *Les sources de l'esprit public à Paris sous le Premier Empire* (Rev. française 1912, LXII, p. 344).

(2) *Journal* 12 octobre 1806 ; 30 octobre 1806 ; 28 juin 1807 ; 9 septembre 1812 (traité d'alliance du 14 mars 1812 entre la France et l'Autriche). 25 brumaire an XI, 16 octobre 1806, 12 mars 1807 ; 20 pluviôse an XI.

(3) *Journal* 14 frimaire an XIV, 7 juin 1807.

filets qui exaltent l'enthousiasme des autorités et des citoyens à voler au secours d'Anvers. La conspiration de Malet (23 octobre) ne fut annoncée aux Côte-d'oriens que le 31 décembre. Sur les rapports entre l'empereur et le pape le *Journal de Carion* garde un prudent silence ; il mentionne avec le plus de brièveté possible l'annexion du territoire pontifical. Des finances il ne connaît que le chiffre des impôts à payer dans le département (1). Au contraire, il devient d'une rare loquacité lorsqu'il convient de célébrer les avantages de la culture du pastel et de la betterave ou les inconvénients de demeurer rebelle à la vaccination. Ce sont alors de longs et fréquents articles avec chiffres et raisonnements séduisants, communiqués très vraisemblablement par les bureaux de la préfecture ; ce sont des rapports officiels ou des récits convaincus des heureux résultats déjà constatés (2).

Cette contribution au succès des innovations médicales ou agricoles du gouvernement constitua presque toute la rubrique locale dans les dernières années du régime impérial. Auparavant Carion avait mené le bon combat aux côtés de Guiraudet contre la municipalité dijonnaise et réclamé l'installation du lycée dans les bâtiments de l'hospice Sainte-Anne ; il s'était diverti au récit des incidents que provoque la location des bancs dans certaines églises rurales ; il avait félicité la police municipale de Dijon d'avoir exigé l'enlèvement d'une inscription funéraire dans laquelle les juges du tribunal criminel révolutionnaire étaient qualifiés de bourreaux (3). Devenu l'interprète de la préfecture, il se contente d'avertir ses lecteurs des changements dans le personnel administratif, des succès de leurs compatriotes, des accidents locaux et des menus faits de la vie dijonnaise. Son attention se porte volontiers sur la fête du 15 août et l'anniversaire du 2 décembre, sur les bals masqués et le carnaval, sur le passage de l'empereur à Semur et le bruit de sa prochaine venue en mai 1810, sur les

(1) *Journal* 10 décembre 1809, 19 juillet 1810.

(2) *Journal* 30 floréal, 5, 10, 30 prairial an XII ; 16 avril, 20 décembre 1812 ; 12 mai, 30 mai, 9 juin 1811.

(3) *Journal* 30 germinal et 10 floréal an XII ; 5 fructidor an XII ; 10 nivôse an XI.

distributions de prix et les installations des hauts fonctionnaires (1). A cette variété d'informations et à sa docilité aux prescriptions administratives, *le Journal de la Côte-d'Or* dut d'être le manuel bihebdomadaire du bon bourgeois dijonnais, dévot serviteur de S. M. I. & R. Il a exercé une action certaine, quoique difficilement saisissable, sur les sentiments politiques de la Côte-d'Or et par là il fut un véritable annexe de la préfecture.

4. — *L'esprit public : les notables*

Les préfets de la Côte-d'Or eurent peu besoin de stimuler le zèle politique des fonctionnaires. Les conseillers généraux donnent le bon exemple. En l'an XI ils votent avec élan 5 centimes supplémentaires afin d'offrir au Premier Consul cent canons destinés à l'armement de la flotille de Boulogne. L'année suivante, ils prédisent le succès du débarquement en Angleterre. La victoire d'Austerlitz provoque l'envoi d'une députation « déposer aux pieds du trône les hommages d'amour, de reconnaissance et de respect de tous ses fidèles sujets » ; on admire la création de la Confédération du Rhin ce « système fédératif habile et vaste conception du génie immortel qui donnera son nom à son siècle » ; ces décisions sont prises, affirme le procès-verbal, « d'un mouvement spontané ». A diverses reprises l'assemblée départementale se déclare « pénétrée d'amour et de reconnaissance pour S. M. » ; en 1811 elle décide de supplier Napoléon d'autoriser un crédit de 4.600 francs qui seront dépensés « à l'achat et au transport d'une statue en marbre blanc représentant le monarque chéri par la France et toujours occupé du bonheur et de la gloire de ses peuples (2) ».

Également enthousiastes sont les conseillers d'arrondissement. N'osant élever leur pensée jusqu'au souverain ils célèbrent la « sagesse » des sous-préfets et prophétisent à Molé, après la réfection de la route de Beaune à Semur, que cet « inappréciable bienfait... éternisera la mémoire de son administration dans ce département ». Si les conseillers beaunois se

(1) Cf. particulièrement 15 janvier ; 19 février 1809 ; « la gastronomie ne manquera jamais de sectateurs » ; 15 mars ; 26 avril ; 3, 17, 31 mai 1810.

(2) Conseil général an XI, an XII, 1806, 1811 (N/1, 1). Vaillant, I, p. 327.

hasardent à solliciter quelques adoucissements à l'application des droits réunis, les Châtillonnais félicitent le gouvernement consulaire de cette réforme fiscale (1).

Les municipalités rivalisent d'éloquence et d'enthousiasme. Nombre de communes offrirent de l'argent ou du bois pour la flottille de Boulogne ; certaines dépassent dans leur zèle anglophobe leurs disponibilités budgétaires et le gouvernement doit refuser ces imprudentes libéralités. Dijon vote 20.000 francs pour un bateau plat ; Beaune s'impose 5 centimes additionnels ; Bissey-la-Pierre, Salives, Montigny-sur-Aube, proposent de vendre leurs réserves forestières. Voulaines en aliènerait pour plus de 6.000 francs et renoncerait à une créance de 2.000 (2) contre le gouvernement. A Dijon on donne le nom de Bonaparte à la rue Charbonnerie où le vainqueur de Marengo logea en allant vers le Saint-Bernard et celui de Napoléon au pont que l'on construit sur l'Ouche ; la promenade située entre la porte Guillaume et l'Arquebuse est dédiée au roi de Rome (3). Sur le théâtre on représente des pièces à allusions faciles et un public prévenu applaudit et réclame les passages à succès ; l'anniversaire d'Austerlitz est fêté par un défilé de la compagnie de réserve départementale qui, par de savantes évolutions, dessine sur le plancher de la scène une N fort réussie. Le mariage de Napoléon suscite celui de cinq militaires en retraite avec autant de jeunes dijonnaises dotées par la municipalité. C'est surtout la naissance du roi de Rome qui excite la verve des poètes et l'imagination des administrateurs. Dijon délègue sept citoyens pour féliciter S. M. de l'heureux événement et assister au baptême de l'impérial nouveau-né. Or le maximum réglementaire de semblables députations avait été fixé à cinq membres. Le maire Durande fut avisé que le groupe dijonnais ne serait point admis en présence de l'empereur. Désolé le digne magistrat insista auprès du grand-maréchal de

(1) Semur janvier 1809. Beaune octobre 1807. Châtillon an XII (N/2, 1).

(2) *Journal* 5 thermidor an XI. Min. Intérieur au préfet 12 germinal an XI ; 2 prairial an XII ; procès-verbaux 15 et 21 messidor an XI (F 1c/III, Côte-d'Or 9). Préfet au min. Intérieur 1er fructidor an XI ; Auxonne 4 messidor an XI (F 1c/III, Côte-d'Or 8).

(3) *Journal* 13 août 1809 ; 15 fructidor an XII ; 20 fructidor an XI. Chabeuf, *Dijon, monuments et souvenirs*, p. 97.

la Cour ; il sollicita une décision de S. M. elle-même. Il lui fut répondu que le texte était formel. Cet incident n'empêcha point les zélés délégués d'obtenir la décoration ou le titre qui motivait leur démarche. Durande sut gagner l'estime des maires des bonnes villes qui le chargèrent de surveiller la frappe d'une médaille commémorative du baptême. Cette désignation le combla de joie. « Sera-t-il jamais pour nous, écrit-il à ses commettants, de plus honorables souvenirs et de plus flatteurs que notre réunion près du trône en ces jours de fête et de cérémonie ? » Durande se consacre tout entier à la frappe de cette médaille « impérissable comme la gloire du héros dont elle transmet l'image ». Pendant ce temps la vie municipale dijonnaise est suspendue ; Dijon n'a plus d'adjoint, plus de maire. Le préfet, par l'intermédiaire d'un conseiller de préfecture et d'un auditeur au conseil d'État, administre les affaires communales. Durande n'en a cure. Il songe à être présenté plus intimement à l'empereur. Il écrivit en effet au ministre de l'Intérieur : « Il serait bien flatteur pour le commissaire des 49 maires... *que vous puissiez obtenir* de S. M. l'insigne faveur qu'il accompagne V. E. » lorsque le ministre remettra au souverain un exemplaire de l'impérissable médaille (1).

A Auxonne la victoire d'Austerlitz, l'entrée de l'armée française à Berlin, la naissance du roi de Rome sont l'objet de réjouissances dont Amanton envoie le récit détaillé au ministre de l'Intérieur ; elles comportent assez régulièrement le couronnement et le mariage d'une rosière et la rédaction d'une lettre dans laquelle les Auxonnais attestent leur « dévouement sans bornes, attachement inviolable, reconnaissance infinie et amour indicible pour la personne auguste et sacrée de S. M. ». En 1812, la ville projette d'élever une statue à l'empereur ; elle obtient sans peine l'autorisation d'affecter 10.934 francs à cette urgente dépense et le directeur-général de la comptabilité communale s'empresse d'exonérer ces crédits de la retenue instituée par le décret du 28 septembre 1810 (2). A Saint-Jean de Losne, le

(1) *Journal* 11 frimaire an XIV ; 11 décembre 1806 ; 1er avril 1810. Arch. Nat. F 1c/III, Côte-d'Or 4 et 9.

(2) Auxonne 28 frimaire an XIV ; 6 novembre 1806 (F 1c/III, Côte-d'Or 4). 3 décembre 1809 ; 9 juin 1811 (F 1c/III, Côte-d'Or 8).

maire Coste s'inquiète des dangers que la reprise de la guerre continentale peut faire courir à la personne « auguste et sacrée » de Napoléon. Il s'ouvre de ses craintes au ministre de l'Intérieur et lui suggère le plan d'une adresse « qui partirait simultanément de tous les points de l'empire » afin de conjurer S. M. « de ne point exposer une vie dont la perte en couvrant la France d'un deuil éternel compromettrait si éminemment sa tranquillité ». En 1811 le prudent magistrat fait délibérer par son conseil municipal : « la naissance de S. M. le roi de Rome met le comble au bonheur de la France en assurant à jamais le repos de l'empire ». D'analogues protestations se retrouvent dans les autres villes ; le 15 août et le 2 décembre sont fêtés avec entrain par les municipalités et par les fonctionnaires. Les victoires sont célébrées par des Te Deum et des réjouissances publiques. Les maires ont soin d'exciter la gaieté de leurs concitoyens par des libations gratuites et par des proclamations enflammées (1).

Toutes ces démonstrations sont-elles bien sincères ? Il est permis d'en douter car les préfets ont convoqué extraordinairement le conseil général en l'an XI et tracé à l'assemblée son devoir ; ils laissent les maires actifs ou ambitieux réunir de leur propre autorité les conseils municipaux ; le bon témoignage qu'ils rendent de ces fonctionnaires dévoués et les distinctions ou fonctions qu'ils leur procurent sont pour eux une récompense et pour leurs collègues un stimulant (2). En 1814 Durande deviendra baron de l'empire juste à temps pour ne pas avoir déjà arboré le drapeau blanc ; Amanton continuera sa carrière administrative sous la Restauration et sera révoqué par le gouvernement de Juillet. Conseillers généraux et conseillers d'arrondissement acclameront le retour des Bourbons. Toutefois leurs sentiments politiques ont pu évoluer. Durant le régime impérial les auteurs des

(1) Maire de Belle-Défense au Min. Intérieur 26 vendémiaire an XIV (F 1c/III, Côte-d'Or 1) ; délibération 15 mai 1811 (F 1c/III, Côte-d'Or 8). Hutinel et Mathey, *Vitteaux*, p. 485. *Journal* 3 mai 1810.

(2) Le ministre de l'Intérieur provoqua par circulaire la collaboration des municipalités et des départements à la construction de la flottille (*Correspondance de littérature*... 4 messidor an XI). Préfet au min. Intérieur 18 prairial an XI (F 1c/III, Côte-d'Or 8) ; délibération de Bure 16 pluviôse an XII (Côte-d'Or 9).

adresses ou les orateurs officiels furent peut-être de bonne foi ; ils ont accompli une partie de leurs devoirs administratifs en célébrant la gloire du souverain.

Dans le nombre, assez considérable, des fonctionnaires deux groupes méritent une place particulière. Le clergé a été en Côte-d'Or un ferme soutien de la domination impériale. On signale de temps en temps un desservant qui prêche contre le mariage civil ou contre les ex-assermentés ; des maires accusent leur ennemi local de chanter « rarement le *domine salvum fac imperatores* ». Le plus souvent de telles imputations sont inexactes. Lorsqu'elles semblent fondées préfet et évêque châtient promptement le délinquant et tout rentre dans l'ordre. Au besoin le ministre de la Police générale les supplée et incarcère d'office un prêtre qui a prêché contre le Concordat. Le duc de Rovigo se substitue même au préfet. Le vicaire-général Lemaitre avait prononcé le 2 décembre 1812 « un discours... des plus médiocres quoique composé dans un bon esprit » ; mais un agent du ministère remarqua « un passage analogue à la guerre actuelle qui contre l'intention de l'auteur était la critique du gouvernement ». Cossé-Brissac confessa l'abbé Lemaitre et le força « d'avouer... franchement sa bêtise ». Son sermon n'est qu'une « ridicule composition » et il est inutile de sévir contre un homme de bonnes dispositions. Le duc de Rovigo ne fut point de cet avis et il envoya l'orateur passer quelques semaines dans la forteresse de Pierre-Châtel. Pareille mésaventure n'arriva pas au vicaire-général Colin. A l'occasion de l'annexion du territoire pontifical il se produisit « quelques alarmes dans le clergé et parmi les personnes en qui le zèle de la religion n'est pas suffisamment éclairé par les connaissances historiques ». Mgr Reymond étant absent, Colin rédigea un mandement qui lui valut les félicitations de l'ex-conventionnel Guillemot. Il prouva que la « souveraineté temporelle du chef de l'Église n'a rien de commun avec la religion » et professa hautement les maximes gallicanes. Ayant ainsi manifesté « la sagesse de ses principes et son dévouement à S. M. » l'abbé Colin attendit sa promotion à l'épiscopat (1).

(1) Maire de Mailly au préfet 8 février 1808 ; Evêque au même 16 mars et 13 septembre ; enquête préfectorale 16 juillet (V 24) ; préfet à l'Evêque

L'évêque de Dijon donne à ses « chers coopérateurs » l'exemple d'une entière soumission au gouvernement impérial et d'une active collaboration à la politique pontificale de Napoléon aussi bien qu'à l'administration civile de la Côte-d'Or. Il recommande aux desservants de lire en chaire les bulletins de l'armée et les décrets impériaux ; il prescrit des Te Deum et des messes solennelles lors des victoires ou des anniversaires chers à l'empereur ; certains vicaires ont assez d'imagination pour prononcer, à Semur par exemple, le panygérique de S. Napoléon. A l'occasion de la remise de la Légion d'honneur à un chef de la garde nationale de Vitteaux « M. le curé... a... élégamment rappelé les grandes vues et les grands desseins de notre auguste empereur ». Il n'est pas jusqu'aux grammaires latines où de bons curés ne trouvent moyen de témoigner de leur attachement à S. M. (1). En 1805 il leur adresse un long mandement où il affirme que « l'amour de la Patrie et la fidélité au chef du gouvernement sont des vertus religieuses autant que civiques ». Par suite, les prêtres du diocèse stimuleront l'ardeur belliqueuse des conscrits et la lenteur des contribuables (2). Personnellement Mgr Reymond prononce de « longs et ennuyeux discours » devant le préfet et les autorités du chef-lieu réunies pour assister aux Te Deum de la cathédrale et proteste auprès du ministre des cultes de son dévouement « au gouvernement que j'aime, dit-il, encore plus que je n'en admire la sagesse ». Au cours des réunions du concile de 1811, il ne joua qu'un rôle effacé mais fut constamment du nombre

20 ventôse an XIV ; pétition des habitants de Saulx au préfet 13 mai 1806 (V 27) ; min. Justice au préfet 24 pluviôse an XII ; réponse 3 ventôse (V 20) ; maire de Chaumont-le-Bois au préfet juin 1809 ; sous-préfet de Châtillon au même 10 juillet 1809 (V 21) ; préfet à Portalis 26 messidor an X (V 22). — Préfet au Min. Intérieur 16 décembre 1812, rapport mars 1813 (F 1b/II, Côte-d'Or 4). Président Guillemot à Maret 6 août 1809 (AF/IV 1046).

(1) Croisset, *Les écoles presbytérales* (Bull. hist.., diocèse Dijon III), p. 11. *Journal* 21 août 1805. Procès-verbal 15 novembre 1807 (F/7, 8668).

(2) Mandement 20 septembre 1805 : « Qui fut jamais plus digne de cette religieuse fidélité que le sage, le magnanime, le religieux Napoléon ?... Mes chers Coopérateurs... dites à ceux qui sont destinés à la défense de la Patrie que la religion et l'honneur leur en font un devoir ; exhortez les autres à y concourir par le prompt paiement de leurs contributions... ; étouffez avec prudence, dans des conversations particulières, la voix des murmurateurs contre la quotité des impôts actuels devenus évidemment nécessaires » (F/19, 337).

des évêques qui approuvèrent les réformes suggérées par Napoléon (1).

Nommés à vie et investis de fonctions gratuites les membres des collèges électoraux sont des fonctionnaires politiques moins dépendants du pouvoir que les autres fonctionnaires. Ce sont en général des hommes d'une certaine culture intellectuelle, de quelque fortune et d'une réelle influence sur leurs concitoyens. Ils constituent une catégorie intermédiaire entre les administrateurs et les simples notables. Leurs opinions politiques sont donc fort intéressantes à connaître. Nous avons vu que leurs suffrages se sont portés de préférence sur des révolutionnaires assagis, entrés pour la plupart dans les cadres de l'administration impériale et par suite dévoués au moins par fonction et en apparence, à l'empereur. Aucun des candidats choisis par eux n'est défavorablement annoté par les préfets ; beaucoup sont signalés comme « sincèrement attaché au gouvernement ». Si parmi les futurs conseillers généraux ou d'arrondissement on rencontre bien des noms de l'ancien régime, il convient de se rappeler que le préfet Lecouteux avait proposé un émigré notoire comme président du canton de Semur et que le ministre nomma pour diriger le collège électoral réuni dans cette même ville un ex-maréchal de camp. Ce fait, cependant, et le nombre de voix assez élevé obtenu par d'anciens parlementaires dijonnais en 1810 témoignent de l'existence d'un parti qui lui aussi rappelle le passé (2). Mais anciens terroristes et futurs royalistes paraissent s'unir dans une commune fidélité impérialiste. Guillemot, Villiers, Berlier, Balland, Dézé, Larché, Morisot deviennent chevaliers, barons, comtes de l'Empire tout comme de Virieu, Durande, Phil. Maret, Léjéas, Cossé-Brissac et Lecoulteux, Rioufle et Molé. Les discours si vibrants de foi napoléonienne du

(1) *Préfet au min. intérieur 28 août 1813 (F 1b/II, Côte-d'Or 4).* Mgr Reymond au min. des Cultes 20 mai 1808 (AF/IV 1046). Rapports Min. Cultes à l'empereur 18, 30 juillet 1811 (AF/IV. 1417). De Grandmaison, *Napoléon et les cardinaux noirs*, 1895, p. 66. Welschinger *Le Pape et l'empereur*, 2e éd. 1905, p. 267.

(2) Par exemple obtiennent Legouz de Saint-Seine, 56 voix ; Esmonin de Dampierre, 47 ; Ranfer de Monceau, 36 ; Louis Léjéas, par contre, n'en a que 31.

général Marmont et du président Morisot sont applaudis vigoureusement et « à l'unanimité » on décide de les imprimer. Les électeurs d'arrondissement adhèrent du même enthousiasme mais avec plus d'économie aux déclarations de leurs présidents. Les membres du collège départemental décident en outre d'envoyer une députation au souverain et de rédiger une adresse. En l'an XII « le département de la Côte-d'Or se rappelle avec orgueil qu'il a vu un instant se mûrir et se développer dans son sein le génie dont l'âge présent s'enorgueillit et qui fera l'étonnement de la postérité ». En 1810, les délégués souhaitent à S. M. « le bonheur de se voir revivre dans un prince dont la naissance... soit le gage assuré de la félicité de l'empire et de la paix du monde (1) ».

D'analogues tendances s'observent chez les autres citoyens que leur fonction, leur naissance ou leur fortune classe parmi les notables. Les uns se rattachent au parti que l'on est tenté de qualifier, *mutadis mutandis*, de radical et dont les hauts protecteurs sont Berlier, Chauvelin et Oudot. Ce groupe est « puissant à Dijon » assure Lecouteux; il désigne comme ses chefs Villiers et le recteur Jacotot; Lazare Carnot jouit d'une influence plus discrète. On compte parmi ses membres en vue le général Veaux dont le « parti naturel... est celui de la révolution » et le professeur Jacotot « qui parait avoir des idées exaltées en révolution ». Ce mathématicien révolutionnaire trouble « l'ordre établi dans l'arrangement des places » lors d'une distribution de prix et accueille assez vertement le préfet qui lui adresse quelques reproches. Riouffe lui fait demander de venir justifier sa conduite. Jacotot répond au commissaire de police et au secrétaire particulier « qu'il ignore si M. le préfet a le droit de faire comparaitre tout habitant devant lui ». Riouffe attribue expressément ces idées égalitaires et démodées en 1808 à « l'appui d'un parti chez lequel le mépris de l'autorité est réduit en système ». Il réclame la révocation de l'irascible professeur qui sut détourner le coup grâce à l'intervention d'un nombre respectable de hauts personnages, côte-d'oriens d'ori-

(1) An XII : F 1c/III, Côte-d'Or 3. 1810 : Bibl. mun. Dijon fonds Baudot ms. 239. Cf. Campardon, *Liste des membres de la noblesse impériale* (Société hist. Révolution française), 1889, à ces noms.

gine et révolutionnaires de convictions intimes (1). Le parti radical a donc plus que des souvenirs (2).

Riouffe n'aime guère plus le groupe adverse, celui des ex-émigrés. En l'an XIII il constate leur tranquillité et leur soumission mais en conteste la sincérité et attribue leur conduite à la crainte de nouvelles mesures de rigueur et au désir d'obtenir l'abrogation de « quelques lois fiscales assez dures ». Aussi juge-t-il inutile de dresser une liste de ceux qui mériteraient d'être exemptés de la surveillance administrative. Le ministère de la Police générale lui répondit avec quelque aigreur qu'un préfet n'avait pas à apprécier les ordres du gouvernement et l'invita à envoyer de suite la liste demandée. Riouffe persista à penser que si beaucoup d'émigrés peuvent obtenir cette faveur, pour d'autres leur « conduite a peut-être encore besoin d'être éprouvée avant qu'on puisse les faire jouir du bienfait du gouvernement ». Il les répartit en trois catégories dont la dernière, la plus dangereuse à son avis, se compose surtout d'anciens officiers et de nobles. Les craintes de Riouffe étaient partagées par un « franc et loyable républicain » qui dénonça au ministre de la Police générale la rentrée subreptice de quelques émigrés et les facilités déplorables avec lesquelles ils se procuraient des certificats de séjour en France (3).

Ministres et empereurs ne tinrent pas compte de ces avertissements. Bientôt les successeurs de Riouffe auront pleine confiance dans les sentiments politiques des ex-émigrés, les choisiront pour administrer leur commune, les introduiront parfois au conseil général, les annoteront favorablement lorsque leurs collègues les députeront près du fondateur de la 4e dynastie. Il est vrai que ces hommes de l'ancien régime semblent avoir complètement adhéré au nouveau. Un propriétaire dijonnais, le marquis d'Agrain, se signale, d'après Lecoulteux, par « son

(1) Annotations préfectorales F 1c/III, Côte-d'Or 1 et 4. Préfet au 2e arr. Police et Jacotot au même 7 septembre 1806 (F/7, 8426).

(2) Vaillant relève volontiers les incartades « d'une ci-devant caste qui veut toujours dominer et dont toutes les actions portent l'empreinte et le cachet de la sottise » (II, p. 311).

(3) Préfet au 2e arr. Police 22 germinal, 12 messidor an XIII ; réponse du 28 germinal (F/7, 5796). — Cf. F/7, 3342.

attachement simple et naturel à la personne de l'empereur » ; Ranfer de Monceau « jouit personnellement de l'estime publique » ; sa famille et celle de sa femme sont « fort considérées dans le pays », expressions dont le même préfet se sert pour annoter le grand Carnot. Le comte de Virieu « donne des preuves de son attachement au gouvernement ». Des renseignements analogues sont fournis sur d'autres nobles de robe ou d'épée (1).

Entre les radicaux côte-d'oriens et, si j'ose dire, les droitiers un tiers parti se groupe autour de la famille Lejéas (2), dont le sénateur Martin a coutume de fêter en son château d'Aiserey la Saint-Napoléon par un banquet, des toasts, des chants et une « illumination au milieu de laquelle jaillissent des fontaines de vin ». Un conseiller-auditeur à la Cour d'Appel, Lefèvre de Planque, est le poète (?) ordinaire de ces réunions ; en l'honneur du Roi de Rome il déclame :

« Fils d'un héros, enfant aimable »
« Pour te fêter nos Bourguignons »
« Sans avoir vidé leurs flacons »
« N'ont garde de quitter la table »

Ce sont à proprement parler les partisans de l'empereur. Composé à la fois de gens en place et d'aspirants fonctionnaires, le parti gouvernemental est le plus faible si l'on ne compte que les adhérents pleinement convaincus des avantages du régime impérial. Il devient au contraire le plus fort, et de beaucoup, si l'on y inscrit tous les citoyens « attachés au gouvernement autant par intérêt personnel que par amour de la paix ». Tel est, d'après Riouffe, le cas de la plupart des propriétaires ; il reconnaît que « très peu le sont par opinion ... cette classe sera nécessairement celle des indifférents (3) ».

L'indifférence fut en effet le sentiment politique le plus commun parmi les notables ; le chiffre élevé des abstentionnistes, malgré l'obligation légale du vote, en est la preuve. L'absence de sincérité ou de constance est également fréquente ;

(1) F 1c/III, Côte-d'Or 1 et 4.

(2) *Journal* 28 août 1806 ; 18 octobre 1807; 30 août 1812.

(3) Préfet au Min. Intérieur, frimaire an XIII (M/8, 6/2).

Il est peu probable que le zèle royaliste des Esmonin de Dampierre, des Carrelet de Loisy, des Durande en 1814 ait été une subite résurrection. Plus perspicace que bien des préfets de la Côte-d'Or, Riouffe avait noté que « les ex-nobles ...regrettent encore les Bourbons et se leurrent peut-être du vain espoir de leur retour ». Ces opposants sont prudents ; « leurs vœux restent concentrés dans leurs cœurs ». Ils se manifesteront lorsqu'ils ne redouteront plus l'empereur vaincu. En 1815, Napoléon redevenu le premier soldat de la Révolution sera acclamé par les anciens terroristes qui recommenceront à guerroyer contre les nobles et « plus particulièrement... les prêtres... ces ennemis éternels de notre repos (1) ».

On ne saurait exiger plus de conviction chez les poètes. Ils chantent la gloire de l'empire. Telle *Journée de l'hymen* de Briffault « lui assure un rang distingué parmi les enfants d'Apollon » ; Antoine Chambellan obtient le 20e prix parmi les 1235 versificateurs qui ont célébré la naissance du roi de Rome et projette d'écrire un recueil de poésies impérialistes, *la Lyre du fidèle dijonnais* ; un anonyme recourt aux vers latins pour exprimer les transports de joie que lui cause la perpétuité de la dynastie napoléonienne. Un Piron compose, dit son biographe, « à l'adresse de Napoléon des stances d'une flagornerie ampoulée (2) ». Ce sont là pièces fugitives. Les auteurs de livres plus volumineux se montrent adroits courtisans et littérateurs avisés. Vaillant a conté les transformations successives que Girault fit subir à son *Essai historique et géographique* sur Dijon suivant les variations politiques. L'établissement à Dijon d'un inspecteur de la librairie pour l'ensemble de la 18e division militaire ne semble pas avoir été nécessaire ; libraires et imprimeurs se soumirent à la rigoureuse législation impériale. Cependant le mouvement intellectuel continue à se manifester en Côte-d'Or par de nouvelles

(1) Préfet bonapartiste Royer au Min. Intérieur (?) 15 avril 1815 (F1b/II, Côte-d'Or 5). Un fait intéressant est la subite augmentation du nombre des dames d'ancienne noblesse qui s'inscrivent en 1814 parmi les membres de la Société de Charité maternelle (États 1812, 1813, 1814, X/3, I).

(2) Vaillant, II, p. 489-496. *Affiches*, 11 octobre 1812. Ladey de Saint-Germain. *Bernard Piron* (Mém. Soc. bourg. de géographie et d'histoire, XVI, 1900), p. 287.

publications ou par des ventes assez importantes de volumes anciens. Les ouvrages de droit, d'art militaire, d'antiquités voisinent avec les livres d'histoire et les œuvres plus légères ou les *Cours gastronomiques*. La correction politique des auteurs est parfaite et le préfet n'a point à intervenir contre eux (1).

5. *L'esprit public : les masses populaires*

Il peut également témoigner aux ministres de l'excellent esprit qui anime l'ensemble des populations côte-d'oriennes. A maintes reprises il le fait et obtient en retour les félicitations de ses chefs qui y voient « le résultat d'une bonne administration. » S. M. déclara avoir « toujours été satisfait du bon esprit des habitants de la Côte-d'Or (2) ». Ces éloges l'encouragent à ne point apercevoir ou, du moins, à ne pas divulguer les symptômes de mécontentement qui se manifestent de temps en temps chez ses administrés. A l'exemple des préfets de la Loire-Inférieure, il n'use guère de son pouvoir de chef de la police politique départementale que pour atténuer les inquiétudes des directeurs du 2ᵉ arrondissement de Police générale. De fait, les incidents qui se produisent dans le département sont insignifiants. Après boire quelques discoureurs dijonnais réclament le retour des Bourbons. Des officiers de la légion du Midi, en garnison à Auxonne, « se sont emparés d'un portrait de S. M. et se sont permis des actes scandaleux ». Le maire et Riouffe, après lui, ne s'émeuvent pas de ces gestes d'ivrognes. Quelques individus écrivent des lettres violentes contre le préfet « généralement détesté » et déplorent la chute de Robespierre ; il s'agit en réalité de solliciteurs éconduits par des jacobins nantis ou de gens d'humeur acariâtre. On relève les traces d'agents secrets du comte de Lille (Louis XVIII) tels qu'un émigré rentré de Russie, Villedieu de Torcy. Le préfet, bien que satisfait de la conduite de cet ancien conseiller d'Etat en Russie, le surveille d'assez près pour que de Torcy, qui n'a

(1) Vaillant, II, p. 497. *Journal*, 16 février, 26 avril, 20 septembre, 8 novembre 1812, 19 décembre 1811.

(2) Préfet au 2ᵉ arr. Police 29 mai 1806 (F/7,8424) ; Min. Intérieur au Préfet, 1ᵉʳ juillet 1813 (F 1c/III, Côte-d'Or 7).

point sollicité le bénéfice de l'amnistie, retourne à l'étranger. C'est encore la préfecture qui proteste avec quelque ingénuité contre les manifestes du prétendant (1). Les ex-émigrés continuent à être observés par la police locale mais les préfets appuient volontiers les demandes en mainlevée de surveillance que les intéressés formulent fréquemment, d'ordinaire sans succès s'ils ne peuvent invoquer quelque patronage influent (2).

Plus graves sont certaines menaces de mort contre Napoléon ou certains propos séditieux. Riouffe s'alarme difficilement. Un déserteur est conduit devant lui ; il a déclaré que « s'il était auprès de Bonaparte, ce dernier n'existerait pas longtemps ». Le préfet le renvoie au lieu de son domicile car l'individu lui « a paru plutôt être un mauvais sujet qu'un homme dangereux pour l'Etat » Il paraît s'inquiéter encore moins de lettres anonymes ve[illegible] de Beaune et annonçant et le meurtre de Bonaparte et le [illegible]chain rétablissement de Louis XVIII sur le trône (3). Son successeur, questionné sur l'existence d'un complot tramé à Beaune, affirme qu'il n'en est « absolument rien » et demande comment les propos de « deux ou trois perruquiers... dans l'état d'yvresse » compromettraient la solidité du pouvoir impérial. Lecoulteux explique que certaines menaces, attribuées à un propriétaire de Saint-Andeux qui se serait réjoui de la mort du fils du roi Louis, sont dues à la haine de quelques habitants de ce village avec lesquels l'inculpé est en procès. Ce genre d'accusation est un procédé volontiers employé pour nuire aux gens dont on a à se plaindre ; on en rencontre d'autres exemples. Un vertueux citoyen dénonce un forgeron pour avoir prophétisé que les « victoires n'étaient que momentanées » ; il ne dissimule pas aux gendarmes que

(1) *Journal* 20 messidor an XII. Préfet au 2e arr. Police 11 juin 1809, 22 janvier 1811, 12 mars 1813 (F/7, 8533) ; commissaire de Dijon au préfet (4 germinal an XIII); préfet au maire d'Auxonne 10 juillet 1806 (M/6, 93/a).

(2) Femme Marey au 2e arr. Police juin 1809 ; Coëtlogon au même 20 mars, 14 septembre 1809. Préfet au même, 29 septembre 1808, 11 janvier 1809 (F/7, 8533). Cf. Viltat *Napoléon à Nantes en 1808*, R. Et. Nap., II, 1912, p. 345.

(3) Préfet au 2e arr. Police 12 avril 1806 (F/7, 8424) ; note de police 28 vend. an XIII (F/7, 3668); « il faut qu'avant que ta tête soit couronnée... elle ait volé en l'air et que ton corps par mes mains déchiré soit la nourriture des chiens. Paris... n'attend plus qu'un faible renfort pour mettre Louis XVIII sur le trône et en dépouiller l'infâme Bonaparte ».

« la conduite de ce jeune homme lui avait fatigué l'âme ». Amené devant Riouffe, le criminel s'expliqua : il avait « bu un peu plus qu'à l'ordinaire ». Mais son loyalisme est incontestable ; n'a-t-il point « il y a environ dix mois nourri avec soin un aigle et... porté à M. le préfet de la Haute-Marne pour qu'il fut offert à S. M. » ? Riouffe ne put que le féliciter de cette ingénieuse pensée et déclarer : « Il est dans l'intention de S. M. que ses sujets jouissent d'une liberté sage et raisonnable (1) ».

Aussi bien les préfets ne font-ils incarcérer par mesure de police administrative que des individus dangereux pour la tranquillité publique mais que la police judiciaire ne peut atteindre en l'absence de délits caractérisés. Riouffe interroge et incarcère deux pseudo-moines italiens qui quêtent en faveur de l'hospice du « Mont-Saint-Martin, situé au pied des Alpes » ; certains préfets le confondent avec celui du Mont-Saint-Bernard et s'empressent de remplir l'escarcelle des pieux délégués d'une maison chère au « vainqueur de Marengo ». Une femme est emprisonnée afin de « soustraire au regard du public le scandale d'un libertinage effréné et d'une ivrognerie dégoûtante » ; une vagabonde, « être très dangereux à la société », la complice d'un assassinat, des incendiaires constamment accusés et constamment acquittés par le jury l'y rejoignent ; la prison hospitalise les libérés auxquels la saison ou leur passé ne permettent pas de trouver du travail (2). La mise en surveillance administrative émane du ministre de la police ; elle est infligée à plusieurs personnes originaires du département pour écrits ou propos séditieux, fréquentations suspectes, escroqueries ou contrebande, participation à la première conspiration du général Malet ou attaches aux « ci-devant princes ». Rien ne prouve qu'aucun de ces délits, souvent douteux, ait été perpétré en Côte-d'Or (3).

La masse des citoyens s'intéresse peu aux affaires publiques.

(1) Préfet au 2e arr. Police 20 avril 1809 (F/7, 8533) ; 8 janvier 1811 (F/7, 3668), 21 novembre 1806 (F/7,8424); 2e arr. Police au préfet 1er mars 1808 ; 28 novembre 1810 (F/7, 8533).

(2) Rapports mensuels au 2e arr. Police (F/7, 3282). 2e arr. au préfet 5 novembre 1806 ; réponse 24 février 1807, rapports (F/7,8424).

(3) Liste de 1810 (?) (F/7, 3668).

Molé constate que les Beaunois se préoccupent plus de « faire avec avantage le commerce des vins »; Cossé-Brissac assure que leur unique participation au gouvernement de l'Etat consiste à « admirer les exploits de l'empereur ». Les électeurs, nous l'avons vu, restent volontiers à l'écart des luttes électorales(1). Leur assistance aux fêtes publiques, l'allégresse qu'ils témoignent à l'annonce des victoires impériales, l'illumination spontanée de la ville de Dijon à la première nouvelle de la naissance du roi de Rome sont vraisemblablement exagérées par les chroniqueurs officiels. Un pharmacien de Seurre compose la « liqueur d'Austerlitz (qui)... fortifie la faculté digestive et réveille l'énergie vitale » altérées par « la fièvre... apportée par les prisonniers russes ». Est-ce éloge de la victoire ou constatation de ses suites (2) ? Par contre, durant le régime impérial, il se produisit en Côte-d'Or divers malaises politiques ; plusieurs fois, le préfet dut expliquer à ses administrés les motifs et les avantages de la politique impériale, exciter leur zèle ou réclamer leur soumission, démentir les faux bruits et calmer l'agitation naissante.

La reprise et la continuation des hostilités sont la première et principale cause de ces époques légèrement inquiétantes pour le représentant du gouvernement. Le soin avec lequel le *Journal* relève les moindres signes de paix possible avec les Anglais, la vigueur avec laquelle il signale la conduite du cabinet anglais qui entretient le soulèvement dans la Calabre « vrai scandale aux yeux de tous les gouvernements européens » (14 août 1806) sont des indices de la joie que manifesteraient les populations à la cessation de la guerre. Dans les adresses emphatiques des collèges électoraux et des corps administratifs ce souhait de la paix reparaît, discret mais constant. Après

(1) Préfet au 2e arr. Police 20 avril 1809 (F/7,8533); au Min. Intérieur novembre 1812 (F 1c/III, Côte-d'Or 7).

(2) *Journal* 21 août 1806 ; 13 août 1809 ; 22 avril 1810, 30 thermidor an XI ; 14 mai 1809, 23 mars 1811. Préfet au 2e arr. Police 23 mars 1811 : « toute la ville a été illuminée... sans qu'aucun ordre n'ait été donné » (F 1c/III, Côte-d'Or 9) ; au Min. Intérieur, novembre 1812 (F 1c/III, Côte-d'Or 7). Vaillant, II, p. 45.

Tilsit, annoncé « au bruit du tambour et au son des trompettes » les poètes du cru chantent :

> « Napoléon, viens parmi tes enfans
> « De leur reconnaissance entendre les accens. »

On se réjouit du projet de descente en Angleterre, du mariage de l'empereur et de la naissance de son fils parce que ces événements semblent rapprocher la conclusion de la paix et assurer « à jamais le repos de l'empire ». C'est ce même désir de paix qui explique avec quel empressement « les bonnes gens » accueillirent en 1810 l'annonce du mariage du roi d'Espagne détrôné, le futur Ferdinand VII, et d'une sœur de Marie-Louise ; ils la « croyaient, renseigne Lecoulteux, parce qu'ils croyaient y voir la fin de la guerre d'Espagne (1) ». On aspire à la paix car elle mettrait un terme à la conscription et aux continuelles levées d'hommes. On ne résiste pas mais on murmure. Riouffe lance le 8 vendémiaire an XIV (30 septembre 1805) une proclamation qui annonce la guerre contre les Autrichiens « salariés de l'Angleterre » ; le préfet calme les appréhensions provoquées par l'appel des conscrits de réserve dont le séjour dans leurs foyers n'était qu'une faveur du gouvernement. En tenant compte de la réapparition du calendrier grégorien la classe 1806 comprendra les jeunes gens nés pendant 15 mois ; elle sera par conséquent et naturellement supérieure aux précédentes. On s'est ému de la levée de conscrits déjà réformés pour entrer dans les compagnies de vélites récemment créées ; c'est une « faveur du gouvernement dont la bonté paternelle sourit à la jeunesse ». Enfin, la réorganisation de la garde nationale « cette institution tutélaire » n'est que l'application des lois existantes. Mais en 1807 Riouffe ne veut pas faire examiner à nouveau les conscrits de petite taille ; il a « encore présens les mécontentemens » causés auparavant par semblable mesure. D'alarmantes rumeurs circulent lors des levées de recrues ; on parle de défaites, on s'inquiète de l'absence de l'empereur et de l'éloignement de l'armée. On se dit qu'à la victoire sanglante et incomplète d'Eylau le corps du maréchal

(1) Préfet au Min. Intérieur 2 novembre 1810 (confidentielle F1c/III, Côte-d'Or 9). *Journal* 23 juillet, 2 et 20 août 1807.

Augereau a été presque complètement anéanti. De suite le *Journal* publie des rectifications, parfois plus fausses que les bruits qu'il veut démentir (1).

La stagnation du commerce et les crises économiques sont une autre source de faux bruits et de craintes. Riouffe observe en 1806 la « paralisie commerciale » produite par l'établissement des droits réunis. Des placards séditieux sont affichés, des affiches reproduisant les bulletins de la Grande Armée sont lacérés par des inconnus à Dijon. Mais on préfère par la soumission obtenir « quelques modifications qui concilient... les besoins... du gouvernement avec l'intérêt du commerce ». Les délibérations du conseil d'arrondissement de Beaune et la conduite des Beaunois en 1814 prouvent que Molé ne se trompait point en déclarant que dans cette ville « tous les habitants ne sont pas également attachés au gouvernement (2). En 1810, le ministre de la Police signale au préfet de la Côte-d'Or, comme à ses collègues « l'espèce d'effervescence qui paraît... régner » dans ce département. Lecoulteux ne nie pas les faits ; il indique les tentatives d'accaparement sur le sel, sur les blés, les bruits de détresse financière, la crainte de voir décréter « les cédules hypothécaires, le papier-monnaye, le cours forcé des billets de banque, la suspension des paiements de la caisse d'amortissement, l'impôt sur le sel » ; beaucoup d'autres « absurdités » furent « débitées avec profusion ». D'après le préfet la véritable cause de toute cette agitation est « la réduction des monnoyes » ; des décrets venaient, en effet, d'abaisser la valeur de la livre tournois à un franc et de l'écu de 3 livres à 2 fr. 75 ; « toutes les têtes ont travaillé parce que toutes les bourses étaient atteintes ». Lecoulteux ne recourut pas aux mesures de rigueur ; il profita de ses « fréquentes relations avec un grand nombre d'individus des diverses classes » pour diriger les conversations sur ce sujet et rétablir l'exactitude des faits. « Un baume souverain, ajoute-t-il,

(1) Proclamation (F 1c/III, Côte-d'Or 9) ; préfet au Directeur de la Conscription 11 août 1807 (R/1, 13) : au maire de Dijon 9 frimaire an XIV (M/6.93/a). *Journal* 16 octobre 1810 ; 12 mars 1807.

(2) Préfet au 2e arr. Police août 1806 (F/7, 8424) ; d'Hauterive, La *police secrète du premier empire*, II, 1913, p. 468 ; Beaune conseil d'arrondissement 1806, 1807 (N/2, 1) ; préfet au 2e arr. 20 avril 1809 (F/7,8533).

a été répandu sur ces plaies par la nouvelle de la grossesse de S. M. l'impératrice ». L'effervescence se calma (1).

La question des biens nationaux ne laissa pas de troubler la réalisation des vues consulaires de pacification intérieure. Comme dans les Côtes-du-Nord les émigrés réclamèrent leurs biens aux détenteurs actuels ; par des lettres anonymes, par les « suggestions de quelques prêtres » ils essayèrent de les intimider. Guiraudet ne se serait pas montré fort énergique en la circonstance si l'on en croit son successeur ; Riouffe au contraire, par son « opinion bien manifestée dès le début » de son administration mit fin à ces tentatives. Il pense qu'on ne « distingue presque plus des biens patrimoniaux » les domaines nationalisés. Cette affirmation, fausse également dans les Côtes-du-Nord, émise pour la Côte-d'Or en l'an XIII n'y est pas encore vraie en 1809. Dans leur session de cette année les conseillers généraux désirent une nouvelle répartition des petites parcelles non seulement parce que cette mesure présente des avantages économiques mais aussi parce qu'elle permettrait « l'amalgame et la confusion des biens nationaux de toutes origines qu'un sentiment déraisonnable se plait toujours à distinguer dans les transactions ». On essaya encore de faire revivre les anciennes tenures. La Cour d'appel de Dijon refusa de considérer comme féodal et par suite comme aboli un bail à cens emphythéotique portant lods et retenue ; cet arrêt fut cassé par la Cour de Cassation le 30 mai 1809 et par cette dernière décision, écrit Vaillant « la tranquillité a été rendue à un grand nombre de familles qui se trouvaient après 20 ans inquiétées (2) ».

La question religieuse n'eut pas en Côte-d'Or grande importance. Grâce à l'esprit conciliant de l'évêque et aux visées épiscopales de l'abbé Colin, l'accord entre les deux pouvoirs fut facilement maintenu. Si le Concordat a été accueilli « avec

(1) Préfet au Min. Intérieur 2 novembre 1810, (confidentielle F 1c/III, Côte-d'Or 9) ; 29 novembre 1810 (F/7, 3668). Sur cette réduction cf. Lanzac de Laborie, *Paris sous Napoléon*, VI, p. 125-127. Sur l'agitation des esprits à la fin de 1810 cf. Schmidt, R. Et. Nap., II, 1912, p. 101.

(2) Préfet au 2e arr. Police frimaire an XIII (M/8,6/2). Vaillant, II, p. 260, 261. *Journal* 20 nivôse an XI. Dubreuil, *Biens Nationaux Côtes-du-Nord*, p. 445, 448, 623.

reconnaissance », si au passage du Pape revenant du Couronnement « tous les cœurs étaient émus » et si Gueneau d'Aumont et Ranfer de Bretenières s'empressaient d'offrir l'hospitalité au Pontife que Guirandet haranguait en latin (1), on ne témoigna pas un vif intérêt au prisonnier de Savone. Cossé-Brissac comme ses prédécesseurs put attester que le « département continue de jouir de la plus grande tranquillité » religieuse et que « l'esprit public... entièrement opposé au fanatisme... n'est point disposé à embrasser les opinions d'aucune secte ». Etait-ce réelle indifférence ou silence contraint et trompeur? De fait on saisit avec avidité les occasions de se renseigner sur les actes de l'empereur autrement que par la voie du Journal de la préfecture. A Dijon, un colporteur vendit en peu d'instant 2.000 exemplaires d'une brochure sur le concile national de 1811 annonçant que « les Pères... s'étaient séparés du Pape... et que le clergé allait être gouverné par l'empereur ». Lecoulteux fit incarcérer le colporteur trop bien informé (2). En dépit de la vigilance et de la rudesse du préfet et du duc de Rovigo, les habitants de ce département favorisèrent la correspondance occulte des cardinaux *noirs* Gabrielli, Oppizoni et di Pietro en résidence forcée à Semur. Le maire s'occupa de leur trouver un logement convenable dont ses concitoyens offrirent le mobilier avec empressement et les propriétaires omirent de se faire payer. Lecoulteux ne put réussir à découvrir ces anonymes quêteurs qui suppléent à la modique pension allouée aux prisonniers par la générosité impériale. Il envoya constamment d'élogieux rapports sur la « vie retirée » des Eminences « prudents, modestes et affables » tandis que le cardinal di Pietro continue à correspondre avec Pie VII. Lorsque Savary, informé par d'autres voies, fait conduire devant lui le cardinal, maire et préfet s'étonnent « ne voyant ou n'apprenant que des choses honorables pour le carac-

(1) Préfet au 2e arr. Police 18 prairial an XIII (F/7,8424); *Journal* 25, 30 germinal an XIII. On signale quelques traces de l'ancienne rivalité entre adhérents des constitutionnels et des réfractaires (curé d'Arnay-sur-Arroux à l'évêque 20 fructidor an XII, V, 20).

(2) Préfet au Min. Intérieur rapports sur les premier et troisième trimestres de 1812 (F 1c/III, Côte-d'Or 7). Bulletin de police 18 juillet 1811 (F/7,3772).

tère et la conduite » des prisonniers (1). Cette expérience n'ouvrit point les yeux de Napoléon ; il continua d'avoir confiance dans les populations de la Côte-d'Or pour monter une vigilante garde autour des prélats qui lui déplaisaient. L'évêque de Gand, Mgr de Broglie, coupable d'avoir trop rappelé la captivité du Pape, fut envoyé à Beaune en 1811 (2).

Les mouvements politiques, moins rares qu'on ne serait tenté de le croire, contre l'autocratie impériale n'eurent point d'échos en Côte-d'Or. La seconde conspiration de Malet fut communiquée tardivement à ses lecteurs par le Journal préfectoral. Elle avait duré trop peu de temps et avait été trop promptement et trop durement réprimée pour exercer quelque influence en province. Cossé-Brissac et son conseil de préfecture l'affirment avec solennité dans une adresse à S. M. : « absent comme présent vous pouvez compter sur leur fidélité. Fidèles à notre poste nous donnerons l'exemple du dévouement le plus absolu... Ces sentimens sont ceux de tous vos fidèles sujets de la Côte-d'Or ». Cette lettre est datée du 31 décembre 1812 ; le 29 décembre 1813, Cossé-Brissac prendra en face de l'ennemi la direction de la résistance aux ordres du souverain (3).

(1) Préfet au 2e arr. Police 22 octobre 1810, 21 février 1811 (F/7,3668) ; maire de Semur au préfet 17 octobre 1810, 11 janvier 1811, 28 janvier 1811 (M/6,91). Cf. Lacotte, *Les cardinaux noirs à Semur* (*Bull. histoire et archéologie du diocèse de Dijon 1885*). De Grandmaison. *Napoléon et les cardinaux noirs*, p. 75-120.

(2) Welschinger, *Le Pape et l'empereur*, p. 323, 380... Les sœurs de la Charité soutinrent longtemps contre l'empereur l'abbé Hanon. Le ministre des Cultes déclare à Napoléon en mai 1811 que de tous les membres de cette congrégation « 13 seulement persistent dans leur opposition en y comprenant les 7 de Dijon qui ont toujours été des plus exagérées » ; en décembre les religieuses dijonnaises persistent dans cette attitude qui ne prit fin pour les plus obstinées que par le renvoi administratif dans leur commune d'origine (Rapports à l'empereur 4 mai, 18 décembre 1811, 6 mai 1812. AF/IV,1048). Cf. Canton, *Napoléon et l'abbé Hanon*, Revue historique, CII, 1909.

(3) F 1c/III, Côte-d'Or 1.

TROISIÈME PARTIE

La fin de l'Empire

CHAPITRE PREMIER

La décadence du régime impérial; 1813.

Durant le Consulat et les belles années de l'Empire, les préfets de la Côte-d'Or s'étaient également préoccupés des diverses parties de l'administration de leur département. Les questions militaires, religieuses, financières, économiques ou politiques avaient retenu leur attention au même degré que l'administration civile, le recrutement du personnel administratif ou la police. Ils avaient été effectivement ces organes de centralisation et de commune impulsion que la loi du 28 pluviôse an VIII avait entendu créer. En 1813 cet équilibre entre les objets variés de l'activité préfectorale se rompt. Devenu un administrateur militaire Cossé-Brissac se préoccupe avant tout de pourvoir en hommes, en chevaux, en vivres et en argent les armées de l'empereur. L'histoire administrative de la Côte-d'Or se transforme et se réduit presque en un chapitre d'histoire militaire.

Cette prépondérance de l'une de ces attributions normales du préfet n'est que logique. Il est le représentant d'un gouvernement qui pendant longtemps a su à la fois conduire la guerre au dehors des frontières et s'intéresser à toutes les manifestations de la vie nationale au dedans. Napoléon ne fut pas seulement un général en campagne ; il sut réaliser le Code Civil, rétablir la tranquillité publique, réorganiser les finances et se préoccuper de stimuler l'industrie et l'agriculture, d'améliorer les voies de communication et de satisfaire les besoins religieux et intellectuels de ses sujets. Les préfets avaient fidèlement copié le Maître. Ils l'imitent encore en 1813. Après la désastreuse retraite de Russie, il ne s'agit plus pour l'empereur de perfectionner les institutions de la France ou d'en accroître la richesse ; il lui faut reconstituer son armée et par de nouvelles victoires reconquérir la puissance matérielle et le prestige moral qui lui assureront la soumission de l'Europe et de ses propres États. Par suite et tout naturellement, ses représentants locaux doivent subordonner la marche de l'administration de leur département aux besoins des armées et aux vicissitudes de la guerre.

Recruter des soldats, fournir au Trésor de l'argent, surveiller l'effet produit sur les sentiments politiques des populations par les ordres de l'empereur et par les résultats des combats, telles seront désormais les principales préoccupations de Cossé-Brissac. Cependant les armées se battent loin encore des frontières de l'Empire ; de nouvelles et fructueuses victoires sont attendues d'un empereur que seule la rigueur d'une saison prématurée a pu vaincre, on le dit du moins dans les journaux et les discours des fonctionnaires (1). Aussi bien le fonctionnement des autres branches de l'administration n'est pas suspendu ; il se ralentit seulement et s'adapte aux soucis militaires de cette année 1813.

1. — *Administration générale*

Dans l'accomplissement de sa nouvelle tâche, le préfet Cossé-Brissac eut l'aide de presque tous ses anciens auxiliaires. Seule des principales fonctions du département, la sous-préfecture de Beaune fut confiée à un nouveau venu dans la

(1) C'est ainsi que Napoléon lui-même explique l'insuccès de la campagne (Discours au Corps législatif, Fournier, *Napoléon*, III, p. 116 ; au Sénat 20 décembre 1812 : « Mon armée a essuyé des pertes mais c'est par la rigueur prématurée de la saison ». *Correspondance*, XXIV, 19380). Discours du sous-préfet de Semur, 23 janvier 1813 : « ... pertes occasionnées par l'âpreté inopinée de la saison, le seul ennemi qu'il n'ait pu vaincre ». *Cf.* discours d'un maire du canton d'Arnay-sur-Arroux, janvier 1813 (Arch. dép. R/2,2 ; R/1,13).

Côte-d'Or. Un décret du 8 avril 1813 appela Frémyet à Lure. Les motifs de ce déplacement n'apparaissent pas avec netteté. Son départ fut regretté et par le préfet et par plusieurs administrateurs municipaux. Cossé-Brissac lui reconnaît, il est vrai, « un peu de faiblesse et de lenteur » ; mais, ajoute de suite l'optimiste préfet : « il avait bien profité de mes conseils ». Il l'invita à continuer les opérations de la levée des gardes d'honneur et des 80.000 hommes qui « rendent sa présence nécessaire » et l'assura pour l'avenir de ses bons offices (1). Les maires de Liernais, d'Arnay-sur-Arroux et un adjoint de Beaune écrivirent au ministre de l'Intérieur pour le prier de conserver à leur arrondissement son premier magistrat. Ils invoquèrent les services rendus par Frémyet qui « est parvenu à détruire le mauvais esprit... relativement à la conscription » et dont « le véritable dévouement... constamment montré pour le gouvernement, l'énergie de son caractère quand les circonstances l'exigent, la justice et la bonté... toujours unies dans tous les actes de son administration lui ont mérité l'estime et l'affection de ses administrés ». D'autre part la santé du sous-préfet, altérée par les campagnes de 1792 et 1793, a besoin de l'air pur de Beaune tandis que la ville de Lure est rendue « insalubre par la proximité d'un lac qui l'avoisine ». Lettres et motifs demeurèrent inutiles. Le ministre répondit : « il m'est impossible de proposer à l'empereur de revenir sur sa décision (2). » Frémyet dut quitter la Côte-d'Or où il ne reviendra qu'en 1814 contribuer à la défense d'Auxonne contre les Autrichiens à l'heure où son successeur venait d'appeler ses administrés à ne point combattre sous les aigles impériales.

Le nouveau sous-préfet de Beaune fut Pierre-Jean-Émile Dupré de Sainte-Maure, né à Carcassonne en 1772 et possesseur de 6.000 francs de revenu. Dupré de Sainte-Maure fut *sans doute redevable de cette nomination à la princesse* Pauline, dont il était secrétaire des commandements. Il appartenait à une famille d'ancienne noblesse dont l'un des membres

(1) Dossier Frémyet (Arch. Nat. F 1b/I, 160/14). Rapport Préfet au Min. Intérieur, 15 juin 1813 (Arch. Nat. F 1c/III, Côte-d'Or 9).

(2) Dossier Dupré de Sainte-Maure (Arch. Nat. F 1b/I, 158/38 et 173/5).

se vantera sous la Restauration d'avoir été au Temple l'un des compagnons de captivité du marquis de la Rivière. A peine installé (1), il s'empresse d'augmenter le nombre des employés de sa sous-préfecture et de se plaindre au préfet du désordre et du retard laissés par son prédécesseur dans la conservation et la transmission de la correspondance administrative. Bientôt, Cossé-Brissac certifiera au ministre de l'Intérieur « le zèle remarquable » et la « grande habitude des affaires » de cet « habile administrateur... précédé d'une excellente réputation (2) ».

Le préfet se félicita moins de voir nommer à nouveau à la mairie de Dijon le sieur Durande qu'il ne cessait de desservir dans sa correspondance avec les ministres. Cossé-Brissac eût préféré que l'écharpe municipale fût octroyée par l'empereur à l'ancien révolutionnaire Hernoux. Il se garda bien de ne pas féliciter Durande et lors de son installation à la mairie discourut abondamment sur « l'aménité des mœurs » du maire de Dijon. Durande eut comme fidèle collaborateur l'adjoint Tardy-Boissot. La place de second adjoint paraît être demeurée sans titulaire stable. En novembre 1813 elle est remplie à titre provisoire par le médecin Bounder et le préfet présente à l'agrément ministériel le sieur Lucan. Ce dernier nommé par décret du 23 décembre n'accepta point. Un refus analogue fut opposé aux offres préfectorales par le sieur Ligeret. Il semble que cette répugnance des habitants de la Côte-d'Or à remplir au chef-lieu du département une fonction municipale soit la conséquence de l'insécurité politique du moment tout autant que de l'importance de la tâche qu'ils auraient assumée (3).

Dans le reste du département, Cossé-Brissac rencontra les

(1) Le 30 mai. Il prononça à cette occasion un discours que le procès-verbal qualifie : « aussi éloquent que fortement pensé ». Les protestations traditionnelles de dévouement aux intérêts de l'arrondissement et d'admiration pour « le grand Napoléon » en constituèrent probablement tout l'objet.

(2) Rapport du 15 juin 1813, suprà. Dupré au préfet, juin 1813 (Arch. dép. M/1. 12/1).

(3) Rapport du 15 juin 1813, suprà. *Journal* 6 mai 1813. Arrêté du préfet, 3 novembre 1813 ; Préfet au Min. Intérieur, 24 novembre ; décret du 23 décembre. La lettre du préfet royaliste Terray à Ligeret (12 décembre 1814) attribue le refus de celui-ci à « des motifs de circonstance qui n'existent pas aujourd'hui ». Le sieur Lucan fut nommé adjoint par ordonnance royale du 31 janvier 1815 (Arch. dép. M/6,33).

mêmes obstacles que ses prédécesseurs pour assurer un recrutement convenable et stable du personnel des administrations municipales. Cette partie de ses attributions lui est à charge. Il évite de faire des propositions de peur de se compromettre ou faute de renseignements certains ; le ministre de l'Intérieur le blâme plusieurs fois et de ces retards et de leurs motifs. Aussi bien Cossé-Brissac finit-il par reproduire les propositions des maires, des sous-préfets ou des citoyens zélés et elles sont acceptées régulièrement par le ministre. Ainsi choisis les maires et les conseillers municipaux, nommés lors du renouvellement quinquennal de 1813, ne possèdent, comme leurs devanciers, qu'une valeur professionnelle médiocre. Le sous-préfet de Dijon se plaint que les municipalités de son arrondissement persistent à correspondre directement avec la préfecture. Cossé-Brissac remarque « la répugnance qu'ont un grand nombre de maires à mettre la main à la plume (et) que très souvent aussi ils ne saisissaient pas le véritable sens des questions » ; il dénonça au gouvernement leur « insouciance » pour le prompt succès des offres de chevaux, des levées d'hommes, des réquisitions et dut prendre des mesures afin de permettre l'installation de maires nouveaux auxquels leurs prédécesseurs suscitent des difficultés et des ennuis administratifs (1).

Le conseil général subit plusieurs mutations provoquées par des morts ou des retraites volontaires. Cossé-Brissac en profita pour *accroître la majorité royaliste*. Les sieurs de Broissia et de Virieu remplacèrent Borromée et Carteret, ils seront révoqués en avril 1815 par le gouvernement impérial restauré et mieux *instruit de leurs convictions politiques* ; Rocaut, successeur de l'avocat-général Jacquinot, aura le même sort. Le modéré et riche Calvi rentra à l'assemblée départementale au départ de Basire. Dans ces *propositions*, toutes *agréées* par le ministre, le préfet s'inspira assez peu des choix faits par les

(1) *Journal* 15 avril, 5 mai, 21 octobre 1813. *Le préfet exprima dans un* entrefilet du 27 juin les regrets de l'administration de la perte de Gibou, adjoint d'Auxonne « *magistrat zélé, intègre et dévoué au prince et à sa patrie* ». Préfet au min. Intérieur 19 août 1813 (F 1b/II, Côte-d'Or 4) ; au sous-préfet de Dijon 2 août 1813 (M/8,6/2) ; aux sous-préfets 16 juin 1813 (M/6,1).

électeurs du collège départemental en 1810. Il le remarque lui-même et l'explique. « Il aurait été à désirer que les plus forts propriétaires... ceux qui par le rang qu'ils occupaient dans la société avant la Révolution et qui depuis ont montré un attachement sincère au gouvernement eussent en plus grand nombre obtenu la candidature ». S'inspirant de ce principe et de l'utilité de représenter au conseil général les intérêts de chaque arrondissement il dresse sa liste qui lui « paraît rétablir les choses dans un juste équilibre ».

C'était faire beaucoup d'honneur à une fonction de plus en plus annihilée par le pouvoir central et par le préfet. Le conseil général de la Côte-d'Or tint séance du 10 au 24 mai 1813 pour entendre le projet de budget dressé par Cossé-Brissac et apprendre de lui qu'en face d'un excédent de 66.138 francs il reste 62.040 francs de dépenses non acquittées. Les conseillers ne trouvent pas d'emploi meilleur à ce léger disponible que de créer un déficit en augmentant de 5.400 francs le crédit voté en 1811 pour l'érection d'une statue « en marbre de grandeur naturelle représentant les traits du héros dont l'image est gravée dans le cœur de tous les Français et qui sera l'objet éternel de leur admiration et de leur amour ». Également inutiles sont les sessions des conseils d'arrondissement. Celui de Dijon s'assemble le 20 avril pour apprendre du sous-préfet que l'examen et la fixation des dépenses variables de sa circonscription sont de la compétence du conseil général. « Au moyen de quoi le conseil en terminant sa session » attend d'être convoqué du 30 mai au 4 juin à l'effet de prendre acte que d'après l'article 14 de la loi du 20 mars 1813 et les instructions du ministre des Finances le préfet a déjà réparti les contributions directes entre les communes cadastrées et que pour les autres il convient de reproduire les chiffres des années précédentes (1). Ainsi chargé des principales fonctions dévolues par la loi de pluviôse aux assemblées départementales le préfet se substitue à elles et concentre en ses bureaux toute l'activité administrative de la Côte-d'Or.

Cossé-Brissac assure l'exécution des ordres impériaux,

(1) Arch. dép., N/1, 1 ; N/2,1. Préfet au Min. intérieur 1er, 10 avril 1813 (F 1b/II, Côte-d'Or 4); décrets, listes, notes et démissions M/6,12.

qu'ils aient rapport à la construction et à l'organisation du dépôt de mendicité, à l'application du monopole du tabac de plus en plus strict ou à la surveillance des prisonniers d'État. S'il ne peut que mettre en adjudication les travaux du work-house départemental et signifier à ses administrés d'arracher tous les plants de tabac de leur jardin, il obtient de l'évêque de Gand, interné à Beaune, une nouvelle renonciation à son évêché et monte bonne garde autour du cardinal di Pietro, envoyé à Auxonne (1).

Personnellement il s'intéresse volontiers aux besoins de l'agriculture côte-d'orienne. Un arrêté invite les propriétaires riverains des routes à planter des arbres le long de celles-ci. Comme d'habitude il est prescrit de mettre en défens les deux tiers des prairies afin d'obtenir une seconde coupe de fourrages. Un jury pastoral institué et nommé par le préfet reçoit mission d'éclairer les cultivateurs sur les avantages et les meilleures méthodes d'élever les moutons. Cossé-Brissac rappelle que la circulation des voitures à jante étroite est interdite à moins que le véhicule ne soit attelé que d'un seul cheval ; les contrevenants seront conduits devant les sous-préfets qui prononceront les peines prévues par l'article 4 de la loi du 7 ventôse an XII. Au cours de ses tournées de recrutement le préfet préside les distributions de prix des collèges et s'enquiert de l'état des chemins ou des hôpitaux. Des corps judiciaires et enseignants il a peu légalement à s'occuper de fait en parle encore moins ; il intervient sans doute davantage dans le renouvellement quinquennal des présidents cantonaux (2).

L'attention du représentant du gouvernement se porte de préférence sur les cultures dont le développement intéresse plus particulièrement la politique impériale. Le *Journal* signale

(1) Préfet au sous-préfet de Semur 10 janvier 1813 ; au min. Intérieur 30 août 1813 (X/15,2) ; aux maires 20 mai, 28 juin 1813 (P/3,4). Welschinger, *Le Pape*, p. 389 ss. 397.

(2) Préfet au *Min. Commerce* 28 septembre 1813 (Arch. dép. M/14, 12). *Journal* 17 mai, 4 juillet, 15 août, 12 et 26 septembre, 17 octobre 1813. (M/3, 27) ; procès-verbaux d'élections ; listes de présidents. Préfet au Min. Intérieur 21 septembre 1813 (F 1c/III, Côte-d'Or 7).

du 7 février la mise en vente de sucre colonial à 11 fr. 50 et de café à 10 francs le kilogramme ; le 7 mars on peut acquérir de l'indigo du Bengale et le sirop de raisin ne vaut que 2 fr. 40 le kilogramme. Une circulaire apprend aux habitants de la Côte-d'Or que S. M. a décidé d'accorder l'exemption de toutes taxes relatives à la production du pastel et une part dans le produit des droits très élevés qui frappent l'indigo importé à tous ceux qui fabriqueront annuellement plus de 200 kilos de pastel. Le préfet encourage ses administrés à profiter des faveurs gouvernementales et leur annonce que le département est suffisamment pourvu en graines de cette plante ; les sous-préfets disposent de 150 kilos et le sieur Rosey, cultivateur près de Dijon, en a recueilli 60 décalitres. Plus urgent encore est le besoin de développer la culture de la betterave. Instruit par l'expérience et stimulé par les lettres du ministre du Commerce et des Manufactures, Cossé-Brissac ne se contente pas loi de conseils. Un arrêté du 28 mars astreint les cultivateurs de l'arrondissement de Dijon à consacrer 130 hectares à la production de la précieuse racine. Des mesures minutieuses sont prises afin d'éviter le retour des procédés dilatoires ou des résistances des paysans. Le maire de chaque commune désignera les habitants chargés d'ensemencer l'étendue de terrain assignée à leur village et leur fera « injonction d'avoir à préparer dans un délai déterminé » une portion correspondante de leurs terres. En cas de contravention à cet ordre, culture, ensemencement et récolte seront mis en adjudication et le montant de celle-ci sera recouvré sur les contrevenants en vertu de rôles visés et rendus exécutoires par les sous-préfets. Le préfet détermine le prix des graines à fournir par les maires et des betteraves remises par les paysans à la fabrique de l'arrondissement ; il décide que les récoltants seront payés comptant et que la valeur des semences sera précomptée sur la somme à eux due. Ce sont là deux avantages sérieux pour les paysans dispensés ainsi de faire l'avance du prix des graines et même de l'acquitter en cas de mauvaise récolte. En outre Cossé-Brissac explique en détail aux cultivateurs comment la culture de la betterave peut leur assurer un bénéfice net et par hectare de 147 fr. 75, sans tenir compte des feuilles utilisables pour la nourriture des animaux. Enfin un commissaire préfectoral, Henri

Lavergne, est chargé de faire exécuter ces ordres par les maires et par leurs administrés (1). Ni l'arrêté du 28 mars, ni les calculs du préfet n'obtinrent le résultat désiré. Le sous-préfet de Dijon fut contraint de déclarer à son chef hiérarchique que « ce produit ne paraît pas exciter les spéculations des cultivateurs ». Il en fut à peu près de même dans le reste du département dont le contingent fut fixé à 170 hectares ; la récolte globale ne dépassa pas, en effet, 3.837 hectolitres, assez avantageuse cependant au dire du préfet « proportionnellement à la petite quantité qu'on en a cultivée » (2).

L'administration, qui n'avait pu triompher de la routine et de l'astuce campagnardes, se montra également impuissante à entretenir et à développer les voies de communication.

Sur la section du canal exploitée (Saint-Jean-de-Losne à Dijon) l'octroi de navigation subit un sensible accroissement. Une décision du Directeur général des Ponts-et-Chaussées avait prescrit l'établissement d'un droit additionnel qui serait levé sur tout navire circulant sur la Saône ou le Rhône avec une cargaison de plus de 100 kilogrammes d'épiceries. Par analogie, un arrêté préfectoral augmenta du tiers ou de la moitié les taxes dues pour le transport de « toutes les substances minérales qui ont du rapport avec l'épicerie, la droguerie, la pharmacie et la teinture ». Confiée à la régie des droits réunis,

(1) Décret du 14 janvier (Duvergier, XVIII, p. 309). *Journal* 20 avril. *Journal* 28 mars. Le gouvernement tenait surtout à assurer l'approvisionnement des fabriques de sucre. Cossé-Brissac constate : « Leurs propositions, quoique très avantageuses, n'ont pas été acceptées par les cultivateurs qui, bien qu'ils soient pour la plupart témoins des bénéfices immenses qu'on obtient par la culture de la betterave, sont toujours entraînés par la routine et les préjugés ». Le prix du kilogramme de semences sera de 5 francs ; on paiera le millier métrique de racines, 30 francs si celles-ci sont transportées à la fabrique par le récoltant, 28 francs s'il se borne à les conduire aux bateaux que les fabricants enverront sur la Saône. Les usines cultivent directement 20 hectares. Préfet au Min. Intérieur 8 décembre (M/8, 6/1).

Voici le budget établi par le préfet pour un hectare. Dépenses : location 108 francs, deux coups de charrue 30, un coup de herse 3, semences (3 kg. 750) 18,75, trois sarclages 54, arrachement et épluchement 36, transport au bateau 22,50. Recettes : 15 milliers de racines à 28 francs, 420 francs (Vaillant, II, p. 357).

(2) Rapport Préfet au Min. Intérieur août 1813 ; état des récoltes (Arch. dép. M/8, 6/2). Le 16 août, Jourdheuil, fabricant de sucre à Vauxsaulles, se plaint au sous-préfet de Châtillon de n'avoir reçu que des graines trop vieilles (M/13, 26).

la perception de cet impôt, dont la légalité est fort contestable (1), fut vite à charge aux populations ; dans le désordre administratif des derniers mois de 1813, il fut très mal payé (2).

Malgré l'augmentation de l'octroi de navigation, l'argent fait défaut pour faire progresser la section en construction (Dijon à Pont-de-Pany) et payer les appointements des agents des Ponts-et-Chaussées et les sommes dues aux entrepreneurs. Napoléon avait, cependant, eu l'idée d'employer pour ces travaux une main-d'œuvre à bon marché. Les 12e, 18e et 19e bataillons de prisonniers espagnols y furent employés comme terrassiers. Plus tard vinrent les rejoindre mille autres travailleurs forcés que l'approche de l'ennemi avait fait éloigner de l'ancienne Belgique. Mais les fournisseurs, chargés de leur livrer le pain et la viande, « las d'avancer leur argent et d'être continuellement bercés de promesses... menacent à tous moments d'abandonner le service ». Le danger est assez grave pour que le préfet le signale au ministre. Aussi bien les travaux n'avancent-ils que trop lentement (3).

Ce ne sera qu'au commencement de 1815 que s'ouvrira à la navigation la section du canal de Bourgogne comprise entre Dijon et Pont-de-Pany. En 1813 l'activité des bureaux fut absorbée par l'examen des réclamations élevées par M. de Nansouty contre le tracé adopté par les Ponts-et-Chaussées. Les habitants du hameau de Granges avaient obtenu une modification au plan primitif ; par suite le futur canal couperait les jardins et passerait tout au pied du château de M. de Nansouty. Sur un rapport défavorable de l'ingénieur Forey, le directeur général repoussa les plaintes du châtelain. Celui-ci ne se tint

(1) Juridiquement, le silence du Sénat-Conservateur, gardien de la constitution, peut couvrir l'illégalité des nombreux décrets impériaux qui ont établi ou augmenté des impôts. Ici, la perception n'a de base que dans une lettre d'un directeur et l'arrêté d'un préfet. Le gouvernement royal ordonna de suspendre la perception du droit additionnel mais ne rendit pas l'argent induement versé (Directeur général au préfet 19 décembre 1814. Arch. S/6,1).

(2) Arch. dép. S/6, 1 : arrêté du 15 juin 1813 ; ingénieur Forey au commandant autrichien 11 mars 1814.

(3) Rapport préfet au Min. Intérieur 29 mai 1813 (Arch. Nat., F 1c/III, Côte-d'Or 7). Min. Intérieur au préfet 27 décembre (Arch. Nat., F/2 I,1185). Cf. F/7,3312, 25 novembre 1813 ; 3668, 15 novembre 1813. Min. Intérieur au Min. Guerre ; 9 novembre 1813. Préfet au Min. Intérieur.

pas pour battu. Il proposa une ligne plus courte que les précédentes. De leur côté les habitants pétitionnèrent et exposèrent au préfet la situation. Cossé-Brissac prit leur cause en mains ; il fit ressortir les inconvénients de rapporter trop aisément les décisions prises et déjà confirmées ; il insista sur le préjudice que l'adoption du plan proposé par M. de Nansouty causerait aux paysans de Granges. Il semble que les protégés de Cossé-Brissac obtinrent satisfaction. Pendant ce temps on se préoccupait au ministère de la question du point de passage du canal, Pouilly ou Somberon. Mais la solution se faisait encore attendre à la fin de décembre 1813 (1).

Les voies terrestres présentaient en Côte-d'Or sur le canal l'avantage d'exister. *Leur entretien était cependant chose difficile et coûteuse.* Le conseil général estime, dans sa session de 1813, que le département devrait fournir pour cet objet, 152.230 francs auxquels s'ajouterait une subvention gouvernementale de 134.170 francs. En fait des rôles furent établis pour la somme de 377.822 francs. Mais ces crédits furent détournés de leur affectation. En 1814, le conseil général constatera : « les retards que le dernier gouvernement avait mis à remplir *ses engagements... avoi(en)t forcé* à suspendre depuis la fin de 1812 tout emploi de matériaux sur les grandes routes ». Malgré les affirmations du *Journal de la Côte-d'Or*, il est bien invraisemblable que les chemins vicinaux ou les routes de 3e classe aient été plus favorablement traités au point de provoquer l'admiration du préfet au cours de ses tournées administratives (2).

Les virements de crédits ainsi opérés clandestinement au préjudice du canal et des routes, de ces travaux dont le gouvernement impérial avait affirmé la nécessité, ne sont-ils pas une manifestation bien nette de la désorganisation administrative entraînée par les besoins et les préoccupations militaires de 1813 ?

(1) Arch. dép. S/6, 1 : 6 février, décision de Molé ; 28 avril, Molé au Préfet : 11 mai, Nansoutbil au Préfet ; 16 septembre et 12 novembre, pétitions ; 25 novembre, ingénieur Forey au Préfet ; 2 décembre Préfet à Molé : 20 décembre, Directeur général Collas à Forey.

(2) Arch. dép. S/1, 221/1. *Journal*, 1er avril, 12 septembre, 17 octobre 1813.

2. — *Levées d'hommes et réquisitions de fournitures*

Une autre preuve de la prépondérance des préoccupations militaires en cette même année se rencontre dans l'emploi des journées du préfet. Il déclare aux ministres ne pouvoir leur fournir les renseignements demandés sur l'état des collèges ou de l'esprit public parce qu'il est constamment occupé à désigner, à rassembler et à mettre en route de nouveaux groupes de conscrits. Dans un rapport trimestriel au duc de Rovigo, il assure que « le conseil de recrutement... a passé les jours et les nuits à l'examen des conscrits (1) ». Cette phrase est à peine une exagération : en 1813 on ne compte pas moins de cinq conscriptions outre l'appel des gardes d'honneur ; la préfecture de la Côte-d'Or eut encore à diriger la levée des cavaliers offerts par les communes et à préparer la formation de gardes nationales mobiles.

La première mesure prise par Napoléon pour reconstituer la Grande Armée ensevelie en Russie présente un caractère particulier ; il s'agit d'engagements volontaires et d'offrandes en nature. L'empereur avait un pressant besoin de cavalerie pour arrêter les incursions des Cosaques et, bientôt, des partisans prussiens. Dans le dessein de stimuler l'enthousiasme de ses sujets et de donner à la guerre l'apparence de l'approbation populaire, il imagina de se faire offrir par les villes et par les corps administratifs des chevaux montés et équipés. Dès la fin de 1812 des municipalités belliqueuses ou avisées votent des crédits destinés à l'achat de montures et d'équipements et à la prime promise aux cavaliers de bonne volonté. Cet élan, plus ou moins spontané, fut stimulé et réglementé par un décret du 18 janvier 1813. Ce même jour le préfet de la Côte-d'Or adresse une circulaire à ses sous-préfets. Il leur annonce que « toutes les offres doivent être libres et volontaires ». Mais si le conseil municipal se montre hésitant ou trop économe des deniers communaux « il (leur) appartient... de donner l'impulsion ». Accentuant encore l'intervention administrative, Cossé-

(1) Rapport 21 mai (Arch. Nat. F/7, 3590). Rapport au Min. Intérieur 27 décembre (Arch. Nat. F 1c/III, Côte-d'Or 7) ; 15 juin (F 1c/III, Côte-d'Or 9).

Brissac indique « la quotité du contingent que (chaque) arrondissement... paraît ne pouvoir se dispenser de fournir » ; plus tard il précisera le montant de la générosité de certaines communes (1).

Les sous-préfets s'empressent de réunir les maires et de leur adresser des discours enflammés. Devant les maires des communes rurales de l'arrondissement de Semur, Martin stigmatise « l'impie et lâche désertion du général d'Yorck, cette trahison achetée par l'or corrupteur du gouvernement britannique ». L'assemblée est « simultanément électrisée » par ces paroles. Les maires « retrouvant dans leurs dispositions comme dans leurs cœurs les sentiments exprimés par M. le sous-préfet » votent sans hésiter le crédit qui leur a été suggéré ; ils assurent même regretter que « le manque absolu de ressources que présentent les communes ne leur permette pas de faire des offres proportionnées à leur désir ». Ailleurs le maire donne l'impulsion. A Saint-Jean-de-Losne, Coste obtient le vote de 2 cavaliers ; à Dijon, Durande « a vraiment à cœur que la ville se distingue » d'après le témoignage peu suspect de partialité du préfet ; un maire du canton d'Arnay-sur-Arroux fait approuver par l'unanimité de son conseil municipal un crédit de 1.500 francs et tout en dissertant abondamment sur « l'intensité du froid » et « la perfidie d'un prussien » annonce qu'il paiera le double de sa propre contribution mobilière ; la commune de Précy-sous-Thil offre 2 cavaliers « non comme des sacrifices mais comme une dette sacrée de tout français ». Seule, peut-être, la ville de Semur ne vota point le contingent assigné par le préfet. C'est que ses disponibilités budgétaires ne s'élèvent qu'à 97 fr. 99. Pour monter les cavaliers qu'elle décide de s'imposer il sera nécessaire de provoquer une souscription ou d'établir une taxe supplémentaire. Elle ne peut donc promettre que deux chasseurs alors que Cossé-Brissac en désirait d'elle trois. Le maire s'en excuse humblement ; il énumère au préfet les dettes de la ville et termine en disant : « c'est le denier de la veuve ;... il a été

(1) Décret du 18 janvier (manque dans Duvergier) ; circulaire du préfet, 18 janvier. La ville de Dijon est taxée à 10 cavaliers, l'arrondissement à 31 et ceux de Châtillon, Semur et Beaune respectivement à 17, 23 et 31 (Arch. dép. R/1, 13).

offert avec dévouement et mériterait d'être vu avec indulgence ». Cossé-Brissac ne put que convenir de la situation financière de Semur et protesta que le taux de sa demande n'avait été déterminé que par son désir d'attirer sur cette ville les faveurs de S. M. (1).

Les communes ne furent pas seules à recevoir les suggestions préfectorales. Le conseil académique de Dijon vota l'achat et l'équipement de deux chevaux. Le prix des animaux fut de 1.212 francs et celui de chaque harnachement s'éleva à 128 fr. 75 (2). Dans l'impossibilité de réunir d'aussi fortes sommes, les internes du lycée de Dijon se contentent de verser dans la caisse du payeur général les deux cents francs qu'ils ont prélevés sur l'argent de leurs menus plaisirs. Les officiers en retraite abandonnent dix jours de leurs pensions. Des souscriptions sont ouvertes parmi les employés des diverses administrations, les soldats de la compagnie de réserve, le conseil d'administration du 1er d'artillerie à cheval. A titre individuel les fonctionnaires contribuent également à la reconstitution de la cavalerie impériale. Le préfet offre l'équipement complet de deux cavaliers ; le receveur général fait de même pour un troisième. On constate encore d'autres dons, proportionnés au traitement du donataire (3).

Le résultat obtenu dépassa les espérances et les exigences du préfet. Il n'avait prévu que l'offre de 112 chevaux montés ; au 25 avril, 125 devaient être fournis avec leur cavalier ; 18 autres seraient livrés non montés (4). Mais la réalisation

(1) Procès-verbal 24 janvier 1813 ; maire de Semur au sous-préfet 24 janvier ; Préfet au sous-préfet de Semur 30 janvier : délibération du Conseil municipal de Précy 27 janvier (Arch. dép. R/2, 2). Préfet au Min. Intérieur 19 et 25 janvier (R/1, 13).

(2) Reçu du marchand Jacob 24 mars 1813 ; Préfet au président du Conseil de l'Académie de Dijon 30 mars (Archives de l'Académie à Dijon).

(3) Reçu du payeur Dubard 8 février 1813 (Archives de l'Académie). Etat du 6 septembre (Arch. dép. R/1, 13). Dunan, p. 127 (abandon de 2 jours de solde par la compagnie départementale de l'Allier).

(4) Etat du 25 avril (R/1, 13). Parmi les premiers cavaliers organisés, 22 furent dirigés sur le 5e d'artillerie (dépôt à Besançon) et 95 sur le 10e hussards. Ce dernier régiment faisait partie du 1er corps d'observation du Rhin destiné à devenir le 3e corps (maréchal Ney) de l'armée de Saxe (Général Vial à Préfet, 7 février 1813 : R/1, 13. *Correspondance de Napoléon*, 19769, 17 mars).

de ces promesses fut malaisée. Les hommes ne purent être procurés par la voie des engagements volontaires. Quelques cavaliers, il est vrai, se présentèrent spontanément. Les uns étaient désireux de témoigner un zèle qui sans doute ne demeurerait pas sans récompense pour eux ou leur famille (1). Les autres espéraient faire partie du dixième dont le décret du 18 janvier annonçait l'incorporation dans les chasseurs de la garde ou désiraient profiter des allocations pécuniaires promises par les communes ou accordées par les sous-préfets (2). Ils ne furent qu'un petit nombre. Cossé-Brissac avoue qu'il a dû désigner « en conseil de recrutement la plupart des hussards ». De fait 122 hommes furent demandés à l'une des levées de 1813 et qualifiés pour sauvegarder la bonne réputation du département et du préfet d'engagés volontaires (3).

Réunir le nombre de chevaux votés ou promis présentait des difficultés matérielles et financières. « Pour se conformer... à l'esprit des instructions », le préfet invite les sous-préfets à suggérer aux principaux propriétaires fonciers d'assumer d'eux-mêmes la livraison ou l'achat de ces animaux. Les intéressés ne comprennent pas ces invitations administratives. On leur répète en vain qu'il s'agit seulement d'une avance de fonds et qu'une taxe spéciale sera établie pour les en rembourser. Cette promesse les rassure d'autant moins que l'impôt ainsi annoncé ne portera que sur les cotes les plus élevées. De toute manière les notables paieront les cadeaux faits par la commune. Aussi s'abstiennent-ils de verser leur argent trop tôt. Le préfet recourt alors à des virements de crédits. Il écrit au sous-préfet de Semur le 30 janvier 1813 : « Rien ne s'oppose à ce que vous intimiez au besoin l'ordre aux receveurs de faire les avances nécessaires sur les fonds restés sans affectation. » Le 11 février un arrêté

(1) Par exemple le maire de Marchesseuil fait inscrire son neveu dans une réunion des maires du canton de Liernais (23 janvier ; R/1, 13).

(2) Préfet au sous-préfet de Semur 19 mars 1813 . « Si vous pensez comme moi qu'une gratification de 100 francs par cavalier soit convenable, vous pouvez inviter à joindre cette somme aux rôles » ; le même au même 7 avril (Arch. dép. R/2, 2).

(3) Préfet au sous-préfet de Semur 7 avril ; «... ayant été forcé de désigner moi-même en conseil de recrutement la plupart des hussards... ». Rapport au Min. Police, 26 février 1813 (Arch. Nat. F/7, 3590).

préfectoral décide de couvrir les frais occasionnés par la garde des chevaux et l'instruction des hommes au moyen d'un emprunt sur le produit des amendes. L'emploi du système des réquisitions est également autorisé par le préfet qui recommande d'en user « en évitant les lenteurs inutiles ». Les moyens importent peu à Cossé-Brissac. Aussi qu'il écrit au sous-préfet de Beaune « le principal est d'aller en avant pour obtenir un prompt résultat ». Par conséquent, Frémyot pourra répartir à son gré une imposition spéciale que les instructions ministérielles établissent sur les cent cotes les plus élevées des contributions foncière, personnelle, mobilière et des patentes (1).

Malgré ces mesures énergiques les offres de la Côte-d'Or n'étaient pas encore entièrement réalisées le 17 avril. Le ministre de l'Intérieur se montrait surpris et mécontent de ce retard. Cette lenteur s'explique par la vente frauduleuse de certains chevaux requis, l'impossibilité affirmée par le gouvernement de substituer au cheval sa valeur en argent et beaucoup par la rigueur avec laquelle les commissions régimentaires examinent les animaux qu'on leur présente (2).

La réorganisation de la Grande Armée ne pouvait être l'œuvre du seul zèle intéressé des conseils municipaux et des préfets. Napoléon ordonna dès le 13 janvier la levée de 350.000 hommes. D'après le Sénatus-Consulte du 11, cent mille d'entre eux proviendront de la mobilisation des cohortes de garde nationale organisées l'année précédente ; pareil nombre sera demandé aux classes 1809, 1810, 1811 et 1812 ; le reste constituera le contingent appelé sur la conscription de 1814.

La mobilisation de la 55e cohorte ne présenta pas de difficulté. Le bataillon côte-d'orien avait été complété par l'adjonction de 85 conscrits de 1813 ; il fut incorporé dans un régiment de nouvelle formation, le 150e de ligne. La compagnie d'artillerie

(1) Préfet au sous-préfet de Semur 4 février 1813 : « pour se conformer à l'esprit des instructions, on devra engager les plus riches propriétaires à faire eux-mêmes les avances » ; au même 30 janvier (Arch. dép. R/2, 2). Arrêté du 11 février, § 3 ; Préfet au sous-préfet de Beaune 28 janvier (R/1, 13).

(2) Min. Intérieur au préfet 17 février (R/1, 13). Préfet au sous-préfet de Semur 21 février (R/2, 2). Min. Intérieur au Recteur 8 mars (Archives de l'Académie).

correspondante fit partie du 10e d'artillerie à pied qui allait s'organiser à Anvers. Par une adresse au ministre de la Guerre, officiers et canonniers avaient manifesté leur désir de « partager les travaux et la gloire de leurs frères d'armes de l'armée active ». De même, les conscrits des classes 1809 à 1812 témoignèrent, si l'on en croit Cossé-Brissac « d'un véritable enthousiasme ». Sur un contingent de 1.070 hommes, 989 étaient en route vers les dépôts à la date du 26 février. La classe 1814 devait fournir, à elle seule, 1.098 soldats attribués pour la plupart aux 4e, 40e et 105e de ligne de l'armée d'Allemagne. Le préfet annonce le 7 avril le départ de 751 conscrits ; trois jours après, une autre troupe de 487 jeunes gens quitte Dijon. Au dire de l'optimiste préfet, ces « premiers départs se sont effectués au cri de Vive l'Empereur ! et avec la démonstration d'une véritable gaité ». Toutefois il s'écoula plusieurs mois avant que la Côte-d'Or ait intégralement fourni le contingent de cette classe 1814. Le préfet obtint même l'autorisation du Directeur-général de la conscription de ne pas faire porter ses choix sur certains « conscrits du dépôt de droit... qu'on ne pouvait appeler sans compromettre l'existence d'un grand nombre de familles ». En juillet les événements militaires contraignent le Directeur à exiger la mise en route des 107 conscrits restant à désigner ; le 17 juillet ils partent pour les dépôts de la garde et du 105e de ligne (1).

Les levées prescrites en janvier n'étaient pas encore achevées que Napoléon en ordonnait d'autres. Le Sénatus-Consulte du 3 avril et le Décret du 5 demandèrent 80.000 soldats au 1er ban de la garde nationale et créèrent quatre régiment de gardes d'honneur. En réalité l'appel adressé aux gardes nationaux était une conscription déguisée ; le ministre de l'Intérieur eut soin d'en avertir les préfets par une circulaire du 8 mai : « cette levée est comme toutes celles de la conscription régie par les règles d'une organisation purement militaire ». Cossé-Brissac emploie, en parlant de ces gardes nationaux, le terme de conscrits. Il se loue, d'ailleurs, de leur bon esprit ; il atteste

(1) Duvergier, XVIII, p. 208. *Journal* 24 janvier. *Lettres de Napoléon*, éd. Lecestre, II, 940, 9 janvier 1813. Préfet au Min. Police 26 février ; 7 et 20 avril, 22 juillet (F/7,3590).

au ministre que tous ont « montré la volonté et... pris leur parti avec la plus grande résignation ». Au 18 juin, des 830 soldats, montant du contingent assigné à la Côte-d'Or, 15 seulement ne sont pas encore en route. Le préfet avoue que la mission du conseil de recrutement a été pénible. « Obligé de faire la plus grande partie de ses désignations parmi des individus placés au dépôt de droit ou réformés,... il s'est vu dans la dure nécessité d'en faire partir dont la privation pourra réduire les parents à la misère ». L'empereur ne s'était pas décidé à porter atteinte à l'exemption coutumière des hommes mariés ; pour accroître le nombre des conscrits, il n'avait pas hésité cependant à ordonner un nouvel examen des réformés des années antérieures.

L'accroissement du nombre des réfractaires et des déserteurs, la difficulté de les arrêter « malgré les perquisitions fréquemment répétées », le faible chiffre des soumissions prouvent combien Cossé-Brissac exagère le bon esprit de ses administrés (1).

Plus délicates, mais finalement aussi efficaces, furent les opérations de la levée des gardes d'honneur. Elles sont intéressantes à étudier de près malgré le petit nombre de soldats qu'elles concernent car elles révèlent l'état d'esprit politique de la noblesse et de la haute bourgeoisie (2). Le but de la création de ces nouveaux régiments n'est pas, en effet, de grossir sensiblement la force en cavalerie de la Grande Armée. Napoléon veut avoir auprès de lui des otages et obliger libéraux et royalistes à lui souhaiter de nouvelles victoires et l'affermissement de sa domination. Ce dessein, bien connu, se manifeste dans les dispositions du Décret et dans les instructions ministérielles. Contrairement à la législation militaire de droit commun sous l'empire, il n'existe pour les gardes d'honneur

(1) Duvergier, XVII, p. 387 ss. Circulaire Min. Intérieur 8 mai (Arch. dép. R/4,0). Préfet au Min. Police 21 avril et 21 mai, 18 juin (F/7, 3590) ; au min. Intérieur 14 août (F 1c/III, Côte-d'Or 7). *Journal* 15 avril.

(2) Cet intérêt historique et, beaucoup peut-être, l'attrait du pittoresque ont provoqué de nombreuses études sur les levées de gardes d'honneur. On trouvera une bibliographie dans F. Sagot, *Les gardes d'honneur de la Marne*, 1813. (Thèse lettres, 1911.) Je me borne à signaler le travail général de M. Bucquoy.

« aucune faculté de se faire remplacer ». On recommande au préfet d'inscrire « les individus sans état... qui conservent dans le département une influence par leur parenté ou par les successions qu'ils peuvent attendre » et « les membres des... familles plus particulièrement faites pour se dévouer au service de prince dans nos anciennes idées monarchiques ». La plus grande latitude dans les choix est laissée aux préfets qui agissent en vertu d'un pouvoir spécial à eux confié par le souverain. Lorsque Cossé-Brissac profite de cette dernière disposition pour admettre le neveu d'un tonnelier ou le fils d'un instituteur, il en est vivement repris par le duc de Rovigo et réduit à s'en excuser sur le désir ardent de leurs familles, la nécessité de « conquérir les classes moyennes » et le danger « de blesser leur amour-propre (1) ».

Cossé-Brissac désirait avant tout fournir le contingent assez élevé de son département. Le minimum imposé à la Côte-d'Or avait été fixé à 41 gardes ; le maximum était du double. En fait ce dernier chiffre était le seul à considérer et ne constituait point la limite imposée au zèle du préfet et de ses administrés (2). Pour atteindre le nombre de 82 « jeunes gens de la plus haute volée » Cossé-Brissac met tout en œuvre. Il écrit des lettres multipliées et pressantes aux maires et aux sous-préfets ; il leur insinue que de leur activité en la circonstance dépend leur avenir administratif. Sur les listes d'aspirants gardes il s'inscrit lui-même et l'évêque avec les hauts fonctionnaires de la Côte-d'Or. Bien évidemment il n'est pas question d'enrôler effectivement ces volontaires officiels ; mais cette inscription leur confère l'autorisation exceptionnelle de se faire remplacer par leurs fils ou par leurs neveux et le « droit de concourir de leurs deniers » à

(1) Les documents sont rassemblés dans Arch. dép. R/1, 13. Circulaire confidentielle du ministre de l'Intérieur 9 et 23 avril ; Préfet au Min. Intérieur, 21 juillet : « *les familles m'eussent accusé de violer la loi et... auraient été révoltées de voir refuser les services de leurs enfants* ;... il n'est pas moins essentiel de conquérir les suffrages des classes moyennes... que celui des classes élevées et il est beaucoup plus dangereux de blesser leur amour-propre. »

(2) La moyenne des contingents imposés aux 91 départements qui concoururent à la formation du 2e régiment de gardes d'honneur est de 39 recrues au minimum et de 78 au maximum (Sagot, p. 16). Circulaire du 9 avril : « Vous aurez rempli ses intentions (de S. M.) si vous fournissez le maximum ;... l'excédent serait toujours agréé. »

la formation de l'escadron départemental. Il répand discrètement autour de lui les instructions ministérielles qui incitent les fonctionnaires à offrir leur fils à l'empereur et le munissent de sanctions « de haute police » contre les hésitants (1). Cependant les registres ouverts dans les diverses mairies ou sous-préfectures ne se remplissent pas. Au 13 avril Cossé-Brissac ne peut compter qu'un seul volontaire, le sieur Rameau, fils d'un propriétaire de la Chaleur. Le 16, les engagés ne sont qu'au nombre de trois ; le 28, ils sont 11. Le 18 mai Cossé-Brissac constate que des 82 gardes, 49 sont inscrits, 23 désignés et qu'il en reste 10 à trouver. Il semble que le préfet réussit à parfaire le contingent de la Côte-d'Or (2).

Celui-ci devait faire partie du 2e régiment, en formation à Metz sous le commandement du général Lepic (3). En attendant de rejoindre les autres escadrons départementaux, les jeunes gardes furent réunis à Dijon pour s'initier au métier des armes ; le préfet leur désigna comme instructeur un ancien officier de cavalerie, M. de Juigné. Quelques-uns s'empressèrent de revêtir leur brillant uniforme et d'assister, dans cet appareil coquet au Te Deum chanté à l'occasion de la victoire de Würschen-Bautzen. D'autres charmaient leurs loisirs en composant pour le *Journal de la Côte-d'Or* des strophes enflammées (4). Enfin le 31 mai, Cossé-Brissac fixa le départ d'un premier groupe au 15 juin. On dut le retarder jusqu'au 6 juillet. La mise en route des gardes ne s'opéra point sans une vibrante allocution du préfet aux « jeunes guerriers » ni sans un long banquet agrémenté de toasts et de musique. Le 22,

(1) Circulaire du 9 avril : « Le département doit son contingent, voilà votre règle et votre réponse à toutes les observations ou réclamations... S'il était besoin de mesures de rigueur... vous ferez comprendre que ce serait des mesures de haute police » ; Circulaire du Ministre du Trésor 18 avril. Préfet aux maires 13 et 18 avril ; au sous-préfet de Dijon, 20 juin.

(2) Préfet au sieur Rameau 13 avril ; au Min. Intérieur 16, 26 avril, 18 mai, 5 juin. On dut rayer cinq des inscrits qui avaient trop présumé de leurs forces physiques. Min. Police au préfet, 10 juin.

(3) L'histoire de ce régiment a été écrite par M. Bucquoy ; Cf. Sagot, p. 157 ss.

(4) Préfet à Juigné 12 mai, 10 juin. Rapport du préfet au Min. Intérieur 16 juin 1813 : « on a vu avec plaisir huit ou dix gardes d'honneur, en grande tenue, ayant tous la meilleure tenue » (Arch. Nat. F 1c/III, Côte-d'Or 4). *Journal* 10 juin.

Cossé-Brissac présida à un second départ. Ainsi qu'il l'avoue lui-même au comte de Montalivet « il n'y avait pas d'enthousiasme dans le premier moment ». Cependant presque tous les engagés plus ou moins volontaires obéirent aux ordres du préfet ; quatre seulement ne se présentèrent pas pour rejoindre le 2e régiment. Deux semblent avoir promptement changé d'attitude ; le troisième se soumit à la fin de septembre. Le préfet n'eut à vaincre qu'une résistance opiniâtre. Désigné pour le 2e régiment, le sieur Guyard, de Changey, imagina de se faire porter sur les contrôles du 1er (Versailles). Il espérait bien ne rejoindre ni l'un ni l'autre. Le vigilant Cossé-Brissac découvrit la ruse. Le 27 octobre il écrit à Guyard de se rendre à l'un de ces corps avant le 5 novembre ; en cas de retard, le menace-t-il, « je placerai dans vos propriétés des garnisaires qui y resteront jusqu'à ce que vous soyez incorporé dans le 2e régiment ». Nous ne savons si Guyard finit par opter entre Versailles et Metz.

La levée des gardes d'honneur ne souleva donc pas de vives résistances en Côte-d'Or. Cossé-Brissac avait su, d'ailleurs, ménager les familles les plus considérables du département et faire appel le moins possible aux descendants de riches propriétaires ou de maisons nobles. Le duc de Rovigo s'en aperçut et en le félicitant d'avoir, sur le papier, atteint le maximum, il remarque : « le département... doit conserver encore parmi les anciennes familles de Parlementaires des ressources qu'il est dans les intérêts comme dans les vues du gouvernement de mettre en usage dans la circonstance honorable qui leur est offerte ». Cossé-Brissac fit la sourde oreille et se garda bien de rechercher un plus grand nombre de « jeunes gens de la plus haute volée ». Il apporta beaucoup de ménagements, on vient de le voir, dans la poursuite des insoumis et beaucoup de modération dans la perception des sommes dues par les parents des gardes d'honneur (1).

Napoléon, ingénieux à varier le nom des impôts, avait en

(1) *Journal* 8 et 22 juillet. Préfet au Min. Intérieur 5 juin. Lettres d'appel, 16 juin. Préfet au sieur Espiard 28 septembre, 22 octobre ; à Guyard 27 octobre. Min. Police au préfet 10 juin. Préfet à Intérieur 26 avril : « Je tempère par toutes les consolations qui dépendent de moi ce que le décret peut avoir de pénible. »

effet prescrit que ses nouveaux soldats se monteraient et s'équiperaient à leurs frais. La dépense ne laissait pas d'être sensible ; elle atteignait 2.500 francs. Dans le but de l'atténuer on constitua un fonds commun, alimenté surtout par les dons des fonctionnaires ou de jeunes gens exemptés pour cause de « frêle... santé ». Le montant de ces libéralités ne dépassa pas 21.340 francs. Restait à recouvrer la somme de 103.200 francs. En septembre beaucoup de familles n'avaient pas encore acquitté leur quote-part ; le préfet le leur rappelle avec quelque douceur. A un notaire de Liernais, il écrit : « J'aurais pu employer les moyens que la loi met à ma disposition mais... cela m'eût été trop pénible. » Il regrette de ne pouvoir dispenser un notaire de Grancey de verser le prix du cheval fourni à son fils parce que le fonds commun a dû déjà acquérir le petit équipement du jeune Ally. Ce n'est que le 11 décembre que Cossé-Brissac se décide à mettre deux des retardataires en demeure de s'acquitter dans les dix jours (1).

Le préfet n'oublia point de tenir le public et les familles au courant de la vie militaire des gardes d'honneur. Il signale leur arrivée à Metz et la satisfaction témoignée par le général Lepic. Plus tard il annonce qu'il a reçu de l'escadron côte-d'orien « les nouvelles les plus satisfaisantes » et l'avis de plusieurs récompenses accordées aux jeunes cavaliers. Dans sa correspondance avec les ministres, il en fait fréquemment l'éloge (2).

Pendant six mois on put croire que ces différentes levées seraient suffisantes (3). Mais la rupture des négociations de

(1) Préfet au receveur général 11 mai ; au sieur Séguier, de Broin, 18 mai ; à divers 20 septembre ; item, 11 décembre.

(2) *Journal* 1er août ; 31 octobre. Le général Lepic fut plus content des hommes que des chevaux dont il refusa plusieurs (Lepic au préfet 23 juillet ; Préfet à Lepic 16 août). Préfet au Min. Intérieur 15 juin (Arch. Nat. F 1c/III, Côte-d'Or 9) ; 29 mai (Côte-d'Or 7).

(3) Le décret du 24 août 1813 (Duvergier, XVIII, p. 475) qui appelle 30.000 conscrits pour l'armée d'Espagne est spécial aux départements du Sud-Ouest.

Prague et l'entrée en ligne de l'Autriche provoquèrent de nouveaux appels d'hommes. Un Sénatus-Consulte du 9 octobre mit en activité 120.000 conscrits choisis dans les classes de l'an XI à 1814 inclus et accorda au Conseil de Régence le droit d'appeler la conscription de 1815 fixée à 160.000 hommes. L'empereur ne fit usage de cette dernière faculté qu'en janvier 1814 ; la préfecture de la Côte-d'Or n'eut pour l'instant qu'à se préoccuper de la levée couramment nommée dans la correspondance administrative, levée des 120.000 hommes. Le contingent du département fut fixé à 2.000 conscrits. Il fut impossible de le fournir en entier. Au 14 novembre parmi les corps dont la Côte-d'Or doit assurer le recrutement un seul a reçu tous les conscrits auxquels il a droit ; c'est le 42e de ligne dont le dépôt se trouve à Alexandrie. Les 152e et 154e de ligne, le 1er d'artillerie à cheval n'ont vu arriver à Strasbourg, Besançon et Auxonne que 116, 213 et 18 recrues au lieu des 199, 500 et 28 qu'ils attendaient. Le principal motif de ces lenteurs est, d'après le préfet, le nombre considérable de jeunes gens mariés. A chaque nouvel appel, un article du décret stipule expressément qu'ils sont dispensés de concourir à la formation du contingent requis ; beaucoup s'empressent de se munir de ce commode et précieux brevet d'exemption. Ainsi diminuent les réserves de ces classes déjà bien affaiblies par plusieurs appels successifs. En outre beaucoup de conscrits sont déjà enrégimentés comme engagés ou comme remplaçants. Les ressources militaires de la Côte-d'Or sont en réalité si faibles que le directeur de la conscription prend une mesure tout à fait extraordinaire à cette époque. Alors que Napoléon songe à élever le chiffre de cette conscription de 120.000 à 150.000 hommes et de demander à celle de 1815, 200.000 soldats au lieu de 160.000, le général d'Hastrel abaisse le contingent de la Côte-d'Or de 800 conscrits. Cossé-Brissac, grâce à cette diminution des deux cinquièmes, réussit à mettre en route le nombre de recrues demandé. Ce ne fut pas sans de grandes difficultés. Il ne put laisser dans leurs foyers que les jeunes gens qui avaient divers motifs d'être inscrits au dépôt de droit ; l'un est le dernier enfant d'un père septuagénaire ; un autre est l'unique soutien d'une veuve dont plusieurs fils sont à l'armée. « Des conscrits dans une telle position ne pourraient être mis en route », déclare-t-il au ministre de l'Intérieur (1). Il est vrai, Cossé-Brissac tient un tout autre langage dans une circulaire adressée le 6 décembre aux maires du département. Le préfet affirme que les opérations de la levée des 120.000 hommes se sont exécutées avec aisance et rapidité; il ne craint pas de leur dire : « dans ces derniers temps les conscrits n'ont-ils pas été les premiers à s'offrir » ? Semblable défaillance de mémoire était de saison dans cette circulaire qu'allait bientôt suivre l'annonce de la conscription des 300.000 hommes. Celle-ci, autorisée par le Sénatus-Consulte du 15 novembre, ne s'effectua pas en une seule fois. Un décret du 30 de ce même mois n'appela que 100.000 à prélever de suite sur les classes de l'an XI à 1814 inclus. Malgré l'expérience récente qu'il avait pu faire de l'état des conscrits disponibles en Côte-d'Or, le général d'Hastrel porta le chiffre du contingent de ce département à 3.000 recrues. Cette fois encore, le grand nombre des jeunes gens mariés s'opposa à l'exécution des ordres du gouvernement. La Côte-d'Or ne comptait plus que 1.500 conscrits célibataires dont 800 finirent par être mis en route au 8 janvier 1814. On constate la fréquence des demandes et des offres de remplaçants; ces dernières émanent souvent d'hommes mariés (2).

Entre temps la mauvaise volonté déclarée des populations avait contraint le préfet à solliciter la suspension du Décret du 7 novembre qui prescrivait l'organisation de six cohortes de gardes nationales. Chacune d'elles se composerait de quatre compagnies de 150 gardes l'une. Fonctionnaire soumis, Cossé-Brissac en avait de suite ordonné la mise à exécution. Son arrêté du 10 novembre avait ordonné la formation immédiate des contrôles et réparti les 24 compagnies entre les divers arrondissements. On devait incorporer les grenadiers et

(1) Duvergier, XVIII, p. 481. Préfet au Min. Police 14 novembre; 25 octobre « Le nombre des gens mariés est inimaginable ; jusqu'à présent nous en avons trouvé... 7 sur 9 » ; 13 et 14 novembre (F/7,3590). Préfet au Min. Intérieur 18 décembre (F 1c/III, Côte-d'Or 9).

(2) Circulaire 6 décembre (Bibl. mun. Dijon fonds Baudot mss. 259). Sénatus-Consulte(Duvergier, XVIII, p. 510); Décret du 30 novembre (manque dans Duvergier) et arrêté préfectoral, *Journal* 9 décembre. Commissaire extraordinaire de Ségur au Min. Intérieur 8 janvier 1814 (Arch. Nat. F/7, 7025). *Affiches* 23 mai, 7 novembre, 11 décembre 1813.

chasseurs des deux premiers bans et en cas d'insuffisance ceux de 40 à 60 ans. Décret et arrêté furent extrêmement mal accueillis. D'autre part, Napoléon préférait accroître l'armée active et ne se servir des gardes nationales mobilisées que pour la défense des places fortes. Aussi ne fut-il pas difficile d'obtenir de lui de retarder la date d'application de ses ordres jusqu'à l'approche de l'ennemi (1).

A ces levées de recrues s'ajoutent les appels que sur l'ordre des ministres le préfet adresse, soit aux officiers retraités ou réformés, soit aux ouvriers utiles aux ateliers ou à l'intendance de l'armée. Le préfet poursuit avec vigueur déserteurs et réfractaires, envoie des garnisaires, fait procéder à des perquisitions par la gendarmerie, les gardes-champêtres et forestiers (2). Cossé-Brissac doit, en outre, se préoccuper de la formation d'une garde nationale urbaine dans l'unique place forte de la Côte-d'Or, Auxonne. Dans le reste du département, cette catégorie de troupes n'existe pour ainsi dire pas. Les habitants manifestent « une invincible répugnance pour ce genre de service ». A Semur, aucune compagnie n'est formée ; les Beaunois refusent d'escorter les prisonniers ou les réfractaires, estimant que cette mission incombe à la gendarmerie ; à Dijon, les postes ne sont occupés que par des remplaçants attirés par une solde de 40 sous par jour. Parfois, cependant, quelques villages lèvent quelques gardes nationaux à l'occasion des tournées préfectorales ; à pied ou à cheval ces détachements temporaires escortent Cossé-Brissac ou lui rendent les honneurs militaires. Ils servent peu pour le maintien de l'ordre public. Le grand nombre des prisonniers ou des réfractaires qui passent, les mouvements continuels de conscrits, l'agitation causée un peu partout par la désorganisation administrative et les nouvelles de la guerre rendaient cependant fort appréciable le concours des gardes nationales. Elles avaient

(1) Rapport au Min. Intérieur 13 décembre (F 1c/III, Côte-d'Or 9). *Journal* 14 novembre. Les arrondissements de Dijon, Beaune, Châtillon et Semur devaient lever respectivement 9, 7, 3 et 5 compagnies. Dès le 11 novembre Napoléon avait songé de lui-même à suspendre cet appel dans divers départements, en particulier en Côte-d'Or (*Correspondance* 20879).

(2) Préfet au 2e arr. Police 21 mai 1813 (F/7,5390) ; au Min. Intérieur 14 août 1813 (F 1c/III, Côte-d'Or 7).

été quelque peu suppléées par la compagnie de réserve départementale. Celle-ci reçut sur la conscription de 1814 un renfort de 34 hommes. Mais bientôt un décret du 18 juin appela 5.551 hommes des diverses compagnies pour rejoindre les dépôts de Mayence ; sur ce nombre la Côte-d'Or dut fournir 72 soldats. Aussi considérablement diminuée, la compagnie départementale ne pourra être d'aucun secours contre l'invasion autrichienne (1).

Recruter des soldats ne serait rien si on ne leur procure des armes, des chevaux et des vivres. Ordonnée le 14 novembre, une réquisition d'armes ne procura que 55 fusils en assez mauvais état puisque les armuriers de Dijon sont requis pour en réparer de suite 51. Deux cents autres ont été rassemblés mais ils sont absolument inutilisables (2). Il est fort possible que des armes aient été conservées par des cultivateurs, aussi peu empressés de déférer à cette réquisition qu'à celles de fourrages que l'on adressait de temps en temps. Un habitant de Bagnot refuse de livrer 50 doubles décalitres d'avoine réclamés pour l'armée d'Espagne. Le préfet ordonne de les acheter à ses frais et d'en poursuivre contre lui le recouvrement comme s'il s'agissait de contributions directes. L'intéressé proteste contre cet arrêté et soutient que d'après le montant de ses contributions il a été proportionnellement surtaxé. Cossé-Brissac rejette la plainte du cultivateur parce que les réquisitions sont proportionnelles non aux revenus mais à la quantité que l'on détient de denrées réquisitionnées et que le réclamant possède dans ses granges près de deux mille doubles décalitres d'avoine. L'attitude de notre homme s'explique. Il sait, peut-être par expérience personnelle, comment

(1) Appel aux anciens officiers, *Journal* 4 février ; réquisitions de 75 ouvriers pour le corps d'observation du Rhin, *Journal* 6 mars ; *Correspondance de Napoléon* 20912, 18 novembre. Rapport au Min. Intérieur, 13 décembre (F 1c/III, Côte-d'Or 9). *Journal* 18 juillet et 7 octobre. — Compagnie de réserve. Etat de répartition de la classe 1814 ; Directeur général de la Conscription à l'empereur, 17 juillet (Arch. Nat. AF/IV,1147). Rapport au Min. Intérieur 17 juillet (F 1c/III, Côte-d'Or 9). La compagnie départementale de l'Allier envoie 49 hommes à Mayence (Dunan, p. 128).

(2) Min. Guerre au préfet 14 novembre ; Préfet à Guerre, 13 janvier : arrêté préfectoral du 6 janvier 1814 (Arch. dép. R/2,3).

le gouvernement impérial paie les marchandises livrées sur réquisition. Les 10.000 hectolitres demandés le 6 septembre furent embarqués sur la Saône le 23 octobre ; d'après le prix fixé par le ministre de la Guerre, le Trésor aurait dû remettre au payeur de la Côte-d'Or 60.000 francs. Le 30 décembre, il n'est alloué que 40.000 francs que les circonstances empêchent de répartir entre les ayants-droit (1).

Plus fréquentes et plus lourdes encore sont les réquisitions de chevaux. On sait combien avait été complet l'anéantissement de la cavalerie pendant la retraite de Russie ; en mars 1813, après les premières levées et les offres des communes, Napoléon estime qu'il lui manque encore près de 30.000 chevaux. Cependant, dès le 4 janvier 1813, un décret avait requis 15.000 chevaux de selle. La Côte-d'Or fut taxée à 120. Malgré les arrêtés et les lettres du préfet, à la fin du mois, 61 seulement ont été présentés aux commissions régimentaires qui en ont refusé 39. Cossé-Brissac se désespère. Il écrit au ministre de l'Administration de la Guerre le 20 janvier : « Après des efforts extraordinaires... mon département n'a encore fourni que 22 chevaux ;... là où il y a impossibilité absolue, je ne peux imaginer aucun expédient ». Pourquoi demander à la Côte-d'Or des chevaux de selle alors qu'elle ne possède guère que des bêtes de trait ? Des mesures de rigueur ont été en vain prévues par un arrêté préfectoral autorisant les maires « en cas de refus... à employer tous les moyens que la loi met à leur disposition pour assurer l'exécution des ordres supérieurs ». Si le propriétaire cache ses animaux, ceux-ci seront remplacés par d'autres achetés par le sous-préfet aux frais du coupable qui en remboursera le prix au vu d'un état « exécutoire comme les rôles des contributions ». Outre la mauvaise volonté des possesseurs de chevaux, Cossé-Brissac rencontre de sérieux obstacles dans l'apathie de certains fonctionnaires et la modicité de l'indemnité accordée par le gouvernement. Le 11 février, il constate que l'arrondissement de Dijon n'a fourni que 20 chevaux de dragons et 11 de

(1) Min. Guerre à Préfet, 6 septembre 1813 ; Préfet à commissionnaire-ordonnateur de la 18e division militaire, 9 novembre ; arrêtés préfectoraux, 6 octobre et 3 novembre (R/3,2).

hussards au lieu de 44 et de 33. Il s'en plaint vivement au sous-préfet : « Vous auriez pu... y mettre... plus d'ordre et d'activité » ; les réquisitions seraient déjà effectuées « si les habitants eussent montré plus de bonne volonté et si les fonctionnaires eussent usé davantage de... (leur) influence ». Il morigène également les sous-préfets de Châtillon et de Beaune. Le préfet reconnait, d'ailleurs, bien vite l'impossibilité où se trouvent ses subordonnés de se procurer directement les animaux demandés. Il les autorise à en acheter à des marchands de chevaux. Mais le prix fixé par le ministre est insuffisant ; on ne peut obtenir un cheval pour 300 à 400 francs ; on doit estimer le coût de chaque bête à 600 francs en moyenne. L'écart entre les deux chiffres sera « une charge... pour les plus riches propriétaires » de chaque arrondissement. Grâce à cette méthode d'achats et de taxes supplémentaires les 120 chevaux sont livrés le 6 avril (1).

Cette première réquisition n'était pas exécutée que les décrets des 19 et 25 mars réclamaient de la Côte-d'Or 120 bêtes de trait pour le train d'artillerie et les équipages militaires. Instruit par l'expérience, Cossé-Brissac traita de suite avec des fournisseurs. Afin de parer à l'insuffisance des 400 francs alloués par le gouvernement, le préfet décide d'augmenter les cotes foncières de un centime et demi. C'est, écrit-il aux maires le 10 avril, « une mesure impérieusement dictée par les circonstances et... adoptée... en vue de favoriser le succès de la levée et... de venir au secours des agriculteurs exposés à ne plus pouvoir faire valoir leurs terres ». Il invoque les termes un peu vagues de l'article 8 du décret prescrivant aux administrateurs locaux de prendre « les mesures convenables (2) ».

Des mesures analogues permirent au préfet de satisfaire à de nouvelles réquisitions. Le 17 juillet un décret demande au département 25 chevaux de trait ; une circulaire du 4 août exige 30 autres pour la remonte de la cavalerie d'Espagne. Ces

(1) *Correspondance de Napoléon* 19710. Arch. dép. R/2, 5 : Décret du 4 janvier ; arrêtés des 9 et 28 janvier : Préfet au Min. Administration de la Guerre 29 janvier, 6 avril ; Préfet au sous-préfet de Dijon, 11 février, de Châtillon 20 février ; de Beaune 17 mars.

(2) Décrets des 19 et 25 mars ; circulaire du 10 avril (Arch. dép. R/2,5).

35 bêtes sont fournies par le marchand Jacob pour la somme de 35.920 francs ; le gouvernement n'en alloue que 20.000. Une surtaxe foncière de un centime est établie. Une autre de trois centimes et demi acquittera la part du département dans l'acquisition des 300 chevaux que lui imposent des ordres des 5 et 11 novembre (1).

Cossé-Brissac avait spontanément transformé les réquisitions en nature en impôt pécuniaire. Ce système avait l'avantage de ménager les populations et de permettre l'exécution assez rapide des ordres impériaux. L'un des inconvénients du procédé était de favoriser les fournisseurs « lesquels mettaient les chevaux à un prix exhorbitant ». Napoléon préférait la méthode plus économique et plus autoritaire de la réquisition. Aussi bien le comte de Cessac défendit au préfet de continuer à passer des marchés avec des négociants. Ce n'est que par réquisition que la Côte-d'Or pourra fournir les contingents à elle assignés dans les levées de 10.000 chevaux de trait et de 15.000 de selle prescrites par les circulaires des 17 novembre et 12 décembre 1813. Cossé-Brissac se résigne à obéir mais en prévenant les ministres que les ordres du gouvernement ne seront pas exécutés « dans ce département où il n'existait pas de chevaux de selle de la qualité requise ». Enhardi par les plaintes de ses administrés et la faiblesse croissante du pouvoir impérial, il déclare nettement que les représentants de l'empereur ont tort de ne pas le laisser suivre le système qui lui a déjà plusieurs fois réussi. Dans une lettre au ministre de l'Intérieur du 20 décembre, il lui annonce « l'effet déplorable que produira la connaissance de l'ordre de S. M. ». « Il faudra, dit-il, mettre la gendarmerie en campagne et ses efforts même seront infructueux ;... ces tracasseries... ne serviront qu'à aigrir... et occasionneront partout des scènes fâcheuses où l'autorité sans moyens répressifs... ne pourra obtenir le dessus ». Il ne s'illusionne pas sur la réponse ministérielle mais a conscience d'accomplir son

(1) Décret et instruction ministérielle ; circulaire préfectorale, 11 août : états. (Arch. dép. R/2,8). Les chevaux de trait coûtent chacun 700 francs et ceux de cavalerie légère, 615 francs. — Circulaire 16 novembre. D'après un état de novembre 1820, le département n'aurait fourni que 200 chevaux lors de cette dernière réquisition.

devoir de loyal fonctionnaire : « ces tristes réflexions... ne seront pas écoutées ;... je dois avertir l'autorité supérieure et faire des vœux pour que la vérité soit entièrement connue ». Le ministre se borna à lui déclarer : « l'urgence des circonstances... doit faire surmonter tous les obstacles ». 248 bêtes de trait furent fournies sur les 300 demandées mais des 100 chevaux de selle requis, un seul fut livré le 14 janvier 1814, au moment où le département va être envahi (1).

3. — *Impôts supplémentaires et expédients financiers*

La réorganisation de la Grande-Armée et la conduite de la guerre exigent des sommes d'autant plus élevées que Napoléon ne peut plus frapper de contributions considérables les pays vaincus ni faire vivre ses dépôts et ses magasins aux dépens de l'ennemi. L'empereur s'efforce cependant de ne pas accroître le chiffre des impôts directs perçus par l'État. En appelant 350.000 soldats en janvier 1813, il se borne à augmenter par décret du 5 janvier les droits sur les boissons. En Côte-d'Or, le directeur de la régie des droits réunis, Léjéas, prit soin de rassurer et de faire rassurer par le préfet les populations. Il considère la majoration récente comme un « léger sacrifice » ; c'est « le seul qui... soit demandé pour fournir de nouvelles ressources au trésor ». Il annonce au préfet que le décret n'a suscité « aucune réclamation ». Le fait est loin d'être certain : une circulaire préfectorale atteste que « des cultivateurs excités par le haut prix des eaux-de-vie de grain... ont fait faire de petits alambics avec lesquels ils distillent clandestinement... des betteraves, des grains, des pommes de terre » et invite les maires à seconder les recherches des employés de la régie (2).

(1) *Correspondance de Napoléon* 20164, 21 juin 1813. Instructions ministérielles des 17 novembre et 12 décembre : Préfet au sous-préfet de Beaune 20 décembre : « les mesures à prendre par MM. les maires sont simples ; elles consistent à intimer l'ordre à tout propriétaire de chevaux... d'avoir à les conduire à Beaune... le 14 janvier », lieu et date auxquels une commission examinera les animaux ; Préfet au Min. Intérieur 20 décembre ; Min. Intérieur au préfet, 6 janvier 1814 (Arch. dép. R/2,5) Comte de Ségur au Min. Intérieur, 8 janvier 1814 (Arch. Nat. F/7, 7023).

(2) Duvergier, XVIII, p. 303. Directeur Léjéas au préfet 12 et 28 janvier 1813 ; circulaire du préfet, 15 janvier. (Arch. dép. P/3,3/1).

Si les contributions directes n'augmentent pas en principal, bien des ordres de l'empereur entraînent l'établissement de centimes additionnels ou de taxes spéciales. Les préfets doivent, en effet, pourvoir à l'achat et à l'équipement des chevaux offerts par les communes, au remboursement des bons de réquisition, aux dépenses imprévues que provoquent les diverses levées d'hommes. En général, les contribuables intéressés sont les principaux propriétaires fonciers de chaque arrondissement ; cependant certaines taxes atteignent également les autres revenus ou toutes les cotes foncières. La plus grande latitude est laissée aux sous-préfets pour déterminer l'assiette et la répartition à effectuer de ces impôts locaux. La seule taxe qui échappe à leur arbitraire est celle des 6 centimes établis par le préfet en vue d'acquitter la différence entre le prix réel des chevaux de réquisition et l'indemnité allouée par le ministre. L'illégalité de ces impositions fut de l'avis du successeur de Cossé-Brissac assez évidente pour qu'il en demanda et obtint l'abrogation par le gouvernement de Louis XVIII qui garda l'argent déjà induement versé (1).

Ces mesures demeurèrent insuffisantes. Le 11 novembre, Napoléon décrète le doublement de la contribution mobilière et l'addition de trente centimes au principal des autres impôts directs. La taxe sur le sel est en même temps augmentée de 20 centimes par kilogramme et les droits réunis, à nouveau, majorés de 10 0/0. Un impôt spécial frappe les gardes nationaux non appelés à l'armée ; les préfets répartiront entre eux les frais d'équipement et d'armement des autres gardes, sans qu'aucune cote puisse dépasser le chiffre, élevé pour l'époque, de 400 francs. Les nouvelles contributions étaient exigibles par tiers dans les trois mois. Beaucoup de contribuables, en Côte-d'Or, ne comprirent pas qu'ils devaient acquitter dès le premier décembre le premier versement. Cossé-Brissac le leur rappela par un arrêté sévère (2).

(1) Préfet au Min. Intérieur 7 novembre 1814 ; Min. Intérieur au préfet 30 novembre 1814 : « S. Ex. a décidé qu'il n'y avait pas à revenir sur ce qui a été fait mais qu'il n'était pas possible de continuer actuellement la perception de cette taxe irrégulière. » Il ne restait à recouvrer que 11.381 francs sur les 216.811 francs auxquels s'élevaient les 6 centimes établis lors des réquisitions de chevaux (Arch. dép. R/2,5).

(2) Duvergier, XVIII, p. 507 ss. *Journal* 19 décembre.

La perception des impôts ordinaires était, d'ailleurs, devenue difficile. Dès septembre, Cossé-Brissac prescrivit aux maires de ne pas retarder l'envoi de garnisaires et chargea de ce soin les sous-préfets. Il ne veut plus de ménagements car « les besoins du trésor public sont considérables ». Malgré ces efforts, l'argent manque dans les caisses impériales. Les indemnités promises lors des réquisitions ne sont pas payées ; le préfet prescrit au receveur général d'employer à l'acquittement de ces dettes tout l'argent disponible ; mais les fonds manquent complètement (1). Dans cette pénurie de numéraire, gouvernement et préfet recourent aux expédients financiers.

Nous en connaissons déjà quelques-uns. Napoléon délègue aux fournisseurs certains de ses sujets qu'il charge de payer directement les dépenses à la charge du trésor ; il en est ainsi des familles de gardes d'honneur et des fonctionnaires pratiquement obligés de contribuer au succès de la levée de ces gardes et des cavaliers offerts par les communes. Les crédits ouverts pour les chemins et pour le canal sont détournés de leur affectation. Cossé-Brissac met la main sur tous les fonds disponibles et opère divers virements clandestins sans aucune autorisation gouvernementale. Dans le désordre financier, les assignats reparaissent. Napoléon entend acquitter ses dettes au moyen de papier. En dépit des résistances du comte Mollien, qui craint la dépréciation de la nouvelle monnaie impériale, l'empereur prescrit au ministre de la Guerre de payer les réquisitions « en bons de la caisse d'amortissement ». Ces assignats n'ont pas même la garantie hypothécaire affectée au remboursement des assignats révolutionnaires ou des mandats territoriaux ; mais ils portent intérêt à 5 0/0 et le gouvernement pense pouvoir les retirer dans un délai d'environ deux ans. L'empereur prévoit cependant que ce papier-monnaie perdra immédiatement de 8 à 10 0/0 de sa valeur nominale. Afin de ramener le cours au pair il décide que ces bons seront admissibles en paiement des biens communaux, à l'exemple des gouvernements révolutionnaires qui avaient espéré sou-

(1) *Journal* 9 septembre. Préfet au Min. Intérieur 18 août (Arch. Nat. F 1c/III, Côte-d'Or 9).

tenir leurs assignats en les acceptant en libération des achats de biens nationaux (1).

Cette analogie entre les deux papiers-monnaies se complète par l'aliénation d'immeubles dont l'État s'attribue la propriété. La loi du 20 mars 1813 transfère à la caisse impériale d'amortissement les « biens ruraux, maisons et usines possédés par les communes ». Cette dépossession n'est pas une spoliation complète. Les communes recevront en échange une inscription de rentes sur l'État « proportionnée au revenu net des biens cédés ». Quel est donc l'avantage de l'opération pour le gouvernement ? Il obtient de l'argent contre une promesse, un capital contre un revenu, comme dans toutes les mesures de ce genre. En outre, il profite du bas cours de ses rentes et de la modicité des locations de biens communaux. Beaucoup d'entre eux, en effet, sont amodiés pour un prix minime, simple attestation de la propriété communale; cette redevance servira de base à l'évaluation de la valeur vénale. D'après M. A. Fournier, les propriétés communales vendues procurèrent au trésor 370.000.000 alors qu'au cours de 75 0/0 il suffisait de 140.000.000 en rentes pour que les communes retrouvent leur revenu habituel de 9.000.000. Par la vente des biens communaux, Napoléon gagnait donc une somme de 230.000.000 (2).

La direction des diverses phases de cette aliénation incomba au préfet. Il fut tout d'abord chargé de déterminer les biens à mettre en vente. Dans ce but, il adressa aux maires une circulaire explicative de la loi du 20 mars. Cossé-Brissac espérait que cette première opération serait aisée. L'article 2 du texte législatif exempte les « biens dont les habitants jouissent en commun » ou « ceux qui sont affectés à un service public ». La régie des domaines ne voulut pas donner à ces termes clairs toute leur signification ; elle s'efforça d'étendre le plus possible le nombre de biens communaux aliénables. La loi avait prévu ces conflits et confié au préfet le soin de les trancher. En Côte-d'Or ces divergences d'interprétations furent fréquentes

(1) Min. Guerre au Préfet 12 novembre (Arch. dép. R/2, 5). *Correspondance de Napoléon* 19847, 20151.

(2) Duvergier, XVIII, p. 368. Fournier, *Napoléon*, II, p. 143.

et donnèrent lieu à des plaintes assez vives de la part des municipalités dépouillées. Le sous-préfet de Semur signale à Cossé-Brissac la conduite des agents de la régie qui discutent violemment avec les maires, les injurient, les menacent. La ville de Semur proteste contre le projet de mettre en vente l'hôtel de ville, le collège, la bibliothèque, la halle aux grains bien que ces divers bâtiments soient nominativement exceptés de l'aliénation par l'article 2. La régie des domaines argumente de la location de quelques parties de ces édifices à des particuliers par la commune qui n'en a pas l'emploi. Il est également question de vendre un terrain « extrêmement utile aux habitants pour le pâturage de leurs moutons surtout dans les temps humides ». Sur ce dernier point la municipalité de Semur n'obtint pas gain de cause quoique l'article 2 vise expressément les « pâtis et pâturages ». Cossé-Brissac encouragea-t-il les agissements de la régie ou prit-il la défense de ses administrés ? Pratiquement l'attitude du préfet n'avait qu'une importance médiocre. Battue devant lui, l'administration des domaines avait la faculté d'en appeler au Conseil d'État et même à une commission extra-légale constituée par l'empereur sous la présidence de l'archichancelier et invitée à solutionner tous les litiges en faveur du trésor (1).

Les biens à vendre étant désignés, l'administration des domaines en évalua la valeur vénale. Pour ce faire, elle usa principalement des baux en cours dont elle multipliait le montant par vingt, s'il s'agit de biens ruraux, par quinze s'il s'agit de maisons ou d'usines ; un décret du 7 juillet 1813 ordonna de déduire du revenu perçu par la commune le montant de l'impôt foncier dû sur chaque propriété. On procédait ensuite à la réduction d'affiches indiquant le jour des enchères, la situation et la mise à prix des divers articles mis en vente. Ceux-ci ne sont pas groupés ou morcelés mais seulement réunis d'après leur proximité géographique. L'adjudication est présidée par le préfet assisté des employés de la régie des domaines ; si la mise à prix ne dépasse pas quatre mille francs,

(1) *Journal* 8 avril. Sous-préfet de Semur au préfet 8 mai (Arch. dép. Q 1213) ; maire de Semur à Préfet, 2 mai (Q 1212). *Lettres de Napoléon*, éd. Lecestre, II, 1028, 26 juin.

le préfet peut être suppléé par un sous-préfet ou par un délégué spécial à sa nomination (1).

Par suite de la réunion purement matérielle et temporaire des diverses parcelles sur la même affiche, il existe une très grande variété dans les biens offerts au public. On rencontre à Vic-de-Chassenay, par exemple, des parcelles de 5 centiares amodiées 10 centimes et d'autres de 12 ares 40 louées 15 francs ; à Semur, le principal article semble être un pré de 13 hectares 60. Les amateurs ne manquent pas pour les petits terrains. Ce sont souvent leurs propres fermiers qui les acquièrent. Ils payaient à la commune un loyer minime ; par le versement d'une somme modique ils se transforment en propriétaires et réalisent ainsi légalement et économiquement leur rêve d'appropriation de la terre commune. Des marchands, de petits bourgeois, des acheteurs de toute origine et de toute importance figurent sur les exemplaires annotés des affiches. Quelques-uns paraissent voir dans cette vente l'occasion de spéculations commerciales. Ils acquièrent dans plusieurs localités ; le prix relativement élevé de ces achats, leur variété et leur fréquence permettent de supposer que ces acquéreurs pensent profiter d'une bonne occasion et céderont plus tard à bon compte ces terres actuellement dédaignées par les villageois (2).

Malgré l'empressement des fermiers ou des spéculateurs, les enchères demeurent souvent sans résultat. A la fin de 1813 avaient été adjugés 1.287 articles au prix de 1.319.014 fr. 40 sur une estimation de 1.098.863 fr. 45 ; par contre 3.046 articles mis en vente à 4.191.591 fr. 78 n'avaient point trouvé d'acquéreur. Cette portion considérable d'invendus n'était pas chose récente. En juin, le directeur de l'enregistrement et des domaines, Jacquinot, écrit au préfet : « Jusqu'à ce moment à peine... un cinquième des objets mis en vente a été adjugé ». Le décret du 7 juillet autorisa par suite le préfet à diminuer d'un cinquième l'estimation d'un bien offert une première fois

(1) Des affiches annotées se trouvent en nombre dans Q 1212.

(2) Cf affiches *suprà*. Des amateurs s'adressent directement au préfet (Pagny, propriétaire à Champrenault au Préfet « ne sachant pas précisément la forme à suivre pour solliciter la vente de ce fonds », 20 juin, Q 1213).

inutilement. Le ministre des finances permit en octobre une seconde réduction du cinquième au cas de nouvel insuccès. Ces mesures n'activent pas les adjudications qui ne furent point terminées sous l'empire (1). Elles avaient été cependant l'objet de la particulière attention de l'administration préfectorale (2).

Privées de leur capital, exposées aux réclamations de particuliers ou d'acquéreurs mécontents (3), les communes attendent le paiement des revenus promis et la délivrance des certificats d'inscriptions de rentes. Un décret du 6 novembre règle les bases de l'évaluation du produit net qu'elles auraient à toucher. On déduira l'impôt foncier, les frais d'entretien estimés à forfait au quart pour les maisons et au dixième pour les terres, un autre dixième dû sur les propriétés communales comme contribution cultuelle spéciale. La régie des domaines délivrera des certificats au préfet qui remettra aux maires des mandats sur la caisse du receveur général ; le paiement des sommes afférentes à 1813 pourra être demandé moitié en décembre de cette année, moitié en mars 1814. Maires et habitants sont inquiets. Cossé-Brissac leur adresse une circulaire dans laquelle il proteste des bonnes intentions du gouvernement et affirme la « convenance » de cette « grande mesure de finances ». Les paroles du préfet ne sont point de l'argent comptant ; les communes ont d'autant plus de raisons de se défier de ces promesses que le mois de décembre va s'achever sans que la régie des domaines ait achevé l'évaluation du produit net de leurs biens. Elles ne perçoivent pas le montant des locations car les terres ou les maisons ont été remises aux

(1) Après le retour de Louis XVIII, certains maires crurent que les mesures les plus reprochées à Napoléon avaient cessé d'avoir valeur légale. Cossé-Brissac, préfet du roi comme il l'avait été de l'empereur, démontra avec quelque rudesse que « toutes les lois existantes restent en vigueur jusqu'à ce qu'il y soit légalement dérogé » (au maire de Dijon 8 juin 1814). Les ventes continuèrent sous la Restauration et furent activement poussées pendant les Cent-Jours (états et pièces dans Q 1223).

(2) États (Q 1223). Jacquinot au Préfet 10 juin (Q 1212). Préfet au sous-préfet 12 août : demande d'explications immédiates de chaque insuccès (Q 1212).

(3) Revendication d'un terrain contre la commune de Millery ; prétentions des acquéreurs des fours de Saint-Rémy (Q 1212).

mains des agents du trésor ; elles ne profitent pas des récoltes des biens non affermés car celles-ci sont vendues par un délégué du préfet. Tout le revenu des biens communaux est versé en 1813 dans les caisses impériales (1).

Cette appropriation discrète de l'avoir des communes ne fut pas l'une des moindres causes de désaffection des campagnes à l'égard de l'empereur et du régime impérial. Les villageois auxquels on a enlevé leurs fils, pris leurs chevaux et leurs fourrages en les payant à peine, imposé à diverses reprises des contributions supplémentaires, s'inquiètent encore en voyant passer entre les mains de l'État les ressources en capital de leurs communes et les revenus dont elle a besoin pour acquitter ses propres dettes et celles que l'empereur lui délègue à la décharge du trésor. A tant de sacrifices d'autres ne s'ajouteront-ils pas si le même homme continue à diriger une nation qu'il ruine et dépeuple par ambition personnelle et que maintenant il ne sait plus conduire à la victoire ?

4. — *Esprit public*

Les fonctionnaires, eux aussi, s'inquiètent. Napoléon a prélevé une partie de leur traitement pour équiper quelques régiments de cavalerie. Après Leipzig, il décide une retenue du quart sur tous les traitements ou pensions civils (2). Si la bourgeoisie libérale est peu nombreuse à Dijon, nous savons que la noblesse et les principaux propriétaires n'ont pas oublié la royauté traditionnelle.

Cependant la Côte-d'Or donna toutes les apparences d'un zèle napoléonien vif tant que ses habitants purent espérer des victoires éclatantes et une paix définitive qui en serait la conséquence. La situation politique du département n'alarma pas, durant tout le premier semestre, le dévoué et optimiste fonctionnaire qu'est Cossé-Brissac. Il note avec plaisir tous

(1) Décret 6 novembre. Jacquinot au préfet 20 décembre (Q 1212). Arrêté commettant le maire de chaque chef-lieu de canton à l'effet de vendre les récoltes des biens non affermés 24 mai (Q 1223). Circulaire 6 décembre (Bibl. mun. Dijon, fonds Baudot, mss. 259).

(2) H. Houssaye, *1814*, 23e éd., p. 2.

les témoignages de soumission ou d'enthousiasme. Le chiffre des offres de cavaliers a dépassé ses espérances ; sans recourir à des mesures de rigueur, il a fourni le maximum du contingent de gardes d'honneur ; les levées d'hommes s'opèrent avec une rapidité et une aisance satisfaisantes. Il écrit au ministre de la Police générale : « partout j'ai trouvé autant de docilité et de dévouement dans les conscrits que dans leurs parents ;... aucun signe de mécontentement ne s'est manifesté chez eux ». Le nombre des déserteurs et des réfractaires a, d'après Cossé-Brissac, plutôt diminué qu'augmenté ; il atteste au gouvernement l'exactitude de « ce narré ». La politique religieuse de l'empereur n'a aucune répercussion en Côte-d'Or. « De la piété sans fanatisme, voilà ce qu'offre la presque totalité des communes de ce département ; aussi le Concordat (de Fontainebleau, janvier 1813) a-t-il été reçu avec joie ; il a été regardé comme la plus forte digue qui ait jamais été opposée aux troubles religieux ». Le séjour du cardinal di Pietro dans la ville d'Auxonne, où la colère impériale l'avait exilé, n'exerça aucune influence sur les sentiments politiques des habitants de la Côte-d'Or ; le prisonnier d'État se comporta à Auxonne, comme à Semur, avec le plus grand tact et les Auxonnais, comme les Semurois, lui témoignèrent une parfaite déférence (1).

Cossé-Brissac observe, il est vrai, de temps à autre quelques symptômes désagréables. En mars il discerne « un peu d'inquiétude soit chez les fonctionnaires, soit chez les particuliers ». Il n'a pas été dupe du succès obtenu près des conseils municipaux et des familles des gardes d'honneur. Il l'avoue au ministre de l'Intérieur : « Très certainement, pour les offres volontaires on eut obtenu beaucoup moins sans le zèle des sous-préfets » et du secrétaire général de la préfecture, Vaillant, qui « ne cesse d'acquérir chaque jour de nouveaux titres à la bienveillance du gouvernement ». Par contre, les maires « en général n'ont pas montré tout le zèle qu'on eût pu désirer » ;

(1) Préfet au Min. Police 7 avril 1813, 21 mai ; au Min. Intérieur 29 mai (Arch. Nat F/7, 3590 : F 1c/III, Côte-d'Or 7). *Lettres de Napoléon*, éd. Lecestre, II, 981. Latruffe, *Auxonne, place forte du département de la Côte-d'Or* (Mémoires Soc. Bourguignonne de géographie et d'histoire, III), p. 375 ; Welschinger, *le Pape...* p. 389.

leur négligence a été la cause de maints retards dans l'envoi des hommes et des chevaux offerts. Le maire de Dijon « n'a rien fait de bien remarquable ;... sa pusillanimité ordinaire ne l'a point abandonné ;... son conseil municipal ne l'a pas du tout secondé ». L'énergie et l'activité du préfet et de ses auxiliaires immédiats expliquent également la réussite de l'appel adressé aux jeunes gens « de la plus haute volée » bien que la plupart ait, tout d'abord, témoigné « beaucoup de répugnance » à rejoindre l'armée. Les réquisitions ont provoqué « quelque contrariété » ; il circule « de fausses nouvelles ». Tous ces faits n'ont rien de grave. Ces fausses nouvelles « se contredisent d'elles-mêmes et n'ont pas... d'intérêt » ; les réquisitions s'opèrent « sans secousses ». La présence et les discours du représentant du gouvernement, la publication des paroles impériales opposent « un contrepoids puissant aux craintes puériles de quelques êtres pusillanimes ou dont la seule pensée est qu'on pourra exiger de nouveaux impôts » et lever le second ban de la garde nationale. Bref, déclare-t-il le 21 mai, « le département jouit de la plus parfaite tranquillité et... il serait impossible d'y apercevoir le moindre symptôme alarmant (1) ».

Cossé-Brissac s'illusionnait-il lui-même ? Tenait-il à conserver à la Côte-d'Or et à son premier administrateur la confiance et la faveur impériales ? De fait, il n'omet aucune occasion de célébrer ses propres mérites ; il a soin d'attirer l'attention des ministres sur le temps qu'il passe à examiner les conscrits, sur la prudence adroite avec laquelle il applique les textes législatifs ou exécute les ordres de l'empereur, sur les discours entraînants ou consolants qu'il prononce en toute circonstance. Il témoigne d'un dévouement illimité à la personne de Napoléon et finit par prophétiser ses succès militaires. Dès le 4 mai, « par une sorte d'inspiration » il annonce les victoires de Lützen et de Würschen-Bautzen ; il ne pouvait guère connaître la première remportée le 2 mai et encore moins la seconde puisque la bataille eut lieu le 21 et 22 de ce mois. Tant d'activité et tant d'optimisme n'en imposent

(1) Préfet au Min. Intérieur 10, 28 mars 1813, 19 août (F 1c/III, Côte-d'Or 9) ; au Min. Police 21 mai (F/7, 3590).

point au gouvernement, sans doute mis au courant par ailleurs du véritable état de la Côte-d'Or. Le ministre de l'Intérieur interroge le préfet sur certains bruits alarmants qui se sont répandus dans le département. Cossé-Brissac se disculpe avec sérénité. Il est si mal secondé par le maire et par le commissaire de police de Dijon ! Il a tant d'occupations qu'il n'a pu songer à s'inquiéter des propos de quelques « désœuvrés » ! Il ne conteste pas la réalité des rapports parvenus au ministre. Dans les campagnes, les appels répétés de conscrits « ont produit une sensation désagréable » ; noblesse et bourgeoisie sont mécontentes depuis que l'empereur a contraint leurs fils au service militaire personnel ; le zèle des fonctionnaires s'est ralenti ; à Dijon, le Te Deum ordonné à l'occasion de la victoire de Würschen-Bautzen a suscité peu d'enthousiasme ; le maire Durande n'a organisé aucune réjouissance publique et n'a pas même convoqué le conseil municipal pour assister à la cérémonie religieuse ; aux observations de Cossé-Brissac, Durande aurait répondu « de la manière la plus insignifiante (1) ».

Le préfet ne cesse pas de se montrer optimiste. Mais si le ton de sa correspondance demeure inchangé, les faits qu'elle signale deviennent plus inquiétants. Cossé-Brissac peut encore dire : « les fonctionnaires... montrent le même zèle, je dirai plus, le même enthousiasme » ; il annonce qu'un grand nombre d'élèves du lycée « ont abandonné leurs études pour aller dans les champs de la gloire » ; il constate l'activité avec laquelle les gardes champêtres et les soldats de la compagnie départementale pourchassent les 51 réfractaires signalés en Côte-d'Or. Par contre il doit avouer que le départ de 72 hommes de cette compagnie a fait craindre l'imminence d'une nouvelle conscription en dépit des précautions prises pour éviter que cette

(1) Préfet au Min. Intérieur 28 mars : « Le soin qu'a apporté le conseil à l'examen des diverses réclamations n'a pas peu contribué à calmer les inquiétudes des familles » ; 15 juin : » Je saisis toutes les occasions de me montrer soit aux conscrits, soit aux gardes d'honneur ; je leur adresse des paroles de consolation et d'encouragement ; . ce moyen me réussit » ; 14 août : « Les victoires de Lützen et de Würschen, ces victoires éclatantes que le préfet, par une sorte d'inspiration... avait annoncées le 4 mai... ont anéanti les folles prétentions de nos ennemis » ; 16 juin (F 1c/III, Côte-d'Or 7 & 9).

mobilisation ne soit connue du public (1). La mise en route des derniers conscrits disponibles de la classe 1814 a provoqué « quelques pleurs » et la « résignation » s'est substituée à la « véritable gaieté » des premiers départs. Les gardes d'honneur sont découragés à la nouvelle qu'au lieu d'être constitués en régiments spéciaux, les détachements arrivés à Mayence sont versés dans la cavalerie de ligne. La situation financière de l'empire inspire également des inquiétudes ; on redoute que les communes ne soient pas indemnisées des biens que l'empereur fait vendre ; le retard apporté au paiement des fournisseurs risque de compromettre la bonne marche des services publics ; mécontents de livrer leurs denrées sans pouvoir en obtenir la valeur en argent, des cultivateurs « ont tenu d'assez mauvais propos (2) ».

On est mécontent mais on fait encore crédit à Napoléon. On espère de lui la conclusion de la paix. Au cours de ses tournées de recrutement Cossé-Brissac a pu le constater : « une seule pensée, écrit-il le 17 juillet, occupait .. tous les esprits, celle d'une paix à laquelle tout le monde soupire et qu'assez généralement on croit prochaine ». Les négociations entamées à Prague n'aboutissent point ; les hostilités recommencent le 17 août ; l'Autriche se joint aux ennemis de la France. Dès lors, le mécontentement se transforme en animosité ; on n'a plus aucune confiance dans les intentions pacifiques de l'empereur ; les populations commencent à ne plus obéir et les administrateurs, à se désintéresser de leurs fonctions. Peu à peu, l'hostilité contre le régime impérial va s'accroître à mesure que le prestige et la puissance militaire de Napoléon s'affaibliront. En décembre, à l'opposition passive succédera la résistance ouverte et les représentants de l'empereur se mettront à la tête de la rébellion contre l'empereur ; la désorganisation administrative fera place à l'anarchie administrative.

La victoire de Dresde (27 août) ne fut pas connue en Côte-d'Or avant les défaites de Kulm (30 août) et de Dennewitz

(1) Préfet au Min. Intérieur 14 août, 17 juillet (F 1c/III, Côte-d'Or 7 & 9).
(2) Préfet au Min. Intérieur 17 juillet, 18 août (F 1c/III, Côte-d'Or 9).

(6 septembre). Ces nouvelles provoquèrent « une sorte d'inquiétude générale » ; on se demande si l'on retrouvera « l'inconcevable activité de l'empereur et sa merveilleuse tactique ». Aussi bien le « Te Deum n'a-t-il pas attiré beaucoup de curieux ». Le paiement des réquisitions au moyen de bons de la caisse d'amortissement excite des plaintes. On redoute l'envoi dans le département d'une colonne mobile chargée de poursuivre les réfractaires et de terroriser leurs familles et leurs villages. Les populations manifestent une grande indifférence pour les actes de la vie politique. Quelques assemblées cantonales ne se sont pas constituées ; dans les autres « le plus grand calme... a accompagné leurs opérations ». A Marsannay 12 votants élisent avec discipline des candidats à la justice de paix de Dijon-Ouest « les trois quarts des ayants-droit de voter ne s'étant pas présentés » ; dans une section d'Auxonne, les 16 présents votent avec un parfait ensemble ; dans tout le canton il n'y a que 268 électeurs. A Auxey, à Pernand, à Meursault les procès-verbaux sont négatifs « personne... ne s'étant présenté pour émettre son vœu ». La fête du 15 août fut sans doute assez terne car Cossé-Brissac assure qu'elle a été célébrée « avec cette joie simple et pure qui est le signe non équivoque d'un attachement que rien ne peut ébranler ». Ces faits sont d'autant plus significatifs que l'inquiétude et la tristesse générales sont partagées par des « gens dévoués à S. M. (1) ».

Cet état d'esprit s'explique tout d'abord par les événements militaires. Le *Journal de la Côte-d'Or* ne peut dissimuler la réalité des revers subis par les armées impériales ; il essaie seulement d'en atténuer la portée. Les détails et les commentaires qui manquent dans la feuille préfectorale sont connus par les récits ou les correspondances privées, par les bruits que répandent les prisonniers employés aux travaux du canal et surtout par un périodique suisse, *la Gazette de Lausanne*. Quoique non autorisée en France elle circule en Côte-d'Or où, dit le préfet, « on la lit avec avidité ». La

(1) Préfet au Min. Intérieur 28 septembre ; rapport du 27 décembre relatif au troisième trimestre (F 1c/III, Côte-d'Or 7 & 9). Procès-verbaux : M/3, 27.

Gazette de Lausanne « rédigée dans un mauvais esprit » d'après le ministre de l'Intérieur, est « la messagère de tous les bruits sinistres ». D'ailleurs, il n'est pas besoin de lire les journaux français ou étrangers pour s'apercevoir de la situation critique de l'empire. Les levées d'hommes qui se succèdent, les réquisitions qui s'accumulent, le numéraire qui se raréfie, la vie économique qui se ralentit sont autant de faits certains et d'indices non trompeurs.

Gouvernement et préfet s'efforcent de réagir et d'imprimer à l'esprit public une meilleure direction. Le *Journal* renseigne sobrement ses lecteurs sur les événements politiques et militaires, insère les adresses municipales et les discours préfectoraux. Les *Affiches* entremêlent les offres de remplaçants d'annonces aussi variées que rassurantes sur les préoccupations des Dijonnais : dans leurs distractions une lionne de mer qui « très douce... fait... mille gentillesses toutes plus surprenantes» concurrence le « sieur Lionnel, homme incombustible (1). » Cossé-Brissac prononce des discours pleins d'éloquence et d'inexactitude. Le 16 septembre, à l'occasion de la distribution des prix au collège de Semur, il s'écrie : « C'est à la clarté des feux de joie qui célèbrent Berlin tombé en son pouvoir que... je vous distribue des récompenses auxquelles les victoires de Napoléon le Grand semblent donner un nouveau prix. » Cossé-Brissac ignore-t-il les défaites subies sur la route de Berlin par le maréchal Oudinot le 24 août à Gross-Beeren et par le maréchal Ney le 6 septembre à Dennewitz ? On aimerait à le croire afin de pouvoir attribuer cette nouvelle à « *une sorte d'inspiration* » plutôt qu'à une erreur volontaire. En tout cas, la lecture du *Journal de la Côte-d'Or* du 26 septembre vint détruire les espérances qu'avait pu susciter l'imprudent orateur. A la parole, le préfet joignait les actes. Nous savons qu'il obtint une réduction de 800 conscrits sur le contingent imposé à son département lors de la levée des 120.000 hommes; les soins avec lesquels il dirige les opérations de recrutement, les subventions qu'il

(1) Min. Guerre au Min. Police 15 novembre (F/7, 3668). Préfet au Min. Intérieur 20 septembre, 27 décembre, 17 juillet (F 1c/III, Côte-d'Or 7 & 9). *Journal* 26 septembre (défaites de Gross-Beeren et Dennewitz). 15 avril, 6 mai, 16 septembre, 4 novembre (Leipzig) ; 30 décembre (entrée des alliés en Suisse). *Affiches* 6 décembre 1812, 14 août 1813.

obtient pour les cultivateurs éprouvés par la grêle ou les inondations, le souci qu'il témoigne d'éviter à ses administrés toute mesure de rigueur sont des marques de ce dévouement que le dernier préfet de l'empire porte à la Côte-d'Or. Cossé-Brissac est activement secondé par ses auxiliaires immédiats et par certains personnages influents du département. Le sénateur Léjéas célèbre dans son parc d'Aiserey la Saint-Napoléon avec tout l'éclat habituel ; au cours du banquet le poète ordinaire du châtelain exalte les efforts de S. M. pour conquérir la paix. Le secrétaire général de la préfecture est proposé pour la croix de la Légion d'honneur ; la décoration de l'ordre de la Réunion récompenserait le zèle des sous-préfets Martin et Gueneau d'Aumont et du maire de Beaune, Édouard ; Dupré de Sainte-Maure est digne, d'après Cossé-Brissac « d'être rapproché de S. M. et... de la servir sur un terrain moins obscur (1) ».

D'autres récompenses attendent les maires ou fonctionnaires qui se distingueront par leur empressement à créer ou à développer un mouvement factice d'adhésion nationale à la politique napoléonienne. En octobre, le préfet reçoit du ministre de l'Intérieur la mission de provoquer l'envoi par les municipalités d'adresses à la régente. Cet ordre fut obéi avec quelques retards que l'indulgent Cossé-Brissac attribue à l'époque qui est celle des vendanges. Un certain nombre d'adresses fut cependant transmis à Paris. Le préfet attire l'attention particulière du gouvernement sur celles de Dijon et de Saint-Jean-de-Losne « rédigées dans un très bon esprit ». Cette dernière fut précédée d'un discours du maire Coste dont « la noblesse et la franchise... contrastent bien avec les expressions pâles et décolorées d'autres fonctionnaires » ; elle mériterait d'être insérée au *Moniteur* car « les habitants en seraient flattés et cela

(1) *Journal* 16 et 26 septembre ; 3 octobre (décret du 25 septembre accordant 12.000 francs de secours). Préfet au Min. Intérieur 12 décembre (F 1b/II, Côte-d'Or 4).

Voici quelques vers du poème politico-bacchique chanté à Aiserey.

« ... buvons jusqu'à demain
« Dussions-nous vider les caves
« Du généreux châtelain.....
« A la paix, fortes rasades !
« Napoléon, camarades,
« Fait tout pour l'obtenir » (*Journal*, 26 août).

ne pourrait que produire un très bon effet dans le département (1) ». L'adresse de Dijon fut portée à la régente par une députation composée du maire Durande et de deux anciens Parlementaires, Pelletier de Cléry et Legouz de Saint-Seine. Les délégués dijonnais exprimèrent des sentiments fort dévoués pour la « personne sacrée » de S. M. Ils espéraient obtenir en échange quelque décoration ou titre nobiliaire. Les vœux de Durande, tout au moins, furent exaucés. Le 7 janvier un décret le nomma baron de l'empire. Le lendemain, Lynch, maire de Bordeaux, était promu officier de la Légion d'honneur. Baron et légionnaire allaient bientôt prouver par des actes combien étaient sincères les adresses qu'ils avaient composées et débitées (2).

En cette fin d'octobre 1813, le préfet peut encore écrire au ministre de la Police qu'en Côte-d'Or « l'autorité paraît n'avoir jamais été plus respectée ». Cette conviction ne correspond déjà plus exactement qu'aux manifestations extérieures de la vie politique du département. Bien que cette phrase reparaisse avec régularité dans les lettres préfectorales, l'affirmation de Cossé-Brissac va être démentie par des faits dont il n'essaiera point d'atténuer la portée. La désastreuse bataille de Leipzig (16-19 octobre) fut annoncée par le *Journal de la Côte-d'Or* le 4 novembre ; l'importance de ce revers, le désordre de la retraite ne sont pas dissimulés ; on se borne à attribuer la défaite de Napoléon au manque de munitions d'artillerie qui « obligea l'armée française à renoncer au fruit de ses victoires (3) ». Dès lors tout espoir dans le succès de la campagne est perdu dans l'opinion côte-d'orienne; on ne se résigne plus à combattre pour un souverain dont les multiples victoires avaient été le principal titre au gouvernement de la France. D'autre part la crainte a disparu avec la force des armées et la régularité de l'administration impériales. On ose refuser ouvertement d'obéir aux ordres de l'empereur.

(1) Préfet au Min. Intérieur 17, 26 et 29 octobre (F 1c/III, Côte-d'Or 1).

(2) Notes préfectorales sur les délégués 28 octobre, 24 novembre (F 1c/III, Côte-d'Or 4). H. Houssaye, *1814*, 23e éd. p. 240.

(3) Préfet au Min. Police 25 octobre (F/7, 3590). *Journal* 4 novembre.

Le Sénatus-Consulte du 7 novembre provoque en Côte-d'Or une opposition si générale et si vive que sa mise à exécution doit être suspendue. Le préfet n'ose pas désigner comme conscrits des soutiens de famille de peur que « l'indignation publique s'exprimât hautement ». Les gardes nationales refusent d'accomplir tout service hors de leur ville respective. La situation pécuniaire du département est également inquiétante. Les impôts ne sont plus payés ; « les percepteurs sont dans les transes les plus pénibles » ; les taxes supplémentaires, ordonnées récemment par l'empereur, ne donnent lieu qu'à « peu de recouvrements ». Les droits réunis sont l'objet particulier de la haine populaire et les habitants profitent de la désorganisation administrative et de la faiblesse des autorités pour ne plus les acquitter. Les caisses impériales demeurent, par conséquent, vides ; on ne croit plus au paiement des dettes du gouvernement. Les paysans cachent leurs chevaux ; les maires redoutent la confiscation définitive des revenus de leurs communes ; les familles des conscrits dédaignent la promesse de secours pécuniaires. Des finances publiques le malaise s'étend aux fortunes privées. Les majorations d'impôts, les retenues sur les traitements et sur les pensions, l'inquiétude générale et les revers militaires causent une raréfaction extrême des échanges commerciaux et des espèces monétaires : « aucune denrée ne se vend ;... avec 50.000 francs de rente, on ne trouverait pas à Dijon mille écus à emprunter ». Les victoires de Napoléon avaient ouvert aux vins de Bourgogne le vaste marché de l'Allemagne ; ses défaites ferment ce lucratif débouché et dispensent les acheteurs de payer les négociants bourguignons ; « à Beaune, il existe une force d'inertie et une douleur concentrée, suite de l'inaction du commerce et de l'anéantissement des fortunes ».

Aussi bien, Cossé-Brissac constate-t-il l'hostilité croissante de ses administrés contre le régime impérial. Graves et pénibles aveux ! « Dans les classes inférieures, on voit une indifférence bien prononcée. » L'empire n'a donc plus les sympathies populaires ; celles des commerçants et des nobles ne lui ont jamais été complètement acquises. Ses partisans, ceux que Cossé-Brissac qualifie d' « hommes raisonnables », sont peu nombreux et divisés sur le motif et l'étendue de leur dévouement à l'empereur; les uns « se sacrifieraient pour S. M... par attachement »; les autres, le plus petit nombre de l'avis du préfet, « parce que dans leur pensée, c'est à l'empereur et à sa dynastie que se rattachent la grandeur de la France et même sa conservation ». En face de ces bonapartistes et de ces *patriotes*, anciens révolutionnaires, se dressent des hommes assez hardis pour afficher à Dijon des « placards affreux » dont la police ne réussit pas à découvrir les auteurs (1).

Le préfet, lui-même, craint et hésite. Il tempère la rigueur des ordres du gouvernement; il ne blâme pas tous les sentiments de ses administrés; il adresse aux maires une circulaire dont les phrases vagues cachent mal ses propres inquiétudes; il insiste en dépit des instructions formelles des ministres pour que les moyens, onéreux mais efficaces et prudents, qu'il a déjà employés soient autorisés à la place des réquisitions; il se lamente sur les difficultés de sa fonction : « Quel pénible hyver se prépare pour l'homme en place qui n'a que des mesures rigoureuses à exécuter et pas un bienfait à répandre! » A tous ces maux il existe un remède : « La paix,... la paix tel est le cri des villes et des campagnes. » Avec la paix, toutes les souffrances seraient oubliées, toutes les plaintes cesseraient (2).

A cette longue et instructive lettre du 13 décembre, le gouvernement impérial répond par le décret du 17 décembre et ordonne la mise en activité de toutes les gardes nationales dans les villes fortifiées et une partie de celle des autres. A tort ou à raison, les habitants de la Côte-d'Or voient dans cet appel une levée en masse. Ils refusent nettement d'obéir. Le commandant de la garde dijonnaise et le maire « écartèrent hautement l'idée d'une cohorte... *qui déplairait singulièrement*

(1) Préfet au Min. Intérieur 13 décembre 1813 (F 1c/III, Côte-d'Or 9). Comment affirmer le 24 décembre : « l'autorité... n'a jamais été plus respectée » ?

(2) Circulaire du 6 décembre (Bibl. mun. Dijon fonds Baudot mss. 259) : «... les suites d'une grande mesure de finances ont pu vous gêner ;... les communes ne tarderont pas à toucher ce qui leur revient pour l'année 1813... Le gouvernement n'a jamais eu la pensée de priver les communes de leurs revenus. Si des circonstances particulières ont suggéré une mesure dont les bons esprits sentaient depuis longtemps la convenance, il acquittera fidèlement la dette... contractée ». Préfet au Min. Intérieur 13 décembre, *suprà*.

à la ville » et se contentèrent d'organiser quelques postes de police « pris dans les classes les plus élevées de la société ». Le préfet n'en exige pas plus. Il l'annonce au ministre et explique sa conduite dans une lettre où abondent les preuves des progrès en Côte-d'Or de l'anarchie politique et administrative. « Une levée en masse... perdrait tout. Si ce mot était prononcé, au bout d'un quart d'heure, je pourrais être préfet de nom ; je cesserais de l'être de fait. Mon autorité serait absolument méconnue ; pas un homme ne se lèverait. Du reste si quelques individus répondaient à l'appel, ce serait des anarchistes animés par l'espoir du pillage ou des royalistes qui essaieraient une tentative incertaine... Je connais assez le pays pour être fondé à dire que si on se levait, ce serait pour secouer le frein de l'autorité, se soustraire aux lois de la conscription, au paiement des nouveaux impôts... Le conseil de recrutement n'aurait à s'assembler que pour prendre des décisions sur des absents ; les maires abandonneraient leurs fonctions ; les percepteurs livrés à la haine publique quitteraient des communes où le système des garnisaires ne les a que trop mis en but à la vindicte des habitants. » En d'autres termes, la Côte-d'Or prépare la grève militaire, financière et administrative à une date où le bruit de l'entrée des alliés à Besançon circule dans les cafés de Dijon. Cossé-Brissac n'a plus d'espoir que dans l'approche des armées impériales, dans l'annonce de nouvelles victoires et dans « le courage stoïque des autorités que l'approche du danger n'effraye point et qui ne prendront aucune fausse mesure ». Il termine cette lettre confidentielle par cette fière déclaration : « Fidèle à mon devoir, fidèle à mes serments, je demeurerai à mon poste et j'espère que les événements justifieront la sagesse de ma conduite (1). »

Malgré ces dernières protestations, cette lettre du 29 décembre est la copie côte-d'orienne du célèbre rapport de Lainé au Corps législatif. Enhardis par la faiblesse de l'empire, à Paris les représentants de la nation française, à Dijon

(1) Préfet au Min. Intérieur 29 décembre 1813 (F/7, 7025). Le préfet continue, d'ailleurs, à faire le plus bel éloge de sa propre activité et du calme qui règne dans le département malgré les nouvelles alarmantes répandues depuis le 26.

les fonctionnaires et le peuple secouent le joug de l'empereur, Napoléon s'irrite. Il va dissoudre le Corps législatif qui, pour la première fois depuis le commencement de son règne, lui expose la vérité; il a déjà décidé l'envoi dans les provinces de commissaires extraordinaires qui surveilleront les sentiments des habitants et activeront le recrutement des dernières armées impériales. Un décret du 26 décembre délègue dans la 18e division militaire le comte de Ségur, sénateur et grand-maître des cérémonies, que seconderont Le Chapelier et Pastoret, auditeurs au Conseil d'État (1).

(1) Duvergier, XVIII, p. 528. A. Fournier, *Napoléon*, III, p. 184.

CHAPITRE II

L'interrègne préfectoral (6 janvier-12 mai 1814)

Par l'arrivée du comte de Ségur, le fonctionnement normal des organismes administratifs prévus par la loi de pluviôse est suspendu en Côte-d'Or. Le préfet n'y est plus le premier représentant du gouvernement ; au-dessus de lui, le commissaire extraordinaire dirige son activité, autorise les mesures qu'il se propose de prendre, nomme les administrateurs (1). Les circonstances réduisent et transforment le rôle de Cossé-Brissac dont les fonctions se bornent désormais à renseigner le ministre sur les sentiments politiques des habitants et à seconder l'action des autorités militaires. Bientôt l'invasion le contraindra de quitter le département ; l'organisation préfectorale, elle-même, sera suspendue jusqu'au jour où, devenu duc de Brissac, le préfet impérial rentrera à Dijon en qualité de préfet de Louis XVIII.

1. — *La mission du comte de Ségur* (2)

Le commissaire extraordinaire arriva au chef-lieu de la Côte-d'Or le 6 janvier. De suite il lança une proclamation aux habitants. Il leur annonce que la paix est proche, que l'empereur la désire ardemment et que, pour la procurer plus promptement à ses peuples, il a accepté toutes les conditions des alliés. Ces affirmations se terminent par de séduisantes et irréali-

(1) Min. Intérieur au Préfet 11 janvier 184 (Arch. Nat. F/7, 7025). Décision de Ségur nommant Frémyet commissaire des guerres à Auxonne 9 janvier (*ibid.*).

(2) Cf. Cornereau, *La mission du comte de Ségur dans la 18e division militaire, 1813-1814*. (Mémoires Soc. bourguignonne de géographie et d'Histoire, XVII, p. 327-368). Le rapport de Ségur est imprimé à la suite.

sables promesses : « l'armée de l'empereur et sa redoutable garde seront sous peu de jours à vos portes ;... les sacrifices, les efforts que vous faites seront les derniers (1) ».

Ségur avait reçu une mission difficile. La perception des impôts directs se ressent de la désorganisation administrative et de la faiblesse des autorités locales. Cossé-Brissac constate que les contributions ordinaires rentrent mal et que des taxes supplémentaires un tiers à peine a été payé. Il est à croire que le décret du 9 janvier qui augmente de 50 0/0 la contribution foncière et double les autres impositions directes ne fut pas mieux exécuté en Côte-d'Or. Redevenu fervent légitimiste, Cossé-Brissac se félicitera plus tard de la mauvaise volonté mise par ses administrés à remplir les caisses de Buonaparte (2). Plus impopulaires que les autres impôts, les droits réunis cessent complètement d'être acquittés. « Les employés craignant de compromettre leur existence en *pure perte* se bornent à tenir note de tout. » Cette affirmation du préfet est corroborée par celles du comte de Ségur. Les agents de la régie avouent leur impuissance et écrivent au comte Français, Directeur général des droits réunis : « les redevables ne paient plus dans l'arrondissement de Beaune ; sans force armée, on ne peut plus espérer d'y faire de recouvrements ». Dans l'arrondissement de Dijon, les employés « ne pouvant plus faire de recouvrements » abandonnent même leurs registres et leurs bureaux pour servir dans la garde nationale. Cette cessation des services n'est que prudence ; l'émeute menace en effet. A Beaune, le 9 janvier, « la populace... devenue plus furieuse par l'approche de l'ennemi, menace d'incendier la maison des droits réunis (3) ».

Le commissaire extraordinaire n'a pas d'argent ; il n'a pas de soldats. La conscription de 1815 ne fut pas levée en Côte-d'Or par suite de la proximité de l'ennemi. Le département fut compris au nombre de ceux auxquels l'empereur demanda des

(1) F/7, 7025.

(2) Préfet au Min. Intérieur 13 janvier ; Ségur au même 8 janvier (F/7, 7025).

(3) Préfet au Min. Intérieur 6 janvier (F/7, 7025). Lettres au comte Français (F/7, 4294).

secours militaires mais sous une autre forme. Un décret du 25 décembre et des instructions ministérielles du 5 janvier édictèrent la levée en masse. Cossé-Brissac l'organisa par un arrêté du 7 janvier 1814. Les hommes seraient choisis par les sous-préfets parmi les habitants de 20 à 40 ans et se réuniraient le 20 au chef-lieu du département ; les sous-préfets nommeraient provisoirement les officiers. Ainsi que le préfet l'avait prévu dans sa lettre du 29 décembre 1813, la Côte-d'Or refusa d'obéir et de marcher à l'ennemi. Cossé-Brissac écrit au ministre de l'Intérieur : « On déclare qu'on ne marchera pas. Les cohortes ne veulent point s'habiller et protestent que créées pour maintenir l'ordre dans les villes, elles contiendront les malveillants mais ne résisteront point à l'ennemi dans la crainte d'être traitées militairement. » L'intervention personnelle de Cossé-Brissac serait inutile : « quand je désignerais moi-même on ne partirait pas ». Il est obligé de suspendre l'exécution de son arrêté ; le comte de Ségur ne peut qu'approuver cett e mesure (1).

Les habitants ne sont pas seuls à résister aux volontés impériales. Ils sont soutenus par les fonctionnaires. Napoléon avait prescrit aux autorités des départements envahis de se retirer avec les troupes françaises. En Côte-d'Or ce plan « d'une retraite générale des fonctionnaires plonge dans la consternation ; la plupart n'obéiront qu'en frémissant ;... les maires ne quitteront point, telle est leur ferme volonté ». Les maires accentuent encore cette attitude à la réception de l'arrêté du 7 janvier ; pour la plupart, ils se refusent à concourir à la formation de bataillons mobiles de gardes nationales. Fait plus grave, des représentants directs du gouvernement approuvent et excitent cette rébellion. Le 12 janvier, le sous-préfet de Beaune s'oppose à la levée et offre sa démission (2).

La lettre de Dupré de Sainte-Maure au préfet Cossé-Brissac est un véritable acte d'accusation contre le régime impérial. Il décrit la situation désespérée, le mot n'a rien d'exagéré,

(1) Directeur Conscription à Napoléon 18 janvier (Arch. Nat. AF/IV, 1147). Cf. Vaillant, II, p. 277. *Journal* 9 janvier. Préfet au Min. Intérieur 6 et 13 janvier ; Ségur au même 8 janvier (F/7, 7025).

(2) Préfet au Min. Intérieur, 6 et 13 janvier, *suprà*.

à laquelle la politique de Napoléon a réduit le commerce et l'agriculture de son arrondissement. « Les vins, seule richesse des infortunés propriétaires de cette contrée,... sont ou dans les caves de l'Allemagne, non payés, ou dans celles du pays, non vendus... Les percepteurs... étonnés de la misère publique, craignent de demander un argent qui n'existe pas... Les femmes essaient de surmonter leur faiblesse pour labourer avec leurs enfants en bas âge. » Ces détails précis expliquent que les « deux tiers de la population, réduite au désespoir, a la sottise de désirer l'ennemi ». Le Secrétaire des commandements de S.A.I. la princesse Pauline ne veut pas présider un conseil de recrutement « exposé à taxer des négociants secrètement ruinés dont l'honneur est encore sauvé par la compassion de leurs créanciers ». Il ne veut plus participer à l'administration et encourir la haine de ses administrés contre la préfecture « où se forge la misère publique ». Il termine par cette déclaration : « L'obéissance la plus passive et le dévouement le moins équivoque *ont des bornes* que l'honneur a posées ;... l'espoir de mon avancement prochain,... la crainte n'aur(ont) pas... le pouvoir de rien changer à la détermination *invariable que* j'ai *prise de* ne *point* exécuter la nouvelle levée, d'après le mode qui m'est prescrit. » Cette lettre, qu'on aimerait à croire parfaitement désintéressée (1), *ne manquait pas de courage* car le gouvernement impérial n'était pas encore abattu et les hasards de la guerre pouvaient lui donner, au moins temporairement, assez de force *pour châtier* le *fonctionnaire* rebelle. Dupré de Sainte-Maure fut dénoncé au ministre de la Police générale mais sans résultat. Par contre, Cossé-Brissac continua à le compter parmi les « *gens* les *plus éclairés* et les plus dévoués au gouvernement » et dans une lettre du 14 janvier fit au ministre de l'Intérieur l'éloge de M. de Sainte-Maure « cet homme d'un si beau caractère et d'une âme si élevée ». *La* lettre du sous-préfet de Beaune fut bientôt connue du public. Elle se répandit dans

(1) Plus tard Dupré de Sainte-Maure fera valoir sa conduite auprès du gouvernement royal et sollicitera ardemment une préfecture. Son dossier aux Arch. Nat. contient plusieurs copies de la fameuse lettre (F 1b/I, 158/38 ; 173/5 ; 15 novembre 1815 au ministre Vaublanc ; 20 mai 1816 à Lainé).

les départements voisins ; on en distribua cinq cents exemplaires imprimés à Lyon. On la traduisit en plusieurs langues et divers journaux étrangers la reproduisirent ; la *Gazette de Lausanne*, si lue en Côte-d'Or, la qualifia de « monument de courage et d'honneur (1) ».

Cossé-Brissac, lui-même, demeura-t-il complètement fidèle à Napoléon ? Le comte de Ségur atteste, il est vrai, que « S. M. n'a point de serviteur plus zélé et plus intelligent » que le préfet de la Côte-d'Or. Lui-même n'a pas d'auxiliaire plus actif ; Cossé-Brissac multiplie les arrêtés et les lettres, signale au ministre les maires les plus énergiques. Il fait réparer les quelques fusils qui se trouvent dans le département et décide le général Belair à ne pas quitter Dijon avant que les Autrichiens n'approchent de la ville. Par contre, les circonstances dans lesquelles il partit du chef-lieu, l'obstination qu'il mit à demeurer éloigné de son département pendant toute la durée de l'occupation étrangère, les termes de sa lettre de soumission à Louis XVIII et l'accueil qu'il trouva près du gouvernement royal sont autant de motifs de suspecter la sincérité du préfet dans ses manifestations et dans ses protestations de dévouement à l'empereur. Peut-être ne se tromperait-on pas de beaucoup en estimant que Cossé-Brissac était surtout un fonctionnaire prudent ; il sentait la faiblesse du régime impérial et l'approche d'un changement de gouvernement ; se souvenant de son titre de duc de Brissac il se tenait prêt à profiter des événements et « à servir S. M. sur un terrain moins obscur » ; si ses désirs ne se réalisaient pas, du moins demeurerait-il préfet de la Côte-d'Or au nom de l'empereur ou au nom du roi (2).

Sans argent, sans autres auxiliaires que des fonctionnaires ouvertement désobéissants ou secrètement royalistes, presque sans soldats, le comte de Ségur et le préfet Cossé-Brissac s'efforcèrent de défendre une cause dont ils n'espéraient et, peut-être, ne désiraient pas le succès. Dans la mesure de

(1) Ces renseignements sont empruntés aux diverses lettres de Dupré, candidat à une préfecture qui ne vint pas. Le mss. 259 du fonds Baudot à la bibl. mun. de Dijon en renferme une copie. Préfet au Min. Intérieur 14 janvier (F 1c/III, Côte-d'Or 9).

(2) Ségur au Min. Intérieur 8 janvier (F/7, 7025). Sur la conduite de Cossé-Brissac cf. infrà § 3.

leurs forces ils remplirent loyalement la mission que Napoléon leur avait confiée de défendre la Côte-d'Or contre l'invasion. Ils furent utilement secondés par les autorités militaires, les généraux Veaux et Belair en particulier. Mais c'étaient des chefs sans soldats. Les troupes actives du département ne s'élevaient pas à deux cents hommes armés et à peu près instruits. A son arrivée à Dijon, Ségur y rencontre 15 gendarmes et 150 conscrits avec quelques débris de la compagnie départementale. A cette faible troupe vinrent se joindre un petit nombre d'hommes provenant de la compagnie et de la gendarmerie du Jura ainsi que 24 cavaliers du dépôt du 23e dragons obligés de quitter Lons-le-Saunier. Dijon renferme encore trois cents conscrits appartenant au dépôt du 153e de ligne mais ils n'ont ni armes ni instruction et le général Belair songe à les faire partir dans une région moins exposée (1). Aucun moyen d'augmenter la garnison de Dijon. Le préfet et le commissaire extraordinaire ont dû, nous le savons, suspendre la mobilisation des gardes nationaux. Revenir sur cette décision provoquerait une émeute. La garde nationale dijonnaise ne veut pas même défendre la ville de Dijon ; elle est « décidée à ne pas tirer un coup de fusil de peur d'attirer le pillage ». Ségur est impuissant à modifier cette résolution. Dijon ne sera donc pas défendu (2).

Cependant les troupes autrichiennes avancent dans la direction du chef-lieu. On croit à Dijon qu'elles sont à Salins dès le 1er janvier, à Poligny le 3, à Dole le 5 ; de Gray et de Seurre, au 6 janvier, avanceraient deux avant-gardes de 1.500 soldats chacune. Le général Valence, commissaire extraordinaire dans la 6e division militaire (Besançon), essaie de couvrir la route de Dijon avec les 200 hommes qu'il a pu réunir. Il est contraint de se replier sur le corps du maréchal

(1) Préfet au Min. Intérieur 6 janvier ; Ségur au même 8 janvier (F/7, 7025).

(2) Lettre anonyme au préfet : « Plutôt mourir mille fois que de servir les projets d'un cannibal... L'heure de la vengeance va sonner ; vous pouvez... l'avancer... en effectuant votre levée... Essayez si vous l'osez ». L'auteur de ce billet se félicite du soulèvement de la Hollande, prodigue à Napoléon les épithètes de « fléau dévastateur... tigre... monstre » dont « l'Europe entière va être délivrée » (Arch. Nat. F 1c/III, Côte-d'Or 9). Ségur au Min. Intérieur 8 janvier (F/7, 7025).

Mortier vers Langres. La marche de l'ennemi se continue sans obstacles mais avec beaucoup de lenteurs. Bien que la cavalerie autrichienne ait atteint Mirebeau dès le 13 janvier, ce n'est que le 19 que l'avant-garde du prince de Hesse-Hombourg se présentera devant Dijon (1).

La conservation du chef-lieu de la Côte-d'Or n'avait guère pour Napoléon qu'une importance politique. La défense de la ligne de la Saône était par contre fort utile pour les opérations militaires. Aussi bien s'était-il déjà préoccupé de faire mettre en état la forteresse d'Auxonne et avait-il prescrit d'y réunir trois bataillons de l'armée, d'y accumuler des provisions et des munitions et d'y constituer une garde nationale. Ces ordres ne furent pas tous exécutés. Si la ville fournit deux compagnies de gardes, l'esprit de cette troupe bourgeoise est aussi pacifique que celui de la garde nationale de Dijon. Comme renfort, la garnison recevra seulement quelques hommes des compagnies départementales de Franche-Comté ; sa cavalerie sera constituée par des gendarmes et des partisans, presque tous gardes forestiers ou employés de la régie des droits réunis. Elle a une vingtaine de pièces de canon. Le commandement de l'importante place d'Auxonne fut d'abord confié au général Veaux qui transmit la direction de la 18e division au général Belair. Bientôt Veaux quitta Auxonne pour organiser la levée en masse que le préfet venait d'ordonner sur les bords de la Saône (2).

Cossé-Brissac s'était, en effet, résigné à la chose mais avait eu garde de prononcer le mot. Par un arrêté du 11 janvier il prescrivit aux maires des communes riveraines d'appeler aux armes tous les habitants de 20 à 50 ans ; les anciens militaires ou ceux qui possèdent un fusil seront mobilisés de suite ; les autres attendront la venue de l'ennemi pour se munir « de sabres, de piques, de faux, d'instruments aratoires ». Le son du tocsin les avertira de se porter sur les points menacés. Des paysans réquisitionnés par les maires et dirigés par les ingénieurs des ponts-et-chaussées barricaderont les ponts et les villages. La

(1) Lettres au comte Français (F/7, 4291). Préfet au Min. intérieur 13 janvier. *Journal* 16 janvier.

(2) *Correspondance de Napoléon* 20.689, 20.912, 21.028, 21.052. Rapport de Ségur (F/7, 7025).

date de cet arrêté, la proximité des troupes autrichiennes, l'esprit général des populations ne permirent pas à la levée en masse des riverains de la Saône de produire de résultat appréciable. Cossé-Brissac signale une seule demande de fusils émanant de la commune de Pluvet et n'est satisfait du zèle que d'un très petit nombre de maires (Saint-Jean-de-Losne, Charrey, les Maillys) (1).

Ces essais de défense n'arrêtèrent point l'ennemi. Le 18 janvier, à 2 heures du matin, Cossé-Brissac quittait sa préfecture et prenait la route de Paris par Sens et Auxerre. La veille, au soir, le comte de Ségur l'avait précédé. A cette occasion, des Dijonnais firent « entendre des exclamations insultantes » ; le préfet ne donna pas ordre de les arrêter car, dit-il, son « départ eût été le signal de leur mise en liberté ». Les troupes se retirèrent également vers Sombernon tandis que le général Veaux allait occuper le Val-Suzon avec quelques paysans. En partant Cossé-Brissac lui avait conféré « les pouvoirs les plus étendus » et déclaré applicables à tout le département les dispositions de son arrêté du 11 janvier. La retraite du préfet fut imitée par quelques fonctionnaires supérieurs, désireux d'aller à Paris suivre de plus près le cours des transformations politiques, et par les percepteurs, peu enclins à demeurer en contact avec une population qui les exécrait (2).

Laissés ainsi maîtres de leurs actes, municipalité et garde dijonnaises n'obtempérèrent pas de suite à la demande de reddition formulée, le 19, *par un maréchal de logis hongrois*, mais se hâtèrent de lui donner satisfaction lorsqu'ils apprirent qu'il était l'avant-garde d'un corps plus considérable. Dijon fut occupé *sans combat* (3).

Au 19 janvier il n'existe plus de représentants directs du gouvernement impérial en Côte-d'Or. L'administration du département est *abandonnée aux autorités locales* et aux officiers autrichiens.

(1) *Journal* 13 janvier. Préfet au Min. Intérieur 13 janvier (F/7, 7025).

(2) Préfet au Min. Intérieur 19 janvier ; proclamation du 18 (F/7, 7025). H. Houssaye, *1814*, 23e éd. p. 46 n. 1.

(3) Cf. Gaffarel *Dijon en 1814*, pp. 18, 19.

2. — *L'administration étrangère*

Ces derniers sont les véritables administrateurs des pays occupés par leurs troupes. Ils sont placés sous la haute direction de commissaires et de gouverneurs ; de ces fonctionnaires étrangers, les principaux furent, en Côte-d'Or, le gouverneur de Dijon, de Barbanstein, et les commissaires baron de Haan et comte d'Avensberg ; Dijon eut pour commandant militaire le capitaine de Lüden. Les autorités autrichiennes ont besoin d'intermédiaires dans leurs relations avec les habitants. Elles imposent cette tâche soit aux fonctionnaires impériaux demeurés dans le pays, soit à des organes administratifs nouveaux.

Le conseiller de préfecture Petitot, nommé préfet, fut assisté d'un conseil général composé des sieurs Carrelet de Loisy, Barbier de Reulle, Durande et Derepas. Toute l'activité des nouveaux administrateurs du département fut absorbée par la nécessité de satisfaire les besoins des troupes qui traversent la Côte-d'Or ou y séjournent. Les populations doivent leur fournir le logement, les vivres et les objets aussi nombreux que variés dont leurs chefs ordonnent la réquisition (1). Dans chaque commune on constitue des commissions chargées d'assurer chacun de ces services. Il faut, en outre, payer les impôts. Le commissaire-général de Haan en donne l'ordre le 27 février ; les percepteurs ou contribuables en retard seront « poursuivis extraordinairement et contraints par les voies militaires ». Cette décision avait été précédée de la réorganisation de l'administration financière ; le 6 février, le comte d'Avensberg avait nommé un receveur général et des receveurs d'arrondissements et interdit aux percepteurs présents d'abandonner leur poste (2). Le paiement du douzième des contributions est immédiatement exigible. Deux innovations importantes sont apportées au régime fiscal existant. La perception des impôts directs aura lieu d'après « les rôles ordinaires de 1813 » ; par conséquent, toutes les augmentations décrétées par Napoléon disparaissent. D'autre part, les droits réunis sont

(1) Sur tous les détails de l'occupation autrichienne cf. Gaffarel.

(2) *Journal et Affiches* 27 février 1814. Bibl. mun. Dijon fonds Baudot mss. 259.

totalement supprimés. Dans une proclamation aux habitants de la Côte-d'Or le baron de Haan fait ressortir toute la portée de ces suppressions.

Les autorités autrichiennes assurent la police et la tranquillité publique. Par là, elles sont amenées à diriger les journaux et à se préoccuper des manifestations politiques. Les deux feuilles autorisées par la préfecture impériale furent réunies en une seule. Le 23 janvier parait le *Journal de la Côte-d'Or et des Affiches de la ville de Dijon.* Mais le caractère officiel de la presse départementale subsiste ; le nouveau périodique se publie les jeudis et dimanches « par ordre de S. A. le général prince de Hesse-Hombourg » et chaque numéro porte la signature du commandant militaire de Dijon. On ne remarque également aucun changement dans les matières traitées. Les communications du commissaire général ou du gouverneur remplacent celles du préfet ; on y lit les ordres du jour du prince de Schwarzenberg, les déclarations des souverains alliés et des « nouvelles de l'armée » manifestement rédigées par l'état-major autrichien (1). Des articles nécrologiques ou littéraires, œuvre des collaborateurs de l'ancien journal, des annonces diverses, des mercuriales complètent la ressemblance.

Dans les communiqués politiques apparait le désir des autorités étrangères de se montrer respectueuses du gouvernement français établi et de ne favoriser aucune manifestation royaliste. Le 17 mars, un démenti formel est opposé à l'annonce publiée dans la *Gazette de Lausanne* de l'envoi par la ville de Dijon d'une députation auprès du Comte d'Artois. En d'autres circonstances, gouverneur et commissaire général conservèrent la même attitude. Dès le 30 janvier, un notaire dijonnais avait arboré la cocarde blanche ; il fut arrêté sur l'ordre de Barbenstein. Ce n'est guère qu'à la fin de mars, lors du séjour de l'empereur d'Autriche à Dijon, que les couleurs royalistes reparaissent (2).

(1) 3 février : «. . l'ennemi... a attaqué les troupes... du général comte de Giulay ;... Le maréchal Blücher... a fait attaquer l'ennemi ». 22 mai : « à compter d'aujourd'hui ce journal cesse d'être officiel ».

(2) *Journal* 17 mars : « Le journal suisse a annoncé qu'une députation de *la ville de Dijon s'était* présentée au comte d'Artois. Cette nouvelle est de toute fausseté. La ville de Dijon n'a donné aucune députation pour l'objet qu'on lui prête si gratuitement. » Gaffarel, pp. 38, 62 n. 2.

En Côte-d'Or, la résistance des forces militaires françaises s'était concentrée sur deux points, Auxonne et les confins de l'Yonne. Auxonne avait aperçu l'ennemi dès le 6 janvier mais la place ne fut bloquée que le 24. Le siège, conduit assez mollement, se prolongea longtemps et sans grands résultats pour l'assiégeant. Le major Rubelin, qui avait remplacé le général Veaux, réussit à conserver le passage de la Saône (1). La garnison de Dijon, nous le savons, avait évacué cette ville le 18 janvier et s'était retirée le long de la route de Paris par Sens. Arrivée dans l'Yonne, elle reçut quelques renforts et fut placée sous le commandement du général Allix. Au 31 janvier celui-ci ne disposait encore que de 500 hommes. Il parvint cependant à se maintenir et même à reconquérir quelques parties du territoire envahi. Vers la fin de février, il tente de combiner ses efforts avec ceux du maréchal Augereau et de seconder par une diversion vers Montbard l'attaque de flanc que l'armée de Lyon va tenter en remontant la Saône. Allix réussit à pénétrer en Côte-d'Or avec 1.400 soldats, dont 150 cavaliers. Arrivé le 2 mars à 10 heures du soir à Montbard, il proclame la levée en masse; faute d'armes, il ne peut mettre à profit l'ardeur patriotique des habitants. L'insuccès de la manœuvre prescrite par l'empereur au duc de Castiglione entraîna la retraite du général Allix (2).

Il ne s'éloigne cependant pas de la Côte-d'Or. Soutenu par le bon esprit des populations de l'Yonne, il augmente le nombre de ses soldats et de ses paysans mobilisés. Le 26 mars, il est encore à Auxerre avec 2.000 hommes de troupes régulières et d'assez nombreux partisans. Soutenus par ce voisinage, les habitants de la Montagne organisent des bandes qui tiraillent contre la cavalerie ennemie dans les bois du Châtillonnais. Il en est de même dans la région accidentée du Morvan. Les bandes de Saulieu s'opposèrent à la proclamation de Louis XVIII dans la commune d'Arnay-le-Duc et continuèrent à lutter contre

(1) Cf. Latruffe, *Auxonne...* (Mém. Société bourg. de géographie et d'histoire, III), p. 376-379.

(2) Commissaire police Morière au Min. police 2 mars (F/7, 4290). H. Houssaye, *1814*, pp 82, 403. Sur la manœuvre d'Augereau cf. Borey, *La Franche-Comté en 1814*, p. 213 à 237.

les Autrichiens après la capitulation de Paris. On les signale comme encore agissantes le 14 avril 1814 (1).

3. — *La restauration des Bourbons et de l'administration préfectorale*

A cette date, aux autorités autrichiennes et à leurs auxiliaires français se sont joints pour administrer la Côte-d'Or des représentants du gouvernement royal, nouvellement rétabli par le Sénat. Dès le 13 avril réside à Dijon un commandant civil et militaire au nom de Louis XVIII, le vicomte Chauvigny de Blot. La restauration de l'autorité royale s'accomplit sans obstacles sérieux (2).

Le chef-lieu du département n'avait pas attendu la décision sénatoriale du 6 avril qui rétablit sur le trône de France la maison de Bourbon ; dès le 4, Dijon arbora le drapeau blanc. A la nouvelle de la prise de Paris « tous les bons citoyens » demandèrent aux autorités autrichiennes « la permission de manifester leurs vœux ». Certains de l'adhésion des puissances alliées, ils prirent aussitôt la cocarde blanche et « hissèrent » les couleurs royalistes « sur les tours de Charles le Téméraire » ; municipalité et garde nationale se munirent du blanc insigne ; la ville s'illumina. En 1814 comme en 1789, Dijon fut donc l'une des premières villes où s'opérèrent les changements politiques ; en 1814 comme en 1789, son geste est spontané et ne dépend pas d'une impulsion gouvernementale ou de l'exemple des pays voisins. La révolution dijonnaise du 4 avril fut l'œuvre de la municipalité. C'est Durande, qui annonce la capitulation de Paris et en déduit « l'heureuse et flatteuse espérance » d'une paix prochaine. Un mois plus tard, on apposera à la mairie une inscription qui relatera le rôle décisif du maire Durande. Il fut secondé par les adjoints Tardy et Lucan et par le commandant de la garde nationale, de Montherot. Les discours et les actes

(1) Bibl. Mun. Dijon 2253 : *Conduite qu'ont tenue les autorités de la ville d'Arnay-sur-Arroux en 1814*. Cf. Morvan, *Le soldat impérial* (1904), II, p. 246.

(2) *Journal et Affiches* 14 avril.

de la municipalité dijonnaise avaient d'ailleurs été préparés par toute une campagne d'épigrammes, de conversations, de brochures que M. Gaffarel a étudiée en détails (1).

L'exemple du chef-lieu fut suivi avec empressement. Les fonctionnaires se rallièrent sans peine au nouveau gouvernement. Dès la réception des décisions du gouvernement provisoire, le préfet et son conseil adhérèrent à la monarchie traditionnelle et prescrivirent aux maires de la faire connaître par leurs administrés. Le conseil de préfecture ne protesta pas contre la déchéance de Napoléon ; il se borna à émettre des réserves discrètes sur l'origine et l'étendue des pouvoirs du nouveau souverain. Les sentiments royalistes du sous-préfet de Beaune ne pouvaient être douteux ; ceux de Gueneau d'Aumont furent dignes d'un ancien fonctionnaire de Louis XVI, désireux de « dévouer ce qui lui reste d'existence au service de son auguste frère » ; à Châtillon, Martin témoigne du zèle d'un néophyte en royalisme (2). Cours et tribunaux acceptèrent la révolution politique et certains magistrats, d'origines révolutionnaires, ne furent pas les derniers à la célébrer en termes déclamatoires. Il en fut de même des membres de l'Université impériale, des percepteurs, ingénieurs, gardes forestiers, etc. (3). Le clergé paraît avoir été divisé. L'évêque se montra prudent et respectueux de la légalité ; il refusa de chanter un Te Deum, le 4 avril, mais s'inclina devant l'annonce authentique des changements opérés depuis dans le gouvernement du pays. De concert avec le chapitre et les curés de Dijon, il rédigea une adresse où il affirme sa confiance en le roi très chrétien pour réparer les pertes que la religion « a faites depuis que la nation française a cessé d'être gouvernée par les Bourbons ». Il promet une « fidélité sincère au nouveau gouvernement » et s'engage

(1) *Journal et Affiches* 7 avril. Gaffarel, pp. 11 à 14, 37 à 38, 43 à 44, 61 à 71, 88 à 89.

(2) Les adresses sont réunies dans Arch. Nat. F 1c/III, Côte-d'Or 1.

(3) Trib. Commerce Châtillon 16 avril. Trib. commerce et juge de paix Saulieu 14 avril. Trib. Dijon, *Journal* 24 avril. Cour d'appel. Gaffarel, p. 125. En général les fonctionnaires donnent leur adhésion avec les autorités communales. A signaler l'adresse séparée des receveurs et percepteurs de l'arrondissement de Semur et de l'ingénieur en chef Didier, un ami de Cossé-Brissac. La garnison et les habitants d'Auxonne proclamèrent Louis XVIII le 20 avril.

à faire pénétrer « dans le cœur » de ses ouailles ces « doux sentiments ». Comment pourrait-il en être autrement puisque, de l'avis de Mgr Reymond, « cet heureux résultat des événements... paraît être l'exécution de la volonté divine dont le premier corps de l'état est devenu l'organe » ? De nombreux curés n'avaient pas attendu l'exemple épiscopal. Le desservant de Baubigny affirme que la chute de Napoléon est « un miracle opéré par le Très-Haut en faveur de notre sainte religion, de notre chère patrie et de nos princes légitimes ». Celui de Lignerolles prend l'initiative de la proclamation de Louis XVIII ; il « a appellé » ses paroissiens à l'église et chanté le Domine salvum fac regem « à la première nouvelle des opérations du gouvernement provisoire ». Le curé d'Is-sur-Tille « prononça un discours analogue à la circonstance ». De nombreux prêtres signèrent les adresses d'adhésion envoyées par leur commune au nouveau souverain (1).

Les autorités municipales et leurs administrés acceptèrent également les changements politiques. Avec plus ou moins de rapidité toutes les communes proclamèrent solennellement Louis XVIII. Il est intéressant de remarquer que certaines le firent d'après les ordres du préfet, ou plus exactement du conseiller de préfecture Petitot. Cette intervention préfectorale n'est pas la preuve d'une opposition quelconque ; les maires qui eurent soin d'insérer ce détail dans le procès-verbal agirent par habitude car dans leur village la cérémonie s'accomplit sans retard et avec beaucoup d'enthousiasme (2). En général la restauration de la royauté s'accomplit d'après le programme suivant. Le maire escorté par la garde nationale, accompagné du conseil municipal, du curé, du juge de paix, des employés des diverses administrations et souvent des officiers autrichiens en garnison, parcourt la commune ; aux lieux fixés par l'usage, il lit les actes du Sénat et les lettres du préfet, proclame le rétablissement de l'ancienne monarchie et invite la population à crier : « Vive Louis XVIII ! Vivent les alliés ! » Puis on retourne à la mairie dresser procès-verbal de la cérémonie et rédiger en termes choisis une adresse

(1) F 1c/III, Côte-d'Or 1. *Journal et Affiches* 8 mai.
(2) Vitteaux 13 avril ; Vannaire 1er mai ; Boux 5 mai.

enthousiaste. Alors se présentent quelques jeunes filles qui en hâte ont brodé un blanc étendard; elles le remettent au maire qui les remercie « avec sensibilité ». Le cortège se reforme et se rend à l'église; le curé bénit l'emblème légitimiste et chante un Te Deum. Les réjouissances populaires commencent ensuite; on distribue des secours aux indigents, on participe aux banquets administratifs ou aux agapes privées; on illumine; on crie à nouveau: « Vivent les Bourbons! Vivent les souverains! ». Bref, tous donnent « les expressions de la joie et de la plus vive sensibilité (1) ».

La Côte-d'Or acclame ainsi la restauration des Bourbons. Est-ce à dire qu'elle ait souhaité le retour de l'ancien régime et exécré le régime impérial? Il convient de faire tout d'abord la part — elle est considérable — des circonstances. Les autorités sont désireuses d'attirer sur elles et sur leurs concitoyens les faveurs du nouveau gouvernement; on pense se concilier par une prompte adhésion aux mesures prises par le gouvernement provisoire les bonnes grâces des troupes alliées (2); on cède à la contagion de l'exemple et au souci du style noble. De nombreuses adresses se contentent de se féliciter de l'approche de la paix, de la disparition de la conscription et des droits réunis. Une formule se rencontre fréquemment: « La paix, la liberté publique faisaient l'objet de tous nos vœux; Louis XVIII va nous assurer l'une et l'autre (3) ». De temps à autre on ajoute: « nous allons donc voir rétablir la justice, la religion et les mœurs (4) ». Certaines adresses sont plus pathétiques. Les habitants de Baubigny s'émeuvent: « lorsque nos mains affaiblies ne pourront plus tracer le sillon et que le poids des années nous fera courber vers le tombeau... nos enfants seront nos bâtons de vieillesse ». Ceux de Villy-en-Auxois déclarent à Louis XVIII: « Rien ne nous coûtera... si l'impôt odieux sur les boissons..., si l'infâme conscription ne souillent pas les fastes de votre règne. »

(1) Par exemple Arnay-le-Duc, Vitteaux.

(2) Par une circulaire du 5 avril le gouvernement provisoire promettait la cessation immédiate des hostilités partout où son existence et ses actes seraient acceptés (F 1a/581 Côte-d'Or).

(3) Par ex. Beaune.

(4) Par ex. Lignerolles, Châtillon, Civry-en-Montagne. — Villy (F/3, 3/1).

La très grande majorité des adresses ne s'explique pas sur l'origine et l'étendue du pouvoir de Louis XVIII. Est-il roi de France par droit de succession ou en vertu de la désignation populaire ? Sera-t-il monarque absolu ou constitutionnel ? Par prudence on se tait ; par expérience, on sait ce que valent les garanties inscrites dans des textes confirmés par plébiscite. Le résultat seul importe ; on souhaite un « gouvernement sage et paternel » sans autre précision. Lorsque l'on se hasarde à plus de clarté, il semble que la restauration des Bourbons soit chose toute naturelle ; de hardis villageois essaient de persuader le roi qu'il « n'a cessé de régner dans leurs cœurs » ou qu'ils « ont toujours eu pour la dynastie des Bourbons un secret attachement » ; d'autres, et c'est le plus grand nombre, décernent au roi le titre de père et espèrent de lui un règne aussi bienfaisant que celui du « bon et grand Henri ». Le nom d'Henri IV est souvent accompagné par celui du « vertueux et infortuné Louis XVI ». Les allusions à Louis XIV, à François Ier, à Philippe-Auguste sont plus rares (1). D'aussi savants légitimistes ne devaient pas être de bien fervents constitutionnels.

Seul, semble-t-il, le conseil de préfecture fait dépendre l'autorité de Louis XVIII de l'adhésion populaire : « un rejeton du bon Henri viendra prendre le timon du gouvernement en vertu d'un pacte avantageux à son auguste personne et au peuple ». Les autorités semuroises ne se prononcent pas nettement entre la théorie de l'hérédité et celle de l'élection ; à Montbard, on use de termes équivoques. L'attitude du Sénat et du gouvernement provisoire autorisaient plus de zèle pour l'établissement d'un régime constitutionnel. On parle volontiers des libertés publiques mais vaguement. Rares sont les allusions expresses à la Charte. A Montbard on se décide à la considérer comme « également avantageuse aux sujets et à l'auguste prince appelé à les gouverner » ; à Gevrolle, on se félicite de voir consolider « l'égalité de droit » ; à Gissey-sur-Ouche on admire l'équilibre qui naîtra d'un corps de « patriciens » choisis par le monarque, inamovible et non héréditaire,

(1) Lignerolles, Labergement-le-Duc, Riel-les-Eaux, Saint-Remy.

opposé à une assemblée « de légats du peuple amovibles ». Par contre, il est aisé de relever des adresses favorables à la restauration du pouvoir absolu. Deux mille Dijonnais auraient supplié Louis XVIII de régner avec la « puissance de Philippe-Auguste et de Henri IV ». Les habitants de Fontaine-Française s'élèvent contre « un projet de constitution incompatible avec la dignité du trône ». Ceux de Pontailler rejettent « une constitution informe et dont les dispositions sont aussi mal combinées entre elles qu'obscurément énoncées » ; ils pressent Louis XVIII de « reprendre le seul nom qui lui appartienne, celui de roi de France et de Navarre et de... régner avec la même étendue de pouvoir que ses illustres ancêtres » ; si le roi juge utile de fixer certaines règles constitutionnelles, elles ne doivent émaner que de sa sagesse et de sa bonté car « jamais les Bourbons n'ont abusé de leur pouvoir ». Même confiance naïve dans la petite commune de Monthelie ; les habitants exhortent Louis XVIII à les gouverner « avec le cœur et l'épée de Henri IV... Que votre autorité ne se mesure qu'à leur amour pour vous et à votre tendresse pour eux. Dans notre simplicité villageoise qu'il nous soit permis d'ignorer toute autre proportion (1) ».

La sincérite et la spontanéité de ces adresses sont fort discutables. Une remarque s'impose cependant. On y parle beaucoup de droit constitutionnel et pas du tout d'organisation administrative ; on ne veut plus entendre parler de conscription ni de droits réunis mais on ne discute pas des attributions du préfet. Napoléon est seul à recevoir des épithètes insultantes ; pas un mot désagréable de ses agents (2). Tout au contraire, la commune de Til-Châtel se réjouit en apprenant que Cossé-Brissac se prépare à revenir comme préfet en Côte-d'Or.

La nouvelle était exacte. Le 12 mai, le dernier préfet impérial rentrait à Dijon comme représentant du gouvernement royal. Jusque là, Cossé-Brissac était demeuré à Paris. En vain, le ministre impérial de l'Intérieur lui avait prescrit de profiter de la première circonstance favorable pour regagner son

(1) F 1c/III, Côte-d'Or 1. Gaffarel, p. 74.

(2) Beaune a « gémi sous la plus affreuse tyrannie ». A Bessey-les-Citeaux, l'empereur déchu est comparé « aux Gengiskan, aux Attila ».

département, s'installer à Auxonne ou par Mâcon suivre le mouvement de l'armée de Lyon. A ces ordres Cossé-Brissac avait opposé la force d'inertie et de multiples motifs : Auxonne est bloqué ; il ne trouve point de cheval ; la route n'est pas sûre ; avancer et reculer lui paraît peu digne d'un préfet. Il se tient d'ailleurs au courant des événements côte-d'oriens et transmet au ministre les renseignements plus ou moins exacts qu'il se procure (1). Aussi estima-t-il tout naturel de revenir dans son département lorsque toute crainte de danger militaire ou politique avait depuis longtemps disparu. Auparavant il avait désavoué le passé dans une lettre au roi et fait ressortir les mesures dangereuses pour le gouvernement impérial prises par lui. « Une imagination ardente, assure-t-il au nouveau souverain, le désir ou plutôt l'espoir de servir son pays lui ont fait accepter une place dans des temps que l'univers voudrait pouvoir oublier ;... 2.000 conscrits sauvés en moins de 2 mois, toutes les gardes nationales dispensées de marcher... toutes les places de maires données aux nobles... sont peut-être... des titres pour expier ses fautes. » Louis XVIII ne crut pas devoir se défier d'un fonctionnaire aussi adroit et dont la fidélité à la royauté était garantie par l'origine familiale. Bientôt il allait faire du duc de Brissac l'un des pairs de France (2).

Le retour de Brissac en Côte-d'Or marque la fin de la période d'interrègne préfectoral. Le fonctionnement régulier de l'administration départementale est redevenu possible. En fait il ne sera pas de suite rétabli. Le gouvernement royal a envoyé, lui aussi, des commissaires extraordinaires ; la 18e division militaire a été confiée au comte de Nansouty. D'autre part, la restauration de la royauté n'a pas delivré le département de l'occupation étrangère dont le duc de Brissac verra à peine la fin. Ce n'est qu'avec son successeur, Terray, que la vie normale va reprendre bien qu'entravée par la liquidation des réquisi-

(1) Cossé-Brissac au Min. Intérieur 15, 26, 27 mars 1814 (Arch. Nat. F 1c/III, Côte-d'Or 9 ; F/7, 7025).

(2) Duc de Brissac au Président du gouvernement provisoire 9 avril (F 1c/III, Côte-d'Or 1) ; au roi (F 1b/II, Côte-d'Or 5). Duvergier, XIX, p. 93 (Ordonnance du 4 juin).

tions et surtout par les troubles assez sérieux que provoquera la reprise de la perception des droits réunis (1).

(1) *Journal et Affiches* 14 mai. L'évacuation ne fut pas terminée avant le 18 juin (Gaffarel, p. 56 ; Brissac au Min. Intérieur 26 mai ; F 1c/III, Côte-d'Or 9). Sur les troubles relatifs aux droits réunis cf. Min. Intérieur au préfet 31 août 1814. (F 1c/III, Côte-d'Or 1, P/3, 3/1). Ordonnance du 11 juin nommant Terray (Duvergier, XIX, p. 100). Adieux de Brissac au département 26 juin ; « Le bien croît naturellement sous le règne des Bourbons » (Baudot mss. 259).

CONCLUSION

Dans l'opinion commune les préfets de l'empire apparaissent comme des administrateurs sans initiative, simples intermédiaires dévoués entre le pouvoir central et les citoyens; ces serviles et empressés exécuteurs des volontés impériales se montrent inflexibles envers leurs administrés et autoritaires à l'égard de leurs subordonnés; ni aux uns ni aux autres ils ne tolèrent ni plaintes ni faiblesses. MM. Chavanon et Saint-Yves écrivent du général La Chaise : « il dirigera sa préfecture un peu comme il commanderait un régiment; par ce côté... (il) apparaitra bien comme le type classique des préfets de l'empire »; M. Gaffarel se refuse à admettre certains témoignages parce que, dit-il, « ce n'est pas le préfet... qui... aurait permis qu'un magistrat municipal s'opposât à la levée des conscrits (1) ». Par contre, plus récemment, en d'importantes et utiles études, M. Aulard estime que les ordres de l'empereur ont été souvent négligés par les préfets et que l'absolutisme administratif du régime impérial a été plus leur œuvre que celle de Napoléon, impuissant à réprimer les abus de pouvoir et l'esprit d'indépendance de ses représentants (2).

L'histoire de la préfecture de la Côte-d'Or n'est complètement favorable à aucune de ces généralisations; le rôle et le tempérament de ses premiers administrateurs furent plus complexes et leurs responsabilités historiques sont moindres.

Dans ce département les préfets manifestent par leurs discours et par leurs actes une réelle sympathie pour leurs admi-

(1) *Le Pas-de-Calais*, p. 21. *Dijon en 1814*, p. 87.

(2) *Napoléon et le monopole universitaire*, p. 370 : « En réalité l'empereur ne fut pas le maître absolu, obéi au doigt et à l'œil qu'une légende nous a montré. » *La Centralisation napoléonienne* (Révol. fr., LXI, 1911), p. 197-200; 341.

nistrés et les besoins de la région. Devant le conseil général Guiraudet affirme sa volonté d'aider l'assemblée « en ses vues d'amélioration en faveur d'un département auquel il tient autant par le devoir de sa place que par l'attachement le plus vrai. » De fait il appuie et documente les doléances des conseillers contre la surcharge fiscale qu'impose aux contribuables côte-d'oriens une erreur matérielle de la Constituante ; il soutient de ses démarches et de son argent la création d'un lycée à Dijon et d'un atelier à la fois philanthropique et utile à l'industrie locale. Lecoulteux, en entrant en fonctions, promet à ses subordonnés « d'assurer le bonheur de nos administrés, bonheur qui sera le but constant de ma sollicitude ». Il essaie d'adoucir la rigide et littérale interprétation de la législation militaire ; il restaure les chemins vicinaux. Cossé-Brissac transforme en marchés les réquisitions de chevaux que redoutent tant les cultivateurs ; il refuse de désigner pour l'armée les soutiens indispensables de famille, ménage de son mieux les jeunes « gens de la plus haute volée » qu'il doit envoyer aux régiments de gardes d'honneur, obtient à force d'instances la réduction de l'une des levées de 1813 de 2.000 à 1.200 conscrits. Comme Guiraudet et Lecoulteux il s'efforce d'éviter la disette à son département même par des atteintes à la liberté du commerce. Les préfets annoncent hautement leur intention d'administrer avec l'aide des représentants du département. Guiraudet déclare aux conseillers généraux : « Appelés... pour porter un œil sévère et juste sur l'emploi des fonds appliqués par l'administrateur... vous ne compléterez... la satisfaction de celui-ci qu'en vous assurant par vous-mêmes s'il mérite sur ce point la confiance que le consul a bien voulu lui accorder ». Cossé-Brissac fait appel à la collaboration des maires (1).

Ces professions de foi administratives étaient-elles sincères? On sait comment Guiraudet et Riouffe accueillirent les efforts tentés par les conseillers généraux pour contrôler l'exécution du budget départemental, comment Cossé-Brissac dicta aux

(1) Discours au conseil général an IX (N/3, 1), an X (N/1,1). Guiraudet au conseil municipal 15 germinal an XI «... au prix que j'attache à la bienveillance qu'on a bien voulu m'accorder dans un département que j'ai tant de plaisir à adopter comme le mien » (T/2, 2). Circulaires 12 mai 1809 (M/1, 5/1) : 28 mai 1812 (M/1, 5/1).

municipalités le chiffre de leurs offres volontaires de chevaux en 1813. Guiraudet, qui avait annoncé le 3 germinal an VIII qu'il « épuiserai(t) toutes les ressources d'exhortation et d'instruction si convenables à une administration de famille », a *formulé la doctrine du bon plaisir préfectoral*; sans égard pour la volonté expresse des fondateurs ni pour les protestations des conseillers municipaux de Dijon, il aurait réuni l'hôpital et l'orphelinat de Sainte-Anne « parce que nous nous appelons lion », écrit-il à Maret. Lui et ses successeurs entendirent que dans les différends entre la mairie de Dijon, les anciens révolutionnaires et la préfecture, le dernier mot appartînt à celle-ci. Ils auraient volontiers *étendu leur autorité directe* aux affaires municipales et remplacé les municipalités par leur conseil de préfecture. Convaincus de leur puissance les préfets de la Côte-d'Or n'hésitent point devant les mesures brutales ou illégales. C'est encore Guiraudet qui pose le principe : « l'intention fait seule le délit ». Par suite toute décision qui témoignera de leur zèle pour le gouvernement ou, à l'occasion, pour leurs administrés sera légitime. Guiraudet applique cette règle au cas de l'abbé Arvier, à l'élection du juge de paix de Pontailler, à la convocation extraordinaire du conseil général à l'effet de lui faire voter l'achat de cent canons pour la flottille de Boulogne. Molé rétablit la corvée. Lecoulteux en étend l'emploi. Cossé-Brissac, surtout, se conduit comme un véritable empereur de la Côte-d'Or ; il menace les paysans qui ne cultiveront pas la betterave de faire faire cette culture à leurs frais par des rôles exécutoires comme s'il s'agissait de contributions directes ; il établit de sa propre autorité maints centimes additionnels ou taxes arbitraires dans leur principe et dans leur assiette soit sur les principaux propriétaires fonciers, *soit sur les marchandises qui circulent sur la Saône* et le canal ; il opère des virements de crédits. Par contre il néglige de renseigner le ministre sur l'état des collèges par dépit de ne pas régenter l'instruction publique et lorsque le gouvernement lui impose d'employer les réquisitions, système qu'il désapprouve, Cossé-Brissac se désintéresse du succès des nouvelles levées de chevaux (1).

(1) Proclamation 3 germinal an VIII (M/1, 5/1) ; à Maret 4 thermidor an X (T/2 ; 2) au ministre Intérieur 13 prairial an XI (F 1c/III, Côte-d'Or 8) ; au

C'est que les préfets de ce département sont hommes d'initiative (1). Guiraudet envoie de son propre mouvement un délégué aux séances du synode constitutionnel ; il paie les employés de la préfecture d'après le crédit qu'il juge nécessaire et non d'après celui que le gouvernement lui a accordé ; il approuve l'adjonction aux fabriciens dijonnais d'associés ignorés de la loi parce que « les motifs invoqués... peuvent la rendre susceptible de modification ». Riouffe choisit des curés pour maires de leurs communes et, malgré les instances du directeur général de la Conscription, ne veut pas compléter sa compagnie de réserve au moyen d'une seconde visite médicale imposée aux conscrits réformés. Molé se soustrait aux solennités de l'installation traditionnelle contre les instructions ministérielles. Lecoulteux crée de nouveaux fonctionnaires, remplace les adjoints de Dijon par ses délégués directs. Cossé-Brissac interprète largement les décrets impériaux et se soucie peu de conformer ses actes aux ordres du gouvernement pourvu qu'il « obtienne un prompt résultat ». A la fin de 1813 et en 1814 il désobéit plusieurs fois de la manière la plus expresse aux prescriptions de ses chefs (2).

En d'autres départements on a déjà relevé des faits analogues qui manifestent à la fois la sympathie des préfets pour leurs administrés et leur tendance autoritaire et autonome. Lezay-Marnésia évite aux populations du Bas-Rhin l'envoi des colonnes mobiles, rétablit la corvée, concilie les intérêts du fisc et des planteurs de tabac, crée des commissaires cantonaux. Jean Bon-Saint-André à Mayence prescrit spontanément des travaux utiles et mérite que Napoléon l'appelle « l'avocat de son

Min. Police 8 messidor an X ; « partagé entre la crainte d'outrepasser mes attributions et la résolution de répondre à la confiance du gouvernement je n'ai pas hésité, quelque répréhensible que puisse être ma conduite, à ordonner l'arrestation du prêtre Arvier » (V 28), au Min. Intérieur 21 septembre 1813 (F 1c/III, Côte-d'Or 7).

(1) Il est assez rare de rencontrer dans leurs lettres des demandes d'instructions ou d'éclaircissements ; le fait se produit surtout lorsqu'ils viennent de prendre quelque décision grave ou de recevoir quelques blâmes ministériels, par exemple pour ne pas tenir le pouvoir central au courant de tout ce qui se passe dans leur département (*Correspondance*, X, 6155 ; 13 messidor an X ; 2 novembre 1810 (F 1c/III, Côte-d'Or 9) ; 27 décembre 1810 (F/7, 3668).

(2) Au Min. Intérieur 3 nivôse an XII (F/19, 417) ; 25 ventôse an XIII (V 18) ; au directeur de la Conscription 11 août 1807 (R/1, 13).

département (1) ». Mais souvent les historiens ne se demandent pas comment cette conduite des préfets fut appréciée par le gouvernement et par les administrés et s'ils rencontrèrent des obstacles à leurs vues absolutistes. En Côte-d'Or ministres et empereur blâmèrent quelquefois, approuvèrent souvent, tolérèrent d'ordinaire les excès de zèle de leurs représentants. C'est en termes discrets que Lucien Bonaparte reproche à Guiraudet d'avoir porté atteinte au principe de Séparation (2). En plus d'une circonstance le gouvernement donnera à ses préfets l'exemple de l'illégalité. Il recule ou supprime à son gré les sessions des conseils généraux ou d'arrondissement ; l'élection de 1809 est retardée d'un an afin de permettre au maréchal Davout de venir la présider. Ministres de l'Intérieur et de la Guerre pensent comme Guiraudet que la fin justifie les moyens. L'un annonce à Cossé-Brissac qu'il dispose d'un pouvoir souverain et de « toute latitude » pour désigner les gardes d'honneur et que « l'excédent serait toujours agréé » et lui recommande de ne point se montrer trop rigoureux sur les formes lors du renouvellement des municipalités en 1813 : « Il suffit, surtout lorsque les choix sont bons, que les dispositions essentielles... aient été suivies ». L'autre avait déjà invité Riouffe à abréger les délais de mise en route des conscrits « pour répondre aux vues de S. M. » Le comte de Montalivet n'agrée pas les arrêtés préfectoraux portant élection des officiers de la garde nationale bien que ce soit le seul mode légal de les désigner. N'est-ce point inviter les préfets à adapter les lois aux circonstances ? Ni Portalis, ni Régnier n'ont eu une parole de blâme pour l'arrestation de l'abbé Arvier ; au contraire cette mesure est envisagée comme possible par le premier et le second, en estimant le coupable comme assez puni par cette détention arbitraire, déclare par là même celle-ci régulière. Voir les ministres imposer des dépenses sans en avertir le conseil général et répondre par des

(1) Darmstädter, XVIII, p. 309, 540, 543 ; XIX, p. 640. Lévy-Schneider, pp. 1108, 1112.

(2) Au contraire ils les tancent amèrement des retards de leur correspondance et des lacunes de leurs rapports (Min. Intérieur au préfet 18 pluviôse an XI (F 1c/III, Côte-d'Or 2) ; 1er mai, 19 septembre, 25 décembre 1807 (M/6, 1) ; 12 novembre 1812 (F 1c/III, Côte-d'Or 9) ; 30 juillet, 27 novembre 1813 (M/14, 9) ; 14 janvier 1814 (F 1c/III Côte-d'Or 7).

lettres équivoques à ses demandes de vérification des comptes préfectoraux n'était pas fait pour décourager les empiètements des préfets sur les attributions légales des assemblées départementales (1).

L'empereur a-t-il voulu, aurait-il pu réprimer ces désobéissances et ces illégalités ? M. Aulard fait état du blâme infligé par Napoléon au préfet Riouffe lors de l'installation du maire Durande. Cette lettre au ministre de Champagny ne fut en réalité qu'une boutade libérale et n'eut aucune sanction ; Riouffe n'en demeurera pas moins préfet de la Côte-d'Or et sera plus tard sur sa propre demande nommé à une préfecture équivalente. De même, souvent mécontent des initiatives de Jean-Bon-Saint-André, Napoléon s'apaise bien vite, s'abstient de sévir (2). Loin de modérer leur zèle autoritaire l'empereur a donné à ses ministres et à ses préfets l'exemple de l'oubli des lois et de ses propres décisions en établissant des impôts par décrets, en cassant des jugements par décrets, en substituant à toute règle son bon plaisir. Il leur prescrit par exemple de dresser la liste des plus imposés non pas d'après le chiffre brutal des contributions mais d'après la situation sociale et les sentiments politiques des contribuables. Lui qui avait déclaré qu'il « ne doit pas être levé un centime si ce n'est en vertu d'une loi » a-t-il reproché à son ministre de l'Intérieur d'inscrire d'office au budget côte-d'orien et de percevoir des centimes pour frais d'arpentage et d'acquisition de l'abbaye de Clairvaux ? N'a-t-il point par lettre décidé de réformer toutes les décisions du Conseil d'État défavorables à la régie des domaines dans la vente des biens communaux et confié ce pouvoir vraiment souverain à l'archichancelier et à deux ministres ? Ainsi encouragés, comment les préfets de la Côte-d'Or auraient-ils résisté à la tentation de l'arbitraire et de l'illégalité (3) ?

Sans doute il est possible que Napoléon se soit peu préoccupé des populations côte-d'oriennes et que dans l'enivrement

(1) Circulaire confidentielle 9 avril 1813 (R/1, 13) ; 21 juin 1813 (M/3, 27) ; Min Guerre au préfet 16 brumaire an XIV (R/1, 23 *bis* ; Portalis au même 17 messidor an X (V 28).

(2) *Correspondance* XII, 10.143, 26 avril 1806. Lévy-Schneider, p. 1108.

(3) *Correspondance* X, 8182, 24 brumaire an XIII ; 8406, 18 ventôse an XIII. Lecestre, *Lettres de Napoléon*, II, 1028, 26 juin 1813.

de ses triomphes et de sa toute-puissance il ait oublié le temps où il faisait la police des marchés de grains le long de la Saône (1). Sans doute encore les ministres ont pu lui cacher ces détails ennuyeux. Mais c'est un devoir pour le chef d'un état aussi monarchique que l'empire napoléonien dont l'unique fondement est la personne même du souverain de se renseigner par d'autres voies et l'on sait combien l'empereur était méfiant et ami des rapports secrets (2). On ne peut croire qu'il ait signé sans les lire les décrets fixant les budgets départementaux et promu Molé conseiller d'État sans en connaître personnellement les actes administratifs. Ses rares interventions dans la vie administrative de ce département prouvent que son ignorance des choses de la Côte-d'Or n'était pas invincible. Dans ce département, en particulier, Napoléon est donc bien l'auteur responsable de l'absolutisme de l'administration préfectorale.

D'esprit autonome et indépendant les préfets ont-ils été les maîtres dans leur département ? A cette question intéressante la réponse semble bien devoir être négative en Côte-d'Or. Les représentants du gouvernement ont eu plus à lutter contre de puissantes influences que contre les ministres et l'empereur. Maret et Berlier, les patrons des partis adverses côte-d'oriens près du pouvoir central, intervinrent assez peu dans l'administration proprement dite. Ils se contentèrent de protéger leurs amis ou leurs actes contre l'hostilité préfectorale. Guiraudet qui supprima avec tant d'empressement la *Correspondance de littérature* et le *Journal littéraire* n'osa point prendre semblable mesure contre le « folliculaire » Carion bien que le *Journal de la Côte-d'Or* ait inséré à cette même époque des articles fort passionnés et beaucoup plus dangereux, semble-t-il, pour le maintien de la concorde entre les citoyens que les anodines plaisanteries de Jean Bonace. Un professeur égalitaire résista hautement et impunément à Riouffe. Ce fut le cas d'autres

(1) On a dit d'Auxonne ; « Il ne semble pas... qu'il ait fait beaucoup pour la ville. Il ne s'en *souvint* guère que pour la transformer en lieu d'internement » (Latruffe, *Auxonne place forte*... Mém. Soc. bourg., III, p. 374). Cette réflexion est vraie de l'ensemble du département ; par exemple l'allocation de crédits pour l'achèvement partiel du canal de Bourgogne est due aux sollicitations de Crétet et de Molé et non à l'initiative de Napoléon.

(2) Canton, *Napoléon antimilitariste*, p. 35 à 64.

fonctionnaires protégés par l'un ou l'autre des influents personnages d'origine côte-d'orienne dont on a vu les fréquentes et heureuses interventions dans le recrutement du personnel administratif (1).

Les collaborateurs des préfets imitent les tendances de leurs chefs. Eux aussi s'intéressent à leurs administrés, par exemple à l'occasion de la disette de 1811-12, de la fondation d'ateliers municipaux ou de la réfection des chemins. Ils s'inquiètent peu de respecter la loi ou les ordres du gouvernement. Frémyet souhaite l'extention de la corvée que Lecoulteux n'emploie qu'à regret ; lui et ses collègues se dispensent du contrôle des conseillers d'arrondissement. Raufer de Bretenières exempte les gardes nationaux dijonnais de prêter le serment de haine à la royauté prescrit par la loi organique du 24 prairial an III ; contre cette même loi le maire de Pouilly-sur-Vingeanne attribue au préfet la nomination des officiers de la compagnie de cette commune ; de nombreux conseils municipaux établissent des taxes spéciales pour les dépenses cultuelles, l'acquisition de chevaux ou de bateaux à offrir au gouvernement, le rachat de la corvée ; ils se réunissent spontanément pour donner des ordres au desservant ou pour traiter avec un maître d'école ; les présidents d'assemblées cantonales écartent les candidats qui leur déplaisent et complètent à leur gré la liste des élus. Même tendance à l'autonomie se remarque dans leur attitude à l'égard des prescriptions préfectorales spontanées ou prises en exécution d'ordres supérieurs. Les sous-préfets méritent de vifs reproches pour leurs retards à adresser à la préfecture les renseignements demandés et à dresser les états ou registres administratifs. Aucun mot d'éloge exagéré à l'adresse du premier administrateur du département ne se rencontre dans la Statistique de Vaillant. Jusqu'en 1811 les

(1) *Journal* 30 germinal et 10 floréal an XII (contre une inscription placée par Richard-Vesvrote sur la tombe de son frère guillotiné sous la Terreur) ; 10 ventôse an XI (sur les partisans des docteurs *ignorantins*). L'action des titulaires de la Sénatorerie de Dijon paraît avoir été insignifiante en Côte-d'Or. François de Neufchateau se préoccupa de développer la production agricole des biens nationaux dont cette fonction avait été largement dotée et de proposer aux élèves du lycée maint sujet de prix. C'est à peine si mention est faite de son successeur depuis 1806, le comte de Lespinasse (P/6, 2. Lhomer, *François de Neufchâteau*, pp. 179, 185, ss. *Journal*, 25 germinal, 15 prairial, 15 fructidor an XIII, 3 frimaire an XIV ; 22 août 1811).

conseillers généraux ont essayé de remplir les diverses attributions que leur a confiées la loi de pluviôse et se résignent avec regret à ne plus exercer en matière de finances que des fonctions représentatives. Les maires protègent les prêtres contre les rigueurs légales ou les décisions de l'évêque et du préfet et refusent de procéder contre eux aux actes que leur impose leur qualité de chefs de la police locale ; ils aident les déserteurs, soutiennent leurs concitoyens dans leur répugnance à cultiver la betterave, prennent des arrêtés sans en référer au préfet, négligent de répondre aux demandes de renseignements ou d'explications que celui-ci leur fait, ne se hâtent point de lui envoyer les adresses réclamées afin d'attester le bon esprit de leur commune en octobre 1813 et surtout se désintéressent le plus possible de l'administration municipale. De simples citoyens se hasardent à désobéir au représentant de l'empereur et réussissent à le faire impunément. Un desservant de campagne a tenu en échec pendant près de deux ans l'évêque, le préfet, les Ministres de l'Intérieur, des Cultes et le farouche duc de Rovigo. Plus heureux que l'abbé Arvier les campagnards de la Côte-d'Or ont par leur apathie et leur astuce villageoises réussi à ne pas cultiver la betterave en dépit des circulaires préfectorales et des *décrets impéraux* ; les *Dijonnais ont éludé* le service de garde national (1). Aux heures difficiles de 1813 et de 1814 cette tendance à la résistance passive se transformera en opposition ouverte ; fonctionnaires et citoyens refuseront à l'envi de seconder dans la défense du sol national et de leur département un empereur et un régime qu'ils détestent.

Vis à vis de ces fonctionnaires et de ces citoyens indociles les préfets agissent comme ministres et empereurs le font à leur encontre. Parfois ils les soutiennent et les approuvent ; telle sera l'attitude de Cossé-Brissac durant la crise de 1813-1814. Parfois ils les morigènent, les rappellent à l'observation des lois, des décrets, des arrêtés, les menacent de leur courroux ou de la défaveur impériale ; ce n'est que rarement qu'à ces

(1) Maire de Dijon au préfet 2 frimaire an XIV : arrêté du maire de Pouilly 28 août 1813 (R/4, 9) ; président de Genlis au Min. Intérieur 4 fructidor an XI (F 1c/III, Côte-d'Or 8). Sous-préfet de Semur au préfet 26 floréal an IX (V 27).

paroles s'ajoutent des sanctions positives. L'indulgence du gouvernement et de ses représentants s'explique : d'ordinaire les préfets ont exécuté les volontés de Napoléon et les habitants ont obéi aux prescriptions préfectorales. Les premiers administrateurs de la Côte-d'Or ont assuré le succès des levées de conscrits et de la perception des impôts et habitué les populations de ce département à ne s'occuper des affaires publiques que pour admirer les hauts faits de S. M. Guiraudet a appliqué la politique d'union et de tolérance du Premier Consul ; Lecoulteux et Cossé-Brissac se sont efforcés de promouvoir la culture du pastel et de la betterave. Si beaucoup de citoyens s'abstiennent de participer aux élections ou refusent d'accepter des fonctions administratives, d'autres secondent l'action des préfets, les documentent, participent à l'administration, donnent à leurs concitoyens l'exemple du dévouement et de l'obéissance à l'empereur et à ses délégués (1). Les habitants acquittent les taxes établies par Cossé-Brissac ou par les conseils municipaux aussi bien que les contributions ordinaires ; en considérable majorité ils maugréent souvent contre les charges qu'on leur impose et les ordres qu'ils reçoivent mais finissent par supporter les unes et par exécuter les autres. Chez les administrateurs et chez les administrés domine l'esprit de soumission en dépit de manifestations indéniables d'indiscipline.

C'est que les Côte-d'Oriens se rendent compte qu'ils sont administrés avec économie, ordre, fermeté et sollicitude par les préfets et par les notables. Ils acceptent le système administratif conçu par Napoléon Ier mais ils rejettent la politique impériale de guerres permanentes et ses conséquences, levées ininterrompues de soldats et augmentations ou créations d'impôts. De 1800 à avril 1814 la France ne connut à peine que 20 mois de paix entre la conclusion des préliminaires de Londres et la rupture de la paix d'Amiens. Cet état de siège permanent a beau ressembler extrêmement à celui qui explique ou justifierait, du moins pour beaucoup de bons esprits, les mesures les plus illégales, les plus spoliatrices, et les plus

(1) Sur le Notabeltum cf. Darmstädter, XIX, pp. 285, 286. Sous-préfet de Châtillon au préfet 8 septembre 1810 : « Ces fonctions étant gratuites j'ai cru devoir choisir parmi les citoyens les plus aisés » (M/5, 2).

sanguinaires des gouvernements révolutionnaires et de leurs agents ; même aux heures de crise Cossé-Brissac a beau ne rappeler que de très loin Pioche-fer Bernard et l'absolutisme de l'Empereur n'être point celui de la Montagne jacobine, les habitants de la Côte-d'Or, lassés de ces régimes militaires, de leurs mesures brutales ou vexatoires, de continuels sacrifices humains et pécuniaires, réclament une politique nouvelle de paix et de repos, mais ils ne souhaitent pas la modification de l'organisation créée en pluviôse an VIII. L'empire s'écroule aux cris : « A bas la conscription ! A bas les droits réunis ! » ; le dernier préfet impérial de la Côte-d'Or en est le premier préfet royaliste. Depuis lors, en des temps difficiles, la Côte-d'Or affirma ses convictions résolument républicaines sur les noms encore respectés des Chauvelin, des Joigneaux, des Magnin et des Carnot ; la longue durée de certaines préfectures, la facile exécution des lois et le calme qui règne d'ordinaire en ce département y manifestent la solidité et la vie de l'institution préfectorale.

BIBLIOGRAPHIE

Je me suis beaucoup servi de l'excellent guide de M. Schmidt (*Les sources de l'histoire de France depuis 1789 aux Archives Nationales*, 1907) et du répertoire manuscrit des séries modernes aux Arch. dép. Côte-d'Or ; on y trouvera au besoin l'indication du contenu des liasses ou cartons dont je ne reproduis que le numéro.

I. — Sources.

A. *Manuscrites*

Archives nationales:

AD/XVI, 31.

AF/IV, 8, 33 pl. — 1044 à 1047 ; 1147.

B/II, 126 à 132, 494 *a* et *b* ; 495 *a* et *b* ; 471 ; 655 ; 698, 849, 850, 853.

CC 52.

F 1/a 408, 581 Côte-d'Or, 584.

F 1b/II Côte-d'Or 2, 3, 4, 5.

F1c/ III Côte-d'Or 1, 2, 3, 4, 7, 8, 9.

F 2/1, 109, 121, 507, 843, 1185.

F/4, 2032, 2042.

F/7, 2532, 3268, 3282, 3312, 3590, 3616, 3625, 3772, 3774, 4290, 4291, 5786, 5808, 7025, 8424, 8533.

F/11, 337.

F/12, 1249 *a*, 1285.

F/19, 337, 417, 726, 865, 958 *c*, 1390.

Archives départementales de la Côte-d'Or :

Statistique de Vaillant.

M/1, 4/1 ; 5/1 ; 6/1 ; 8/1 ; 9/1 ; 10/1 ; 11/1 ; 12/1 ; 13/1 ; 14/1 ; 15/1.

M/3 ; 1 ; 2 ; 8 ; 9 ; 11 ; 14 ; 15 ; 16 ; 26 ; 27.
M/4, 1 ; 11.
M/5, 1 ; 2 ; 3.
M/6, 1 ; 21 ; 33 ; 58 ; 60 ; 93 ; 93 *a* ; 94.
M/8, 1 ; 6/1 ; 6/2.
M/13, 23/1 ; 24 ; 26.
M/14, 1 *a* ; 2 ; 9 ; 10 ; 11 ; 12 ; 8 A/1.
N/1, 1 ; 3 ; 2/1.
P/2, 1 ; 2 ; 2 ; 27.
P/3, 3/1 ; 4.
P/6, 2.
Q 1212 ; 1213 ; 1223.
R/1, 4 ; 12 ; 13 ; 18/1 ; 23 ; 23 *bis* ; 24.
R/2, 2 ; 3 ; 4 ; 5.
R/3, 2 ; 8 ; 13.
R/4, 9.
S/1, 221/1 ; S/2, 1 ; S/6, 1 ; en cours de remaniement.
T/1, 4 ; T/2, 1 ; 2.
U/1, 4 ; U/3, 17 ; 18.
V 1 ; 12 ; 13 ; 18 ; 19 , 20 ; 21 ; 23 ; 24 ; 25 ; 26 ; 27 ; 28 ; 29.
X/1, 1. X/2, 1. X/5. 1. X/12, 1. X/9, 1. X/15, 1 ; 2 ; 3.
Bibl. mun. Dijon Fonds Baudot mss. 259.
Académie de Dijon (non classées).

B. *Imprimées*

Bibl. mun. de Dijon :

Fonds Delmasse, 116 ; 301 ; 386 ; 389 ; 786 ; 1173 ; 2249 ; 2253.

Journal de la Côte-d'Or, an VIII à 1814 (également aux Arch. dép. incomplet).

Correspondance de Napoléon Ier publiée par ordre de Napoléon III

Lecestre, *Lettres inédites de Napoléon Ier*, 1897.

Léonce de Brotonne, *Dernières lettres inédites de Napoléon Ier*, 1903.

Picard et Tuetey, *Correspondance inédite de Napoléon conservée aux Archives de la guerre*, I, 1912.

Lettres de l'empereur Napoléon du 1er août au 18 octobre 1813 non insérées dans la correspondance, éd. X., 1909.

D'Hauterive, *La police secrète du Premier Empire*, 1913.

II. Ouvrages

A. Généraux.

ARTHUR-LÉVY, *Napoléon et la Paix*, 1902.

AULARD, *Histoire politique de la Révolution française*, 1901.

AULARD, *Napoléon Ier et le monopole universitaire*, 1911 ; Cf. Révolution française, janvier 1911.

AULARD, *La centralisation napoléonienne ; les préfets*. Révolution française, août-octobre 1911, LXI.

AULARD, *L'état de la France en l'an VIII et en l'an IX* (Société histoire de la Révolution française), 1897.

CAMBRIDGE MODERN HISTORY, IX, Napoléon, 1906.

CANTON, *Napoléon antimilitariste*, 1902.

CHUQUET, *La jeunesse de Napoléon*, 1898-1899.

CHUQUET, *Ordres et apostilles de Napoléon*, 1911.

COMPARDON, *Liste des membres de la noblesse impériale* (Soc. hist. Révolution), 1889.

DESTREM, *Les déportations du Consulat et de l'Empire*, 1885.

DUBREUIL, *La vente des biens nationaux dans les Côtes-du-Nord* (Thèse lettres 1912).

FOURNIER (Aug.), *Napoléon Ier, eine Biographie*. 1886-1889.

DE GRANDMAISON, *Napoléon et les cardinaux noirs*, 1895.

GUILLON, *Les complots militaires sous le Consulat et l'Empire*, 1894.

H. HOUSSAYE, 1814, 23e éd.

JAURÈS, *Histoire socialiste* (sous la direction de -). VI.

LEVASSEUR, *Histoire des classes ouvrières et de l'industrie en France de 1789 à 1850*, I, 2e éd. 1903.

LEVASSEUR, *Histoire du commerce en France*, II, 1912.

MARTIN-SAINT-LÉON, *Le compagnonnage*, 1901.

LE SCIELLOUR, *La liberté individuelle sous le Consulat et l'Empire*, 1911.

LHOMER, *François de Neufchâteau*, 1913.

MARMOTTAN, *Projet de Code rural sous le Premier Empire* (Revue des études napoléoniennes, III, 1913).

MORÈRE, *L'établissement du Consulat à Toulouse*. Révolution française, XXXII, 1897.

MORVAN, *Le soldat impérial*, 1904.

J. Regnier, *Les préfets du Consulat et de l'Empire*, 1907.

Rocquain, *L'état de la France au 18 brumaire*, 1874.

Ch. Schmidt, *La réforme de l'Université impériale, en 1811*, 1905.

Stourm, *Les finances du Consulat*, 1902.

Stourm, *Les finances de l'ancien régime et de la Révolution*, 1885.

Vandal, *L'avènement de Bonaparte*, I. Brumaire 1903 ; II. La république consulaire, 4e éd. 1907.

Viaud, *Les époques critiques du patriotisme français*, 1910.

Welschinger, *La censure sous le Premier Empire*, 1882.

Welschinger, *Le divorce de Napoléon*, 1889.

Welschinger, *Le Pape et l'Empereur*, 2e éd. 1905.

B. Locaux

Bulletin d'histoire et d'archéologie du diocèse de Dijon.

Annuaire départemental de la Côte-d'Or, 1870 ; 1879 ; 1880 ; 1858 ; 1804.

Enquêtes sur la Révolution en Côte-d'Or (Histoire économique de la Révolution. Comité départemental de la Côte-d'Or, I, 1910-1913).

Mémoires de la Société bourguignonne de géographie et d'histoire.

Mémoires de la Commission départementale des Antiquités.

Mémoires de l'Académie de Dijon.

Bulletin de la Société des Amis de l'Université de Dijon.

Borrey, *La Franche-Comté en 1814*, 1912.

Chabeuf, *Dijon, Monuments et Souvenirs*, 1894.

Chavanon et Saint-Yves, *Le Pas-de-Calais de 1800 à 1810* (Bibl. Société des Et. historiques, V), 1907.

Chomton, *Histoire de l'église Saint-Bénigne de Dijon*, 1900.

Darmstaedter, *Die Verwaltung des Unter-Elsass unter Napoléon Ier* (Zeitschrift für die Geschichte des Oberrheins, Neue Folge XVIII-XIX, 1903-04).

Dejean, *Un préfet du Consulat*, Beugnot, 1907.

Dunan, *La garde d'honneur du préfet de l'Allier*, 1913.

Ernouf, *Maret duc de Bassano*, 1878.

Gaffarel, *Dijon en 1814 et en 1815*, 1897.

Hugueney, *Les clubs dijonnais sous la Révolution ; leur rôle politique et économique*, 1905.

HUTINEL ET MATHEY, *Vitteaux*, 1912.

KLEINCLAUSZ, *Histoire de Bourgogne*, 1909.

DE LANZAC DE LABORIE, *Paris sous Napoléon*, 1905 ss.

LÉVY, *Le conventionnel Jean Bon-Saint-André*, 1901.

MAILLARD, *Franxault village bourguignon*, 1911.

GERMAIN MARTIN ET MARTENOT, *La Côte-d'Or. Étude d'économie rurale*, 1909.

PASSY (LOUIS), *Frochot, préfet de la Seine*, 1874.

PERRENET, *La Terreur à Dijon ; la conspiration des prisons*, 1907.

PINGAUD, *Jean de Bry*, 1909.

Revue des Études Napoléoniennes, 1912-1914.

SAGOT, *Les Gardes d'honneur de la Marne*, 1911.

SAINT-YVES ET FOURNIER, *Le département des Bouches-du-Rhône de 1800 à 1810*, 1899.

INDEX SOMMAIRE

A

B

C

D

E

F

CORRECTIONS ET ADDITIONS

P. 4, l. 18, lire : *Lucien* Bonaparte.

P. 11, n. 3, add. Barrault. *L'arrestation de Mesdames...*, Révol. fr. 1913.

P. 15, l. 30, cf. en ce sens Gabory, *Napoléon en Vendée* (1914), p. 25.

P. 20, n. 3, add. Gabory, p. 81.

P. 23, cf. en ce sens Gabory, p. 100.

P. 34, l. 3, Guiraudet a eu [illegible] connaître l'un des rédacteurs des listes de présentation, le général [illegible]e, pendant qu'il était le secrétaire du Ministre des Affaires étrangères, De[illegible]croix, et Clarke, chef du bureau topographique ; Delacroix fut précisément nommé préfet des Bouches-du-Rhône. Cf. Guyot, *Le Directoire et la Paix de l'Europe* (Thèse 1912), pp. 68-75, 431.

P. 40, l. 14, *Etienne* Hernoux.

P. 71 ss. Dans la Vendée (Gabory, p. 109-113) et dans l'ensemble de la France, semble-t-il (Bourdon, *L'administration communale sous le Consulat*, Rev. Et. Napoléoniennes, V, mai-juin 1914, p. 290 ss.), les maires ruraux sont de fort médiocre qualité et refusent volontiers d'accepter ou de conserver leurs fonctions. Aussi bien plusieurs préfets souhaitent-ils la réduction du nombre *des mairies. Cf. Côte-d'Or*, p. 134 ss.

P. 88. En Vendée le préfet respecte la liberté des cultes mais interdit les sonneries de la cloche (Gabory, p. 130 ss.).

P. 90. *Cf.* en ce sens Gabory, p. 206.

P. 138, n. 2. Add. Ch. Schmidt, *La question des sous-préfets en 1810* (Révol. fr. 51, 1906, p. 547-558).

P. 157. Le clergé vendéen prêche en faveur de la conscription (Gabory, pp. 150, 258). *Cf. Côte-d'Or*, p. 282.

P. 176. Emploi des prisonniers en Vendée pour construire les nouvelles routes stratégiques et politiques (Gabory, p. 284).

P. 184. Les fêtes supprimées donnent lieu en Vendée à des incidents analogues (Gabory, p. 164).

P. 215. « Les notables vendéens goûtèrent avec déférence les échantillons envoyés par la voie administrative ; et ce fut tout ». Gabory, p. 279.

P. 223-230. En Vendée on lutta par des *moyens* analogues *contre* la *disette* ; les distributions de soupes furent moins abondantes (Gabory, p. 364 ss.).

P. 260. Cf. en ce sens Gabory, p. 217.

P. 268, l. 8. Lire : comte *Maret*.

P. 276, l. 2. Lire : 23 octobre *1812*.

P. 283 ss. En Vendée on constate semblable ralliement, au moins apparent, des émigrés à l'empire : mais les anciens révolutionnaires paraissent plutôt incliner vers les opinions libérales (Gabory, p. 331 ss.).

P. 289, n. 1. Add. Villat. *Napoléon à Nantes en 1808* (Rev. Et. Napoléoniennes, II, 1912, p. 345).

P. 308 ss. En Vendée M. Gabory (p. 373 ss.) constate un très vif enthousiasme des municipalités en janvier 1813 et la facile levée des gardes d'honneur.

P. 356. Des gardes nationaux mobilisés de la Vendée faisaient partie des troupes du général Allix (Gabory, p. 379).

P. 358, l. 7. Lire : le préfet et son conseil *nommés par les autorités autrichiennes.*

TABLE DES MATIÈRES

Pages

www.ingramcontent.com/pod-product-compliance
Lightning Source LLC
Chambersburg PA
CBHW072013270326
41928CB00009B/1639
* 9 7 8 2 0 1 1 3 0 9 2 1 1 *